On Theory and Method

TIME MATTERS

论理论与方法

攸关时间

Andrew Abbott

[美] 安德鲁 · 阿伯特 —— 著 周忆粟 —— 译

总 序

无论依据何种判定标准，历史学都足以跻身人类最古老的知识之列，社会科学的历史则显得短了许多。虽然我们所熟知的近代欧洲思想家并没有在历史学与社会科学之间划出一条泾渭分明的界线，但在启蒙运动之后，科学主义的影响使人们开始将科学方法从道德哲学和人文关怀中剥离出来。例如，在其名著《旧制度与大革命》开篇第一段中，托克维尔（Alexis de Tocqueville）就明确宣告，他要写的不是一部法国大革命史，而是对这场革命的研究。到了19世纪末20世纪初，社会学、政治学等知识范畴逐渐成形。时至今日，在我们大多数人眼中，这些社会科学学科已然具有了不同于历史学等人文领域的内在规律。

不仅如此，学科藩篱与专业壁垒还使历史学家和社会科学家互相产生了根深蒂固的成见。历史学家往往对从历史个案中提炼出一般化理论嗤之以鼻；社会科学家则多不愿在原始材料上下苦功夫，甚至轻蔑地认为历史学家是为自己提供研究素材的“体力劳动者”。一方面，在历史学界获得普遍认可的社会科学家少之又少；对于历史学家向社会理论或社科方法的“越界”，学界同行始终抱有怀疑态度。在其名篇《理论的贫困》中，马克思主义历史学家E.P.汤普森（E.P.Thompson）强调：“历史学既不是制造飞往全球的协和式客机般宏大理论的工厂，也不是一系列细微理论的装配线。它同样不是‘运用’‘检验’或‘证实’外来理论的巨大实验站。这些都和它无关。它的工作是复原、‘解释’和‘理解’它的对象：真实的历史。”[①] 另一方面，对于社会科学家是否应染指历史课题，社科阵营内部的争议始终没有平息。在1991年的一篇著名文章中，英国社会学名宿约翰·戈德索普（John Goldthorpe）断言，社会科学家应当老老实实地专注于当代议题，而把过去发生之事留给历史学家，因为社会科学无法为历史议题提供任何可靠的研究方法。[②] 不是所有人都如此不留情面，但持有这种看法的学者其实不在少数。

然而，这种学科分野远非理所当然。且不说历史学和社会科学在本质上都是对人类社会的认识和理解，更不用说过去和当下本就没有判若鸿沟的界限，越来越多的学者认识到，画地为牢给两个领域均造成了不小的伤害：缺乏历史视野与事件剖析，社会科学恐将失去鲜活的脉络与纵深的厚度；无视理论陈述与个案比较，历史学很可能错过验证个案特性与发现历史共性的契机。

值得欣喜的是，这种状况正在持续好转。从20世纪60年代开始，社会科学与历史学之间的对话逐渐多了起来。在社会科学界，尤其是社会学界，学者对基于变量的静态回归分析提出了深刻的质疑，并对如何展现历史过程提出了许多新的思路。西方社会彼时的剧烈社会动荡更是激励小巴灵顿·摩尔（Barrington Moore，Jr.）、莱因哈德·本迪克斯（Reinhard Bendix）、西摩·马丁·李普塞特（Seymour Martin Lipset）、什穆埃尔·N. 艾森施塔特（Shmuel N. Eisenstadt）、欧内斯特·盖尔纳（Ernest Gellner）、塞缪尔·亨廷顿（Samuel Hunting-

---

① E. P. Thompson，“The Poverty of Theory or an Orrery of Errors，” in *The Poverty of Theory and Other Essays*，London，Merlin，1978，p. 238.

② 参见 John H. Goldthorpe，“The Uses of History in Sociology：Reflections on Some Recent Tendencies，” *British Journal of Sociology*，1991，42（2），pp. 211-230。

ton)、查尔斯·蒂利（Charles Tilly)、伊曼纽尔·沃勒斯坦（Immanuel Wallerstein)、迈克尔·曼（Michael Mann)、约翰·马尔科夫（John Markoff)、兰德尔·柯林斯（Randall Collins)、西达·斯考切波（Theda Skocpol）等人写出了格局宏大的比较历史分析传世之作，历史社会学也成为热点领域。在历史学界，至少从稍早的马克·布洛赫（Marc Bloch)、乔治·勒费弗尔（Georges Lefebvre）和费尔南·布罗代尔（Fernand Braudel）算起，E. H. 卡尔（E. H. Carr)、E. P. 汤普森（尽管他对理论有过上述批评)、埃里克·霍布斯鲍姆（Eric Hobsbawm)、劳伦斯·斯通（Lawrence Stone)、雅克·勒高夫（Jacques Le Goff)、弗朗索瓦·菲雷（François Furet)、保罗·韦纳（Paul Veyne)、莫纳·奥祖夫（Mona Ozouf)、皮埃尔·诺拉（Pierre Nora)、汉斯-乌尔里希·韦勒（Hans-Ulrich Wehler)、佩里·安德森（Perry Anderson)、彼得·伯克（Peter Burke)、汉斯·梅迪克（Hans Medick)、卡洛·金茨堡（Carlo Ginzburg)、小威廉·休厄尔（William Sewell，Jr.)、海因茨·席林（Heinz Schilling)、琼·沃勒克·斯科特（Joan Wallach Scott)、林恩·亨特（Lynn Hunt）等一大批学者开始有意识地吸收社会科学的洞见，将社会史、文化史等领域的研究大大推进了一步。

除此之外，一批学者开始深入思考历史与社会科学之间的关系。在出版于 1959 年的《社会学的想象力》中，C. 赖特·米尔斯宣称："社会科学本身就属于历史学科……所有名副其实的社会学都是'历史社会学'。"① 这种说法在当时应者寥寥，但 20 年之后，蒂利、阿瑟·斯廷奇科姆（Arthur Stinchcombe)、菲利普·艾布拉姆斯（Philip

① ［美］C. 赖特·米尔斯：《社会学的想象力》，李康译，203～204 页，北京，北京师范大学出版社，2017。

Abrams）、斯考切波等人开始系统探讨社会科学所固有的历史属性。① 在他们眼中，历史社会学不是研究历史的社会学，更不是社会学的分支领域，而是一切社会学研究的题中应有之义；比较历史分析也不是政治学的独立研究领域，因为对政治制度与行为的研究必然蕴含横向或纵向的历史比较维度。在这种观念影响下，蒂利、沃勒斯坦等人主张以“历史社会科学”（historical social science）一词来指代这一跨学科领域。

到了20世纪90年代，随着一大批青年学者登上舞台，历史社会科学在经验材料、理论和方法上都有了新的进步。在材料上，外语技能的提升与相关档案的开放使得一手资料的获取和研究不再是历史学家的“专利”；在理论上，罗伯特·K. 默顿（Robert K. Merton）所倡导的“中层理论”发挥了持久的影响，新生代学者致力于对历史事件进行更为细腻的基于社会机制（social mechanisms）的研究，时间性（temporality）、路径依赖（path dependence）、关键时点（critical junctures）、结构（structure）、能动（agency）、因果性（causality）、或然性（contingency）、轨迹（trajectory）等概念呈现出焕然一新的面貌，社会学、政治学、经济学、历史学、人类学甚至哲学、文学之间呈现出有益的理论互哺；在方法上，社会网络分析、过程追踪（process tracing）、反事实推理（counterfactual thinking）、模糊集合（fuzzy set）、集合论（set-theoretic methods）、质性比较分析（QCA）以及各

---

① Charles Tilly，*As Sociology Meets History*，New York，Academic Press，1981. Arthur Stinchcombe，*Theoretical Methods in Social History*，New York，Academic Press，1978. Philip Abrams，*Historical Sociology*，Ithaca，Cornell University Press，1982. Charles Tilly，*Big Structures，Large Processes，Huge Comparisons*，New York，Russell Sage Foundation，1984. Theda Skocpol ed.，*Vision and Method in Historical Sociology*，New York，Cambridge University Press，1984.

种质性分析软件使历史社会科学早已不再是简单的线性历史叙事。在西方，历史社会科学已经进入“井喷期”，成为一个振奋人心的跨学科研究领域。

“历史-社会科学译丛”正是在这种背景下应运而生，它旨在将历史社会科学的经典与前沿著作以一种系统的方式介绍给中文读者，为相关研究和教学提供有益的参考。放眼中国，无论是社会学、政治学，还是历史学、经济学，对历史社会科学的兴趣都前所未有地高涨，优秀成果层出不穷，专题会议令人应接不暇，相关课程更是吸引了最优秀的青年学子。中国社会的转型为历史社会科学提供了研究大问题的丰富素材，中国历史的悠久为中国学人提供了理论对话的难得机遇。我们坚信，假以时日，中国学者必能写出与西方经典一较长短的作品。同时我们也要看到，对于历史社会科学的重要理论和方法，中国学界仍然处在任重道远的学习阶段。照搬西方的理论和方法固然不对，但唯有以开放的心态学习、借鉴、比较和批判，我们才能在学术的道路上走得踏实，走得长远。

是为序。

李钧鹏

2020 年 7 月 27 日

献给克里奥

致　谢

既然我要在序幕中讲一遍个人故事，因此在这里只需要附上简短的致谢。 ix

我要感谢那些在研究上惠我良多的人以及多年来与我争论过这些问题的人。从某种意义上说，我在第一章中提及的三十多人只是一个更大群体的缩影。写下第一章使我比以往任何时候都更加意识到，完成一本书是一项汇集众人之力的事业。

我还必须向家人和朋友们致谢，尤其是我的妻子苏。在本书的写作过程中，她始终陪伴（并幸存了）且全力支持我。还要谢谢伍迪，自这本论文集中的第一篇发表之时起，他越来越展现出他有趣的自我。

在对本书中的论文进行修订的过程中，我仅仅修改了少量语法上的瑕疵。论文的面貌之所以稍有变化，是因为我把注释等学术工具都改为了一种共通格式。为了便于阅读，我把它们都放进了脚注。这偶尔会带来文字上的小变化。不过除了把会议上的发言稿替换为已经公开发表过的版本之外，我没有更新参考文献。这种选择部分是出于一种感觉，即利用后来出版的材料是不公平的——特别是在争议性较强的论文中。不过这也恰好表明了我的态度，即一旦我开始动笔，就不会再增添新的参考文献，除非我决定把一切推翻重来。2000 年，我在牛津大学纳菲尔德学院度过了一个短暂的复活节学期，在那里我完成了为出版所做的修订工作。多年来，纳菲尔德的舍监和研究员在学术上给予了我许多殷切与友好的支持，对此我心怀感激。

以一种很古典的方式，我把这本书献给司掌历史的缪斯女神克里奥（Clio）。有时她只需向我投来轻轻一瞥，就能攫取我的整个生命。然而她的秘密仍然由她掌管，无人知晓。

安德鲁·阿伯特

牛津大学纳菲尔德学院

2000 年 5 月

目　录

第二部分 时间与方法

第三部分 时间与社会结构

序幕　一篇自传式的导言

出版这样一本书，就等于承认我无法赋予它一篇恰当的导言。如 1
果导言存在主题结构(thematic structure)，那我就可以(也应该)写出一本翔实的专著。但这正成为一种无休止的挣扎，因此我在这本集子里尝试写一份进度报告用来作导言。如此一来，自传便成为最简便的方式，而主题自会从历史中涌现。我也会尝试在尾声中将主题从整体中提炼出来。

具有讽刺意味的是，主题与历史的关系实际上是本书的中心议题。本书所有章节都以这样或那样的方式关注社会科学与历史思维的关系。同时很显然，机遇也塑造了本书。所以直到最后，我也不能说到底是宏大的主题还是琐碎的历史机遇造就了这个结果。当我的父母住在离波士顿 24 千米远的小镇梅德菲尔德(Medfield)时，他们曾经邀请一位叫弗雷德·希科克(Fred Hickok)的朋友来吃饭，并给了他详细的路线。可他在第一个转弯处就开错了路，但后来按照其余的指示，走了一条与我父母所预期的完全不同的路线，并准时到达我们家。也许像弗雷德·希科克一样，我也可以通过一条完全不同的途径到达我今天的位置。也许存在一种理性的狡计(a cunning of reason)。当然也许并没有这种事，也许细小的偶然攸关重要。

我的故事要从 1981 年我教的一门历史社会学课程说起。但就像一位维多利亚时代的小说家一样，我将首先介绍我的主角。而在此之前，我必须对这个导言的风格做一份同样维多利亚式的前置评述。

这篇导言的风格细密，小事件在几条支线情节中交织，最终形成一段完整的故事。我希望通过连缀细节，让读者看到连贯性(好吧，相对连贯性)是如何从表面的混乱中产生的。毕竟一个人的智识生活并不是发生在抽象的世界里，脱离了日常的教学、评分和审稿人的严厉批
2 评。因此，我收录了一些小事件——愤怒和失望、半成品的草稿、朋友们打来的让我茅塞顿开的电话。我还收录了错误的开始和失败的想法。我并没有把整个故事组织成一项宏大叙事，而是把各式各样的子情节原封不动地保留下来，因为我通常同时进行三项或四项研究，而这些工作路线的相互影响，原来是推动我整个故事的动力之一。我早在本书第一篇论文动笔之前就开始了自己的故事，因为论文中比较明确的说法产生于早期方法论与理论论文的对话。最后，我在这里没有收录任何一篇纯粹的方法论论文，尽管在这篇导言中我讨论了它们的写作，因为它们在产生挈领全书的哲学论证路线方面起了至关重要的作用。

所有这些都意味着，这篇自传式的导言是本书最长的一章，其中充满了职业生活的逸事，描述了智识上的犹豫不决，当然还有这里收录的实际论文的总结。我只能通过辩解恳求，也许这样详细地考察一套思想的生命历程可以让年轻学者了解智识程序如何在学者的生命中展开。终点并非一开始所想象；路线也不是由理性所选择。

开场白就到这里，下面故事开场。读者可以自行判断它是由小意外、宏大主题，还是某种介于两者之间的事物所推动。

我先从主人公开始。和斯普特尼克时代的许多准知识分子一样，我在高中时就想成为一名科学家，并为此埋头学习微积分和近世代数等知识。在正事之外，我像其他未来的知识分子一样读加缪和陀思妥耶夫斯基。但一位出色的英语老师(名叫达德利·菲茨[Dudley Fitts]，

诗人和翻译家)把我推向了人文领域。在大学里我主修历史与文学，此外我把大部分课程时间用来涉猎各种社会和行为科学。长话短说，我患有智识上的注意力缺陷症。大学毕业时，我对自己想学什么没有比入学时更为明确的想法。我知道我想学习。我只是不知道自己想学什么，也不知道想怎么学。现在回首往事，一切都很明白，我真正想做的是弄清楚我是谁，为什么我对这些问题的先入为主的观念已经被20世纪60年代的动荡悉数推翻。但我当时的想法很单纯，这个叫“社会学”或不管什么的玩意儿，会让我以任何自己喜欢的方式研究我所关心的事情。于是我成了一名社会学家。也许是我就读的大学当时没有社会学系的缘故吧，我不了解的事物不能让我不高兴。[①] 3

在芝加哥大学，我最初的论文计划是分析我在前五年研究生期间工作和学习过的精神病院，把那家医院当作一个社区或小镇，而非以传统的方式将其当作一个(失败的)正式组织。我的导师莫里斯·贾诺维茨(Morris Janowitz)用他那著名的轻蔑喃喃自语着迎接了这个想法。一怒之下，我递交了一篇新论文的计划，建立在原始研究计划中的一句话上——精神科医生已经成为精神病医院那缺席的房东。这就必

① ［译注］菲茨(1903.04.28—1968.07.10)是一位知名诗人、希腊古典作品翻译家和文学批评家。从1941年直至去世，他都任教于马萨诸塞州安多福的菲利普斯学院(Phillips Academy at Andover)，是阿伯特高中时的老师。当时适逢“新数学”的理念在美国盛行，学校给高中生讲授了数论、近世代数一类的抽象知识。阿伯特本科就读于哈佛大学，正值帕森斯执掌社会学的时代。帕森斯在1946年将原本的社会学系、人类学系以及心理系合并在了一起，成立了“社会关系系”(Department of Social Relations)。因此在此后相当长的时间内，哈佛大学并无名义上的社会学系。社会关系系一直维持到1972年才解散，重新分拆为三个学系，一年之后帕森斯从哈佛退休。社会学内部对这段历史的探讨可参见 Johnston，Barry V.，“The Contemporary Crisis and the Social Relations Department at Harvard.” *The American Sociologist* 29，no. 3 (1998)：26-42。此外，乔尔·埃萨克的精彩著作 *Working Knowledge*(Harvard Univerity Press，2012)则从思想史的角度讨论了这段时期，参见本书第五章和第六章。

未标明“译注”的所有脚注均为原注。

然成为一篇历史论文。不过写这篇论文看起来很容易，因为我在本科时已经做了大量的原始历史研究。

所有这些都把我带到了 1981 年秋季学期罗格斯大学斯科特大厅一楼的教室，阳光明媚的窗外巴士轰鸣——这是我教的第一堂研究生课程。在场的有六名学生和我令人生畏的同事迈克尔·莫法特(Michael Moffatt)。他是一位人类学家，请求我允许他旁听(我猜他是想找点乐子，因为当时他正在进行田野调查。他的调查成果后来写成了一本关于美国大学生活的书《新泽西州的成年礼》[*Coming of Age in New Jersey*])。我曾决定把历史社会学的主题化为若干基本专题，每周讨论一个，有关于阐释、序列、历史社会学、客观性、叙事等。当然，我最终只完成了其中的两三个专题。

彼时我尚未完成自己的论文。正如我一贯的行事风格，我的论文像病毒一样繁殖，已经变成了四篇几乎独立的论文。其中第一篇为 1880—1930 年的美国精神病学进行了全面的传记研究(我为一千名神经和精神疾病方面的工作者建立了传记)，再加上一些简单的职业生涯模式的数学模型及其对职业人口统计学的影响。第二篇考察了四个城市的门诊精神病学家和神经病学家(psychiatrists and neurologists)社群的成长。我考察了日记、笔记本、组织会议记录等。第三篇详尽考察了某些疾病的精神病学观念在历版教科书中的变化。第四篇通过详细观察病例数量，并试图推断病人的抱怨与现代生活变化之间的关系，考察了精神病学的社会功能的变化。

虽然我可以看出，有一些根本性的困难使这些部分彼此分开，但我当时并不知道困难在于它们所涉及的历史过程拥有不同的时间性。因此，我几乎不知道如何将这一特别的矮胖组合重新拼起来；我最终会在 1992 年找到答案，但这时再将论文作为一本书出版已经太晚
4 了(这一迟来的认识实际上还导致了另一本书的出版计划夭折)。就我

的论文而言，我早该听从医学史学家查尔斯·罗森博格(Charles Rosenberg)的建议。他当时读了手稿，建议我把它作为四本独立的书出版，然后就此退休。

但当时紧张的我，正带着自己未完成的论文和崭新的主题教着我的课程。在教那门课的某个时刻，我认定自己还不够好，不能一次完成所有主题。我要选择其中一个并专注于它。我有点武断地挑选的那个主题是序列和顺序(sequence and order)。[①] 历史学家关心序列和顺序，社会学家却并不关心。为什么呢？

所以我就开始综合地分析社会科学中的序列问题，一方面从史学角度看待社会学，另一方面从社会学的角度看待史学。我本应该系统地对待这个问题，正如我对研究生们说的那样，但我没做到(例如，我直到很晚才在社会科学引文索引[SSCI]中检索了“序列”这个词)。相反，我徘徊在一些有趣的文献中，其中大部分是在日常学术生活中的偶得。我和这个人或那个人谈起我对序列的兴趣，得到了一些迷人的反馈。

我从历史学家那里寻求关于叙事的思考。其实，当时的史学家对叙事和序列根本不屑一顾。社会科学史和马克思主义史学风靡一时，他们都不信任叙事和事件。但出于对实质性问题的兴趣，我来到了普林斯顿大学的戴维斯中心[②]，我当时正专注于职业史。在那里，我遇到了威尔弗雷德·普莱斯特(Wilfred Prest)，一位来自澳大利亚的法律职业史学家，也是该中心的研究员。他让我读读《历史与理论》杂

---

① [译注]order在作者的研究里有顺序/次序，以及秩序之意。本书主要关心的是前一种意思。对后一种意思的讨论参见《过程社会学》第七章。

② [译注]戴维斯中心即Shelby Cullom Davis Center，隶属于普林斯顿大学历史系。该中心的使命之一是促进历史方法研究。中心的研究主题每两年轮换一次，此处提到的是1979—1980年，主题为“职业的历史”。

志（*History and Theory*）——“那里有很多好东西”。他说的没错。那是历史分析哲学和新文化主义交汇的岁月，所以我发现了好多有思想的作品，且它们尚未被论战所累。从 1976 年到 1980 年，该刊的每一期我都读过，几乎从头到尾看了一遍。

另一次机遇来自一通纯社交性的电话。我打给了研究生院的朋友帕特里夏·考克斯（Patricia Cox），一位研究早期基督教文学的专家，她把我引向了结构主义（我猜如果你研究早期基督教领袖的话，就需要结构主义。虽然文本的数量是固定的，但论文总需要新题目）。帕特推荐的那本书被人从图书馆里借走了，而借走它的人（一位好心的图书管
5 理员违反保密规定私下告诉我）是我英语系的同事帕特里夏·托宾（Patricia Tobin），她是一位文学理论家，同时也是本科生荣誉学院课程的主任（二者会有关系，我保证）。帕特·托宾用她的热情，把我卷进了高级结构主义的顺序和序列观，也就是普罗普（Vladimir Propp）、早期的托多罗夫（Tzvetan Todorov）、巴特（Roland Barthes）和他们朋友的观点。

在社会学方面，我首先考察了理论传统，这些传统并没有提到序列现象。社会学传统中有一些理想的序列概念——在韦伯和斯廷科姆的著作中很明确，也隐含在其他人的书写中——而这些都很容易编目。然后，我考虑了方法论，通过分析社会学中标准的各种方法，问自己它们对于研究序列现象有什么意义。幸运的是，我早期受过的数学教育让我可以对这些方法进行逆向处理。我进而发现，一般来说社会学方法并不能很好地支撑起事件的序列分析。我还探索了一些更深奥的领域——例如，ARIMA 方法（整合移动平均自回归模型，当时在社会学中还不为人知）和动态规划（[dynamic programming]，后来这成为我的谋生之道，不过是以另一种形式出现的）。同样我还走运了一遭：在精神病院工作的日子里，一次随意的自学努力让我探索了（病人群体

的)马尔可夫模型(Markovian models)[①]，所以我对这些更“历史的”研究社会世界的方法有相当充分的了解。社会世界中存在序列但不多：一次只能走一步。在一个类似的框架中(至少在最初是如此)出现了事件史方法，它刚刚在1979年图马(Nancy Tuma)、汉南(Michael Hannan)和格勒内费尔德(Lyle Groenveld)发表在*AJS*(《美国社会学杂志》，下文中以简称出现)的著名论文中亮相(在后来的几年里，这些方法被改写为简单的持续时间方法。但在当时，启发它们的是对马尔可夫过渡矩阵的一个单元进行检查)。

我把所有这些材料——从丹图(Arthur Danto)到普罗普，再到博克斯-詹金斯(George Box and Gwilym Jenkins)和图马——塞进了我关于序列主题的第一篇文章中。这篇名为《社会事件序列》(“Sequences of Social Events”)的汇编收录于社会科学史学会(SSHA)会议，并最终在1983年发表于《史学方法》(*Historical Methods*)杂志。*AJS* 给了我一个修改并重新提交的机会，但历史人口学家丹·史密斯([Daniel Scott Smith][②]《史学方法》的编辑)只提出了一处修改意见就愿意发表它。史密斯希望我删掉开篇中对护士职业史的一段文本分析，我用此来说明序列假设的重要性。我偶尔也想过，如果把文稿寄回 *AJS* 而删掉这段开头，他们是否也会接受？这就像埃及艳后的鼻子一样，也许

① [译注]马尔可夫模型(或称马尔可夫链或马尔可夫过程)是一种随机过程，用以描述状态空间从一个状态转移到下一个状态的过程，因俄国数学家安德烈·马尔可夫(Markov，1856—1922)得名。马尔可夫过程具有无记忆性的性质，即下一个状态的概率分布只能由当前状态决定，而不受过去的影响。其对社会科学的影响参见本书第六章与第七章的讨论。

② [译注]原文里本章人名出现了许多昵称，在此次翻译中，括号里的英文标注采用了正式称谓，而中译人名都遵循了昵称。

6 “(我的)世界的整个面貌”会有所不同。[①] 有趣的是，详细的文本分析后来成为我修辞学弹药库中的主要武器。而与《史学方法》及 SSHA 的联系(我很偶然地通过精神病史学家南希·托姆斯[Nancy Tomes]接触到后者，她是戴维·梅凯尼克[David Mechanic]在罗格斯大学的精神健康研究项目的研究员)，对我来说变得至关重要。在 20 世纪 80 年代，SSHA 是我的序列方法工作的唯一听众；丹·史密斯、埃里克·蒙克宁(Eric Monkkonen)和兰迪·罗思(Randolph Roth)等富于冒险精神的历史学家是我的主要对话者。在试图挖掘历史理论这一更普遍的项目中，我的主要对话者近在咫尺。在罗格斯大学，社会学和人类学是一个合在一起的系，我隔壁办公室里有杰出的语言人类学家苏珊·盖尔(Susan Gal)，她痴迷于语言变化，并随时准备挑战和重新引导我的想法。

故事至此，似乎是“机遇”占了上风。现在轮到主题接管这一切。我把《社会事件序列》一文寄给我所有的朋友读(在他们这么做的当口，贾诺维茨和希尔斯[Edward Shils]先生终于允许我宣布自己论文的胜利。当时我已在罗格斯大学教了三年多的书，却没有获得学位，所以这是个不错的进展)，之后收到了两篇回复。我从事质性研究的朋友们还没有被 20 世纪 80 年代中期的历史和文化酵母所影响，他们礼貌地告诉我这很有趣，但我为什么不做一些正经的事情——比如说研究马克思主义？(五年多以后，他们告诉我，我应该对叙事感兴趣。)从事量化研究的朋友们大多叫我闭嘴。如果没有什么更好的建议，我应该停止对他们大喊大叫。

作为回应，我开始为从事量化研究的朋友们找些更好的事情去做。

① [译注]帕斯卡：《思想录》第 162 则。“克利欧佩特拉的鼻子；如果它生得短一些，那么整个大地的面貌都会改观。”[何兆武译]。

这次又是一位老熟人扮演了至关重要的角色。我的高中同学菲普斯·阿拉比(Phipps Arabie)当时已经成为伊利诺伊州的心理测量学家，在某天的社交电话交谈中，我吐露说对序列感兴趣。菲普斯告诉了我考古学中的序列化文献(seriation)[①]，还说贝尔实验室的约瑟夫·克鲁斯卡尔(Joseph Kruskal)正在研究一套非常强大的新序列技术。我按照他的建议查阅了序列化的资料，其中包括在非重复事件的序列中寻找最有特征顺序的简单技术。该方法被归纳在一本疯狂的跨学科著作中，把考古学家、史学家和数学家聚集在一起，对柏拉图的作品进行序列化，分析墓穴的类型，并对文物进行归类，所有这一切的用法看起来确实很奇妙也很古怪。

序列化文献使我开始了一堆经验研究项目。在我的研究生同学特
里·哈利迪(Terence Halliday)的推荐下，我开始将自己视为一名职业
社会学家，而不是知识社会学家。于是，我开始找这些序列化方法在 7
职业中的经验应用。我发现这些技术可以用来解决职业史上的一道著
名难题，即职业是否总是以同样的顺序建立它们的各项制度——执照、
考试、学校教育、协会、伦理准则等。哈罗德·维伦斯基(Harold
Wilensky)在他发表于1964年的著名论文中曾提出这一看法，但他拿
不出一种很有说服力的方法论来支撑他的观点。我手头上有一套令人
信服的方法。于是在一个假期，我坐在父母家，把艾伦·盖尔芬
德(Alan Gelfand)的简单序列化算法(来自那本考古学/数学著作)应用
到研究助手为我挖到的各种维伦斯基式的数据上。

---

① [译注]此处作者遵循了考古的文献，使用了seriation(序列化，即时序化)一词而不是后文使用的sequencing(测序/序列)，但这两个术语意思相近。此处提到的书是*Mathematics in the Archaeological and Historical Sciences* (Proceedings of a conference, Mamaia, Romania, 1970. F. R. Hodson, D. G. Kendall, and P. Tăutu, Eds. Edinburgh University Press, Edinburgh, 1971)。

不幸的是，我遇到了一道难题。维伦斯基的“事件”包括只能发生一次的事情(创办一个全国性的协会)和发生多次的事情(成立一所医学院)。如果我们寻找每种事件的首次发生时间，发生频次较高的那个事件会因纯粹的概率原因排上第一位，即使随着时间的推移，预期的“事件发生”可能性的“形状”并无不同。这就像在一个分布上取一个样本量是一的样本与取一个样本量是四百的样本，问哪个样本包含的元素最小(很久以后，我才发现，这份特殊的数学知识对于“理解”平权法案[affirmative action]有着重要的意义)。从一方面来说，所有这一切都非常有趣，由于我的注意力缺陷障碍，我暂时成了相关数学的爱好者——极值理论和顺序统计量。另一方面，我对顺序统计量问题的认识使我陷入了困境。到现在为止，以盖尔芬德的序列化方法为基础，运用顺序统计量的方法，我已经写了整整两章职业化的顺序。它们原本是《职业系统》(*The System of Professions*)的第二章和第三章，写这本关于职业的理论专著是我当时的主要实质性工作。事实上，这两章已经发给了为我审读稿件的朋友。但顺序统计量的问题对于这两章是致命的。

至少我现在已经学会了一招：当你遇到一道毁掉了你一个工作体系的问题时，你就发表一篇文章说明它的重要性。于是我为 1983 年在麻省理工学院召开的一次会议写了一篇题为《事件序列和事件持续时间》(“Event Sequence and Event Duration”)的论文(1984 年发表在《史学方法》上)，试图分析概念化和测量序列数据所涉及的问题。在这篇论文中，我论证了仔细“综合”([colligation]概念化的叙事版本)和测量序
8 列数据的必要性。从“综合”的角度，我侧重于为故事/序列找到一个单一的连贯叙事层次(从而避免了维伦斯基问题)，同时仔细分析故事中事件的持续时间和离散程度，以发展出一个实质上合理的故事版本。

那篇论文最重要的思想是明确区分了“事件”和“发生”(occurrences)，前者被我定义为一种抽象（相当于标准方法中的"概念"），后者是我们用来表示"事件"已经发生的实际现实（相当于标准方法中的"指标"）。因此，"医学教育"是一个**事件**（概念），其中"医学院的成立"是一桩可能的**发生**（指标）。这种分析完全等同于社会学中的标准测量观，在当时作为 LISREL 程序传播的一部分被勾画出来（我的新同事罗布·帕克[Robert N. Parker]是 LISREL 的忠实爱好者，所以测量的问题开始在罗格斯大学流行开来。① 但是，事件/发生的想法本身出现在我与布鲁斯·卡拉瑟斯[Bruce Carruthers]的一次谈话中，他是我历史社会学课程的研究生之一）。

论文关于测量的部分，集中在将顺序统计量、中位数和比率应用于各种事件的发生分布时所产生的权衡。我根据这些发生的各种可能模式进行了模拟分析。后来我在一篇关于美国医疗社群制度化序列的实证文章中发展了这一论点，但当时我想没有人关心这其中的小细节。1984 年论文的哲学论点对生命历程和压力研究等领域产生了深刻的影响，但我当时肯定无法说服此领域的研究者们。在 1999 年，我的朋友、事件史学专家劳伦斯·吴（Lawrence L. Wu）曾在一篇论文中攻击我，理由之一是我忽视了这些问题；而事实上，我在十五年以前就已经对这些问题进行了详细的探讨。②

反思序列数据的概念化和测量问题微妙而有趣。但其不可避免的后果是一项令人难过的决定——我在某天早上冲澡时做出的——舍弃《职业系统》中的整整两章，近一年的工作。我保存了前一章的部分内

---

① [译注]LISREL=Linear Structural Relations，是一个著名的统计软件包，用以分析潜变量模型。

② [译注]吴的论文是 Lawrence L. Wu，"Some Comments on 'Sequence Analysis and Optimal Matching Methods in Sociology：Review and Prospect.'" *Sociological Methods & Research* 29，no. 1（August 2000）：41-64。在同一期上还有乔尔·莱文（Joel Levine）对序列方法的批评，以及阿伯特对此做出的回应。

容，最后写进了书的第一章。但另一章，连同其中有缺陷的方法，就永远丢弃了。太可惜了——我相当喜欢它的结论，即美国的职业化中存在一个序列，但英国的没有。我只是不知道这个结论究竟对不对。

有趣的是，我无法从《职业系统》的开头几页中删去声称该书的方法论潜台词与其实质性表面同样重要的段落。当第二章和第三章是关于将职业化作为一种序列进行概念化和测量的时候，这些内容本来更
9 为合适。但事实上，该书的主要理论信息是“将不同职业视为独立发展很愚蠢”。而在将职业化的章节砍掉之后，这条信息的确表现得更加清晰。我重写了史学的主张，以强调“将相互依赖和偶然性理论化”的思想，但当我今天重读这些主张时，我仍然认为它们是早期愿景的遗迹，是应该被删除却留下来的文字。

大约在这个时候，我终于鼓起勇气给约瑟夫·克鲁斯卡尔打了电话，菲普斯·阿拉比在向我说起新的测序方法时曾提到过他。这感觉就像打电话给上帝。克鲁斯卡尔发明了多维标度(multidimensional scaling)，天知道他还能发明什么。但他很有礼貌地给我寄来了他与戴维·桑科夫(David Sankoff)合著的关于最优匹配技术的书第一章的预印本。[①] 至此，我又与动态规划重逢了，还突然发现自己成了当时跨学科小社群的一员(生物学家、计算机科学家、密码学家和各种阵营的追随者)，他们对一种叫作“测序方法”(sequence methods)的东西感兴趣。我最终从戴维·布拉德利(David Bradley)那里得到了运行这种“最优匹配”的软件。戴维为他的生物学家兄弟写了一套程序，通过比较鸟叫中的吱吱声、尖叫和鸣叫的序列，研究麻雀方言的变化(是的，真是这样)。我们将软件从CDC大型计算机转换为VAX FORTRAN语言。

---

① [译注]见 Kruskal, Joseph B., and David Sankoff, eds. *Time Warps, String Edits, and Macromolecules*. Addison-Wesley, 1983。

到 1986 年，我的第一篇最佳匹配论文已经付梓。我与人类学家约翰·福里斯特([John Forrest]我们结识于一次乡村舞蹈营)合作，分析了莫里斯舞([Morris dances]，传统的英国仪式舞蹈)中的序列模式。我们把这篇论文——几乎没遇到什么困难——发表在了大胆的《跨学科历史》(*Interdisciplinary History*)杂志上。天知道 *AJS* 会怎么想。我没有在他们那里浪费时间。当我把这篇论文的影印本寄给乔·克鲁斯卡尔时，故事出现了一则有趣的后记，原来他年轻时跳过莫里斯舞。

所以在 20 世纪 80 年代中期，我在理论和方法两方面都取得了进展(我并不确定朝什么方向发展)。事实上，我对自己所做的事情非常兴奋，以至于我开设了一门名为“顺序的概念”(“The Idea of Order”)的本科生课程。在这门课程中，我把巴特式的批评、柯林武德(R. G. Collingwood)的历史主义、最优匹配以及其他各种东西联系在一起。解构主义者帕特·托宾邀请我加入大学荣誉课程，我在那里教了这门课三年。在第一轮授课中，有一位意志坚定的年轻女士亚历山德拉·赫里察克(Alexandra Hrycak)加入了我们，后文将对她进行更多的介绍。

这时我已经开始认识到我的基本问题是史学和社会学之间的关系，但使我有些困惑的是，似乎没有人认为这种一般的关系是个大问 10
题。西达·斯考切波(Theda Skocpol)当时正精力充沛地领导着历史社会学家；在我的印象中，她认为我是一名有好奇心——虽然也许有用——的怪人，因为我关注那些既是哲学又是理论和方法的问题。她自己不懈地关注着实质性问题，这些问题引导她和她的追随者从事关于福利国家的出色工作，并逐渐转向政治学。但实际上他们对历史哲学的问题并不关心。

至于我自己，我决定再次尝试整合我与标准方法的基本分歧。这一次，我将把重点放在那些方法对社会世界的潜在假设上。于是我运用一套“访谈协议”阅读了一堆最好的期刊上的标准文章，提出了关于这些文章假设的问题。我读了二三十篇文章，比较了结果，筛选出最好的组织主题，然后用一两篇文章来说明每个主题，并将其组装成一篇论文。我在 1985 年把这篇论文交给了 SSHA，直到 1988 年才发表。当时，我的妻子已有身孕，我开始担心，一旦伍迪的到来占据了我们的注意力，我所有写了一半的论文将永远不会出现在印刷品上。于是我赶紧把它寄给了一个可能的出版方——《社会学理论》(*Sociological Theory*)。这就是本卷的第一篇论文《超越广义线性实在》。

我沿着一条广泛的战线组织《超越广义线性实在》，这是一份重要的假设清单，与我 1980 年课程的主题基本相同。再一次，叙事序列只是基本哲学问题之一。这时我已经清楚地看到，我在序列数据中识别“典型序列”的日益增长的方法论工作只能解决其中的一项问题。至于其他问题，我自己也做出了我在他处批评过的假设。例如，我正在开发的方法很明显地假定序列之间相互独立，因为它们同时假定人们能以一种实证主义的方式唯一地识别序列元素。在《超越广义线性实
11 在》付梓的同一年，我出版了《职业系统》，明确地承认偶然性和相互依赖。在兜售方法时，做出我曾在其他地方攻击过的假设确实很尴尬(1996 年，迈克·哈纳根[Michael Hanagan]和路易丝·蒂利[Louise Tilly]在一篇论文中指出了这一点，他们善意地把这种分裂看作我的一种[可悲的]历史性变化，而不是我工作中未解决的不一致)。

《超越广义线性实在》也为我建立了一个有用的修辞类型。它是我所有遵循了“文本分析”(*analyse de texte*)的格式而写的一众论文中的第一篇，这种写作方法是我在高中跟随达德利·菲茨练习新批评(New Criticism)时学到的。它结合了详细的阅读和批判性分析，并特别注重剖析特定论点的假设。这是我后来在众多论文中遵循的模式，包括出现在这里的几篇论文。

在《社会学理论》上发表《超越广义线性实在》一文使我感到有点内疚。我很清楚，这是在向皈依者布道。但我有种冥冥中的感觉——正如其续集所显示的那样足够真实——马克斯·普朗克说“旧理论永远不会被推翻，只是它们的信徒都死了”是对的。[①] 以我的脾气，对皈依者布道总比来自敌对范式裁判那不理解的愤怒要好。年轻人什么都会尝试，但中年人不喜欢新花样。

一、《超越广义线性实在》

《超越广义线性实在》的入手点是这样一个问题：标准社会学方法论中隐含的关于社会现实的假设是什么？我称之为**广义线性实在**(general linear reality，GLR)。这些不是数学上的假设，而是本体论和形而上学的假设。[②]《超越广义线性实在》讨论了六项这样的基本假设。第一，GLR假设社会世界由属性变化的固定实体组成。第二，因果关系被认为由大的事物流向小的事物：从背景变量到某一特定的因变量，或在时间大小相等的变量之间流动。GLR不允许小琐事引起大事件(埃及艳后的鼻子就到此为止了)。第三，GLR假设一个实体的某一属性至少在一项研究中有且仅有一种(因果)意义(正是这种意义在不同研究**中**的变化，最终成为本书第一部分第二章“复义七型”的中心议题)。第四，GLR假设事件的顺序没有区别。这第四项假设是我接下来十年关于时间性工作的重点。第五项假设是GLR对个案独立性的信

① [译注]普朗克的原话是：“新的科学真理通常获得胜利，不会是通过说服其对手并让他们承认错误，而是通过对手的逐渐凋亡，并让位给在此基础上成长起来的新一代。”参见 *Scientific Autobiography and Other Papers*(1950，pp. 33-34)。

② 偶尔这些假设是数学假设所包含的本体论或形而上学的假设，例如，案例独立性的假设。

念，更广泛地说，是对结构性决定（structural determination）的拒
12 绝。这当然是《职业系统》中的论点的全部重担，也是新兴的网络文献的重担。第六项假设是情境的独立性，我在之后的论文中明确地指出了该假设的奇怪出发点在于"主效应存在"。当然，它们仅仅是分析上的便利，而非现实。我在这里特别关注的是——此后多年的经验证明了这是一项真实的问题——许多社会学家，更不用说他们的学生和公众，也忽视了主效应的这种分析性特征。他们认为"性别"和"科层制"等事物具有某种现实性，仅仅因为我们测量了"它们的"效应。

我在《超越广义线性实在》中提出，社会学有三种可供选择的一般本体论：人口学、序列和网络。这些仅仅是草图，但它们唤起了三种根本上而言不同的思考方式，我认为这三条进路可以让社会学家摆脱标准方法引诱他们进入的一些陷阱。今天再读这篇论文，我被自己重复这些观点的频率所震惊，而它们的效果似乎微乎其微。我今天可以用当代的例子来写同样的论文。人们仍然认为"新方法"可以代替对他们的假设和社会现实的反思。

在 1985 年到 1987 年，我无法在时间性方法和解释的问题上花太多时间，因为有别的事情占据了我的注意力。在 1982 年的一次求职演讲中(我得到了这份工作，但当时决定不离开罗格斯大学①)，我曾在不经意间有过一个想法，即也许职业的运作方式是一个空缺链系统([vacancy chain system]，关于这一点，下文会详细介绍)。这个不经意的想法在 1983—1984 年成为一本"快速而随性的小书"的核心论点(我是这么告诉自己的)。这本书迅速蜕变成一本庞大又野心勃勃的

① [译注]这份邀请来自当时哈佛大学社会学系的哈里森・怀特。《职业系统》最初是那次求职演讲的题目。如果作者当时不是因为家庭原因而选择了前往哈佛大学，后面的故事会很不一样。

书(《职业系统》)，就像我的论文从最初开题时的一句话发展到二十五万字那样。《职业系统》的某些部分写得非常快，但其他部分却花了很长时间，而这样的部分有很多。光做注解就花了五个月的时间，书的制作也耗去了1987年的绝大部分时间。

因此直到1988年，我才终于将最优匹配应用到一个“真实”社会学数据集上。数据集本身是一场意外。亚历山德拉·赫里察克在一个项目中成为我的研究助理，对数百名德国巴洛克音乐家的生活进行了编码，以寻找系统中的空缺链。空缺链系统是由唯一确定的职位组成的流动系统，在这个系统中，除非有空缺产生，否则任何人都不能移动。因此，空缺——而非标准流动模型中的人——拥有主动权。当时我很迷恋空缺链的想法；自从20世纪70年代中期某个时候读了哈里森· 13
怀特(Harrison White)那本非常聪明的《机会链》(*Chains of Opportunity*)之后，我就喜欢上了它。我曾和我的同事兰迪·史密斯(Randall D. Smith)一起写了一篇关于大学橄榄球教练空缺链的论文(兰迪是个体育迷)。① 正如我提到的，《职业系统》最初就是基于空缺链的见解。我想我会在德国音乐家中寻找链条。作为一名古典音乐的演奏者和爱好者，我对库瑙(Johann Kuhnau)之死导致巴赫(J. S. Bach)受雇，以及随之而来的巴赫被其他受雇者代替等老故事很感兴趣。

唉，在德国音乐家的数据中(合计六百人的详细职业生涯)，总共才出现了四条完整的空缺链。整件事是个败笔。但我决定用最优匹配来寻找职业模式，这成就了亚历山德拉的亨利-罗格斯大学荣誉论文。在我的指导(怂恿？尖叫?)下，这篇论文于1988年春天经过无休止的一连串通宵和周末写成。我和她联名写了一篇论文，投给了*AJS*。这

---

① ［译注］论文是 Smith, D. Randall and Andrew Abbott, “A Labor Market Perspective on the Mobility of College Football Coaches.” *Social Forces* 61, no. 4 (1983): 1147-1167.

篇论文的传奇故事——从最初被 *AJS* 断然拒绝到最终在那里发表——最好不要在此讨论。它再次证明了普朗克是多么正确。而吉姆·科尔曼(James Coleman)也是对的，他四五年后对我说，“只要你继续写死去的德国音乐家的故事，就没有人会注意你在说什么。”在大多数社会学家看来，这毕竟不是一个“真正的”数据集。

随着 20 世纪 80 年代末的到来，我又把注意力放到了时间性上，放在《超越广义线性实在》的第四项假设上。[①]第二部分的三篇论文都写于 1988 年到 1992 年这四年里，在对时间性的方法和假设进行更集中的分析后产生。在此期间，我一直在考虑写一本关于时间性的书。它以各种方式与其他可能的选题混在一起。其中之一是一本关于方法论甚至学科间的广泛而又突出的差异的书。早在 1985 年，我就一直有一个想法：关于系统化诸学科之间的差异及它们各自分析社会生活的取径。我把这个想法写进了给罗格斯大学的一个新中心的论文中，该中心由了不起的知识分子(和很支持我的)文学评论家乔治·莱文(George Levine)创立。我曾根据这个点子写过关于压力的论文(于 1987 年，发表在 1990 年的《社会学论坛》[*Sociological Forum*]上)，以及史学与社会学的学科关系(写于 1990 年，发表在 1992 年的《社会科学史》[*Social Science History*]上)的实证论文。我曾在一篇论文中数次重写了关于学科的理论分析，其初稿可追溯至 1985 年。所以，我在
14 1990 年对时间性一书的概念，会像《职业系统》中被否决的章节一样组织：以讨论学科间广泛突出的差异问题作为导论，逐步聚焦到特别关注时间性的主体部分。显然，《超越广义线性实在》经过修订后会出现在这本书中，还有学科的那些材料等。主干的各个部分都完成了，特

① 我后来回到研究广泛而突出的问题的取径，并随之写了本书第一部的另外两篇论文。我将在下面按时间顺序讨论它们。

别是关于社会科学中序列文献的背景梗概、关于因果关系的半个章节，还有一份对三篇论文的文本分析，这三篇论文都讨论同一主题(工作承诺)，一篇是经济学家写的，一篇是两个社会学家写的，还有一篇是历史学家写的。

这本关于时间性的书最终夭折了，因为在1992年，我为ASA(美国社会学学会)写了一篇论文(没在会议上发表，因为我生病了所以没去成——是心理作用吗?)，在当中我开始认识到我对时间性某些方面的认识存在根本性错误。更重要的是，如果不同时书写社会结构，就无法写出一本真正关于时间性的理论著作。这方面的智识原因我将在下面给出，但现在让我先概述一下这份特殊的自制烟火所炸毁的材料的后续历史。因为现在我意识到时间性与结构之间不可分割，所以我在时间性一书中的聚焦设计成了一个错误，我所有涉及方法和学科的广泛突出的概念分析工作都飘到了其他地方。我最终意识到，各学科这条线的工作可以合在一起，置于分形区分(fractal distinctions)的概念下。分形区分概念有两个来源，部分由我在学科的工作中发展起来，部分在关于分形社会结构的更广泛的理论论文中发展起来(未发表，写于1987年)。经过多次的内容重排和理论修缮，外加两篇新的概念论文和一份新的经验分析，这一切逐渐成为《学科的混沌》(*Chaos of Disciplines*)一书，终于在1997—1999年清理完毕，于2001年出版。

被炸毁的书中的其他关于时间性的材料也飘向了他处。我重新使用了有些部分。在1995年为《年度评论》(*Annual Review*)撰写的一篇文章中，我摘取了“其他学科中的序列”材料，因果关系材料最终在20世纪90年代末重新出现，我会在下面指出。其他材料则消失在我的档案墓地中。因此，1992年的ASA论文确实是我在时间性方面的工作的分水岭。第二部分的三篇论文刻画了我在这个分水岭之前的工作。

其中第一篇是我应邀为豪伊·贝克尔(Howard S. Becker)和查尔斯·拉金(Charles Ragin)组织的某次会议所写的论文，主题是“什么是案例”。这是一篇失眠特稿，写于我们的新生儿打破当地寂静之前的清晨。我决定做一次文本分析，在这种情况下，对当时最新的*AJS*上的三篇文章进行或多或少的语言分析。我把题目定为《案例做了什么?》
15 (“What Do Cases Do?”)，部分因为题目即内容，部分因为我已经喜欢上了问题式标题，特别是琼·罗宾逊(Joan Robinson)的论文《问题是什么?》(“What Are the Questions?”)。

二、《案例做了什么?》

《案例做了什么?》首先以一个简单的程序开始，分析了三篇论文。我读了它们的理论部分，画出了其中的叙事和行为动词，然后说明这些动词的主体是什么。我得到了一项引人注目的结果：在两篇标准方法的论文中，是变量而非行动者在做动作。除非发生了意外的事情，在这种情况下，作者又回到了行动者的故事。然而即使在这些情况下，变化的是行动者参数的属性；行动者本身在本质上被设想为理性自动机。相比之下，在一篇分析等级薪酬体系中性别不平等制度的文章中，有许多涉及真实个体和行动者的叙事，它们都具有复杂的个人结构。

该文接着分析了作为方法论策略的单案例叙事，详述了《超越广义线性实在》中点到即止的部分。借鉴1983年序列文章的资料，我在结构主义和历史分析哲学的框架内对叙事解释进行了说明。通过该分析，我开始澄清“变量”这个概念到底涉及什么。此话题可以追溯到布鲁默(Herbert Blumer)关于这个问题的著名论文。然后，我的论文试图通过发展三分法来弥合独立叙事和相互依赖的叙事之间的距离：(a)阶段理论（独立叙事，我后来沿用芝加哥学派的老术语，称之为自然史），(b)生涯理论（半独立叙事），以及(c)互动系统（在这种系统中，相互依赖的程度非常高，以至于人们根本无法思考单一叙事，我在《职业系统》中曾分析过此类系统）。后来我在我的ASA索罗金讲座中扩展了该分析，为相互依赖提供了第二个维度，即空间的维度。该讲座大约写于此时，但直到1997年才发表（它现在是《学系与学科》[*Department and Discipline*]的结尾章节）。在《案例做了什么？》中，我还暗示了一种用于不同层次的社会结构之间转换的一般性语言。这是在《职业系统》的基础上发展起来的一个职业聚结(occupational coalescence)研究计划的一部分，这个计划我将在下面多说几句。[1]

三、《时间和事件的构想》

第二部分论文中的第二篇《时间和事件的构想》，是1989年为SSHA写的，第二年发表在《史学方法》上。这篇论文是要确立一些在 16
我与标准方法的论战中出现的、对我来说至关重要的观点。当时，这已成为一场更加激烈的争论，因为事件史方法已经成为研究生院的标准课程，并被普遍认为可以“回答”关于时间性的问题。我的第一项观点是，人们应该明确地区分以序列（模式）和以变量（致因）来思考世界的方式。我用职业的概念来说明这种区别。一方面是我的概念，即把整个职业生涯作为单一的单位来分析。另一方面是当时标准的马尔可夫概念，即把职业生涯（隐含在事件史方法中）视为一个随机过程在

① ［译注］聚结指的是将不同元素结合成一个整体的过程。索罗金讲座的中文译文可以在译者的网站上获取。

一定时间间隔内运行的偶然结果。问题在于要发现规律的本性。应该把这些案例看作湖泊中的鱼(即作为 n-维状态空间中移动的点)。如果它们以某种规律性的模式游动，线性模型(及其在时间上的随机导数)就能捕捉到这些模式。但如果它们受到杂草的限制，总是以某些方式在湖泊的某些位置游动，那么只有序列方法可以发现这些模式。如果过去历史的确切形状对未来也会产生约束作用，那么序列中就会有“长”模式，只有基于全序列的方法才能看到它。

《时间和事件的构想》接着还做了另外两项重要的示范。其中第一项证明了大多数可能发生的事情不会发生。这一点对于我反对“广义线性实在”的论点至关重要。用一般线性模型分析数据产生了一种单一声明：它适用于数据空间中的任何地方。这意味着你做出一次声明，声称自己管辖了很多不会发生的事情，这在科学上可能非常浪费。也许人们可以通过简单的归类来更快速地简化一个数据空间。从最广义的角度来看，这个论点是针对“因果分析”的简述，该话题我将在第一部分的第三篇论文《因果转移》中进行更全面的探讨。但此时我主要用它来做简述序列分析。如果大部分可能发生的数据序列都没有被观察到(如果大部分可能通过数据空间的轨迹都没有被遵循)，那么相比为该空间的数据写一个线性模型，序列分析很可能是一种更快速的简化空间的方法。

用历时数据快速证明“大多数可能发生的事情不会发生”实在过于复杂，所以该文选取了《统计摘要》中美国五十个州的横截面数据。研究过程非常愉快，特别是我的预测结果准得连自己都感到惊讶。该文用同样的数据来说明我的第二项重要观点：离群值的概念是一种分
17 形。去掉一组离群值，只是让新的事物成为离群值。这与其说是一项重要的论点，不如说是一次简单的智力游戏(*jeu d'esprit*)。我对统计学和社会学教科书中突出显示的“不相关”数据的白痴图片感到愤怒。

它们通常显示的是高度非随机的数据，以一种随机数据从来没有过的方式均匀地分布在空间中。因此，我在论文中演示了不相关的数据可以充满规律性，而且，出现离群值实际上是任何真实数据集都会有的分形特性。

这两个论点过去和现在都是对标准方法的深远挑战。特别是，该文深刻地挑战了事件史方法。对事件史而言，其哲学上的借口是把对单一个体的重复测量算作独立观察值。这不仅在统计学上令人担忧(正如我在一些论文中所指出的，问题在于重复测量引起的变量间极高的相关性，并在此情况下使用极大似然估计)，这个借口也是哲学上的无知。如果伊利诺伊州在四十年内没有通过某项法律，然后在第四十一年通过，我们并不能说自己有四十一个独立的观测值。

《时间和事件的构想》接着讨论了“时间视界”(time horizon)的问题，即认为某个变量产生效应的不同大小的时间段。该文清楚地看到，GLR对变量的时间“大小”做出了激进的假设。但它并没有真正说明如何避免这些假设。对社会世界的绝对马尔可夫观点(即一切都在瞬间发生，不存在“大”事件)带来了真正的问题(因为显然存在大事件)。但我们尚不清楚如何在跳脱马尔可夫观点的同时，不陷入GLR同样有问题的假设中(事件只能受到同等规模或更大的事件的影响)。因此，这篇论文是一篇好论文，因为它看到了一些意义深远的问题的两面性；但也是一篇坏论文，因为它没有得出结论。

这些论文中的第三篇《从致因到事件》试图把我的整个时间性计划置于情境之下。最终发表的论文(1992年发表于《社会学方法与研究》[*Sociological Methods and Research*])是由1991年的两篇论文——

一篇为 ASA 撰写，另一篇为哈里森·怀特的第一次“震教旅店会议”①撰写，这次会议地点离我父母在新罕布什尔州的房子仅有十几千米远。这次会议之所以令人难忘，主要是因为华盛顿的人把布鲁斯·B. 迪马斯逵达(Bruce Bueno de Mesquita)从会议桌上叫走，让他“运行他的模型”，“告诉我们俄罗斯将会发生什么”。此时戈尔巴乔夫刚刚被关进他的别墅。同样让人难忘的是，当艾里克·利弗(Eric Leifer)用他特有的不经意的口吻说“技能意味着你永远不必做出理性的选择来安排
18 你的生活”时，迪马斯逵达和其他理性选择学者脸上露出了难以置信的表情。《从致因到事件》也是个人的某种分水岭，因为在这篇论文中，我自觉地放弃了先前自诩对这些问题有独特观点的做法，尤其是强迫自己把彼得·埃布尔(Peter Abell)当作葡萄园里共同劳作的同事，给予他应有的评价。

四、《从致因到事件》

《从致因到事件》再次讨论了社会现实的叙事性概念和分析性概念之间的区别。然而到了这个时候，“叙事”一词的含义(在整个学科中)已经和我刚从事这一领域工作时有所不同了。史学的转型使叙事重新回到了历史思维的中心，有时作为反派(如“宏大叙事”)，有时作为英雄(如“无声者的叙事”)。对于倾向于质性研究的读者来说，“叙事”一词不可避免地具有主观内涵。因此，许多接触到我论文的读者都对

① [译注]此次会议的全称是“新罕布什尔 1991 理论调查会议‘边界与单元’”(New Hampshire 1991 Theory Survey “Boundaries and Units”)，会议地点位于新罕布什尔州恩菲尔德，在一个以基督教震教派(Shakers)闻名的地区举行。怀特最初的构想是仿照自然科学界著名的戈登会议(Gordon Research Conferences)，在一个风景优美又远离喧嚣的地点举行学者间的非正式交流。但此会议只举办了这一届。

副标题中的“叙事实证主义”(narrative positivism)感到困惑和反感。因为叙事实证主义所提出的社会现实的叙事观念仍然是“实证主义”，它既不一定假定社会生活的多义性(multivocality)，也不否定关于叙事的形式化比较甚至假设检验的可能性。

该文快速梳理了我将在几年后的《因果转移》一文中更充分地阐述的因果论历史。它还调用了《超越广义线性实在》中对方法论假设的分析，总结了从我最早(1983年和1984年)的序列论文中开始的对事件性质的关注，并唤起了《案例做了什么?》结尾部分的理论分析。这篇论文的主要新颖之处在于直截了当地回顾了对叙事进行泛化的经验主义方法论，涵盖了我在早期的论文中就已经涉及的诸多领域，不过是通过对比建模方法和描述方法组织起来的。在后者中，我区分了彼得·埃布尔和戴维·海斯(David Heise)两人在某种程度上更形式化的技术与我自己粗糙但够用的最优匹配方法。如我所料，埃布尔和海斯的方法因为其精致和复杂而不被人采用。最优匹配在许多方面都显得简单，但它已经被证明是可移植的，而同形分析(homology analysis)和事件结构分析(event structure analysis)则不然。[①]

在对第二部分的论文进行回顾之后，回过头来看看我在这一时期 19
还做了些什么，也不无裨益。一如既往，我做的其他事情决定了我在这一特定工作领域中下一步的走向，即对我的1992年ASA论文引发的危机所造成的反应发挥了重要作用。

在写第二部分论文期间，我在纯粹的方法论方面也继续前进。我给几套基本社会学数据集编写了一些最优匹配和序列方法的应用，大部分是与朋友和学生一起写的。斯坦·迪瓦伊(Stanley DeViney)和我

---

① 关于当前社会科学中序列分析的总体回顾，参见Abbott(1995b)。特别是关于最优匹配，参见Abbott and Tsay(2000)。

分析了福利国家发展的序列，表明序列模式没有任何相关性。约翰·福里斯特和我分析了美洲原住民“星星丈夫传说”的不同版本，用一个下午的时间复制了斯蒂思·汤普森(Stith Thompson)花了几年时间做的归类。我们还做了一些关于编码变化对最优匹配应用影响的信度分析。我自己则挖掘出了我在第一次运用序列化分析时建立的一个关于美国城市医疗机构的老数据集，并用多维标度重新分析了它，做了序列(对于《职业系统》被抛弃的章节，我早就应该这么做)。这篇论文终于回答了老问题，即职业人士的第一步是走向对工作的控制还是发展职业知识。答案是控制工作。这篇分析的早期版本(简单的序列化)曾是我1984年的事件序列论文的一部分，我在发表时将其删去，因为我认为经验分析不具说服力。但我对序列分析中的测量理论所存在的问题——仍然是经验应用中最重要的方面——始终保持着密切的关注。

同时，我也进入了新的方法论水域。我长期以来一直对弄清“受限的鱼”这个问题很感兴趣(这个称呼来自前面提到的比喻)——叙事序列中是否有某些部分(职业生涯、生命历程等)是每个人都不得不以同样的方式经历的？罗伯特·桑普森(Robert J. Sampson)和我同时来到芝加哥，他对犯罪生涯感兴趣。促使人们走向犯罪的一条子序列(也就是一个转折点)是他想研究的现象。但是还没有人发明多子序列比对算法(multiple subsequence alignment)，一种在序列中寻找转折点的算法。绝望之下，有一天我打电话给斯蒂芬·阿特休尔(Stephen F. Altschul)，他的名字似乎出现在我碰到的90%的关于序列比对的有趣文章中。他问我是否读了《科学》杂志。我告诉他是的，他用稍显僵硬的语气回答说，他和其他合作者刚刚在那里发表了这样一种算法(我应该真的去读那篇论文，而不是只扫描下来!)。①事实证明，这是一套吉布斯采样算法(Gibbs sampling algorithm)，我立即设法在我的个人计算机上复制了它，这是我有史以来最幸运的一次编程。一些老熟人在吉布 20
斯采样的文献中出现了(吉布斯采样是一种使用马尔可夫链对太大或太复杂以致无法探索的数据空间进行采样的方法)；艾伦·盖尔芬德——我很早以前就在序列化文献中遇到过他——原来也是新技术的传道者之一。吉布斯采样也为思考社会过程如何运作提供了一份强有力的隐喻，尽管我还没有在这个隐喻的启发下写出任何东西。我和埃米丽·巴曼(Emily Barman)确实写了一篇基于吉布斯采样的论文(为一本刊物设计，但最终在 1997 年初刊登在另一本期刊上)，内容是关于 *AJS* 上论文的分节顺序(orders of subsections)。遗憾的是，与桑普森一起进行的犯罪生涯研究，因为技术上的困难而无法继续。

因此，在第二部分及其后的几年里，我开展了相当多的方法论工作。当我完成第二部分的三篇论文并进行了刚才提到的方法论工作时，我非常清楚地意识到，我自己的新方法对个案间的独立性做了深刻的假设。但对我来说，造成危机的反而是我认识到，我对叙事规律性隐含地预设一种现实，这在哲学上相当站不住脚。简言之，过去已不存在。它已经消失了。世界在某种层面上确实是马尔可夫式的，只有眼前的过去和流逝(passage)进入的现在。那么，如何才能拥有作为整体的叙事呢——对未来有影响的持久事物？我们真的要认为，如果你在某条道路上走了 80%，就必须走完剩下的路吗？或者认为那是思考一般社会现实的有用模式？然而，这种观点至少在某些方面隐含在我

① ［译注］这篇论文是 Charles E. Lawrence, Stephen F. Altschul, Mark S. Boguski, Jun S. Liu, Andrew F. Neuwald, and John C. Wootton, "Detecting Subtle Sequence Signals: A Gibbs Sampling Strategy for Multiple Alignment." *Science* 262, no. 5131 (1993): 208-214。

的论点中，即叙事规律性是思考社会过程的正确方式。事实上，它是《时间和事件的构想》的核心。

过去的事件如何影响现在？显然“通过记忆”是一种答案。我从事历史研究的朋友们——尤其是比尔·休厄尔（William Sewell Jr.），1991年秋天我们两人在芝加哥的第一个学期里，我曾和他一起授课——可以很容易地接受这一点。在他们眼里，历史是一种文化事务（cultural affair）；过去的符号持久性（symbolic endurance）足以保证其对现在的影响。但我想要的不止于此。我想探究的是过去的结构性影响。我不想在这一点上把文化扯进来，至少不是现在。但是，结构性的过去已经一去不复返了。只有当它以某种方式持续地将自己编码到现在，它才可以施展影响——就好比你想好一个句子，然后你试着弄明白其中的词到底是什么意思。

21 正是在我1992年夭折的ASA论文中，我第一次开始勾勒出这种编码（encoding）的概念。我仍然没有完全弄明白，但我已经知道，它为许多长期存在的难题提供了一把开门的钥匙。它为叙事对未来的长期影响，对遥远过去的影响提供了基础。它还调和了我博士论文中四个独立的部分，因为它允许大小不一的历史过程对一种单一的现在产生影响。

但是正如我在上面指出的那样，这种想法直接意味着任何关于时间性的书都必须同时是一本关于社会结构的书。事实上，我此刻正在写这样一本书，就像我在1990年写《学科的混沌》时一样，当时所有的想法都在我的脑海中徘徊，但我不知道其中的哪一个会在那本特定的书里出现。

当然，转向结构并不意味着我停止了对时间性的思考。我必须反思我们所说的“时间的流逝”到底是什么意思。彼时（1992—1993年）我又参与了档案史工作，因为玛尔塔·廷达（Marta Tienda）要求我写

一部 *AJS* 的历史。我的理论关注点自然而然地随着我的经验关注发生了一些转移。我不再为最优匹配的技术细节和它的假设所困扰，因为我已意识到，像其他方法一样，如果它给出了有趣的结论，人们就会使用它；否则它就会被冷落，它的假设到底是什么并无所谓。但我变得更关心社会事物的形态和本性问题。只是当我写 *AJS* 的历史时，我到底在写什么呢？在 *AJS* 的工作中，我被要求写芝加哥学派，于是我又开始怀疑，这是一头怎样的野兽？奇妙的是，这些历史研究直接契合了我 1991 年来到芝加哥时计划的工作，但这些工作已被我逐渐忘诸脑后了。我曾打算把德国音乐家的数据，与我（新近编码的）关于美国精神病学家的论文数据结合起来，做一个关于职业聚结基础的研究。研究的核心问题在于，职业什么时候、以怎样的方式真正成为社会事物。我写了几份关于这个主题的论文草稿，但因为其他职责，这个项目的经验方面逐渐被搁置了（后来我会把不少理论部分从初稿中“偷”出来用到其他论文里）。总之，社会事物连续性的历史问题对我而言有过伏笔，现在通过 *AJS* 那无休止（也充满了无尽的乐趣）的档案工作再度被挖掘了出来。这项研究的档案和历史方面的工作最终将在《学系与学科》（*Department and Discipline*）一书中成型，我试图围绕历史实体的 22
本性问题来展开——也许并不成功。理论材料与职业聚结的实证研究，在很大程度上仍未完成。

但我在这里关注的是对时间性的反思，这种反思产生于我 1992 年的 ASA 论文带给自己的智识危机，值得一提的是，我在转向档案工作而非形式化方法论工作的背景下经历了这种危机。到了 1994 年，我花了一年左右的时间，把那本夭折的关于时间的书改进成了《学科的混沌》的第一版（后来又经过了彻底修改），我开始真正地转向时间性本身。按惯例，这次出现了一次机缘。

《时间性与过程》（*Temporality and Process*）的初稿完成于 1994 年

夏天，是为挪威社会学学会的年度会议所写。这时，我已经很熟悉自己那种开头妙笔生花，中间东拉西扯，结尾仓皇收鞘的写作风格了。自20世纪90年代初以来，为我想写的时间之书所设想过的各种宏伟蓝图，都落在了这样一个念头上：我应该读一下时间哲学。我有一份很长的书目，但全部读完似乎不是明智的选择。我告诉自己只读一本。不记得出于何种原因，我在1993年逐页读完了怀特海的《过程与实在》，每次大概十页。我也不知道我为什么会这么做。当时我是个重度失眠的学者，每天都任务繁重——同时担任《工作与职业》(*Work and Occupations*)杂志的编辑、担任芝加哥大学本科生学院社会科学分部的舍监和芝加哥大学社会科学学部副部长、每年教授三门课程、做研究、帮助照顾一名五岁的孩子。那段日子里我基本每天五点半起床，要么做行政工作，要么读十页怀特海。我当时读的不是经过“净化”和重新编排的新版《过程与实在》，所以文本上的内容让人非常困惑。

至于论文本身，我沿用了以前分析文本的格式，挑选了三位作家进行深度“阅读”：柏格森、米德和怀特海。对于柏格森和米德，我只是简单地把涉及的相对较短的文本读完(分别是《时间与自由意志》和《现在的哲学》)。而怀特海的不朽之作我全部读完了。其实，在我到彻默岛(Tjøme)参加会议时，只写了柏格森和米德部分的论文。但参加会议的经历，让我认真重写全文，所以才有了此处的版本。会议中途，我们参加了一个领略当地风光的(冗长的)巴士一日游活动——我们去了奥塞贝格号维京船的发现遗址、爱德华·蒙克(Edvard Munch)在奥斯高特兰的屋子，还有滕斯贝格镇(Tønsberg)。在那儿，从寡妇之家、孤儿院到医院和救济院，所有的一切都冠着斯文·福因(Svend
23 Foyn)这个人的名字。我们很好奇，福因有什么丰功伟绩吗？他们告诉我们，他发明了手榴弹鱼叉。所以我们心想，原来所有的寡妇和孤儿都是这么来的！于是，我重新改写了这篇论文，利用底层的文本来分析发明手榴弹鱼叉这一特殊事件。

五、《社会生活中的时间性与过程》

由此产生的论文写于1994年秋天，后来发表在弗雷德里克·恩格尔斯塔（Fredrik Engelstad）和朗瓦尔德·卡勒贝里（Ragnvald Kalleberg）编辑的会议文集《社会时间与社会变化》（[*Social Time and Social Change*]，会议文集通常会出现出版较慢的情况）中。这篇论文也许不如我写的其他论文那样容易概括。它首先简要地陈述了手榴弹鱼叉的发明，这项工具最终使人们能捕杀大型鲸鱼（大型鲸鱼的体重意味着它们会在死亡时下沉。当一条重达两百吨的蓝鲸拖着6 000米的渔线沉入9 000米深的海中时，人们没法指望靠一艘小鲸船将鲸鱼拉回家。手榴弹鱼叉使捕鲸者能够从母船上发射鱼叉，而母船有足够的浮力，即使是最大的鲸鱼也能拖住。福因的鱼叉就是这样的装置）。

我在论文的第一节中思考了埃利亚学派的时间悖论，特别是历史"时代"（epochs）的概念——某些社会定律在一段时期内成立。时代似乎为史学和社会学的分工提供了一种有用的方式：社会学适用于一个时代内部，史学解释为什么有时代。然而，如果时代确实存在，那些改变时代基本定律的力量又是如何穿越其间的呢？

对柏格森的阅读使我关注"体验到的持续时间"，其本质是指代、多重的和包容的（indexical，multiple，and inclusive）。它以感知者为中心，因此是指代性的；它有许多尺寸不同、互相重叠的大小，因此是多重性的；它按大小排列，但总是同心的，因此是包容的。但柏格森没有说明别人的时间，只提到了自我的时间。因此他没有解释社会时间。他也没有说明决定（determination）如何与个人时间所固有的自由相适应。

在考虑并拒绝了一些当代版本的时间性之后（包括利科[Paul Ricoeur]的版本），我转向了米德。米德接受柏格森对时间的解读，认为它是多重的、包容的和指代性的。但他坚持过去近乎无限的可塑性(plasticity)，将它的不可唤回(irrevocability)视为我们在事后赋予它的一种特性。同时，他也没有说明许多观察者产生的“潜在的混乱过去”(potential muddles of pasts)如何被加工成一种多多少少稳定的社会性认知。然而，在《现在的哲学》的末章中，米德开始发展个人之间“距
24 离”的概念，并认为正是这种距离——使得来自相似的（用牛顿的术语来说）现在的信息在不同的时刻到达我们手中——给我们提供了发展社会时间感的基础。这种“现在”的差异使我们能够摆脱实际时间经验的内在颗粒性。

我主要从怀特海那里借鉴了他的本体论概念。对怀特海来说，世界是一个事件的世界(the world is a world of events)。[①]这些事件可以被定义为我们称为“（社会）事物”的稳定世系(lineages)。此举的关键作用是打破了社会理论中的微观/宏观难题。目前，无论是个体还是各种社会结构都是由无尽的事件流动所定义的关系在一瞬间产生的。此外，历史时代的问题也已解决。由于变化是常态，所以很容易解释。人们不得不解释的是稳定。在该文的余下部分，我将勾勒出这个怀特海本体论的含义，这的确是我正在撰写的一本更大理论著作的基础之一。在这里，我开始给编码概念（来自我 1992 年的 ASA 论文）的骨架披上一些皮毛，尽管我刚一重读就意识到这篇论文对普通读者来说，可能仍然过于忠实于怀特海式的语言了。

我对时间性的新看法意味着我能够从新的角度审视结构问题了。

---

① [译注]这句话来自米德的《现在的哲学》（正文第一段的末句）。该观点贯穿了作者的整个过程理论。

这意味着要回到《超越广义线性实在》一文在假设一、五和六所提出的关于实体和结构的问题（这些是关于实体的存在、它们相互之间独立性以及情境的假设）。实体与结构的问题是第三部分最后两篇论文的重点。

与我的大多数论文不同，《论转折点的概念》没有涉及历史。弗雷德里克·恩格尔斯塔（挪威会议的组织者）请我在他编辑的《比较社会研究》（*Comparative Social Research*）中对约翰·戈德索普（John Goldthorpe）的一篇论文作下回应。虽然约翰很快就成了我的熟人（我在牛津大学纳菲尔德学院度过了 1997 年的春天，他是该学院的正式研究员），但我更熟悉他在社会分层方面的著名工作，而对他的方法论研究不太了解。我认为约翰在这个问题上设置了一些稻草人靶子，而我是其中之一。所以我在发表的版本中留下了论文的简短开头，回应了约翰在他的论文中提出的问题。但我的回应基本上是借着戈德索普的批评来展开自己的论证。长期以来，我一直为转折点概念的哲学地位所困扰。它似乎属于那些作者想让它表达什么意思就是什么意思的术语之一，尤其是在生命历程文献里。我认为把关于这个概念的文献好好地翻
一翻，会有助于我们使它成为一项更有用的术语。但我最终只写了标 25
题下的第一部分便停下了，转而在第二部分讨论从转折点概念出发的结构理论。它既可以证明我的“叙事是真实的”立场，**也可以**证明一种结构性的现实，而且不涉及我编码概念的复杂性。

六、《论转折点的概念》

《论转折点的概念》首先介绍了约翰·戈德索普以及他关注的问题，接着指出文中所讨论的连续和离散过程的转折点都以数学概念为基础。这里的一项重要洞见认为，转折点是一种“叙事性概念”。如果不参照

两个时间点，它是无法被构想出来的(人们不可能在当下就知道转折点已经出现了；如果能做到这一点，我们就会一直跑赢股市了)。文中接着发展了一种“轨迹”的概念，指的是那些**不属于**“转折点”的过程的一部分。我指出，轨迹是社会过程中最容易被标准方法论分析的部分，但转折点其实可能更关键。我认为社会现实的大部分可以被想象为一种结构，在这种结构中，行动者通过轨迹行进到他们的终点，然后面对引人注目的、在某种程度上随机出现的转折点时刻。研究方法在此处的分工不同，标准方法可以分析容易的部分(轨迹)，序列方法可以分析重要的部分(转折点)。

《论转折点的概念》的第二部分提出了这样一个问题：选择模型——戈德索普的另一个主题——真的是思考社会过程展开的明智方法吗？然后，它又进一步概述了《社会生活中的时间性与过程》中出现的社会结构观点。行动者和结构再次被定义为事件的网络，但这里的重要次级主题是事件的多重性。当我行动时，是男人在行动，是教授在行动，是五十岁以上的人(叹气)在行动，等等。就像在《社会生活中的时间性与过程》中一样，我试图削弱社会结构中“大”和“小”的语言，我坚持认为这些大小更多与时间上的持续性有关(我们所说的“大的社会结构”是那些持续很久的社会结构)，而不一定与纯粹的人口数量有关(如果社会结构仅仅涉及很多人，我们不一定认为它“大”)。

本书第三部分的第三篇论文《边界之物》，产生于 1995 年两篇义务之作的交集。一方面，斯坦福大学的迪克·斯科特(Richard Scott)邀请我在阿西洛马会议上发言，这是他曾经为对组织感兴趣的斯坦福大学研究生举办的年度学术聚会。另一方面，我答应为一期《社会研究》(*Social Research*)写一篇关于边界的文章，他们召集了可能对这个题目有想法的人，希望有一两人可以提供新的说法。我有点意兴阑
26 珊，因为我知道边界的话题已经变得非常时髦；学术生活中充斥着被

人文主义者的混乱推理称为理论的“越界”(boundary transgressions)现象。然而清晨的淋浴再次激发了我的想法。大家都在说边界是一切的关键。为什么不学学柔道的借力打力呢？于是我把原来的想法放在一边，假设先有边界，后有事物。因此，《边界之物》从老式的启发式(heuristic)技巧开始，即通过一个纯粹的句法话语规则先形成一则短语——在这里是“边界之物”这个短语——然后试图弄清楚这个短语的语义内涵。这也是我对编码概念所采用的策略。

幸运的是，我还留有各种智识边角料，它们也许能对“界限之物”派上些用场。首先是另一次遭遇注意力缺失症的尝试，这是我在 20 世纪 70 年代中期进入拓扑学(topology)时遗留下的。我记得当时自己对一个叫“层理论”(theory of sheaves)的东西非常感兴趣。我甚至写了一篇论文(还好已经弄丢了)，假装把这个理论应用到某件事上，参加芝加哥大学社会学系的一次学生会议。总之，如果我打算想象事物而又不涉及边界，就意味着我回到了代数拓扑，这是我在 20 世纪 70 年代中期试图从美国数学协会编写的一些难以理解的专著中自学而来的。我还剩下一些有用的记忆。

第二点，也是更重要的一点，当时我下起了围棋。围棋这项游戏，基本上就是试图通过边界来制造事物。正如我对古典音乐理论基础的了解一直是我对多层次社会过程进行理论化的秘密方式(这个事实我在 1983 年序列论文的脚注中多少承认了①)，围棋将是我思考边界之物的秘密方式。我在 20 世纪 90 年代初开始下围棋，说起来原因很可笑。我之所以知道围棋，是因为我读了很多年的日本文学作品，而无论是在《源氏物语》这样的古典作品，还是在《名人》(川端康成)这样的现代作品中，围棋都是很突出的意象。但在 90 年代初的某个时候，我觉得

① ［译注］参见本章的论文(已列在本书参考文献中)的脚注 32。

我这样的人就该玩点特别的东西。就像我学习古典吉他是因为它适合我在青少年时期想要塑造的形象一样，我在45岁的时候开始学习棋类游戏，是因为它的深奥和不寻常，适合我仍在努力塑造的形象。我小时候曾短暂下过国际象棋，可我太笨了，根本搞不清楚。但围棋伟大、
27 纯粹而又深奥。我通过和电脑对弈学会了围棋，电脑并没有像我的童年好友和偶尔的象棋对手乔治·布儒瓦（George Bourgeois）一样，不断提醒我自己有多笨。

所以，这篇论文是典型的“在正确的时候写出的正确文章”。也许是出于某种原因，或也许没有任何原因，相对自由的论文与长期潜伏的知识碎片恰到好处地融合在了一起。我一如既往地用职业作为实证例子来组成论文的细节，在这篇文章中我选择的案例是社会工作。与《职业系统》一样，我原本计划在经验层面上做一个超详细版本的论证，但数据并不匹配。1995年，我为《社会服务评论》（*Social Service Review*）的讲座确实写了一份更实证的版本，但即使那一篇也缺少我想要的实证细节。《边界之物》的有趣之处在于给了我一个机会引用一位研究生时代的老朋友——进化生物学家迈克·韦德（Mike Wade），他的群体选择模型很适合论文中的论点。

七、《边界之物》

《边界之物》这篇论文的诞生，受到了《职业系统》中“团结性的职业存在”（existence of solidary professions）这一强假设的驱动。该文还引用了《社会生活中的时间性与过程》中提到的过程主义本体论，坚持把实体世界看成是变动不居的。该文也举了一些“边界之物”的例子：例如，我将一项职业定义为一组地盘争夺战，这些争夺在职业系统中被结合为一处单一的可防御的位置。接下来出现了一道奇怪的逻辑问题，

即在没有可界之物的情况下，如何定义边界？这需要对一些基本词汇进行重新定义。值得注意的是，我用“差异的地点”（site of difference）概念替代了边界的概念。

我接着举了一个扩展的例子，即社会工作职业的形成。我在文中写到，社会工作的出现是通过这样一种方式（至少部分是如此）：将几种不同类型的差异结合在一起，形成一个可定义的社会组织。该文在最后一部分考虑了这种“结合”（yoking together）的各种可能的定义，这是我解释实体涌现的核心过程之一。由于我在过程论思维的框架中进行了思考，因此该文也详细地考虑了实体的“物样”（thinglike）特性。在这里，我窃取了更早（1990 年）的一篇关于职业聚结主题的 ASA 论文的理论部分。我根据三种基本属性的有无考察了不同的职业观：一个 28
特定群体、一类工作方式、一种组织形式。《边界之物》以一则简短的评论收尾，将我对社会实体的看法与其他社会组织的标准说法联系起来。

我在 1992 年陷入了关于时间性和社会结构关系方面的智识危机，这意味着我又开始研究广泛而又突出的问题了。我不得不处理《超越广义线性实在》议程的其他方面。正如前面所言，我在第三部分的论文中讨论了实体和结构的问题（《超越广义线性实在》中的假设一、五和六）。议程的另一个方向是《超越广义线性实在》中的第三项假设，关于意义的单义性（univocality of meaning）。当然这里还有一个更广泛的问题，即事物不可避免的模糊性——简而言之，就是文化的问题。在此之前，我一直对该问题保持着一种虚假的界限。并不是因为我没有谈到文化，实际上我在《职业系统》中颇为自觉地讲述了文化体系，而后来成为《学科的混沌》的材料也大多是文化的。但我一直拒绝在理论层面上将文化与时间性问题联系起来，因为我害怕落入在我看来不假思索的答案，即社会系统的“记忆”主要是文化的。然而，其他人迅速而成功地采用并发展了这一立场——最明显的是我的朋友比尔·休厄尔——这让我觉得我需要在文化战线上前进。事实上，保罗·利科的《时间与叙事》也曾让我非常紧张，因为我曾以为他所借鉴的文献——历史的分析哲学和文学结构主义——在当前社会理论中唯一的读者是我自己。我想，幸好利科没有看到时间性的纯结构问题。①

我从 1993 年的一篇会议论文开始对模糊性(ambiguity)进行理论探讨，那是苏珊·沃特金斯(Susan Watkins)在 SSHA 上组织的一场关于“社会科学史中的计算新方向”的研讨会。后来我发现芝加哥大学的全国民意研究中心(NORC)保存了一份完整的列表，其中列出了所有曾经使用过综合社会调查(General Social Survey，GSS)的研究，以及他们使用过的所有变量。不知怎的，一个疯狂的想法从我的记忆中突然冒了出来，我想起了罗伯特·帕克这位 LISREL 和测量模型的先知！他曾说过，为一个概念选择合适的多重指标非常重要，他画过很多图，上面有成串的指标指向单个概念。但很明显，不同的人用一个给定的指标来表示很多不同的概念。如果我把整个测量图颠倒过来，然后问附加在某个特定的变量上的多重概念其含义为何，会有什么样的结果呢？突然间，我意识到我可以对整个量化系统进行逆向工程，通过观察变量在不同研究中的使用情况，来发现量化科学是如何与意义的模
29 糊性一同运作的。我花了一个下午的时间编程，写了一个程序来读取 NORC 文件(当时存在纯文本格式里)并检索信息。数据集的大小有一些

---

① ［译注］休厄尔的论述可见《历史的逻辑》(上海人民出版社，2021)，尤其是第八章与第九章。关于利科，1970 年，在经受了法国的激进学生运动冲击，以及前一年竞争法兰西公学院教席失败之后(在第二轮投票中输给了米歇尔·福柯)，他来到芝加哥大学访学，并于次年开始担任神学院的讲席教授直至 1991 年退休。在此期间他发表了一系列传世之作，包括《活的隐喻》(1975)、三卷本的《时间与叙事》(1983—1985)，以及《作为一个他者的自身》(1990)等。这段历史见查尔斯·里根(Charles Reagan)的利科传以及迪迪埃·埃里篷的福柯传。

问题，但我已经展开了工作。

八、《复义七型》

《复义七型》就这样应运而生了，这是第一部分的第二篇论文。论文的第一部分是我对社会现实的叙事方法和分析方法之间确切关系的最新陈述，完整地列举了七处意义的模糊性和多重性。它们使转译的过程变得很不清晰(论文的标题借鉴自一本文学批评著作，我在大学时代特别喜欢这本书，当时我的专业还是历史与文学)。此处没有必要列举这七种复义，但实际上，标准经验方法论的细心实践者对这些问题再熟悉不过了。一些与时间有关，另一些与标示有关；一些产生于特定的解释层次，另一些产生于层次之间。

该文的第二部分考虑了到1997年为止，用GSS中“宗教信仰强度”变量所发表的所有论文。我首先从聚类分析着手，对这些研究中最常见的变量进行分析，表明它们属于一组非常清晰的聚类簇。接着，我将分类法反过来，将论文按照其所使用的变量进行归类，并按照时间段的不同将所有论文分成四类。结果都以聚类分析的形式呈现，并显示出大量引人注目的结果。它们大体上说明了前面讨论过的复义类型。更重要的是，它们显示了一旦我们把文献看作一个整体，一个单一的变量是如何作为一个由变量间的可能关系组成的复杂网络中的节点来运作的——有时互相依赖，有时独自作用，有时是干预性的。分析结果还表明，科学文献也许是从对重要变量的小范围明确检验开始，但随后会走向包括几十个或几百个变量的“中间派”模型。由于这种不可避免地滑向“垃圾桶式的”变量运用模式，每份文献区分于其他文献的方式可能只是根据哪个变量被当作因变量。同时，一项令人惊讶的发现是，数据中似乎并不存在真正的“文献”。给定的变量列表被不同的调查者用于完全不同的目的。

“复义”是对皈依者的又一次布道。当时实证主义在《理论与社会》(*Theory and Society*)上并不受欢迎。因此为了掀起些波澜，我在
30 论文中逆流而上地争辩道，人们可以利用我所做的那种分析，从实证主义的工作中检索出社会生活中真正的模糊性信息。在这个意义上，某种形式的元分析(就像我的同事拉里·赫奇斯[Larry Hedges]发明的那种统计方法，但在意图上有所不同)将提供关于我们社会结构中意义模糊性的全新的“实证主义”信息。不用说，这条建议并没有得到多少回应。

作为我回归到分析广泛而突出问题的一部分，《因果转移》讨论了《超越广义线性实在》中也曾出现过的因果关系问题。先说说这个标题。对我来说，“转移”(devolution)这个词挺有趣，因为刚好与“革命”(revolution)部分谐音，很符合该文自命不凡的气质。我隐约地察觉到，对因果论的看法已经在社会学内发生了转移，真正意义上的“转移”。但我也意识到，没有人会知道这个词到底是什么意思，就像我不查字典就说不出个所以然一样。我自己之所以知道，是因为我曾经读过路易十四“遗产战争”(Wars of Devolution)的相关著述。拜托别问我什么转移了，也别问我转移给了谁——我记得，太阳王自己用这个词是为了含混。无论如何，我喜欢这个词，大家都喜欢神秘感。①

阿德里安·拉夫特里(Adrian Raftery)邀请我在他为纪念赫伯特·科斯特纳(Herbert Costner)荣休而组织的系列讲座中发言，这篇论文就是为此而作的。这篇论文的部分内容并非横空出世——在1990年夭折的关于时间性的书中曾有一节关于因果关系，后来我在1995年把它

---

① [译注]转移的是他的第一任妻子西班牙公主玛丽-特蕾莎部分未到位的嫁妆的所有权。路易十四的律师根据一条使人费解的法律 *Jus Devolutionis*，提出太阳王对这笔财富拥有权利。

拓展了一下，投给了 SSHA。在这篇论文里我讨论了涂尔干。在此基础上，我又增加了社会学中因果论的详细历史。这份材料翔实了许多，因为我的档案知识又长进了不少(来自研究 *AJS* 的项目)，并且我还从 1992 年的索罗金讲座中摘取了社会学的争议历史(讲座最终成为《学系与学科》的最后一章)。因此这又是一篇能看到许多早期研究蛛丝马迹的论文。

1997 年春天，我在牛津大学纳菲尔德学院写下了这篇文章。在那漫长的三个月里，我在一个氛围极佳的智识环境中独处，我可以选择给那些进展到一半的研究收个尾，也可以选择展开新工作。我依着自己的性子，选择着手写《时间与社会结构》，这本系统的书隐含在我 1992 年的 ASA 论文中。毕竟把未尽的研究全部收尾是我无论如何都办不到的，而且我也无法带走所有必要的档案。只有当我回到芝加哥后，我才强迫自己遵守一个时间表，这使我在接下来的两年里完成了《学系与学科》和《学科的混沌》。

我在牛津的这三个月中收到了阿德里安的约稿，为此我被迫放下这本纯理论的书稿，先去分析因果关系，不过这恰恰使我如梦初醒——我意识到那本纯理论的书是个错误。一本综合性的著作必须从纯理论进入方法，对这样的过渡而言，重新解释我们的因果关系概念(可能是拒绝)将变得非常必要。因此，我开始将这篇论文看作(现在 31
仍然如此)远未完成的《时间与社会结构》(*Time and Social Structure*)中的一个重要章节。

九、《因果转移》

《因果转移》首先对涂尔干的《自杀论》采用的因果关系概念进行了扩展分析。因此，该文与这里的其他几篇论文一样都植根于文本分析。

我表明，涂尔干的论点借鉴了典型的19世纪立场，但以特定的方式对其进行了修正。我的基本论点是，出于历史偶然性，涂尔干书中主张的因果关系，在其去世以后被组织起来的方式，与费雪(R. A. Fisher)及其同事提出的方差分析所采取的形式完全相同。这使得涂尔干的著作在20世纪60年代成为社会学因果论的代表性文本。奇怪的是，涂尔干本人认为他的论点具有高度的**历史性**，因为他在头脑里反对的是斯宾塞(Herbert Spencer)这样的全面进化论者。因果论于是成为一种指代性的信念。

《因果转移》继续介绍了因果关系概念在社会学中的变迁史。很少有人记得，社会学最初的定量革命明确地反因果论。20世纪60年代，因果论随着路径分析出现而归来。我比较详细地讨论了这段历史。然后，该文对当代的因果哲学作了一次快速的回顾，重提了历史哲学的文献，但把它放在从休谟主义、逻辑实证主义到普通语言哲学，那些更广泛的因果性哲学背景下。该文最后以关于社会学方法论的布道收尾。我首先指出因果方法不为理论家所接受，其原因是它们忽视了社会行动。对此我强烈要求把描述甚至模拟作为社会调查的合理形式。

《因果转移》是这本论文集中最新的一篇。然而我发现自己已经开始反对其中的一些观点了。特别是，为了发展《时间与社会结构》中又一章的一些想法，我已经提出了一种新的思考社会科学中解释类型(types of explanation)的方式。一段时间以来，我一直觉得我们有必要拓宽解释的概念，并希望把自己对霸权方法论的挑战表述为一种改变——如何思考“解释”的改变，以此来理解那些自己曾经拒绝的事物。

不过就目前而言，本书所收集的文章包含了我对时间和社会结构
32 分析的核心内容。这种分析在很大程度上倾向于时间问题，但也触及解释、文化和社会结构本身的问题。我努力在这篇导言中细数所有想法的来龙去脉，这与其说是为了让人们理解这些文章的个人情境，不

如说是为了让踏上职业生涯的人们意识到一个人的研究生活究竟有多么偶然。诚然，我刚踏上这段旅程时，想有一项宏大的设计，目标是建立起对社会生活的全面解释。但如果我在 1980 年就坐下来写这些，我永远不会取得任何成就。相反我先在这边推一记，再在那边顶一下，不断碰壁、跋山涉水。

我还强调了很多人物在这段故事中扮演的角色，他们出现，产生一些影响，然后淡出，有时他们又二度出场。如果我真的是在精心构思一部维多利亚时代的叙事，这种情况就不会发生。真正重要的人物会在整个过程中都显得重要。预述(Prolepsis)会小心翼翼地介绍关键的配角，以确保他们的行动与他们的形象相符。

当然，这不是生活展开的方式。我不会因为提到了弗雷德·希科克、菲普斯·阿拉比、帕特·考克斯、乔·克鲁斯卡尔或谁，因此增添了读者的负担而感到歉疚。这些人的行动不仅对我，而且也对很多我素未谋面的人产生了深远的影响。我试图讲述这段故事，让读者看到它对机遇的开放性，它嵌在一个巨大的偶然性社会经验流中。巴特式的好故事并不存在，尽管如利科所言，好故事是我们思考世界如何运作的标准答案。

事实上，我在这里所讲的故事在很大程度上遵循了我所写的理论。我所经历的研究事业是相当怀特海式的——给定的作品会被后来的工作重新定义，旧的草稿被带到新的事物中去，并进行改造。我的大多数作品都在几支分析世系中占有一席之地，在我工作的某一部分中各擅胜场。大致的结果是一个整体上针对单一问题的思维网络，但绝不是以直截了当的方式组织起来的。因此，我必须承认我的朋友约翰·帕吉特(John Padgett)几年前在一旁风趣地提出的指控，即我已经发表了我所有的中间成果。事实上，由于这种网络化的特点，我的作品有时在我，也就是它的作者看来，具有一种模仿(pastiche)的品质，但我希望读者们不会产生这种感觉(至于约翰的说法，我不确定我是否相信有任何结果不算中间结果)。

33 如果容我再打个比方，我会说自己一直是一名吉布斯采样器(Gibbs sampling)一般的学者。吉布斯采样是一种利用条件概率信息产生边际信息的方法。你把条件概率信息设为一道马尔可夫链，然后将它迭代。瞧！根据马尔可夫链的基本理论，你最终会得到边际信息。我一直就是这样的人。我不知道我的项目的“终点”在哪里，也许约翰认为我应该知道。同时，我尝试着一次改进一支世系。我通过观察那个特定世系的进展情况来施展改进方案，同时考虑到我从其他工作中得到的所有想法。然后，我利用这些(条件)信息为这个特定系列的发展选择一条路线。然后我把它写出来。接着，我再去进入我工作中的另一支世系，在那里做同样的事情，只是现在把我刚刚写好的对当前世系的推进当作我对下一世系的条件信息的一部分。这颇像一个吉布斯采样器，只是我活在其中。当然，事实证明，吉布斯采样器可以做成非常有效的优化机器。它们缺乏牛顿优化的清晰分析逻辑，但它们在复杂和不守规矩的空间中工作得更好。

我有一个想法，诸如此类的过程在整个社会系统中无处不在。但同时，我也担心把社会系统想象成一个优化的过程。因为重读这些作品，无论是这里收录的作品，还是更重要的，我省略的 20 世纪 80 年代初的作品，都让我对早期的版本有一种挥之不去的眷恋。仿佛历史和社会学的主题，或者说叙事和分析的主题(如果你愿意的话)，并不是以某种方式达到的最终目的，而是要被表演和重新演绎的歌剧总谱。我曾多次排演过这部歌剧——身穿一种或另一种学科的服饰，我知道排演歌剧难免需要和那些经验丰富的老戏骨、万众瞩目的女主角以及初出茅庐的新秀们不断拉扯磨合，这多像我在那些权威期刊以及暑期研讨会上做出的争论。如果说随着时间的推移，演出会变得更加复杂和深刻，如果说我对歌剧结构的深入理解使我最近的演出能够领悟越来越多的潜在内容，但我的第一次演出仍然有一种现在无法召唤的气势和能量。

我猜想，社会科学的所有重大问题都是这样，或许知识本身也是如此。我们不是发现者，而是表演家。在公众的眼中，我们在舞台上拥有自己的时间。但其他的表演者和演出都将鱼贯而至。对我们来说，只要我们尽可能频繁地上演这部作品，并认识到事实上没有原创的乐曲，只有无休止的接续制作，也就足够了。

第一部分　方法与假设

第一章　超越广义线性实在*

社会学理论和社会学研究之间正在产生一道逐渐扩大的鸿沟。37
一般线性模型与其他新技术已重塑了经验工作，而对经典的重新认识则已改变了理论。这些相互矛盾的转变孕育了尖锐的情绪。有些人试图将社会统计还原到实质性理论的地位，而另一些人则指责理论家散布替代社会统计的模糊方案。多年来，互动主义者、宏观理论家和其他许多人都参与了这场辩论。但直到线性方程和特征方程所包含的具有挑战性和一度费力的数学基础被计算机化之后，这种分裂才呈现出目前的规模。自此，定量工作开始主导核心的学科期刊，而理论和定性工

---

* 本章最初发表于 1985 年 11 月 23 日在芝加哥举行的社会科学史学会会议上。论文版本刊发在 *Sociological Theory*（6，no. 2 [1988]：169-186）；此次获得美国社会学学会许可得以重印。我在此感谢罗恩·安杰尔(Ron Angel)、乔尔·迪瓦恩(Joel Devine)、拉里·格里芬(Larry Griffin)、比尔·格隆弗茵(Bill Gronfein)、埃里克·蒙克宁(Eric Monkkonen)、道格·纳尔逊(Doug Nelson)以及罗布·帕克(Rob Parker)对最初发表的论文所做的评议。

作则越来越多地创办自己的期刊并选择图书作为发表成果的形式。①

在本章中，我试图说明理论家和经验主义者之间的分歧的一种智识来源。我将论证，标准方法中隐含着一种“广义线性实在”(general linear reality，GLR)，即一套关于社会事件如何以及为什么会发生的深层假设，而这些假设妨碍了理论家和经验主义者去分析许多他们共同感兴趣的问题。除了划定这些假设，我还将考虑这些假设的替代性方法。本章最后将简要讨论关于社会现实的三组替代性的方法预设。通过这项分析，我的目的不是要重新引起无谓的争议，因为我相信一般线性模型(general linear model，GLM)是一种强大而有效的方法。② 但我认为，该模型已经影响了我们对社会现实的实际构建，使我们对重要的现象视而不见。只有通过将形式化技术变得更加多样，

---

① 关于统计学作为一种实质性理论，参见 Collins(1984)；对理论家的批评，参见 Blalock(1984a：138ff)。对互动主义者的批评，参见 Blumer(1931，1940，1956)。科塞(Coser [1975])提供了一种宏观理论的视角。维尔纳(Wilner [1985])讨论了量化研究的统治地位。方法论优势的核心是商品化，这一点很容易证明。关于目前在 SPSS 和类似软件包中已被商品化的回归分析与其他量化方法，布拉列克的文本(Blalock [1960])是一份经典的社会学文献来源。相比而言，科尔曼(Coleman [1964])提供了将数学技术应用于社会学的非商品化方法的另一种来源。在 1966—1970 年，布拉列克在 SSCI 中的被引用次数为 162 次，而科尔曼为 117 次。以后几年的数字分别是：1971 年，54 比 39；1975 年，117 比 24；1980 年，121 比 24；1984 年，104 比 15。科尔曼的这本好书从未再版，也证明了同样的事实。

我应该敬告读者，“理论家”和“经验家”(或“方法家”)这两个标签是武断的两极化术语，旨在快速指代理想的典型立场。显然，它们并不体现一种形式化的社会学的社会学(a formal sociology of sociology)。

② [译注]此处适合区分一下术语。熟悉统计学的读者都很清楚 general linear model 和 generalized linear model 虽然字面接近，但是两个不同的术语，指称不同的模型。在中文里前者如本译文所用，称为“一般线性模型”(模型的残差服从条件正态分布)，后者被称为“广义线性模型”(模型的残差服从条件指数分布族中的任何一种分布)。但在物理学中，general theory of relativity 被称为“广义相对论”。所以在学术语境下 general 与
38 generalized 的译法存在无法统一之处。在本章中“广义线性实在”和“一般线性模型”相对应。

我们才能重新发现这些现象。[①]

一、广义线性实在

作为一个短语，“广义线性实在”表示了一种考虑社会运作方式的思维方式。这一方式产生于将线性模型视为实际社会世界的再现(representations)。此种再现性的用法可以与另一种更为谨慎的线性模型用法相对照，在后一种用法中，分析者认为一些实质性的因果过程在逻辑上蕴含了(entails)变量之间的关系模式，这些模式随即可以通过该模型进行检验，以发现实际的事态是否与所提出的实质性机制一致。我将这两种用法分别称为**再现用法**和**蕴含用法**(representational and entailment uses)。[②] 我将在第二节的讨论中准确地概述再现用法隐含了哪些理论假设。然而为了开始分析，我们必须首先勾画出模型的数学

---

① 理论家对方法的不满在很大程度上并非反对量化，而是反对“理论唯一可能的形式化方法是标准线性模型”这一常见理解。虽然还存在其他方法，但它们很少得到广泛的应用(关于形式化社会学理论的评论，见 Freese [1980]和 Freese and Sell [1980])。大多数关于理论和理论建构的经典著作(例如，Hage [1972]Abell [1971]甚至 Stinchcombe [1968])都采用了 GLR 的社会现实观。我应该提醒读者，我在整个过程中都假定了理论的存在是为了提供对事实的描述，可理解和逻辑严谨的描述。当然，可理解性、逻辑性和事实性的定义可以商榷。有些理论家认为经验主义者的“事实”是无趣或人为的，而有些经验主义者则认为理论家的理论不可理解或是审美的。尽管双方在内容上有分歧，但都一致认为，理论的目的是解释事实为什么是这样。我还将假定，严谨的基本标准是逻辑形式论(logical formalism)。虽然逻辑有许多类型，但我希望在理论的基本标准中排除美学；同时排除一种相关概念：大部分的理论原则上不可形式化。

② [译注]关于 representation 的中译一直有争议，此处采用了“再现”，取其“用某种媒介再次呈现事物的形态”之意。对各种中译的讨论见伏飞雄与李明芮的《再现或表象：representation 汉译争论再思考》(2020)，载《南宁师范大学学报》。entail 的语义更复杂，此处作动词时的意思相当于 to bestow、to impose，即蕴含或包含之意。后续章节中 entail 作名词还有“继承”“必要结果”的意思。而 entailed 是形容词，意为“所涉及的”。

内涵。

一般线性模型使一些特定的变量依赖于一组前因变量(antecedent variables)和一个误差项：

$$\mathbf{y}=\mathbf{X}\mathbf{b}+\mathbf{u}$$

这里小写字母代表向量，大写字母代表矩阵。**y**、**u** 和 **X** 的行维数是观察到的案例数量(m)，而 **X** 的列维数和 **b** 的行维数是前因变量的
39 数量(n)。我们可以不考虑常数项，这不会带来任何损失。

从形式上看，该模型是从 $\mathbf{R}^n$ 到 $\mathbf{R}^1$ 的线性变换。① 变换本身并没有对因果关系或方向性做出任何假设；如果对 **b** 中的元素做出适当的替换，**X** 的任何一列都可以与 **y** 互换。然而，使用该变换来表现社会性的因果关系需要假设 **y** 发生在 **X** 中的一切事物“之后”。在截面应用(cross-sectional application)中，使用该模型假定了一种取代了实际时间的“因果时间”。②

线性变换的范围只有一个维度，这是估计问题(problems of estimation)所施加的一项约束。我们可以很容易地设想出一种 GLM 的广义形式。

$$\mathbf{X}_t=\mathbf{X}_{t-1}\mathbf{B}+\mathbf{U}$$

这里的索引指标(index)将变量嵌入实际时间。**每个**变量的每一后续值都反映了所有前因值的独特组合。**B** 变成了一个维数为 n 的方块矩阵，因此完整的变换是从 R^n 到 R^n。这种更广义的 GLM 是大多数面板研究(panel studies)的基础，尽管相关的 GLM 系数只能通过——以理论为依据——删除这个模型所假设的依赖性(dependence)的某些

---

① [译注]R^n 亦即实数坐标空间，R^1 是实直线。

② 对这类模型中时间观念的优雅分析，见 Robinson(1980)。

[译注] **X** 中的每一列代表一项通常所说的自变量，**y** 是因变量。作者此处论证的是研究中将哪些变量作为自变量，哪些作为因变量，在数学上并无限制。

部分来估计。松散地讲，这第二个模型将情况设想为一群鱼（即案例）以某种规律的模式（变换）在多维湖泊（变量或属性空间）中游动。

要用这样的模型来实际表现社会实在，就必须把社会生活的诸过程映射到线性变换所使用的代数上。这种联结对社会生活做出了假设：**不是**估计方程所需的统计假设，而是关于社会世界如何运作的哲学假设。[①]这样表现性地使用[线性技术]，假定了社会世界由固定的实体（即分析单位）组成，实体具有属性（变量）。这些属性在因果或实际时间内相互作用，创造出结果，这些结果本身作为固定实体的属性可以被测量。变量的属性在某项研究中只有单一因果意义（单一的效应模式），当然不同的研究赋予相似的属性以不同的意义。一项属性的因果意义不能依赖于实体在属性空间（它的情境）中的位置，因为线性变换在整个属性空间中是相同的。出于类似的原因，一个实体在属性空间中的过去路径（它的历史）不能对它的未来路径产生影响，一项属性的因果重要性也不能从一个实体到下一个实体之间发生改变。因果意义和路径都必须服从同样的变换。 40

当然，有途径来放宽标准方法内的一些假设，但所有这些途径都要在可阐释性方面付出很大代价。而令人震惊的是，这些假设与社会学主要理论传统的假设之间展现出的矛盾是多么绝对。符号互动主义拒绝了固定实体的假设，并使某一事件的意义取决于它的位置——在一次互动中，在一位行动者的传记中，在一组事件的序列中。马克思主义和韦伯传统都明确否认社会行为者的某一特定属性有且仅有一套因果意义。马克思的辩证因果论使事件同时产生一个相反和一个直接的结果，而韦伯和各种诠释学派则把属性当作无限细微和朦胧模糊的。马克思、韦伯以及由他们衍生出来的历史社会学方面的工作，都从故

---

① 关于统计假设的论证分析，见 Leamer(1983)。

事的角度而不是从可变属性的角度来处理社会因果关系。可以肯定的是，马克思和韦伯在他们的一些纯概念性的作品中讨论了变量属性，但他们目前最有影响力的作品是复杂的故事，故事中的属性以独特的方式相互作用——《新教伦理与资本主义精神》《经济与历史》《路易·波拿巴的雾月十八日》，甚至《资本论》的大部分内容。

这些假设与 GLR 假设之间的对比表明，理论家们可能会由于 GLM 的表现性运用中隐含着哲学方法而拒绝实证社会学。在本章的其余部分，我将从 GLM 的一些最佳阐释者的工作中举例，考虑这种运用所蕴含的假设。对于每一项假设，我将讨论其性质，讨论在标准方法中放宽它的各项尝试，以及讨论现有或可能的替代方法的类型。我在整个过程中专注于 GLR 内涵带来的问题及其替代方法的潜力，这并不意味着贬低 GLR 取得的巨大成功，尤其不是贬低我选作例子的那些研究。但是，通过探讨 GLM 的理论局限性，我希望为实证社会学的发展提出新的思路。

二、基本假设

(一)固定实体的属性

GLM 的一项核心假设是，世界由具有属性的实体组成。实体是固定的；属性可变。在实践中，标准的实证工作绝大多数涉及生物个体、
41 政府单位和其他可根据普通文化定义为“稳定”的实体。GLM 较少应用于社会群体，如行业、职业或社会运动，这些群体的成员和社会边界是不断变化的。

要理解现实的“实体/属性模型”(entities/attributes model)，最好的办法是将其与最常见的替代模型——“中心-主体/事件模型”(central-subject/event model)进行对比。一项历史叙事围绕着一个中心主体组

织。这个中心主体可能是一连串的事件(第二次世界大战的到来)，也可能是一个实体或一组实体向一个新实体的转化(英国工人阶级的形成)，或者仅仅只是一个简单的实体(两次世界大战之间的英国)。中心主体包括了或经历了一些事件。这些事件可大可小，可直接或间接，可具体或模糊。划定中心主体和相关事件的任务——综合(colligation)的任务——是古典史学的基本问题。[①]

实体/属性和中心-主体/事件所组织的现象完全相同，但方式不同。考虑一下弗雷格斯坦(Neil Fligstein)所分析的美国企业中多部门形式(multidivisional form, MDF)的传播问题。[②]有一组实体——企业——在任何特定时刻都有相当清晰的边界。企业可以被认为具有属性——规模、资产增加率、受某类人的支配或体现他们的经营战略。我们可以想象用这些“变量”来一般化各个“案例”，并询问：这些变量与使用MDF有什么关系？然而我们也可以思考某“领域”中企业的历史，比如说公用事业领域。我们会看到该领域的一些实体通过合并而消失，其他实体通过内部分化或分离而出现。企业规模将通过这种出现和消失以及连续实体的变化而波动。一些占主导地位的人将连续控制某些公司，而其他领导人将通过合并或拆分从一家公司转移到另一家公司。企业战略会来来去去，被公司间的传染扩散和像大萧条这

---

① 关于中心主体，见Hull(1975)。关于综合，见McCullagh(1978)。

[译注]综合的概念源于英国哲学家威廉·惠威尔(William Whewell)于1840年所著的*The Philosophy of the Inductive Sciences*。鉴于此书尚无中译，此处采用了何兆武与张文杰先生翻译的沃尔什(W. H. Walsh)《历史哲学导论》的译文，他们当时所采用了该译名(参见该书第三章第三节)，沃尔什简要讨论了这个概念。

② Fligstein(1985)。

[译注]多部门公司对应的是传统的单一部门(unitary form)企业，即只有垂直划分的单一生产、销售、人力资源等部门的企业。而MDF则会按照诸如不同地域或者产品线而组织起来，在这第一层的组织之下还可能嵌套了多个单一部门子实体。经典文献见Chandler, A. D. *Strategy and Structure*. New York: Doubleday, 1962。

样的周期性事件所影响。各公司的历史将被视为遵循独特的路径，由其环境的偶然性(contingencies)形成。在这样的观点中，GLR所看到的描述实体的变量变成了发生在中心主体身上的事件。

这个例子显示了固定实体方法的一种深刻困境：它忽略了通过出生、死亡、合并和分裂而产生的实体变化。MDF得以实现的一种方式是合并；然而合并会将某些实体从样本中移除，并用新的实体取而代之。它不仅仅是一种策略，而是改变样本框的一桩事件。社会科学中
42 的人口学(demography)确实处理了实体的出现和消失的问题。人口模型正被应用于研究各种组织，如斯坦福组织生态学派的工作。[①]然而，如此应用的各种事件史模型(event history models)基本上是简单的GLM，将变化率(通常是组织死亡率)作为因变量，并使用一组对数线性的自变量来预测它们。实体被归入综合同期群(synthetic cohorts)，实体的存续与否成为另一个需要预测的变量属性。此外，虽然这种人口统计方法解决了出现/消失问题，但它并没有以任何形式解决合并/拆分问题。

古典人口学还为解决“将实体视为固定不变”所导致的另一个主要问题提供了初步模型，这一问题即名称往往保持不变，而它所代表的事物却变得不同。该问题在聚合实体之间进行交换的情况下最为明显。

试考虑以下的案例：辛普森(Ida Simpson)与合作者试图估计不同行业招募和留存一群工人的能力。[②]她们的分析实体是行业，其属性特点是：(1)体力、技能和教育要求；(2)产品市场、产业分散和特定性别的增长；(3)收入和收入增长潜力；(4)工会化程度或许可证制度水平。因变量是一个行业中时长为二十年的年龄同期群(twenty-year age

---

① 关于作为战略的MDF，见Fligstein(1985：383)。对组织生态学的回顾，见Carroll(1984)。

② Simpson et al. (1982).

cohort)的相对留存率，用群内成员在基准年从事该行业的概率与二十年后的概率之比值(odds)来测量，并对死亡、相对的行业增长等因素进行适当标准化。从 1920 年、1930 年、1940 年和 1950 年这些同期群开始，分析了四个为期二十年的时间段。

这种大胆的设计有两个核心问题。第一，行业本身并不表示一组恒定的工作或活动。辛普森等人为了解决这个问题，排除了在整个时间段内无法用人口普查分类通约的群体。但这也就排除了，比如说，被技术重塑的行业——这是行业结构的很大一部分，而且这部分行业/职业可能在事实上决定了其他行业的命运。然而，即使那些留在样本中的职业也发生了巨大的变化。例如，会计，在这一时期开始时是一项个体从事的职业，内容是公共审计，而结束时则是一个科层化的职业，其中关于税务和企业规划的工作几乎与关于审计的工作一样多。会计这一名称没有改变，但它所代表的事物却有所改变。

第二，二十年后出现在某一职业同期群中的成员不一定是一开始就从事该职业的人。埃文斯和劳曼(Mariah Evans and Edward 43
Laumann)已经表明，职业也有特别高的更替率，而且[该职业同期群]一直到中年还在继续招募新人。[①]因此，在这些标签下聚合起来的个人在某一时期和另一时期不一定是同样的人。留存与迁移被混淆了。此外，同期群壁垒如此之大，以至于当每一个同期群的群龄达到二十年时，一些人从职业生涯的开始发展到职业生涯的中点，而另一些人则从中点发展到接近退休。因此，同期群——它们本身就像行业一样被

① Evans and Laumann(1983)。

[译注]例该子来自此论文的第四小节“Net entry into occupations over the career span”，两位作者的判断针对职业同期群而作，并非针对个人。同时值得指出的是辛普森与埃文斯和劳曼都将“行业”(occupation)和“职业”(profession)交替使用，因此本次译文不做区分，在第一次出现时以“行业/职业”提示读者。

假定为实体——并不比行业本身更具一致性。

人们可能会通过**解聚**(disaggregation)来处理这样的问题。但这就等于承认了自己的失败。行业和同期群都确实具有某种现实性，具有某种因果力量。如果把行业当作个人的属性进行解聚和建模，就会丧失行业作为结构的任何现实意义。这种多层次问题的经典答案是生态回归(ecological regression)。[①] 但是，要把连贯的群体层面的术语赋予个体——就像标准的生态做法那样——是完全不可能的。个体不会随着时间的推移停留在同一个聚合体中，而聚合体本身也会发生变化——既包括其成员的迁移，也包括诸如工作类型等新兴属性的变化。这些转变使得生态参数变得毫无意义。

一些作者指出，可以将人口和属性方法结合起来处理这些问题。在这种方法中，潜在的人口动态使成员——具有自己的属性——成为涌现聚合体的一个水平(underlying demographic dynamics provide members to an emergent level of aggregates)，而集合体又有**它们**自己的属性。事件史方法在一定程度上如此混合了人口学和属性模型。在理论方面，一些作者认为，微观层面单元之间的诸互动迭代过程实际上规定了结构，即宏观结构。因此，有各种初步的尝试来解决这些问题，但显然需要做很多工作——包括关于中心-主体/事件方法的形式结构的理论工作和关于如何实现它们的数学工作——来进一步发展这个领域。[②]

---

① 有关评论，见 Blalock(1984b)。

② 关于涌现/聚合模型，见 Coleman(1964：162)。关于事件史方法，见 Tuma and Hannan(1984)。关于微观/宏观问题的理论作者有 Cicourel(1981)、Giddens(1984)和 Collins(1987)。

(二)单调因果流

在GLR所分析的实体的各种属性之间，我们假设因果关系要么从 44
大属性流动到小属性(从情境到具体)，要么在同等“大小”的属性之间流动。因果关系永远不可能从小到大，从任意到一般，从小事件到大事件。这个假设由几个部分构成。

单调因果流(monotonic causal flow)的假设始于“恒定的相关性”(constant relevance)假设。由于线性变换，一个给定的致因(cause)在所有时点都“同等相关”(equally relevant)。在大多数模型中，致因的相关程度不会随着时间段的变化而变化(因为所牵涉到的再估计并不实际)。当然，广义形式GLM下的**B**矩阵是**可以**改变的，但GLR实践者很少采取历史写作中常见的立场，即“在t时间，x是重要的，而后来，事情的形势(conjuncture)使得y更重要”。这种思维——其中，**B**在多数情况下包含“零”，而非零元素在各迭代之间不同——并不常见。因此，单调因果流假设的第一个构成要素，恒定相关性的假设并非必要，但基本是普遍的。

在这个被认定的恒定相关性结构中，GLM必然假定，如果一个致因发生了变化，它的效应也会发生变化。但这意味着，如果一个致因变量在两星期内波动，GLM就不允许它决定在两年内波动的事物。通过研究两年期事件对两周事件造成的“情境”影响，GLM可以让研究者利用截面数据来发现不同程度的“情境”如何影响波动较快的变量的行为。但是一旦去掉背景情境，使用线性模型就意味着假设了致因和效应**在同一时期**发生有意义的波动。此假设又变成了一个GLR的假设，即我将称为“时间-视界的统一性”(the unity of time-horizon)的理论信念(“时间-视界”表示一个变量可以观察到的、产生**有意义**变化的最短时间长度)。GLR允许不同层次的情境效应下降到一致的“基本”层次以产生因果效应，但拒绝任何这种层级的颠倒——任何由小的变量引起大的结果，或由短暂的效应引起持久的因果效应。

一致的时间-视界假设在时间序列分析中最容易看到。在时间序列分析中，一个单一实体的接续年份被当成不同的案例，用以进行简单的 GLM 估计。考虑一下区分政府收入和支出政策对社会收入分配影响的问题。根据迪瓦恩(Joel Devine)的观点，新保守主义者认为[发达资本主义]国家会对多元化的民众不断上升的期望做出反应，而马克思主义者则认为国家是在奖励统治阶级和购买被统治阶级的顺从之间进
45 行平衡。[①] 相比之下，自由主义者认为国家由技术官僚掌握，缺乏任何重新分配收入的意图。迪瓦恩用资本/劳动收入比来衡量收入分配，接着用社会的几种先前属性来预测它：(1)先前的收入比；(2)“控制”通货膨胀、失业率、工会、实际 GNP 增长和最低工资；(3)联邦财政流——用于军事人员、退伍军人福利、“技术规模”(军事研究和生产资本基础设施)和“人力规模”(转移支付、教育和其他公共物品)的收入和支出。联邦财政流被用来测量意图，这个变量将新保守主义、马克思主义和自由主义三个理论框架操作化。迪瓦恩使用了相当复杂的时间结构来进行估计：通货膨胀、实际 GNP 增长和失业率是与因变量同期的；收入比是上一年测算的；而工会规模、财政收入以及对现役军人、退伍军人、“技术规模”的支出是前两年测算的；“人力规模”是分开测量的；转移支付是同期测算的，而公共物品滞后两年。在发现较简单的版本(例如，将所有财政变量滞后一年)产生的估计结果不太稳定之后，迪瓦恩设定了这种复杂的滞后结构。他以这样的论点来证明选择的合理性，即较长的滞后期“可以充分扩散国家的支出和汲取能力”，

---

① Devine(1983)。

但转移支付的情况除外，因为转移支付的效应立竿见影。[1]

整个方法的问题在于，这些措施在任何特定时间点的数值都不是自由变化的。年度通货膨胀和 GNP 的增长在“[经济]衰退”中联系在一起，而这种衰退需要几年的时间增长和消亡。由于法律将“人力规模”支出与应得权利人口(entitled population)联系起来，这些支出随着年龄和其他权利变量的人口变化而波动，而这些变量又反映了从二十年的婴儿出生潮到更短的失业波动等规模不等的事件。军费开支反映了战争和其他外交政策活动，这些活动的持续时间也大不相同。因此，各种“自”变量在任何特定时间点的观测值(当然要受滞后结构的限制)都以任意的方式与其在别的时间的取值联系起来，这种联系是由历史学家称为“事件”的结构提供的。由于这种联系，我们不能把自变量 46
看成国家各种意图的度量，也不能把因变量看成这些意图实现的度量。自变量并不真正代表国家对其意图的自由表达，而是代表了国家在它身处的诸事件中所能企图之事。我们可以想象用移动平均值来测量这些事件，但是移动平均的“宽幅”必须随着所涉及的事件的时间长度而改变。因此，将不同年度水平的变量联系起来，形成更大的“事件”，一致性的各种研究——几乎所有 GLM 的经验性研究也是如此。具有同等因果重要性的事件的发生并不总是需要相同的时间。

事实上，这个问题并不限于时间序列研究。考虑一下理解妻子在[家庭]外工作与婚姻不稳定之间的关系这一横截面问题。布思(Alan Booth)与合作者在 2 034 对年龄在 55 岁以下的已婚夫妇中研究了这一过程，测量了婚姻的以下属性：

1. “控制变量”——丈夫的受教育程度、妻子的受教育程度、

① Devine(1983：614)。

> 结婚年限、18 岁以下子女数量。
>
> 2. 导致婚姻问题的大致五个“步骤”——妻子工作时间、其他收入和妻子收入、婚姻分工和配偶间的互动、婚姻分歧和婚姻问题、婚姻幸福和婚姻不稳定。

妻子的工作小时数(显然是)在三年范围内测量，收入变量在一年内测量，其余的“过程”变量是在研究当期用量表测量的。婚姻不稳定过程中的各个“步骤”被设置在一个经典的路径图中(按照刚才给出的顺序)，并得到了诸如以下因果叙事的支持：

> 婚姻互动可能因妻子的工作而减少。过去丈夫工作时由妻子处理的家务事，可能会占用以前分配给共同活动的时间。①

该模型假设婚姻的这些不同属性在同样长度的时间段内波动，或者说列表中前面的属性比后面的属性波动得更慢。然而事实上，在概念上并没有理由认为就业率的波动比婚姻问题或婚姻幸福感等的波动更慢。人们很容易想象一段很长的逐渐加剧的婚姻不稳定时期，在这个时期里，妻子就业的事件强调了恢复传统分工的尝试。期待妻子就
47 业与妻子收入以同样的速度波动在概念上是合理的，但这个“过程”中的许多其他时间-视界假设是错误的。这些问题使得下面要讨论的序列问题更加复杂。当实体的属性在不同时期波动时，就不可能明确它们实际遵循的因果或时间顺序。此外，GLR 研究中的聚合行为还进一步假设这些属性在所有情况下都具有相似的时间-视界——例如，一段婚

① Booth et al.(1984：569)。

姻的不稳定性与另一段婚姻的不稳定性以相同的速度波动。[①]

作为一种层次假设，时间-视界假设直接影响到微观/宏观问题。GLR要求所有的致因要么在同一个时间层次上，要么在与因果关系流动同时递减的层次上。最近关于微观/宏观问题的理论著作极力反对这种观点。柯林斯(Randall Collins)对这个问题基本上采取了一种聚合的方法，但吉登斯(Anthony Giddens)等人强调了微观迭代在创造宏观实体中的作用。很明显，这种关系只能在不同的方法论中被形式化，如海斯(David Heise)的工作或受普里高津(Ilya Prigogine)的耗散结构理论启发的工作。[②]

这些因果流假设不仅使对宏观结构的微观生成的GLR型分析失效，而且它使GLR无法识别由于给定结构条件而承担决定性意义的小事件。帕斯卡告诉我们，如果克利欧佩特拉的鼻子再短一点，整个地球的面貌就会发生变化。GLR无法设想这样的现象。目前研究者正在开发一些解决这些问题的模型，如阈值模型。在连续变量、GLR型框架内处理突发事件的尝试，有成有败，结果不一。[③]

(三)单一含义

除了对变量属性之间关系的限制外，GLR还增加了对个别属性的

---

① 单调因果流假设的一个后果是，每个GLM研究都隐含着面板设计。通过将某些变量建模为在因果上从属于其他变量，横截面GLM假设从属变量有时间来平衡(equilibrate)其致因的变化。关于横截面模型的隐性随机过程特征，见Tuma and Hannan(1984：89ff)。

② 关于微观/宏观问题的一般著作可参见Alexander et al.(1987)。参见Collins(1981)的聚合方法和Giddens(1984)的基于迭代的方法。海斯的方法见Heise(1979)，与耗散结构有关的工作见Schieve and Allen(1982)。

③ 关于阈值(临界)模型，参见Granovetter(1978)。这类模型在经济学中传播较广，参见著名的Schelling(1978)。关于将突发事件置于GLR框架中的模型，参见Schieve and Allen(1982，第八章)。

限制。对许多理论家而言，基于 GLR 的经验主义最有问题的假设
48 是，它坚持认为一个特定的属性对特定研究中的另一属性有且仅有一种效应。理论家们通常认为，焦虑或财富等术语在同一解释中具有多重含义。近来社会理论中解释学方法的复兴，使这个意义库有了无限的深度。与此形成严格对照的是，GLR 将我们的注意力限制在一个给定变量对另一个变量的一种因果意义上。

科恩和斯库勒(Melvin Kohn and Carmi Schooler)关于工作条件与个性的对等影响的研究很好地说明了这种对照。[①]作者希望说明工作上的灵活性和独立性是如何既决定人格也被人格的灵活性和人格的力量所决定的，无论是在特定的时间点，还是(根据假设)跨越个人的职业生涯。科恩和斯库勒的人格构念包含：观念的灵活性(ideational flexibility，经早期发展的量表操作化)、自我导向性(self-directedness)和痛苦(distress)。后两个构念通过独立的指标，由因子分析按照如下方法发展而来：

> 自我导向性体现为没有专制保守的信念，体现为个人为之负责的道德标准，体现为信任他人，体现为不贬低自我，体现为不因循守旧的想法，以及体现为不接受宿命论……痛苦体现为焦虑、自嘲、不自信、不合群、不信任。[②]

这两个因子之间存在轻微的负相关。科恩和斯库勒继续应用全信息极大似然估计方法来估计两者之间的对等因果(reciprocal causal)关系，得出从痛苦到自我导向的路径系数为－0.08，其反向系数为－0.25。他们总结道："如果说人格的三个维度中，有一个维度是关键性的，那

① Kohn and Schooler(1982).
② Kohn and Schooler(1982：1276).

就是自我导向性。”①

与此形成鲜明对照的是弗洛伊德对焦虑（痛苦）和**自我**的独立性（自我导向）之间关系的分析。弗洛伊德认为，焦虑症状表示了**自我**面临的危险。为了应对某种危险，**自我**调用压抑（repression）来阻止危险的本能冲动（在科恩和斯库勒的案例中，这样的冲动可能是对限制性的工作场所产生的愤怒）。对弗洛伊德来说，压抑具有两种完全矛盾的效应：一方面，它通过将威胁性的感觉转移到症状的形成来行使和支持**自我**的控制；另一方面，它通过将被抑制的材料完全置于**本我**的逻辑之下 49
而丧失**自我**的控制。由于这个逻辑决定了后续的冲动，应对了不同的情况，这种冲动还是会遵循类似的发展路线，于是新的和不同的危险（如在工作场所）还是会导致类似的症状结果，随之而来的是**自我**控制感的丧失。②弗洛伊德理论认为，从焦虑到**自我**依赖的因果关系同时存在且自相矛盾。没有一位理论家愿意放弃双重路径，因为两种矛盾的效应很可能会产生两种不同的因果序列。尽管如此，[将两种效应]“加总”是标准的方法论解决方案，在矛盾效应的情况下，这种解决方案特别成问题，因为在这种情况下，所求的和很可能很小，而且在统计上不显著。

迈克尔·布洛维（Michael Burawoy）对科恩和斯库勒的情况进行了鞭辟入里的马克思主义分析，说明了其内部同时存在一对不同的、矛盾的因果路径：

> 从而，内部劳动力市场一方面以规则的复合体为自身奠定基础，另一方面，又扩展了选择的数量。我们不应该说枯燥无意义

① Kohn and Schooler（1982：1280）.

② 参见 Freud（1936：11-28，1963b）。关于矛盾的本能，参见 Freud（1963a：97ff）。

> 的工作都是一样的，从而轻视这种选择。选择给予了工人抵抗或保护自己免受资方宰制的实质力量，从而赋予自身以重要性。工人们在内部劳动力市场的维持与扩展中有着非常明确的利益，即使是对车间最不经意的观察都可以表明这一点。此外，恰恰是利益将工人吸引到竞标体系中，并产生了对其规则和所代表的情形——抽空了技能的劳动过程——的同意。①

在这里，灵活性和自我决定的心理属性同时增加了工人的控制权和资方的宰制。这两种不同的效应只能部分地被分解开——研究者可以认为前者是短期的，后者是长期的——而事实上它们几乎是同时发生的。

正如这些例子所显示的那样，也许没有任何其他 GLR 的假设与单义一样对古典理论产生敌意。对多重意义的认识是社会学方法论的核心，因为意义的复杂性是目前占主导地位的质性理论的核心。解决多义性问题最常见的经验途径是解聚——通过寻找区分因果路径的介入指标进行解聚。但这一程序不仅不一定可行，而且还会将因果焦点从
50 前因变量转移到介入变量上，理论家可能会拒绝这种转变。

有几种形式化的方法可以解决这个问题。人们可能会假设，每个变量对另一个变量产生一系列的效应，并且在特定的情况下，由其他一些过程选择其中的哪一个效应将发挥作用(在弗洛伊德的例子中，这样的模型支配着特定症状形成的选择)。如果决定过程是内生的，那么多重意义问题就变成了交互作用的问题；一些组合导致一种结果，另一些组合导致另一种结果(见下文“案例的独立性和相关假设”和“独立于情境”)。如果决定过程是外生的，研究者或许可以直接建立模型。

---

① 布洛维([1979]2008：111)。

第二种一般方法坚持同时允许一种以上的效应。在网络框架内有一些与这个问题相关的工作。有几位作者将基于不同评级方法的结构模型组合成各种分析单位之间关系的复杂模型。这隐含着一种解聚策略。另一种解聚方法是将两种效应在时间上分开。因此，坎托和兰德(David Cantor and Kenneth Land)最近将失业对犯罪的影响概念化为"通过机会产生的负效应"(更多的人回到家庭来保护自己的物品)和"通过激励产生的正效应"(失去工作的人们必定转向犯罪)。他们论证机构支持系统缓冲了后一种效应，从而对后一种效应进行了滞后一年时间的估计，并将这些效应分开。最后，某些形式的非计量分析(nonmetric analysis)可能支持多重效应的直接纳入；这可能是唯一不需要解聚的方法。一些作者，特别是海沃德·阿尔克(Hayward Alker)，已效仿尚克和埃布尔森(Roger Schank and Robert Abelson)的人工智能方法对理解的过程进行建模，这批作者直接以复制复杂理解作为目标。①

在为目前的方法辩护时，我们应该认识到，多重意义问题在一定程度上是一个表现和强调的问题。即使是最复杂的多重因果关系(例如，普兰查斯和阿尔都塞著作中的"最终决定")，事实上也必须被拆解为构成性关系才能得到逻辑上的阐释。②对这类概念，理论家的风格是保留其统一性，并将其视为因果模糊或复杂的概念。方法论者的风格 51
是解聚，他们将指示各种因果路径的变量当作目标自变量来对待。然而，虽然方法论者不必承认"本质上是主观主义"的立场，即人类事务

① Boorman and White(1976)提供了一项解聚分析。时间分离的例子是 Cantor and Land(1985)。关于非计量分析，见 Katzner(1983)。阿尔克的工作，见 Alker(1982, 1984)；Alker，Bennett and Mefford(1980)；以及 Mefford(1982)。关于脚本(script)，见 Schank and Abelson(1977)。

[译注]脚本在两位作者的框架里是指"标准的事件序列"(pp. 38)。

② 关于最终决定，见 Poulantzas(1978)和 Althusser and Balibar(1970)。

原则上是不可形式化的，但显然必须在单义(univocal)问题上开展认真的工作。

(四)序列效应的缺席

前面的GLR假设涉及通过实体的可变属性介导因果关系，并由一系列关于实体、属性和时间段之间独立性的假设加以补充。后者并不像实体假设那样为GLM本身所固有，但估计和建模方面难以克服的困难使它们事实上成为GLR思维方式的构成性假设。这些独立假设中的第一个是关于序列的。

GLR的一项基本假设是，事物的顺序不影响它们的结果。根据广义形式的GLM，实体 x_i 在时间 $t+1$ 时的状态(也就是它在 $t+1$ 时的属性模式)是通过将变换矩阵 **B** 应用于它在时间 t 的状态来决定的；它如何到达现在(present)，与它的当前未来(current future)无关。这一假设挑战了关于人类事件的基本理论直觉。叙事历史的整个理念认为事情的顺序很重要，这一理念也是互动主义和民族方法论范式的基础。[①]

GLR的序列假设实际上相当复杂，这取决于我们关注的是简单GLM的横截面应用中变量的“因果”序列，还是一般GLM中实体状态的时间序列。为了解关于横截面因果序列的假设，可以考虑盖尔、惠斯韦尔和伯尔(Omer Galle，Candace Wiswell，and Jeffrey Burr)所研究的一个工业部门的种族组成与其生产率的关系问题。[②]每个部门都可以用以下属性来描述：每名工人的资本支出、工人的平均受教育水平、工人的平均年龄、工人中黑人的百分比、生产率。这些属性取自20世

① Gallie(1968)；Sacks，Schegloff，and Jefferson(1974)；Sudnow(1971).

② Galle，Wiswell，and Burr(1985).

纪 60 年代初和 1972 年，然后计算除了年龄以外的所有属性的年化变化率。截面模型认为生产率取决于时间段内的所有其他因素，而跨时间变化的模型则使用变化率来预测 1972 年的生产率与生产率的变化。 52

作者们认为他们的横截面 GLM 可以让他们对黑人工人的生产率得出结论：他们假设黑人工人作为个体可能具有生产效率或缺乏生产效率，那么他们被招募进一个工业部门后就会影响该部门的生产效率。但很可能在某些情况下，当劳动力市场偏向雇用黑人工人时，或多或少有效益的**部门**正需要劳动力，不管黑人工人是否内在具备生产效率。也就是说，在某些部门，因果箭头的方向无疑反过来了。但 GLM 必须假设变量序列在每个部门(案例)中都相同。此时，这意味着假设因变量在每种情况下都依赖别的变量。在更复杂的路径模型中，这意味着假设在每个案例中因果关系的路径都相同。尽管布劳和邓肯(Peter Blau and Otis Dudley Duncan)多年前就仔细地指出了这种极端简化的问题，但此后这个简化被忽视了。[①]更糟糕的是，对 GLM 的熟悉使我们中的许多人相信现实实际上是这样运作的，在所有情况下因果关系必须总是在一个方向上。

时间性上的情况也很类似。考虑一下理解个人失业和犯罪行为之间关系的问题，索恩伯里和克里斯滕松(Terence Thornberry and Robert Christenson)进行了研究。[②]实体是个人，他们的属性是跨越一年期的两个变量——一年中失业的时间比例和被捕次数。数据涵盖了 21 岁到 24 岁这几年，并包括一些这里不感兴趣的外生变量。这两位作者采取了广义形式 GLM 方法，删除了一些系数以实现[参数]识别。每条路径都通过一个小的因果故事来“证明”。例如：

---

① 布劳和邓肯([1967]2019：219)。邓肯对他使用的假设总是非常清楚。

② Thornberry and Christenson(1984).

(1)失业减少了对传统活动的投入和参与，因此导致犯罪活动。“一个人可能因为忙于常规事务而没有时间去从事偏异行为。”[①]

(2)犯罪进一步阻碍了通向成功的传统道路，其中包括就业。“例如，雇主应该不大愿意为现在或以前的罪犯提供工作”。[②]

53 这些因果路径聚合了一组故事。因此，个人 A 第一次犯罪，就走上了严重的犯罪生涯，从不回头，也不屑于寻找合法工作。随着失业率越来越高，犯罪率逐年上升，个体 B 在不断加深的循环中螺旋式下降。C 在一开始就出了问题(也许是因为随意犯罪，也许是因为失业促使他犯罪)，但后来被刑事司法系统吓坏，再也不犯错误了。每一个故事都由刚才给出的那种几个一步到位的理论要素组成，连成一个序列故事。但把这些序列聚合起来，就会丢掉把这些元素连成个人故事的叙事模式。假设每个“连续**两**年有很多犯罪行为”的人都会成为一个永久罪犯。而一种广义形式 GLM——以一年时间为转换期——无法看到这一点，因为除非时间 $=t-1$ 的**过去**通过对时间 $=t$ 的**现在**造成影响，否则其与时间 $=t+1$ 的**未来**无关。

那么，GLR 的一项核心假设是，事物的顺序并不产生差异。第一，这意味着假设“因果力量更强大”的那些属性在每一种情况下都一样[强大]。第二，这意味着假设跨时观察到的属性的序列不影响属性的最终结果。与大多数 GLR 假设不同，这一序列假设已经得到了一些认真的研究。[③]

一些方法允许特定形式的序列依赖性。ARIMA 模型(整合移动平均自回归模型)允许变量依赖于它自己的过去以及过去的随机干扰，尽

---

① Hirschi(1969)，转引自 Thornberry and Christenson(1984：400)。

② Thornberry and Christenson(1984：401).

③ Abbott(1983)；Abell(1987).

管通常该模型限制研究者只注意一个实体和一个变量。①(回到我前面的比喻，这就像追踪一条鱼在湖中游动的完整路径一样。)适用于序列数据的马尔可夫模型将属性空间划分为有限的几个状态(湖泊的各个部分)，并指定从每个状态移动到任何其他状态的可能性。如果状态数较少，可以使未来依赖于 n 个过去状态的**序列**，尽管这种模型所要估计的迁移数量会按原始状态数的 n 次幂上升。虽然这种 n 阶马尔可夫过程操作了理论上重要的时间概念，但很少见。具体而言，最近冒出的事件史模型——通常是离散状态、离散时间的马尔可夫模型——据我所知，还没有涉及利用过去状态的确切序列的信息来预测当前和未来的发展。②

理论家和经验工作者都呼吁采用能够对连续数据进行分类或聚类的标度，如个体、职业和革命的历史。对于连续时间或离散时间的独 54
特的事件序列而言，各种形式的单维和多维标度早已被使用。我将它们应用于职业史中的事件序列。重复事件的序列可以用最优匹配法来分析，最近我和福里斯特(John Forrest)将其应用于序列文化仪式上，论证了其对社会的普遍适用性。虽然这两种标度和匹配方法都基于案例间距离(inter-case distances)，因此只适用于小样本，但它们为识别

---

① Box and Jenkins(1976).

② 关于高阶马尔科夫过程，见 Bishop，Feinberg，and Holland(1975)。布伦特和赛克斯(Edward Brent and Richard Sykes 1979)提供了一则实例。事件史文献的回顾见 Tuma and Hannan(1984)。我没有提到另一种广义的序列方法：动态规划(dynamic programming)。大多数可解的动态规划问题都是通过对后面的解做马尔科夫假设来处理的。见 Puterman(1978)。我还应该指出，有多变量 ARIMA 模型(例如，Tiao and Box 1981)的存在，尽管在使用这些模型时涉及相当多的阐释。

共同序列的问题提供了一个严肃的开始。①

(五)案例的独立性和相关假设

GLR 的其他独立性假设涉及案例和变量。虽然通常被视为统计假设，但这些也是概念性的前提条件。第一项假设是数据矩阵 **X** 中某一行的元素之间不存在“过度”依赖性。共线性会增加参数的方差②，使 GLM 无法区分彼此密切相关的变量的效应。GLR 禁止共线性，这直接与理论家们的普遍观点相矛盾，即社会性决定因素是密切相关的一组因素。韦伯的“选择性附属”的因果概念及其相关的理想类型理论是最明显的例子。另一则著名的争议是精英主义者和多元主义者之间关于不同地位基础是否彼此平行的争论。③

---

① 呼吁分类的理论家是斯廷科姆(Stinchcombe [1978])。标度在时间性上的应用见 Hodson, Kendall and Tăutu(1971)。我关于职业的论文是 Abbott(1985)。修订版见 Abbott(1991b)[但请注意序言中对这项工作的讨论]。我最初关于最优匹配的论文是 Abbott and Forrest(1986)。除了我的序列工作(Abbott [1983, 1984], Abbott and Forrest [1986])之外，在彼得·埃布尔最近的工作中，还提出一种替代性、更形式化的序列分析(Abell [1984, 1987]; Proctor and Abell [1985])，它采用同形性(homomorphisms)来测量序列相似性。人口统计学家一般都是通过编序(enumeration)来处理序列，而不是采用埃布尔和我本人的直接方法(例如，见 Hogan [1978], Alexander and Reilly [1981], Marini [1984])。关于互动的序列形式化工作，有一项有趣的例子是 Heise(1979)。

② [译注]在统计学意义上，下文所用的“变异”(variation)是一般性的概念，衡量变异的最常见指标是“方差”(variance)。这里的“共线性”(collinearity)指的是 GLR 下 **X** 中的某元素可以由其他元素的线性组合表示，即前文所述的依赖性。

③ 关于选择性附属，见 Howe(1978)。关于理想类型，见韦伯([1949]1999: 39-53)。

[译注]在韦伯的《社会科学方法论》及《新教伦理与资本主义精神》中这一术语都出现过，探讨行动者的自由和价值观之间存在的关联，但中译并不一致。常见的有“亲和力”(《社会科学方法论》第一章第一小节)，“密切的联系”(《新教伦理与资本主义精神》第四章B小节末段)等。豪指出“elective affinities”的概念在 18、19 世纪影响了化学(托尔贝恩·贝里曼)、文学(歌德)、哲学(康德)等多个领域。

从形式上看，共线性问题涉及变异的“水平”。高度相关的自变量可以通过因子分析或其他形式的量表尺度构建，作为单一变量的某方面来处理。但如果收入这样的变量对两者同时具有因果功能——作为“涌现属性”的成员(像一般状态等)以及作为自变量——那么 GLM 就会失灵。因此，作为实在观的 GLR 不仅倾向于限制实体(见“固定实体的属性”)，而且还倾向于将变量限制在一个层次上，这与许多理论概念不同。

相关的误差项(correlated error terms)是第二项具有概念影响的统 55
计问题。相关的误差项通常由具有时间或空间结构的数据产生。它们在一定程度上可以通过使用特殊估计量来补救。然而，在误差项相关性问题的背后，是一个历史悠久的概念问题——高尔顿问题(Galton's problem)，即区分单位**间**扩散的效应和单位**内**类似机制的效应。事实上，序列相关性(serial correlation)的标准补救措施需要从理论上假定其确切的结构；没有纯粹的统计学理由(除了简约的美学标准之外)可用来区分不同的时间自相关模型。至于空间效应，现在才发展出空间自相关与局部因果关系相结合的实质性模型。空间自相关使得相关的误差项问题最终是概念性的，而不是统计性的，这一点更加明显。①

然而，也许 GLR 最重要的独立性假设涉及各因变量之间的独立

① 将空间自相关与局部因果关系结合起来的模型有 Loftin and Ward(1981，1983)，以及 Hubert，Golledge and Costanzo(1981)。关于空间自相关的标准资料是 Cliff and Ord(1981)。那些源于研究原子化、不相关的个体的方法，显然有忽视传染扩散的风险，特别是空间传染。当社会学家从大体上互不关联的个人领域转向行动者网络时(例如，从估计教育对社会地位的影响到分析报纸生存的原因[Carroll and Delacroix 1982])，新的中心传染效应就会消失，因为模型隐藏了它们。然而传染效应是行为的核心决定因素之一，正如网络研究(如 Coleman，Katz and Menzel 1966)告诉我们的那样。

[译注]序列相关性和自相关性在此处表达同一个意思，即某一变量在 $t+1$ 的状态与 t 时的状态相关。

性(casewise independence of the dependent variable)。其假设是：自变量决定因变量，[决定的]程度上下偏差在一个误差项以内。各种各样的社会学理论都将因变量视为结构上受约束的。在这样的理论中，只有在约束条件**前提下**，自变量才足以解释因变量，且程度在误差项以内。

“受约束的因变量”所产生的问题有一些常见的版本。例如，彼得森(Ruth Peterson)和黑根(John Hagan)研究了种族、教育、婚姻状况、阶级、年龄等一系列因素对刑事判决的影响，对两个因变量设定了简单的 GLM。[①]第一个因变量是被判刑的概率(probit 模型)，第二个因变
56 量是刑期。分析的单位是 1963 年至 1976 年被判刑的毒品犯。约束条件是可用的监狱牢房数量。**一旦**将可用牢房数量纳入考虑，自变量就可以自由地决定判刑与否和刑期长短。而可用牢房数量本身就是过去判刑程序等的一个函数。牢房是否可用可能只是一种一般约束，对所有案件都有类似的影响。但更多的时候，由于某些刑罚实际执行的可能性不同，刑罚的轻重会在不同的案件和不同的时间发生变化。

对因变量可能存在许多约束，有些已经得到了认真的研究。这类研究大多将设定约束条件的问题与给出约束条件后分析因果机制的问题分开。例如，结构性流动和交换性流动的文献一般与地位成就文献分开，前者设定了职业成就的约束条件，后者描述了成就本身。在布劳和邓肯的主要综合报告中，以及费瑟曼(David Featherman)和豪泽尔(Robert Hauser)的报告中，这两个主题是单独的章节。简单地将结构流动性的约束与交换流动性的自由运动区分开来已被证明是令人费解的，索贝尔(Michael Sobel)、豪特(Michael Hout)和邓肯最近提出增加第三个概念“未对等的流动性”。有些人则采取了相反的做法设定影

① Peterson and Hagan(1984).

响流动性的“受约束**属性**”的路径。哈里森·怀特的空缺链模型及相关的马尔科夫流动模型已经采取了更详细的约束方法。[1]

有相当多的方法论文献将社会结构本身视为因果关系，推断社会原因必须沿着连接个人的线路移动。社会网络文献采用了这种方法，各种形式化的数学模型也是如此。解决这个问题的方法论包括块模型(block-modeling)、多维标度(multidimensional scaling)和其他形式化的网络模型。[2]

(六)独立于情境

GLR的最后一项独立性预设是，一个特定属性的因果意义一般不能依赖于其在空间或时间上的背景情境。属性的效应不会随着周围其他变量的变化而改变，它的因果效应也不会被自己的过去重新定义。从数学上讲，这等同于假设广义形式GLM中的系数矩阵**B**既不依赖于$\mathbf{X}_t$，也不依赖于$\mathbf{X}_{t-1}$、$\mathbf{X}_{t-2}$等。在实际的GLM实践中，则往往允许这 57
种依赖性。同期依赖性以交互项表示；过去的依赖性以滞后项和变化分数(change scores)表示。但我们将看到，这些技术各有缺点。GLM只能考虑一小部分这种效应，而GLR作为一种思考世界的方式，根本没有真正纳入它们。

举一个例子，考虑布拉德肖(York Bradshaw)对非洲依附发展问题

---

① 关于各种成就文献的总结，见Boudon(1973)和Sobel(1983)。布劳和邓肯([1967]2019)以及Featherman and Hauser(1978)是标准来源。另见Sobel，Hout and Duncan(1985)。反转的建议来自山口一男(Yamaguchi 1983)。关于空缺链方法和相关模型见哈里森·怀特([1970]2009)，Stewman(1976)，以及Tuma and Hannan(1984)。

② 一些形式化模型包括Harrison White(1981)的市场，Padgett(1985)的司法系统，以及Marsden(1983)的一般权力。研究方法方面的参考资料有White，Boorman and Breiger(1976)以及Boorman and White(1976)讨论的块模型，Laumann and Pappi(1976)讨论的多维标度，以及Burt(1982)中的各种相关方法。

的分析。[①]他在这里使用了一系列的 GLM 来研究一个依赖性发展的递归“故事”，故事的发展过程如下：

> 跨国公司与原住民精英结盟，促进经济增长(E)和现代部门的发展(M)。这种联盟可以从外国投资(I)、贸易依存度(D)、初级产品专业化(P)和商品集中度(C)对国家发展(X)的影响中看出。增长与发展的结合导致经济不平等(Q)，进而导致社会动荡(T)。

他运行了八个线性模型——三个以 T 为因变量，两个以 E 和 M 为因变量，一个以 X 为因变量。他发现 E 和 M 在分析的两个时间段(1960 年和 1977 年)内高度稳定，而 T 则相当不稳定。在 1977 年，X 对 E、M 和 T 有一些(小)效应，尽管这可能是由 X 在 1960 年对 E(也许还有 M)的依赖性引起的。很清晰的是，这些变量中的一些从其情境中获得意义。因此，正如布拉德肖指出的那样，如果国家正在扩张(X)，**并且**拥有(国外)资源(I)以对自身和支持它的投资者有利的方式进行经济转型，那么 E、M 和 T 将比没有“国家发展”或“外部投资”这两个条件中任意一个时增加得更多。在缺少两条件中任何一个时，情况不会与两个条件都缺席时有所不同。然而，我们也可以从另一个角度来进行理论化：强大的国家发展(X)和外部投资(I)会导致强大的警察和军队(未作测量)，它们可以仅通过威胁来防止动荡(T)——这是与之前假设的传导性效应形成对比的抑制效应(suppressor effect)。在各种 GLM 中，交互作用通常是用乘数项(multiplier terms)来处理的，这种做法使得方程中的低阶系数完全是任意

① Bradshaw(1985).

的，需要极其精细的处理。①

虽然 GLM 本身在适当谨慎使用的情况下可以处理一些交互效应 58
或时间依赖性，但 GLR 作为一种思维方式却很难处理这些问题。在对交互作用的实质性模型的详细分析中，索思伍德（Kenneth Southwood）向我们展示了，即便只有两个变量交互作用，在适当谨慎的设想下模型也会变得异常复杂。当涉及九个变量，甚至考虑了一些特殊的交互设定时，这里所隐含的模型就超越了能进行可视化的程度。这些模型意味着，在两个时间点上描述三十种情况的六十个数据点在变量的九维空间中形成了一个特定的形状。对于每一种特定的交互作用，这个形状都会出现一些对规律性的特定偏离。无论在方程中加入乘数项是多么直截了当，想象它们在概念上的飞跃也确实令人惊叹。

然而，复杂的交互作用继续渗透着，事实上它们定义了任何真正的历史进程。因为历史学家会根据当时其他变量的结合形势来定义比如初级产品专业化在任何一个国家的地位。据此，在描述这些变量对农业政策的影响时——近似于布拉德肖的现代部门规模——贝茨（Robert Bates）说了如下的话：

> 在 20 世纪 60 年代，尼日利亚南部的棕榈油是一个由政府与商人利益联合在一起而成立的营销委员会生产的。政府的收入来自农业出口，民众对政府服务的需求也很强烈；当地的加工商消耗了该行业越来越大的产出份额；农民很少有替代性的经济作物，生产掌握在小规模的村级农户手中。该行业的税收水平很高。只有当农民开始放弃棕榈油的生产，转而种植其他作物，并且政府

---

① 关于国家的扩张，见 Bradshaw（1985：202）。关于交互作用，见 Allison（1977）和 Southwood（1978）。

> 找到了不同的收入来源时，政府才做出让步，为该作物提供更高的收购价格。
>
> 肯尼亚的小麦生产则与此形成了鲜明的对比。从历史上看，小麦营销委员会是由生产者自己建立的，当地农民在独立后夺取政权的民族主义运动中发挥了重要作用。政府从农业中获得的收入比例相对较小；在小麦生产之外，农民有其他有吸引力的替代生产途径；消费者对小麦产品有强烈的偏好，替代供应源位于遥远的市场。小麦生产由相对较少的大农场主主导；精英人物在小麦种植领域有直接的经济利益。结果，一系列政策为小麦产品提
> 59 供了优惠的价格，并对农业投入进行了广泛的补贴。①

在本次讨论中，肯尼亚和尼日利亚的属性结合在一起，形成了两种迥异的形势并产生了截然不同的农业政策。是这种形势造成了结果，而不是交互效应与独立属性的基本“主”效应的叠加。布拉德肖在一套路径模型中确实无法捕捉到一般因果故事，而这些因果故事进而可以被特定的交互作用所修改。只有那三十个特定的故事。尽管上面这段话并没有给出特别详细或精妙的历史描述，但它描述了一种无法用GLR术语来设想的情况。每个国家的每种属性的意义都由其他属性在当时的整体（ensemble）中决定。回到“固定实体的属性”中的分析，社会生活是在事件中发生的——这些事件可以被看作特定属性值的整体——而不是在属性之间的自由游戏中发生的。②

---

① Bates(1981：128).

② 在现代统计推断的创立过程中，人们对主效应的虚构特性有了充分的认识，但虚构性现已被人遗忘。特拉克斯勒（Robert H. Traxler [1976]）提供了一项清醒的讨论，他梳理了奈曼（Jerzy Neyman）对主效应概念的反对意见。

三、超越广义线性实在

一般线性模型是实证研究的有力工具。使用者认识到，事实上，没有理由把它当作社会因果关系的模型。相反，GLM 是检验社会现实的实质性模型，其假设是这些模型需要其观察到的数据蕴含线性规律性。所涉及的实质性模型不需要采取我称为广义线性实在的观点。

但在实践中，GLM 产生了一种理论上的"回形"(back formation)。许多社会学家认为，世界社会因果关系实际上服从线性变换的规则。他们这样做的方法是：在开篇，在他们的经验文章的理论中，假设社会世界由固定的实体组成，其属性可变；这些属性每次只取一种因果意义；这种因果意义不依赖于其他属性，不取决于过去的属性序列，也不取决于其他实体的情境。所以，像布拉列克(Hubert M. Blalock Jr.)这样杰出的作者曾写道："这些回归方程是一门科学的'法则'。"这样说，就是把一种蕴含的数学[关系](an entailed mathamatics)重新具体化(reify)为现实的再现。[①]

在本章中，我讨论了一些替代方法，这些方法处理了一些理论家 60
们认为有趣但被 GLR 排除在外的问题。我想在这里简要介绍一下这些替代方法所依据的理论立场。当然，每一种方法都对理论家考虑的非常复杂的现实做出了假设，但每一种方法都忽略了与 GLR 不同的事物。所有的方法都遵循同样的一般策略，即放松这里分析的一个或多个严格的哲学假设。

---

① Blalock(1960：275).

(一)现实的人口学模型

人口学模型主要放宽了GLR的第一项基本假设，即固定实体具有可变的属性。它允许实体出现、消失、移动、合并及分裂。人口统计方法很容易处理涉及实体出现和消失的问题，而且，正如我在上面所指出的，这些方法原则上可以与基于属性的方法相结合，以处理实体/变量方法的一些核心困难。然而，人口统计学方法在处理合并和分裂的情况时比较薄弱：根据经典方法，即使婚姻也不被当作两个人的合并，而是当作其中一个人的生活状态的变化。事实上，与其说是人口学提出了基于GLR的方法，并改进了在实体流动的情况下的建模手段，不如说当可以假定为实体是固定的时候，人口学似乎正朝着使用GLR模型来处理状态变化的方向发展。①

事实上，要发展出一个具有与GLR对等力量的"广义人口学实在"，需要进行广泛的理论和方法论工作。要维持这种广义人口学意义上的研究方法，就需要对复杂的实体过程，即我前面所说的"中心-主体"进行认真的概念化和测量。我们需要严谨的概念，以确定如何界定和测量社会**行动者**——如何将社会名称和其背后的事物分开；如何将中心主体限制在一个单一的交互层次上；如何设定这个交互层次。我们需要决定如何界定**事件**——不是简单的事件，比如组织消亡，而是复杂的事件，比如组织转型——在这种情况下，在实体本身的可变属性发生变化的同时，实体的成员也会发生变化。因为一旦我们放宽了固定实体的假设，首先接受简单的事件，如出现和消失，然后是复杂的事件，如合并或转型，我们就会直接走向以事件发生的中心主体来

① 人口学中的新动向可参见Rosenfeld(1983)和Morgan and Rindfuss(1985)的例子。

重新定义社会世界，走向以故事为基础的社会世界模型，最终将迫使我们对现实进行序列性的观察。

(二)现实的序列模型

一种基于序列的、中心主体/事件的方法几乎扭转了所有的 GLR
假设。首先，它假定社会世界由波动的实体组成，并接受刚才概述的 61
人口学模式。它有意将秩序和序列效应作为核心。此外，它强调属性向事件的转化。因此，它对“某行业所招募的一批人[即一个同期群]中有 30%在二十年后仍然留存”的阐释，不是将其与其他职业的留存率进行比较，而是将其与同一职业的之前和以后的留存率进行比较；意义是由故事决定的，而不是由跨案例的抽象尺度决定的。序列模型还避免了关于单调因果关系水平的假设。极小的事件(如一次暗杀)可以因为其在故事中的位置而产生极严重的后果。[①]

序列模型的中心概念性任务，与标准方法的概念化/测量任务相一致，就是事件的综合(colligation)；如何将假设的“事件”(就像标准方法中的假设“概念”)与用来指代它们的发生情况分开；如何选择观察到的发生情况，以便最好地指代事件的过程。历史哲学中的大量文献涉及综合问题——界定共同接受的单位与将若干发生物归入单一的一般行动的问题。但在社会科学中，除了我本人对用社会序列数据进行测量的实际问题的简要研究之外，几乎没有其他的相关文献。[②]

现实的序列模式确实对个案的独立性做出了与 GLR 相同的假设。

---

① 从实际情况来看，研究序列性实在的方法产生于一种对 GLM 来说特别困难的常见经验情况：我们对一个过程如何随时间展开感兴趣，并且开始时案例相对较少(从 20 个到 200 个)，对它们的数据收集量大且不均匀的情况。这种情况包括组织的比较史、职业的比较史、革命的比较史、国际政策的比较史以及其他几十个领域。

② 关于综合，见 McCullagh(1978)和 Olafson(1979，第三章)。我自己关于它的论文是 Abbott(1984)。

例如，我自己对职业化序列的分析就有缺陷，因为我假设每个职业的发展都独立于其他职业，而我在其他情况下大力否认了这一主张。也许唯一能正视个案依赖性问题的序列分析形式仍然是怀特的空缺链模型。[①]

(三)现实的网络模型

62 GLR 的第三种基本选择强调的不是放宽实体和序列假设，而是放宽独立性假设。网络和结构文献拒绝了这些假设，直接关注致因必须流动的支线，而不是关注各种致因的特定状态和关系。尽管网络模型做出了与 GLR 相同的实体假设，并且在大多数情况下缺乏序列方法的历史结构，但它们包含了 GLR 以及人口和序列方法必须忽略的共时偶然性(synchronic contingencies)。由于网络文献数量庞大，发展完善，我在这里只是将其确定为体现了另一种社会因果关系的概念。有兴趣的读者可以参考其他地方对它的众多评论。[②]

四、结论

本篇论文提出的观点是，社会学理论和方法之间的鸿沟，部分是由于该学科主流方法中默认的因果关系取向过于狭隘所致。尽管通过网络数据研究社会结构的分析者和通过人口统计学方法研究实体过程的工作者已经悄悄地开发出了替代方案，但通常情况下，一般线性模

---

① 我的职业化分析参见 Abbott(1985)，尽管正如我所指出的，它们在许多方面被证明是错误的(事实上，它们从来没有完整发表过，除了部分地发表在 Abbott[1991b])。我在《职业系统》([1988]2016)中反对独立性。关于空缺链的核心工作参见哈里森·怀特([1970]2009)。

② 对网络文献的评论包括 Marsden and Lin(1982)、Knoke and Kuklinski(1982)，以及 Burt(1982)。

型导向广义线性实在，从而限制了对社会过程的想象。正如我在文章开篇所述，我提出这个观点的目的并不是挑起争议。但由于本章已引起了强烈甚至是敌对的反应，我将在结尾时回应一些特定的反对意见。

理论家同事们的主要反对意见是(1)这些问题众所周知；(2)即使是我在这里推荐的那种实证主义工作在“人文与社会科学”(human sciences)中也不可能实现。[①]尽管我没法全面阅读所有理论文献，但我看到的反对经验主义的立场实质上没有提到我在这里所论述的观点，而是主要基于第二项异议。“人文与社会科学”的立场确实是一个更深层次的反对意见，需要更多著述来探讨。我目前的回答是：(1)某些杰出且无可否认的人文社科的阐释实践者是热切的形式论者(formalizer，如罗兰·巴特)；(2)事实上，阐释和形式化在这门学科和其他学科的所有部分都相互渗透。毕竟，我所引用的关于社会序列的大部分形式 63
化研究在很大程度上是由史学和文学批评所激发的。[②]

定量的同事们也持反对意见：(1)这里分析的哲学假设是众所周知的，但另外(2)我的备选方案在适用性上有限，以及(3)在它们得到更好的发展之前，我不应该提出备选方案。我认为这三种判断都是错误的。首先，我在标准的方法论著作中没有见过此类讨论。利伯森(Stanley Lieberson)在1985年的一本精彩作品中谈到了其中某些问题，但从未真正离开实体和变量的哲学框架。至于序列，我自己对之前的

---

① ［译注］这个术语来自哲学家威廉·狄尔泰，直译是“精神科学”。但狄尔泰原著*Einleitung in die Geisteswissenschaften*(1883)的英译标题是*Introduction to the Human Sciences*。“Human Sciences”在20世纪的语境下(本书的写作时间)更合适的名称是“人文与社会科学”，是“所有各种以社会实在和历史实在为研究主题的学科”，作为“一个与自然科学并列发展的独立整体”(中文版《精神科学引论》第一编第二章)，所以此处以及后文都采用这个译名。狄尔泰中译参考的是译林出版社2012年艾彦译本。

② 关于人文与社会科学的立场，见吉登斯([1979]2015，第七章)。作为形式论者的巴特，见巴特([1974]2012)。

社会学研究的回顾几乎没有发现任何东西，而四年后的埃布尔（Peter Abell）也没有发现什么。GLM 的细心实践者无疑认识到了我所写的问题；利伯森就是一个例子。但是，说这些问题中的任何一个都在当前的社会学家的积极意识里，这与我们主要期刊上的明显证据是不符的。[①]

其次，说我的备选方案适用性有限，这只是看上去如此。GLM 的广泛适用性本身就是一种表象，是定量社会学理解现实所采取范式的结果。正如库恩所说，替代方案似乎只适用于特殊情况，因为我们目前的方法阻止我们看到它们适用的无数情况。这并不是说“某些特殊类型的数据适合使用序列方法”，而是相反。我们可以基于符号互动论的理论基础论证：一种以序列为基础的方法论是大多数社会解释中唯一适用的方法。

最后，我们不能要求在完全发展之前不考虑替代方法。GLM 并没有在布拉列克或邓肯的研究中得到完全发展，更不用说在休厄尔·赖特（Sewall Wright）的工作中；它通过长期的发展、批评和成长过程成为一套完整的范式。要求替代品立即实现发展，就是否定了替代品的可能性。

当然，我只是简单地勾勒出这些备选方案的基本的轮廓。但我希望由此开始认真考虑方法和理论之间的关系，以取代我们有时听到的尖锐谴责。

① 我第一篇关于序列的评论是 Abbott（1983）。埃布尔的是 Abell（1987）。

第二章　复义七型*

许多人认为，我们已经进入了后实证主义时代。当我们从知识视野中扫除测量问题之后，我们得以向前推进，以看待社会现实的全部复杂性。然而，无论是在智识还是在实践层面，社会测量远未凋亡。事实上，对测量的反思可能有助于我们进一步发展实证主义事业中经常遭到批评的那些论点。 64

在本章中，我将按"实证主义的"方式分析一个通常被假定为不能进行实证主义分析的现象——加诸人类事件之上的多重和看似不可通约的意义。我在当前的实证主义研究中发现了一处尚未被发掘的信息来源，该来源事关多重意义。这一发现并不否认对实证主义的常规批判，而是表明，"反实证主义"的朦胧概念可以用来将实证主义看似单调的平面折叠成一种复杂而微妙的地形。

对于一些读者来说，费心研究社会学实证主义及其在政治学和经济学中的表亲们所生产出的研究似乎是在浪费时间。对他们而言，实证主义的哲学预设早已被毁了。它的真理符合论(correspondence theo-

* 我要感谢玛丽·艾伦·柯尼艾兹纳(Mary Ellen Konieczna)对这个项目提供的研究协助，感谢汤姆·史密斯(Tom Smith)提供综合社会调查(GSS)方面的帮助。这里所讨论的一些观点的早期版本发表于 1994 年 11 月 3 日在巴尔的摩举行的社会科学史学会(Social Science History Association)会议上。本文最初发表于 *Theory and Society* (26，no. 2/3[1997]：357-391)，经授权转载。

ry of truth)已被打破。它的“因果关系”已被证明仅仅是具体化(reification)。然而，接受对实证主义的哲学批判带来两个问题。第一，即便实证主义社会科学已被证明“原则上不可能”，但绝大多数的社会科学努力(和资金)事实上都投入到了实证主义研究中。这样的研究——无论是塑造消费者需求的市场研究，还是决定政治选区的人口普查数字——往往具有很强的后果。

65 第二个问题涉及否认实证主义功效的人的动机。反对实证主义的宣言往往掩盖了一种武断的态度，一种不愿对社会世界进行形式化思考的态度。人们断言社会世界由模糊朦胧的意义网络构成。人们论证阐释和再现的复杂性，然后简单地认为不可能对随之而来的复杂性进行形式化讨论。但这显然并不真实。许多人已对模糊朦胧、再现和阐释进行过形式化的思考。在这些现象中，没有任何事物会妨碍我们以一种严谨甚至训练有素的方式进行思考，正如我们在燕卜荪(William Empson)、巴特(Roland Barthes)和其他许多人的作品中所看到的那样。①

因此，我们有充分的理由不仅研究模糊性给实证主义带来的问题，而且研究实证主义如何帮助我们认识模糊性。

在着手进行这一分析之前，不妨让我先给出一些简单的定义，以便读者能尽可能地用与我一样的术语来理解同样的事物。我所谓的实证主义(positivism)，指的是这样一种观念：社会现实可以用某种可接受的方式进行测量。因此，除了严格意义下的实证主义以外，我暂且

---

① 巴特([1974]2012)，燕卜荪([1957]1996)。我选择这个标题是为了向燕卜荪致敬，我在20世纪60年代读到他的书，非常喜欢。

[译注]“复义七型”是燕卜荪先生名作一个流传甚广的译名，但作为图书正式出版，使用的标题是《朦胧的七种类型》(1996)。本章在标题上借用了复义这一优雅的名称，正文中则将ambiguity译为“模糊性”，在中文文献中，这个词还有含混、歧义等意思。

不讨论量化分析、因果论思维等更普遍的概念。在我的语言中，实证主义意味着测量。

我所谓的测量(measurement)，是指在现实的某一方面的各项差异与一组有序的数字或一组类别之间建立一种形式上的关系。前者是数字度量，后者是类别度量。在下面的讨论中，我主要侧重于数字度量。①

最后，我所谓的形式化(formalization)是指用一种特性比较清楚的简单事物来再现另一种复杂事物。因此，测量是形式化下的一个子类。然而它并不必然涉及形式化。经济学家的无差异曲线(indifference curves)将权衡的概念形式化，而无须测量任何事物；正如社会学的革命理论或文学理论家的转义学(tropology)一样，尽管这三种理论都援引了最终以类别度量为前提的类型学(typology)。正如这些例子所示，抽象和建模是形式化的常见手段。

那么在本章中，我打算从形式上思考模糊性的问题。这意味着采用标准的实证主义概念——变量和指标——并将它们颠倒过来，以发现社会生活的模糊性如何在实证主义研究提供的框架内发挥作用。我首先对实证主义中的测量概念进行简短的讨论。然后我仿照燕卜荪的思路，提出了这个模型中的“复义七型”。这些类型有助于指导我解读实证主义者赋予一个特定指标的不同意义——综合社会调查(GSS)中 66
测量的宗教信仰强度。对涉及这一指标的文献的分析表明了实证主义内部的意义网络理论(a network theory of meaning)，并提供了进一步的证据，显示了实证主义社会学如何提供关于社会生活的多重意义特征。在试图摆脱模糊性的过程中，实证主义将其推向了各项研究之间的间隙(interstices between studies)。通过共同并仔细的研究，我将各种模糊性复原，表明我们可以用一种丰富的方式阅读实证主义作品，

① 需要指出的是，类别度量被一些作者认为根本不是测量。见 Duncan(1984)。

就像阅读阐释论者的作品一样。

一、复义七型

在标准的实证主义测量模式中，我们用可见的指标(indicator)测量隐形的概念(concept)，如科层化、教育和职业声望。由于它们的不同程度和实际数字之间没有人们普遍接受的对应关系，就此而言，这些概念是不可测的(nonmeasurable)。我们用一些操作性定义来“测量”它们，比如受规则约束的行动所占的百分比(表示科层化)、在校年限(表示受教育程度)和受访人给出的排序(表示职业声望)。通常，任一概念都存在两种或两种以上的指标。某些概念可作为自己的指标：在大多数应用中，收入就是这样的概念。然而，对于这些概念，我们往往不太清楚眼前事物的“概念性”本质(“conceptual” nature)。我们往往认为“可测量的概念”实际上表示的是其背后站着的一个不可测量的概念——阶级或“总收入”。图 2.1 显示了这种社会测量的一般模型。

采取这种方法使分析可以在两个层次上展开。在较高的、概念性的层次上，概念之间被定义了一种关系，我们通常将其称为“因果关系”。这是一种句法(syntactic)关系，即各种概念以某种有序的方式相互作用(图中用箭头表示)。在社会学实证主义常见的路径图里，此种句法已为我们所熟悉。相比之下，概念和指标之间的关系是语义(semantic)的。指标指向不可知的概念；它们以实际、可知、可操作的形式来表示概念(在图中，句法关系是横向的，语义关系是纵向的)。

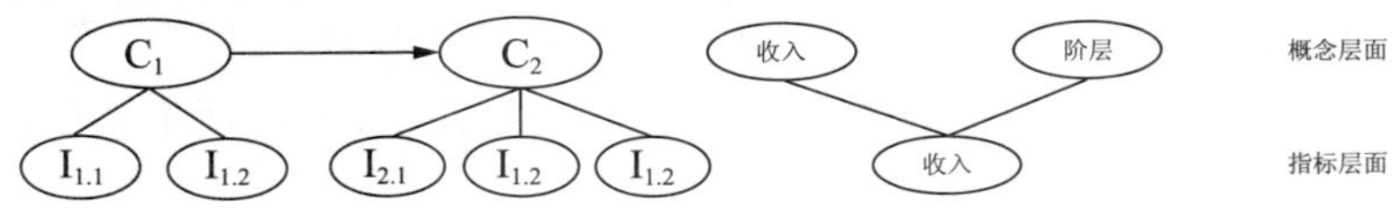

图 2.1

在较低的、指标的层面上，各指标之间又存在着一种句法关系。但这种关系是纯粹的数字关系。它体现在一组相关系数中，本身并不具备次序属性，不具备方向性(由于显示这些指标之间的关系需要在每对指标之间使用双向箭头，所以我在图中完全省略了标识“指标间的句 67
法”)。正如许多作者所指出的，在指标的句法关系中，并没有提供任何关于概念间句法的新信息。实证主义中所有关于“因果方向”的信息，其实都来自概念层面，由调查者提供。①

在概念层面之上还存在另一个层面，即叙事层面。没有一位严肃的实证主义者会认为科层化、教育和职业声望是真实存在的事物，会导致其他真实事物的变化。当他们说教育在一定程度上导致职业声望时，实证主义者指的是这一说法为几十种特殊的叙事提供了一种简略描述(shorthand description)。据此，受过很多教育的人把教育转变为成为从事社会地位较高职业的资格。

在这第三个层面上，不同类型的行动者采取行动，进入互动，而这一切又会产生后果，往往涉及其他类型的行动者等。因此，教育与职业声望的“因果关系”指的是或表示的是一系列特殊的叙事。据此，叙事和概念层面间又形成一种语义关系，但比稍低的两个层面之间发生的简单指向要复杂得多。概念层面的整个模型代表的是叙事层面上的整条故事链——实际上是这样的链条的一个集合——如图 2.2 所示。②

---

① 这个论点最著名的阐述者是大卫·弗里德曼(例如，Freedman 1987)。弗里德曼的批判实际上比这里提到的批判更强，因为他已经指出，基于指标的效应参数(概念层面的致因)的估计实际上以预期的致因模式为条件(indicator-based estimates of the effect parameters are in fact conditional on the pattern of causes expected)，因此甚至不能证明致因的不存在。

② 关于这种语义关系，我在其他地方已经写了大量的文章，例如，Abbott (1992c，本书第四章)。

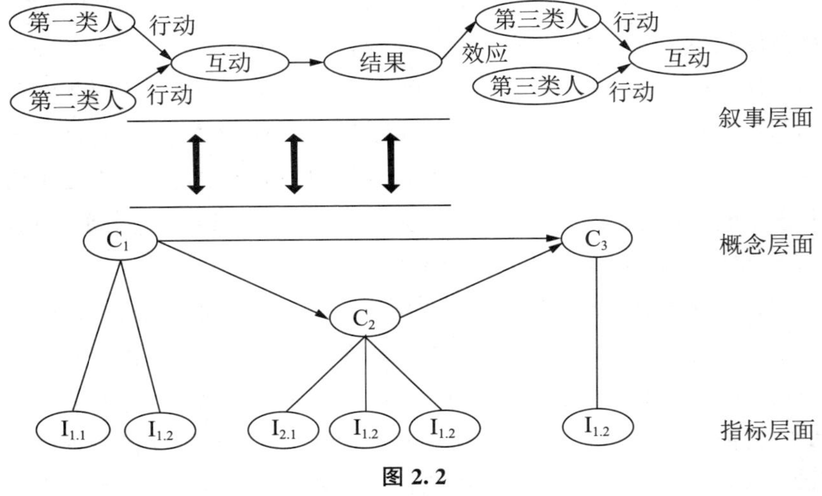

图 2.2

我在这里主要关注的是指标和概念间的语义关系，它们位于较低的层面。这通常是实证主义者所说的测量关系的意思。事实上，在最
68 近的一些实证主义工作中(如在使用 LISREL 软件的工作中)，人们习惯于讲"测量模型"。因为往往出现的情况是一个给定概念包含几项指标(见图 2.1 和图 2.2)。例如，宗教信仰可以用教会出席率、日常祷告、个人信仰声明来表示，也可以用更远的变量("近似变量")如种族或原籍地区来表示。在实证主义的工作中，通常都会使用这样的"多重指标"，用加总或因子分析等量表构建程序将其简化为单一指标。

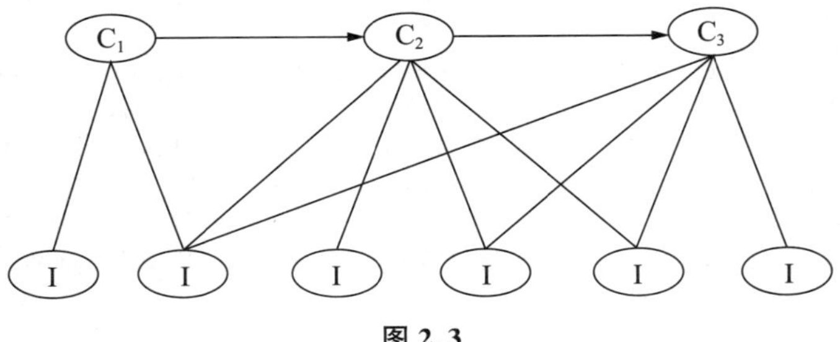

图 2.3

但让我们考虑一下相反的情况，即某一指标有可能附属于一个以上的概念。在这种情况下，一项可测量的事物同时“意味着”几种概念性的事物。例如，待在学校的年限“意味着”教育，因为我们假定（有点违背我们自己作为教师的经验），待在学校的时间会导致教育程度或多或少地单调增长。但是，在学校的年限也“意味着”接触流行文化或体验科层制。在学校的年限甚至“意味着”可用于犯罪活动的时间的减少，因为那些在学校的人实际上已经离开了街头。事实上，在许多个别情况下，在校年限可能比用学历衡量的受教育程度更准确地反映了可用于犯罪的时间。这种简单的多重含义类型就是燕卜荪的第一种朦胧类型[①]，即一项事实同时意味着几件事情，而这些事情却无须分解为任何一种含义。我将其称为“**语义模糊性**”（semantic ambiguity），因为它 69
涉及纵向联系的模糊。需要注意的是，多指标和语义模糊都涉及两个层面之间一一对应关系的背离，一方面是通过多项指标来表示一个概念，另一方面是多个概念可由同一项指标表示（见图 2.3）。正由于这两种类型的普遍存在，才产生了我前面所说的意义网络（network of meaning），即每个概念与许多指标挂钩，而每个指标又与许多概念挂钩。

在其他情况下，当我们认定社会群体具有包容性时也产生了模糊性。因此，离婚率可以被认为表明了关于家庭的某些方面（例如，20 世纪以来对婚姻的承诺减少了），也可以被认为表明了关于社区的某些方面（也许是同一时期社区的稳定性削弱了）。在这种情况下，指标意义的模糊性部分通过将家庭纳入社区内而产生。某一指标的这种模糊位置——作为不同的（虽然可能是同心的）社会群体的属性——可

---

① ［译注］燕卜荪对朦胧的总体定义是“任何导致对同一文字的不同解释及文字歧义”（［1953］1996，第 1 页）。此处对应第一种朦胧，即“一个词或语法结构同时有几方面的作用”。阿伯特所讨论的七型与燕卜荪的定义只是松散地对应。

以看作第二种形式的模糊性，我将其称为“**位置模糊性**”（ambiguity of locus）。

但在校年限这个例子还存在更多问题。在一定程度上，这里之所以产生多重意义，是因为调查的语境不同。在思考职业成就的语境中，学校教育很重要，因为它衡量的是一种资源的获取，而社会生活的叙事知识告诉我们，这种资源对于职业成就很重要。相比之下，在调查犯罪行为的语境中，在校年限重要的原因是学校使年轻人在犯罪活动
70 的“黄金年龄段”远离街头。但这第二个事实意味着，即使在思考职业成就的背景下，学校教育的抗犯罪效应也很重要，因为犯罪记录不仅影响就业机会，而且影响继续求学的机会。用标准的语言来说，这些分别是间接效应和对等效应（indirect and reciprocal effects）。因此，这里肯定存在语义上的模糊，但它与概念层面的句法模糊结合在一起。分析人员给特定变量所表明的概念分配了方向性的句法，当然这些分配因调查者而异。不断变化的因果语境在指标层面上造成了一种隐含的模糊性。一项指标对一位分析者来说是独立的，对另一位分析者来说却依赖于其他指标。我将此称为“**句法模糊性**”（syntactic ambiguity）。

然而，模糊性的另一重来源是时间。绝大多数实证主义社会数据都是截面数据。而我们往往不知晓一个[测量]态度的提问反映的究竟是最近的态度还是长期的担忧（idée fixe）。人口统计学特征，如年龄和孩子的数量，可能不具有这种模糊性。但以“地区”为例，除非我们知道某人居住时间的长短，否则就存在很多时间上的模糊性；构成南方性（southern-ness）的态度不是一时就能获得的，因此只有在住了相当长的时间之后，南方居住时间（southern residence）才会表明“南方”的态度。我把这种情况称为“**持续时间模糊性**”（durational ambiguity），因为它产生于观察到的指标的时间范围未知。

另一重时间模糊性则与第三种，即社会分析的叙事层面有关。可

能有两个或两个以上不同的故事会导致在概念层面上出现一种单一的变量句法。高水平的教育可以导致较少的犯罪活动，因为教育教会了人们犯罪是浪费或错误的(所以他们不会去做)，或者因为教育给了他们另一种获得收入的手段(所以他们不需要去做)。这种“**叙事模糊性**”(narrative ambiguity)在实证主义作品中已经演练得很好了。但问卷调查的回答也构成了一种非常直接的叙事：每一次访谈都在人生叙事的一个特定时刻到来，这一时刻决定性地塑造了回答。在一段稳定的人生时期被问到是否幸福，表明了关注的是从一周到下一周之间的感受。而若在人生的重大变化时期被问到同样的问题，则意味着进入了一个更大的时间范畴。因此，叙事模糊性超越了通常的“多重机制”问题而涉及调查回答本身。

其他类型的模糊性又是出于语义的问题。在一项研究中，一个给定的指标可以表明两件事，我已称之为语义模糊。一个更广义的问题在于，在一项研究中，一个给定的变量可能与一组变量联系在一起，但在其他研究中却与一组完全不同的变量联系在一起。这不是句 71
法上的模糊——在一个特定的因果模型中的朦胧位置——而是涉及别的：例如，一项研究将对于堕胎的态度视为“对妇女态度”的一部分，而另一项研究则将其视为“对政治自由主义态度”的一部分。从技术上讲，这种“**语境模糊性**”(contextual ambiguity)和句法模糊性一样，都来自变量相关矩阵的多重不确定性。根据我们的理论、我们的标准以及我们构建显著性结构的算法，许多可能的套路同样可以与这样的矩阵兼容。

但这里还隐藏着另一重模糊性。指标不仅在一项或几项不同的研究中可以意味着不同的事物，对被调查世界中的不同人而言它们也可能意味着不同的事物。考虑一下“教堂出席率”这个变量。人们上教堂有很多不同的原因：表达自己的宗教信仰，认识某些类型的人，为子女提供一处具有某种价值观的环境。然而，GSS 中的教堂出席率变量并没有告诉我们这些原因；我们最多只能从其他变量中推断原因。这种模糊性似乎是句法模糊性的泛化（正如语境模糊性是语义模糊性的泛化），但其核心在于社会生活的互动特征。再举一个例子，一名研究生导师可能对所有学生采取一致的相处模式。但对一名学生来说意味着温暖指导的行为，对另一名学生来说却是幽闭的控制。模糊性产生于一种行动或态度在互动中重新定义的开放性。在眼前的情况下（“宗教信仰强度”），调查问卷是针对某些受众的，但研究者不知道这个受众是谁。例如，当一个人被问到是不是一名“坚定的”犹太人时，答案可能取决于提问者是谁，或者究竟是依赖个人的标尺、参照群体或想象中的“国家标尺”。这种一般意义上的不确定性，就是我的最后一种类型——**“互动模糊性”**（interactional ambiguity）。

因此，我们有七条充分的理由来期待指标测量对概念的依附具有模糊性。通常人们对调查问题的印象是，它代表了一个“真实”的人的“真实”状态。七种类型的模糊性代表了这种标准形象经常被看错的七种方式：

1. 语义模糊性——一项指标表示多个概念。

2. 位置模糊性——一项测量指标所涉及的单元可能有一种以上的描述。

3. 句法模糊性——一项给定的指标标志着不同“因果地位”的概念：从属、独立、对等、介入。

72 4. 持续时间模糊性——某项指标表征某一分析单元的持续时间未知，但将产生结果。

5. 叙事模糊性——(a)两种或两种以上的叙事在概念层面意味着相同的变量句法；(b)未知的个人背景塑造了调查问题对受访

者的意义。

6. 语境模糊性——一项指标在不同的研究中被归入不同的指标组(意义语境)。

7. 互动模糊性——指标的意义是由其产生的交互环境所模糊界定的，包括生活世界和调查环境本身。

实证主义或多或少地意识到了这些模糊性。一般来说，它通过寻找非模糊的指标来解决这些问题。对此出现了各种策略——例如，进行新的问卷调查、虚拟变量(dummy variables)、转换回归模型(switching regressions)——所有这些策略都试图把概念以某种方式附加到独特的指标上，从而把各种模糊的环节分割开来。正如我在下文将要表明的那样，这一程序实际上只是将一种模糊性替换成了另一种模糊性。因此，我希望采取一种不同的方法，一种假定模糊性是社会生活构成部分的方法。我将从一项指标开始，而不是一个概念。而且我试图找到在实证主义工作中附加在这项指标身上的所有多重意义。我的七种模糊性类型将有助于这种尝试。但我也将建立一种形式上的分析基础。

作为一项重要的副产品，这种对于随时间推移而产生的模糊性的分析表明了关于科学文献的重要事实。事实上，我们可以先把**文献**概念化为在对社会生活的实证探究中，通过模糊性的网络(network of ambiguities)寻找通路的诸尝试。下面的分析显示了这些通路的一些现实情况。

二、指标及其相关概念

综合社会调查(General Social Survey，以下简称GSS)不仅提供了丰富的社会学数据来源，而且还保存了所有使用过GSS数据的研究(已发表和未发表)记录。有了这些信息，我们不仅可以找到所有这些作品，而且还可以自动检索出它们所使用的 GSS 变量清单。因此，我选择了所有曾经发表过的使用 RELITEN 变量(宗教信仰强度[religious intensity])的论文：“你会说你是一个非常坚定，有点坚定，或不是很坚定的[天主教徒、新教徒、犹太人，或是其他信仰]?”

利用 GSS 的 RELITEN 变量，研究人员共撰写了 155 篇实质性论
73 文。其中包括毕业论文、会议论文以及期刊论文，期刊论文约占总数的三分之二。我对这些数据进行了两种分析。首先，我对它们进行了聚类分析和标度分析，试图根据这些论文所使用的 GSS 变量的共同点来发现这些文章之间的分组。我分析了四段时间(1980 年前、1980—1984 年、1985—1989 年和 1989 年后)，以了解论文的分组是否随着时间的推移而发生变化。其次，我仔细阅读了这组文章中已发表的 33 篇。细读提供了具体例证，充实了我分析的内容，其框架源自形式化的工作。①

这 155 篇实质性分析使用了各种版本的 GSS，共包含了 2 432 个变量中的 774 个。因此，虽然 RELITEN 不是 GSS 的核心变量之一(核心变量是指像“性别”或“教育”这样，几乎在所有利用 GSS 的学术研究中都出现的变量)，但使用它的文章里包含的其他变量却涉及全体变量

---

① 我使用了 GSS 书目索引的可机读 ASCII 码拷贝，由 GSS 主任汤姆·史密斯善意提供。关于 GSS 的一般讨论，见 Davis and Smith(1994，及以后的版本)。书目中共有 2 982 篇学术论文，其中 181 篇使用了 RELITEN 变量。我省略了 26 篇关于美国社会趋势的社会学或统计学，或只是一般性的评论文章。在剩下的 155 篇中，大约有 100 篇论文和书的章节(其余的是博士论文、硕士论文、书籍和会议论文)。接下来用到的详细数据，来自我对这批文献中的三分之一的阅读。请注意，我的方法预设了人们“公平且诚实地”回答调查者的问题。我的大部分分析都是“实证主义的”。然而，一位实证主义者会把答者回复中的模糊性视为“错误”，在此基础上构建概率论证和统计推断。但我希望把模糊性当作有助于把这一个变量捆绑到一个更大的、复杂意义的网络中的“链接”。最后，所有的编程(以及编程错误)和分析都是我自己的责任。

的近三分之一。然而，在 774 个变量里，近一半只出现在某一篇分析中。四分之三的变量出现于五篇或更少的分析中。在剩下另一半变量里，许多得到了非常广泛的应用。我试图分析了大约 100 个变量，发现其中 97 个最常见的出现在了 17 篇以上的研究里。事实上，在本章所分析的研究中，这 97 个变量占了所有个别使用变量情形的 60%（每项研究使用变量数量的中位数是 25 个，最少的是 4 个，最多的是 242 个）。[①]

这些变量形成了相当容易识别的群组。我通过对数据进行聚类分析，使用“变量之间的密切程度”这一标准聚类算法的度量标准来验证群组分类。[②]如果两个变量通常出现在同一篇论文里，我就认为它们之间的关系很密切。从形式上看，它们之间的距离是**雅卡尔系数** 74
(Jaccard's coefficient)；两个变量都出现的论文数量除以其中一个、另一个或两个变量都出现的论文数量。这就从分子和分母中省略了两者都**不**出现的研究（包含它们就使计算变成了**简单匹配系数**［simple matching coefficient］）。然而，由于使用超过 40 个 GSS 变量的研究相对较少，因此任何给定的两个变量在某项研究中都不存在是很正常的，

---

① 我选择分析 100 个变量是因为 100 是一个实用的调查数字。具体的数字是任意的，但分析的变量不能太少，否则可能会失去这个文献和其他不同文献之间的联系，也不能分析太多变量，否则就不能快速分析整个 GSS 数据集。100 个似乎很实用。

② 层次聚类分析（hierarchical cluster analysis）是将对象放入层次化分组——用树状图表示——使用每一对案例之间的距离三角矩阵（triangular matrix of distances）作为输入。有许多算法可以完成这种分组，但往往会产生令人惊讶的不同答案。我在本章中使用了两种这样的算法——单链接算法（single linkage）和均链接算法（average linkage）——来完成所有的聚类，并列出了在不同算法中具有强烈一致性的聚类分组。这两种算法的特性完全不同，强调的是数据中不同种类的相似性。在它们给出相似答案的地方，聚类可以被认为足够强。“簇直径”指的是聚类簇内对象相对于簇外对象的紧密程度。簇直径小，表示聚类强。这里给出的所有聚类分析都借助于多维标度（multidimensional scaling）来阐释。为了节省篇幅，本章省略了这些标度，但在某些地方为讨论提供了参考。

所以包含此类情形给我们提供的额外信息很少。

当按照这个距离度量标准进行聚类时，97 个常见的变量呈现出一幅熟悉的画面。表 2.1 给出了这个列表。该表还给出了每个组的标题标签，我将在后续的表格中继续使用这些标签。我应该提醒读者注意，这些聚类簇(clusterings)不是实质性的，而基本上是任意的(largely arbitrary)。(我在这里的意图更多的是介绍“人物角色”，而不是提出一个实质性的观点。)表中所有的簇[内部]都是紧密的，因为各种结构性因素有利于其中所列变量共同出现。有些簇包含了单个问卷调查问题的附属部分。其他的簇则意味着连在一起的问题模块，这些问题一起轮转进入或退出 GSS。从某种程度上说，簇之间没有再紧密一些，这一点令人惊奇。[①]

---

① 20 世纪 80 年代，GSS 以“每两年后隔一年”(two-year-on/one-year-off)的方式轮换了许多变量。1987 年以后，它几乎每年都包括所有的变量，但并不是在某一年的所有版本中(GSS 术语中的“选票”[ballots])。目前选取的大多数变量只错过了相对较少的 GSS 年份。没有被囊括的问题的“轮转年份”中位数是两年(在 21 次 GSS 调查中)。所有的变量都在最近的“轮换选票期”(varying-ballot period)中至少出现在三分之二的选票上；有三分之一的变量出现在所有三次选票上。然而，在紧密的态度簇内，设计效应通常很明显，特别是对于那些作为特定问题的子项的变量(如宽容度变量)。

在这方面应该注意的是，一个变量没有“真实”的水平。也就是说，在概念上没有确定的理由，为什么堕胎态度在 GSS 中应该有 9 个“部分”，而失范有 7 个(其中只有 3 个在这里出现)，等等。然而这些大小却影响了聚类。请注意，这种模糊性是生活世界中的一种，而不仅仅是调查世界中的一种。对于一些人来说，对堕胎问题不同部分的态度可能在概念上是独立的，就像对堕胎的态度与对公共机构的信心对其他人来说是分离的一样。这种态度结构的模糊性是生活世界的实质现实，因此是调查数据的一部分，而不是要解决的方法论问题。

[译注]与所有大型的社会调查一样，由于 GSS 所包含的问题太多，所以不可能每一轮调查都使用所有的问题，这会导致答卷时间过长。为此，研究者开发出“轮换”的技术，即在每一年保留核心问题模块的基础上，选择性地将其他不那么核心的模块加入或者取出，以求在问卷的广度和可操作性之间达成平衡。

表 2.1

1. 人口统计变量：年龄、教育、种族、性别、收入、居住地区、婚姻状况、社区规模和职业声望。GSS 中的阶级/阶层和职业变量并不与这一群体聚类在一起，部分原因是这两个变量不常用
2. 与“生活满意度”相关的四个子簇：
   - 三个失范变量(AN)
   - 对家庭、城市、朋友和爱好的满意度，以及对健康、对朋友的社会关系的满意程度等(SAT)
   - 婚姻和一般幸福感(HAP)
   - 对科学、联邦政府、法官、立法者、军队的信心。与之聚类的还有他人是否公平和他人是否值得信赖的信念(CON)
3. 关于“态度”的八个子簇

   i. 九个测量“公民自由”的变量——三种人(无神论者、同性恋者、无政府主义者)的三种场合(演讲者、图书馆作者、大学教师)。例如，“是否应该允许一名无政府主义者在大学或学院教书?”(CIVLIB)

   ii. 三个测量种族态度的变量：是否赞成校车接送政策、通婚、黑人当总统(RAC)

   iii. 四个测量对犯罪和法律的态度的变量：是否相信死刑、大麻使用的刑事化、限制枪支和法院的宽大处理(CRI)

   iv. 关于性行为的四个变量：涉及同性性行为、离婚法、婚前和婚外性行为(SEX)

   v. 关于各种可能的堕胎理由的七个变量：任何原因、不想要更多的孩子、强奸、单身、潜在的出生缺陷、母亲的健康、贫穷(AB)

   vi. 四个关于一般妇女问题的变量：对已婚妇女工作的认可、对女性总统候选人的认可、对女性从政的认可、对女性留在家里的认可(FE)

   vii. 描述对公共开支态度的七个变量：对武器、种族问题、城市、环境、卫生、教育、福利的态度(NAT)

   viii. 关于死亡的两个变量：死亡权和自杀(DEATH)
4. 一个小型的独立簇，由两个反映一般政治价值观的指标组成：PARTYID 和 POLVIEWS(POL)，该簇与人口学变量结合得最紧密

在这项分析中，诸宗教变量之间没有任何密切的联系(一项引人注

目的事实是，宗教变量几乎从来没有被加总，成为一项量尺）。当我单独将它们做聚类分析时，它们呈现出一个明显的群组，内含三个很少使用的变量，它们具有共同的 GSS 轮换模式：祈祷、阅读圣经和感觉接近上帝。其他宗教变量倾向于按照一个同心的层级结构排列；不常
76 使用的变量通常在其他变量已经存在的情况下被当成附加变量。按变量使用次数的升序排列，它们分别为：16 岁时的宗教信仰（20 次）、对神职人员的信心（24 次）、教会成员资格（25 次）、对来世的信仰（43 次）、属于某一教派（62 次）、宗教信仰——新教、天主教、犹太教、其他（120 次）和教会出席率（122 次）。当然，宗教信仰的强度，在所有 155 项研究中"根据定义"都出现了。①

三、宗教信仰强度的总体变化

在发现了基本的相关变量类型之后，我现在"从另一个方向"对数据进行聚类分析。也就是说，在确定了与 RELITEN 一起出现的变量的初步地理分布后，我接下来将讨论**论文**的地形。因此，我的问题不是两个变量是否倾向于出现在同一篇文章里，而是两篇论文是否倾向于使用相同的变量列表。度量也是雅卡尔系数：任何一对**论文**中，两

① 宗教问题除了前三小题外，不存在设计效应。其余的关于宗教的问题出现在 GSS 的所有版本中，仅有一两年除外。这项对 RELITEN 变量提供情境其他变量的初步调查显示了重要的缺失。社会科学家显然不把宗教强度看作其他背景的一部分：环境、消费和休闲行为、种族、现在和以前的犯罪行为、工会活动——一长串重要的变量。相反，很明显，实证主义对宗教的理解，一方面是个人生活的满足感，另一方面是对公共问题的各种立场——特别是对性和性别的立场，也是对种族、犯罪、公民自由和公共开支的立场。当然，偶尔也有一些研究使用其他的、隐形的变量：比如看电视的时间（八项相关研究）和工会成员（十项）。但个人满意度和公众态度立场的主题占主导地位，表明无论赋予宗教强度的模糊含义是什么，它们一般都不会涉及上述其他全域。

者共同包含的变量数除以其中一篇、另一篇或两者中同时出现的变量总数。请注意，如果存在连贯、紧密的论文群，我们可以把这些文章看成文献作品的例子，是互相对话的论文群。因此，我只用了 97 个主要变量，它们应该是这类文献的核心成分。而我把这些文章分为四个时间段，希望能发现这些文献形态的潜在变化。1980 年以前有 22 篇文章，1980—1984 年有 51 篇文章，1985—1989 年有 48 篇文章，1989 年以后有 34 篇文章。①

(一)1980 年以前的论文

我先从 1980 年以前使用 RELITEN 变量的 22 篇论文开始。在雅 77
卡尔度量下，无论按单链接算法还是均链接算法的方式聚类，这些论文都属于两个一般的聚类簇(其内有子簇)。这两个簇的直径都相对较大。表 2.2 给出了两个一般聚类簇内的子群以及表征这些子群的变量。由于该表(和后面的表一样)非常密集，我们应该暂停一下，仔细审视其结构。在本表和随后的表格中，我列出的变量都出现在了子簇中的**所有**研究中，**除非**变量前标有数字，表示**确实**使用它们的研究的数量。

---

① 我选择了四个时间段，以便更清楚地看到趋势(如果存在的话)。这些时间边界是任意的，我试图在时间长短和个案数量的平等之间取得平衡。请注意，这些时间段足够宽泛，因此 GSS 轮换策略的影响相对较小。这些变量没有一个在所有时期都缺席，事实上，在这些时期中，它们没有缺席超过一半以上的年份。这意味着(按 GSS 设计者的意图)，在这些轮换限制下，三个“轮转区域”的变量的大多数组合是可能的(而鉴于我的二上一下周期，两个轮转区域的所有组合都是可能的)。来自共同问题和共同选票位置的设计效应仍然存在，但是，正如我已在上面指出的，它们在一定程度上挖掘了我希望研究的构成性模糊。关于设计效应的基本问题是，它们是否造成了时期内群体实际聚类的相当一部分。鉴于在现有设计限制下可能出现的大量文章，我认为它们不是。聚类是实质性的。在 97 页注②讨论的两种聚类方法中，报告的簇都很明显。明显不在任何特定聚类中的案例——因为通常远离几乎所有其他案例而附着在树状图上的案例——被当作离群值而不进行分析。

如果该类别中没有共同的变量，则为空白。变量标后括号内的数字是指变量的数量。因此，AN(7)表示一个簇中所有研究都使用了 7 个失范变量；2-Age 表示簇中有两项研究使用了年龄变量。如果一个簇内较大的子群共同使用了几个“其他变量”，则依子群每行列出(见表 2.3 中“其他变量”列)。除非特别提到宗教是一个主题(在表的最后一列)，否则所标明的文章除了间接涉及外，并不涉及宗教；“堕胎”作为一个主题是指一篇关于对堕胎态度的文章，其中宗教可能是许多自变量之一(如果宗教成为一项中心主题，则在主题一栏列出，记为“R”)。我所给出的变量数是[簇内的研究]所使用的变量**总数**，因此取决于每个簇内的研究数量，这一栏内的数字可能会超过 97。缩写要么从上下文中显而易见，列在表 2.1 中，要么就宗教变量而言，从上面的文字讨论中可以清楚地看到。[①]

从表的最后一列中跳出了一个引人注目的事实：一般来说，了解变量如何聚类并不能告诉我们多少论文的主题。这些簇中唯一有统一主题的是簇-1，即两项非常小规模的关于宗教实践和承诺的研究。簇-6 呈现了一个比较组的一般模式，但各组的类型并不一致；该簇由于大量、广播式地使用变量而被捆绑在一起。

① ［译注］为便于阅读，原文中的宗教变量简写有如下含义：Att-多久参加一次宗教仪式；Rel-宗教偏好(信奉何种宗教)；Den-是否属于某一教派；Mem-是否属于某教会；Pr-祈祷次数；RB-阅读圣经；NG-感觉自己接近上帝；Cg-宗教人士的影响；After-life-对来生的看法。GSS 的变量具体定义可于 https://gssdataexplorer. norc. org/查询。

表 2.2　包含 RELITEN 变量的研究形成的簇，1973—1979 年

簇序	簇成员	变量总数	宗教变量	控制变量	其他变量	主题
1	A，J	7～14	Att，Rel，Den	Sex	AN(1)	1. 宗教热忱 2. 对来生的信仰
2	K，S，T，U	15～20	Att，Rel，Den	Age，Sex，Edu，RAC，I-nc		1. R 与工作满意度 2. R 与地位 3. 对以色列的态度 4. 对安乐死的态度
3	C，F	0～25	Att，Rel	Cla，Inc，Occ，RAC，Sex，Works	FE(1)	1. 中产阶级化 2. 对性别角色的态度
4	B，L，V	20～50	Att	Age，Edu，RAC	An(9)，SAT(1)，HAP(1)	1. 对国会的信心 2. 少数族裔老龄化 3. 宗教参与

续表

簇序	簇成员	变量总数	宗教变量	控制变量	其他变量	主题
5	H，I	0～50	Rel	Age	SAT(4)，HAP(1)，CIVLIB(12)	1. 种族偏见 2. 参加教会的趋势
6	O，Q，R	90～130	Att，Rel，Mem	All	AN，SAT，HAP，CON，CIVLIB，RAC，SEX，AB，FE 的各种形式	1. 去教会 vs. 不去教会 2. 新英格兰地区信教 vs. 不信教 3. 不同农村群体
7	E，G，M	40～60		Age，Sex	AB(6)，CON(1)	1. 无子女现象 2. 对堕胎的态度 3. 政治行为
8	D，N，P					

变量使用模式与对概念的兴趣之间的这种脱节，为我提供了语境 79
模糊的第一个明确证据。在其中一些研究中，研究者们将 RELITEN 与控制变量一起使用；它是一项简单的人口学特征，干扰了其他令人感兴趣的因果机制。相比之下，在另一些研究中，年龄、性别、教育和其他人口统计学变量单独存在，而 RELITEN 作为一个独立的兴趣变量存在。更广泛地说，在这组研究中，宗教被设想为与一组广泛的领域相关联。它与工作满意度、有无子女、种族偏见、中产阶级化有关。

研究者不仅出于各种各样的目的将 RELITEN 与各式变量混在一起，而且 RELITEN 和其他变量作为指标明显地承担着多重职责。它们在一项研究中意味着一件事，在其他地方又意味着另一件事。在一项研究中，对性行为的态度表示对妇女的态度；在另一项研究中，它们只表示性行为态度，而对妇女的态度则由其他问题直接测量。在一些研究中，RELITEN 表示宗教的“全部”。在许多其他的研究中，该变量得到了“教会出席率”的帮助，其使用通常意味着希望将宗教生活中的态度(RELITEN)和行动(出席率)分开。因此，我们在语义上也有相当大的模糊性。

此外还存在句法模糊性的证据。由堕胎变量统一起来的簇-7 包括一篇以堕胎态度为因变量的文章，一篇探讨对堕胎的态度是否独立决定[自变量]生不生孩子的文章，以及一篇研究堕胎态度与政治行为简单“相关”的文章。

这些研究在一定程度上按照[使用]宗教变量的程度和重要性划分为不同的群组。簇-1 至簇-3 包含的是宗教变量在共同变量中占很大比例的研究(然而，这些文章不一定是关于宗教的；关于宗教主题的论文在这些聚类中都有出现)。在簇-2 和簇-3 中，一组核心的宗教变量被小而一致的控制变量集合所增强。在簇-4、簇-5 和簇-7 中则不那么统一——宗教和控制变量的统一性不如其他变量集合那么一致：簇-4 中的满意度和失范变量，簇-5 中的满意度和公民自由变量，以及簇-7 中的堕胎变量。

这些聚类簇显示了某些起点——可以被当作“文献”的起点。也就是说，我们看到了使用一致变量集的论文。但是，该空间的概念结构——由文章的主题松散地给出——只在最一般的层面上反映了变量的结构。将这个[论文]空间粗略地分为两种“文献”——一种是以宗教为主要概念兴趣的文献，另一种则不是——可以在概念和指标两个层面上被复制。但在这里，由主题定义的文献和由变量定义的文献之间几乎或根本没有对应关系。此外，我还应指出两种特殊类型文章的出现：“狭义的宗教”研究(簇-1)和“全揽在一块”的组间比较(簇-6)。

在这第一时期可以明显发现的三种模糊性——语境、语义和句法——导致我们难以在数据中找到一致的文献。反思一下文献到底为何很有帮助。我们可以将文献定义为关于特定主题、特定变量或以特定方式使用的特定变量(例如，作为因变量)的工作体系。或者，人们可以把一份文献更多地定义为学者之间的对话，并通过体现核心实质性引用的模式来表明它。在后一种情况下，社会科学成为一种非常复杂的对话，因为给定的对话者并不存在。回应研究的方式会截然不同：既可以把先前的观点带到全新的方向，也可以通过阐述或详述相同的论点进行。很可能的是，我们通常所说的文献作品主要是由评论文章回顾性地创造出来的。科学对话只是一个庞大的网络或网状结构，审稿人从其中选择一缕或几缕线索，塑造成若干种修辞，例如，“所有导致×问题的工作”“所有对×的原始研究的后续研究”，等等。

(二)1980—1984 年的论文

这是运用 GSS 的宗教变量进行研究的重要时段。这里形成了十
80 一个可行的组别(见表 2.3)。

表 2.3　包含 RELITEN 变量的研究形成的簇，1980—1984 年

簇序	簇成员	变量总数	宗教变量	控制变量	其他变量	主题
1	V，i，p	15～25		2-Age，2-RAC	CON(9)	1. 军事人力资源 2. 军事人力资源 3. 大学生群体中的 R
2	P，Y，m，u，v	20～30	Att，4-Rel，4-Den	Age，Sex，RAC，4-Inc，4-Mar，Community Size	u，v：MEM(3) P，Y：ERA 态度	1，2：ERA 支持 3，4：教会出席率 5. 理想的家庭规模
3	B，l，y	15～25	Att，Rel，Den	Age，Sex，RAC，Mar，Region，Nchildren		1. 宗教热忱 2. 族裔 3. 性别和族裔偏见
4	A，a，b，c，k，q	15～30	5-Rel	Age，Sex，4-Edu	a，b，k：DEATH(2)	1，2，3：对安乐死的态度(3) 4. 妇女的角色 5. 军队中的黑人 6. 老年妇女群体中的 R

续表

簇序	簇成员	变量总数	宗教变量	控制变量	其他变量	主题
5	I，R，Z	20～40	Att，Rel	Edu	CIVLIB(6)	1，2，3：政治宽容
6	F，W，t	8～15	Att	RAC	F，W：AN(3)	1. 对失范的政治态度 2，3：宗教热忱
7	N，T，d，f，s，w，x	20～40	4-Att，4-Rel	Age，RAC，6-Edu，5-Sex	s，w，x：AN(3) T，d，w：DEATH(1) N，T，f，w，x：SAT(2) N，d，f，x：组织成员	1，2：生活满意度 3. 宗教想象力 4. 对死亡的意识形态 5. 对美国政府的信心 6. 安乐死 7. 种族差异
8	C，D，H，e，j	15～70	3-Att，Rel	4-RAC，3-Sex	AB(6)	1. R 与性道德 2. R 与生活满意度 3，4，5：堕胎

续表

簇序	簇成员	变量总数	宗教变量	控制变量	其他变量	主题
9	G，J，K，U	55～85	3-Att，Rel(3)	3-Age，3-Mar，3-Occ，3-Community Size	POL(1)，SAT(1) J，K：AN(3)，SAT(3) G，J，K：CRI(3) J，K，U：POL(2) G，K，U：NAT(1)	1. 不信教的人 2. 成就 3. 无子女家庭 4. 对政治保守派的支持
10	E，Q，X，g，h，r	50～90	5-Att，5-Rel，4-Den	5-Region，4-Age，4-Inc	AB(3)，FE(4) CIVLIB(3)，CRI(1) E，Q，X：CIVLIB(6) E，X，h，r：RAC(4)	1. 社会中的 R 2. 对堕胎的态度 3. 对 R 的承诺 4. 拥护家庭的意识形态 5. 南方态度 6. 意见趋势
11	L，M，O，S，n，o					

在这一时期，对宗教本身的小规模研究已经消失。簇-6 可能最接近“小规模”的定义，然而它的簇直径很大，这是因为它所感兴趣的变量缺乏内部一致性。然而，一般调查或组间比较再次出现(呈现为簇-10)。与早期的一般研究相比，它带有女性主义和公民自由的色彩(早期的一般研究是简单的群体比较)。在这一时期，堕胎研究得以延续。虽然不太明显，但它们也自成一类(簇-8)。我们现在发现一项“协助”(broker)研究(C)，它将堕胎作为更广泛的“性道德”问题的一部分，并使用了一系列广泛的变量，以至于它可以属于簇-8 或簇-10 中的任一类。另外，在堕胎簇(8)和更普遍的态度簇(10)之间，还有一个相当一致的簇(9)，其中满意度和失范变量发挥了重要作用。然而，还有另
81 一个基于满意度的簇(7)，其中满意度与一组不同的事物有关，通常与对死亡的态度有关(另见簇-4)。簇-2 至簇-4 由一致的宗教和控制变量集统一起来，似乎缺乏内部一致性，不管是在主题方面还是在使用的其他变量方面。相比之下，外围的聚类簇——簇-1 和簇-5——在这两方面都统一：前者涉及对各种社会机构(特别是军队)的信任，后者涉及政治宽容。请注意，这些都是新簇，而不是对以前研究的重复。

政治宽容研究为我们提供了一个互动模糊性的例子。人们可能会问，这是对谁的宽容？让变量来告诉我们。GSS 所问的是“是否允许某类人在自己的社区里讲话，是否允许他们在当地的大学里教书，或者是否允许他们写的书被收藏在当地图书馆里?”这个问题是针对无政府主义者、无神论者和同性恋者(激进派对他们比较宽容)以及军国主义者和种族主义者(保守派对他们比较宽容)提出的。当被调查者回答这些关于宽容的问题时，在听到“总有一些人的思想被别人认为是不好的或危险的，比如……”这样的起始句之后，受访者就会对这些问题做出集体回答。

但事实上，被调查者使用这些变量的比例大相径庭。在本章研究

的 155 篇文章中，典型的“受激进派宽容的群体”变量被使用了 251 次，而“受保守派宽容的群体”变量被使用了 75 次。这意味着，没有一个“受保守派宽容的群体”变量发挥着基础性的作用，事实上，没有一个此类变量出现在我这份文献的 97 个核心变量列表中。[①]因此，受访者在回答这些问题时，同时强调了两派的情境。但是，当使用这些变量时，这种互动情境已经消失了，调查者可以自由地把那些“认为激进派更宽容”的人的观点阐释为一般意义上的宽容。这些研究最终就会被一般的公共话语所引用，表明保守派不宽容。

比它们的互动模糊性更引人注目的是这些研究的句法模糊性。从这些研究和更早的研究中的主题可以看出，一般的宗教变量，特别是 RELITEN 通常被当作自变量。但在这一时期的某些研究中，宗教趋势和行为是因变量而非自变量。它们相当普遍，出现在簇-2、簇-3、簇-4、簇-6、簇-7 和簇-10 中。

为了确定这种句法模糊性的性质和后果，我们不妨考虑一下通过 84
详细阅读这些研究找到的证据。在我细读的 33 篇文章中，有 19 篇将 RELITEN 作为自变量：一些文章仅仅将其作为一个通用的人口控制指标，其他文章（通常是关于政治态度的）则将其作为实质性核心自变量。另外五项研究是“对不同类型的人的特征描述”（活动家、南方人、官僚、年长者），它们并不采取因果关系的观点。在它们那里，宗教信仰强度只是人们的一种持久特征，就像其他特征一样。另有三篇将 RELITEN 作为自变量，但用它来预测其他宗教行为和价值观：神秘体验（其中它所能解释的变化幅度少得令人惊讶）和教会出席率（RELITEN 毋庸置疑是其最好的预测变量，能解释出席率变化幅度的四分之一）。

---

① 整个 GSS 书目的相应数字是 1908 次（左）和 687 次（右）。这些数字解释了这些和其他 GSS 研究中常见的自由主义和宽容之间的强烈关联。

另有两项研究认为 RELITEN 是一个干预性、不完全独立的变量。其中之一是格里利(Andrew Greeley)对神秘体验的分析。他明确提出了因果方向的问题。这一问题是神秘体验是否并不导向更强的宗教承诺，而非相反。最后，有三项研究将 RELITEN 当作一个真正依赖于外部社会力量的因变量。斯顿普(Roger Stump)使其依赖于地区性移民，他的问题是移民到底保留了他们旧社区的宗教价值，还是接受了新社区的宗教价值。拉比诺维茨(Jonathan Rabinowitz)与合作者问社区的规模是否影响宗教承诺的水平。扬纳科内(Laurence Iannaccone)询问做出宗教承诺是不是教会具体政策的结果。①

这最后三个例子使得 19 项将 RELITEN 当作自变量的研究中的模糊性凸显出来。如果 RELITEN 是教派政策、居住地区或社区规模的结果，那么将 RELITEN 作为一种稳定的个人特征的结果就会突然变得不清晰。不仅存在宗教承诺的因果地位的句法问题，在这背后还隐藏着叙事和持续时间的模糊性。正如格里利于文章中所言，在许多叙事(如关于圣保罗的叙事)中，持久的宗教承诺是由特定的时刻和危机造成的。那么既然如此，则当前宗教承诺的持续时间未知。

我的目的并非暗示一旦应用某种适当的技术就能找到某种正确的答案，而是要说明，仔细阅读实证主义文献所发现的模糊复杂性，其实是
85 我们会期待在社会生活中发现的。虽然实证主义者自己不承认这种模糊性由知识不足和错误而产生，但这不应该使我们忽视这样一个事实，即社会生活的多价复杂性(multivalent complexity)在实证主义研究中**确实**能找到相当充分的代表。人们只要运用系统的技术就可以找到它。

RELITEN 站在意义的十字路口。虽然对大多数人和目的来说，它测

---

① 参见 Greeley (1987)；Iannaccone (1994)；Rabinowitz，Kim，and Lazerwitz (1992)和 Stump(1984)。

量的是一种持久的个人特征，是意见和价值的一般环境的一部分，但对另一些人来说，它代表的是依赖于特定条件的一项最近发生的事件。在RELITEN的一侧，分散出了“因果关系”的路线，关于从犯罪到妇女问题和生活满意度等一切问题的态度，另一侧则汇入了个人经验、环境力量、地区和其他决定因素。一个人所处的特定教派位置影响着这些力量的平衡，然而位置本身也受到各种力量和事件的影响。再一次，我们是通过仔细阅读实证主义对宗教承诺的研究，而不是通过无视它们来发现这种复杂性的。

在这组研究中，我们发现了主要的互动和句法上的模糊性，这两类同时还被持续时间和叙事的模糊性所加强。这些发现清楚地说明了生活世界中的意义网络被编码为实证主义分析中的意义网络的方式。所有这些模糊性都源自意义和阐释的扭动，这些扭动出乎意料地桎梏了研究，或将它们设置在不同寻常的对比中，或将它们分散在一个连续体中。在这种情况下，“文献”开始显得不可能，至少是作为由共同变量产生的机械现象而显得不可能。文献必须出现在对早期工作的学术回应的特定意图中。然而，一系列关于某个重点主题的研究工作的存在，并不能保证下一回应不会将它们使用的旧的变量和发现放在全新的语境中。

(三)1985—1989年的论文

在20世纪80年代后期，涉及RELITEN的各个研究领域变得更加明确(见表2.4)。与前一时期相同，存在一组连贯的研究，专门集中在宽容问题上(簇-1)。还有两类研究几乎只与堕胎有关(簇-2和簇-9)。这两类研究的不同之处仅在于，共同变量(宗教、种族、教育和AB[4])在第一类研究的所有变量中占的比例更大。第二类研究的共同变量不仅更多样(AB[7]、FE[2]、DEATH[1]、SEX[1])，而且还有另一种模式——没有使用共同控制变量的模式。因此，虽然第二类研究对堕胎主题表达了明确的关注，但对于如何研究该主题却没有达成一致的意见。

表 2.4　包含 RELITEN 变量的研究形成的簇，1985—1989 年

簇序	簇成员	变量总数	宗教变量	控制变量	其他变量	主题
1	K，l，h	15～30		Age	RAC(1)，SEX(1) K，L：CIVLIB(3)	1，2，3：社会宽容
2	C，D，V，X，f，j，s，u	10～35	6-Rel	7-Edu，6-RAC	Ab(4)	1，2，3，4，5，6：堕胎 8. 宗教参与
3	P，Y，Z，a，g，l	40～90	Att，Rel，Den	Edu，Reg，Inc，5-Community Size，4-Age，4-Sex	AB(1)，Premar，Extramar，Party，Polviews P，Y，Z，a：CRI(2) P，Y，l：AB(3)，CIVLIB(3) Z，a，g，l：FE(4)，RAC(4)	1. 堕胎 2. 社会态度 3，4：南方态度 5. 对摩门教的态度 6. 现代宗教
4	T，c，n	60～125	Att，Rel	Inc	SEX(3)，HAP(1)，NAT(1)，POL(2)，CRI(1)	1. 对各年龄组的态度 2. 社会阶层/阶级 3. 宗教

续表

簇序	簇成员	变量总数	宗教变量	控制变量	其他变量	主题
5	M，N，k，o，p，q，r	15～40	Rel，6-Att，Pr	Mar，RAC，6-Age，6-Sex，6-Inc，5-Edu	M，k，o，q：SAT(3) o，p，q，r：POL(2)	1，2：R 与生活满意度 3. 对 ERA 的态度 4，5：对自杀的态度 6. 意识形态画像 7. R 与世界观
6	F，U，W	15～90	Att，Pr，NG			1. R 在黑人群体中 2. 改变教派 3. R 与政治参与
7	E，I，O，Q，R，e，t	15～20	Att，5-Den，5-Rel	Age，Edu，6-Sex，4-Reg，4-Inc		1，2：酒精使用 3. 宗族/性别自觉 4. 与亡者的联系 5. R 与移民 6. 态度改变 7. 在学校里祷告

续表

簇序	簇成员	变量总数	宗教变量	控制变量	其他变量	主题
8	H，S，d，i	15～20	Rel	Edu，3-Inc，3-Community Size，3-Age	POL(1) H，d：NAT(2)	1. 对生命的尊重 2. 同性婚姻 3. 对天主教的态度 4. 爱尔兰移民
9	A，b，v	30～120	Att，Rel		AB(7)，FE(2)，DEATH(1)，SEX(1)	1，2：堕胎 3. 保留价值
10	B，G，J，m					

位于堕胎类和宽容类之间的是簇-3 和簇-4，两簇都由相对广泛的 88
调查问题组成，这些调查大多属于表 2.2 簇-6 中的“群体差异”或“独特群体”类型。两者的不同之处在于，簇-4 的统一模式体现在其一致但广泛地使用了其他变量，而簇-3 的统一模式则在于更广泛地使用了共同宗教和控制变量，并由几组不同的其他变量将各个子簇编织在一起。

在其余聚类簇中，情况则不太明了。在一定程度上，这反映了一个事实：整体聚类(在两簇和三簇的分类方案中体现得很明显)受变量数量的强烈影响，这一点和本章的其他分析所反映出的一样。雅卡尔系数受到变量数大小差异的强烈影响，实际上令人惊讶的是，聚类方式并没有比现在更多地受到变量规模的支配(也就是说，簇内各项研究中的变量数量的变化幅度尽可能大)。

我们可能期待比变量数量规模更大的一种力量来自连贯的文献。在一份强有力的文献中——我称其为“具有特定意图的对话”——一个核心的变量会被其他变量所增强(augmented)。人们会从简单而引人注目的结果开始，然后通过进一步明确这些初始结果来建立一份文献。在这样具有“方向性”的文献中，外围变量的选择将比核心变量的选择要随机得多。事实上，人们可以预期，随着研究者们试图使结果更加精确，减少模糊性，科学文献会从简单的核心变量向越来越复杂的变量集发展。然而，在我的数据中，几乎没有证据表明这种方向性的过程。对特定主题的研究没有显示出随着我们跨越时间段，研究者们使用的变量数量普遍增加的趋势。没有“从简单起步”的迹象。

而且，即便这一增长过程确实发生了，不同文献也会在它们从各自基础上生长出去的时候迅速“长成”彼此。随着时间的推移，不同的文献会逐渐使用越来越多的相同变量；但在一项研究中的控制变量，在另一项研究中会成为受关注的核心变量。事实上，表 2.2 的簇-4 至簇-6 中，RELITEN 仅仅被当成另一个外部控制变量运用；也就是说，这些簇体现的是关注**其他实质性变量**的**早期**文献在**后期**的发展。在一份特定的文献中，减少与某一特殊变量集有关的局部句法模糊性的企图，是通过逐渐引入新的变量来实现的；因此**不可避免地增加了语境模糊性**。人们只是将一种形式的模糊性换成了另一种罢了。

89 所有这些都意味着，一项研究所使用的变量数量——它的大小——其实具有实质性意义，它不是人为加工的问题(事实上，这也是我使用雅卡尔度量的原因之一)。为此值得一提的是，表 2.4 的簇-5 至簇-8 里的研究是该期的“小规模”研究。例如，簇-7 是一个紧密的群体，共享一个或两个宗教变量和三个(通常是四个或五个)控制变量。如表所示，根据引入的其他变量(通常只有五个到八个)，宗教变量被赋予了各种各样的实质性用途。簇-8 的共同控制变量较少，共同的宗教变量也较少，而且倾向于使用政治变量。簇-5 与簇-7 很像，但有不同的共同控制变量；同样，依靠各式其他变量(满意度和政治)的混合，将其黏合在一起。簇-6 中的研究只共享三个宗教变量，包括两个不同寻常的关于私人宗教活动的变量，这让人想起第一个时期的簇-1：其中的研究使宗教成为绝对的中心。

这一时期的研究-J 提出了关于定位模糊性的重要问题。在这项研究中，康菲尔德(Daniel Cornfield)试图预测 116 个行业的罢工和辞职率。所有的预测变量都是作为行业的特征而不是个人的特征来衡量的，因为行业成了分析的单位。这些决定因素包括真正的个人层面(individual-level)的变量，如劳动力年龄，以及真正的群体层面(group-level)的变量，如劳动力的同质性。在这样的背景下，RELITEN 成为一种群体特征，一种涌现主体的属性。①

在我详细阅读的 33 篇论文中，有 17 篇将宗教信仰视为一种纯粹

---

① Cornfield(1985).

的个人现象。它被单独测量，并被纯粹视为个人的属性。另有 9 篇文章将宗教承诺视为个人的属性，但并非激进、偶然、单一的个人。相反，研究者设想的是一种“典型的个人”：一名官僚、一名南方人、一名寡妇、一名黑人等。在这里，特性更加抽象。宗教承诺不是一项局部的或偶然的事物，而是一幅更大图景的一部分，个人围绕着这幅图景而聚集成一种典型。有两项研究将宗教承诺设想为局部网络(友谊团体和婚姻)的特征。这些研究认识到，宗教承诺绝非在个人内部自由变化，而是在某种程度上由更大的单元所强制。最后，少数研究——3～5 篇，取决于如何划界——实际上认为宗教承诺既是群体的特征，也是个人的特征。对扬纳科内来说，宗教承诺是教会可以向其信徒要求的一件事；因此教会“拥有”强大的承诺。在米勒和西尔斯(Steven 90
Miller and David Sears)看来，宗教承诺是指个人的环境，而不是宗教信仰(个人被认为是其环境的简单产物)。这种研究削弱了主流安静的方法论个人主义。当然，GSS 数据由个别单位收集。但它们既被用来描述群体，也被用来描述个人。它们的概念位置很模糊。①

因此，第三时期的研究首次让我们面对明确的位置模糊性问题。但它们也提供了一些例子，它们看起来似乎比我们以前观察到的更像明确的文献：关于堕胎和关于宽容。但是，虽然我们可以开始理论化文献的生命周期，从根本上简单的结果开始，到更复杂、更细微的结果，然而我们的研究结果似乎表明，这种转向只是用局部的句法模糊性交换了更大的语境模糊性。激进与全面之间存在着无休止的对话。

(四)1989 年后的论文

在最后一个时期，宗教变量的复杂性和范围有所扩大(见表 2.5)，

① Iannaccone(1994)；Miller and Sears(1986).

表 2.5 包含 RELITEN 变量的研究形成的簇，1989 年以后

簇序	簇成员	变量总数	宗教变量	控制变量	其他变量	主题
1	N，O	15	Att，Rel，Pr，Cg			1. R 在美国 2. 宗教生活
2	I，T，f	15～35	Att I，f：RB，Pr I，T：Den	Age，Inc I，f：Edu，RAC，Reg，Community Size	AB(6) I，f：FE(2)，SEX(1)	1，2，3：堕胎
3	s，Z，a，g，h	25～40	4-Att，4-Rel，3-RB，3-Pr	Edu，Sex，4-Age，4-Reg，4-Employ	FE(3)	1，2，3：对女性主义的态度 4. 对军队的支持 5. 社区大小与 R
4	H，M，W，e	20～35	Att，Rel	Age，Degree，Mar，RAC，Sex，3-Employ	H，W，e：POL(1)	1. 社会阶层/阶级 2. 对婚姻的满意度 3. 活动分子
5	A，E，F，G，L，R，U，b	15～20	Att，Rel，7-Mem，6-Den，5-Afterlife	Age，Edu，Inc，RAC，Sex，7-Mar，6-Reg		1，2：宗教改变和饮酒 3. R 与对性的态度 4. R、阶层和酒精使用 5. R 与健康 6. 宗教承诺 7. 神秘体验 8. R 与政治参与

续表

簇序	簇成员	变量总数	宗教变量	控制变量	其他变量	主题
6	B，C，J，Q，V，Y，c，d	31～240	6-Att	6-Edu	7 项研究包含 FE(2) 6 项研究包含 AB(1) 6 项研究包含 NAT(1) 6 项研究包含 SEX(2) 5 项研究包含 CRI(2) 5 项研究包含 CIVLIB(3) 5 项研究包含 RAC(2)	1. 保守主义 2. 态度的两极化 3. R 与态度 4，5：态度趋势 6. 对官僚的态度 7. 对意大利人的态度 8. R 理论
7	D，K，P，X					

这也许终于标志着以宗教承诺为基础的文献成熟了。我们再次看到明显的大规模调查和群体差异研究(簇-6)。这些研究缺乏任何单一的共同变量，但庞大而多样的子聚类却表现出许多局部的相似性。结果是一个清晰而孤立的单元。在规模较小的聚类簇中，相较其他因素，变量数量的影响较小。一方面，簇-2、簇-3 与簇-1、簇-4、簇-5 的不同之处在于：后一组都包括了宗教变量，而且在大多数情况下，还有其他常见的宗教变量以不同的组合方式存在。簇-2 和簇-3 大多以出席礼拜和读圣经为其宗教变量，控制变量的设置也与簇-4 和簇-5 稍有不一致。它们也有实质性的焦点——关于堕胎(簇-2)和对性的态度(簇-3)，尽管这些并不完全一致。[①]相比之下，簇-5 是一个一致的关于"宗教和 X"的组，显示出一套标准变量——包括宗教和控制变量——的出现，用来攻击宗教对行为的影响问题。簇-4 显然是较早、较熟悉的混合类型的研究，其主题有一点向政治倾斜。

91 在最后一个时期，一项有趣的研究说明了叙事的模糊性问题。对扬纳科内来说，有特色的教会之所以强大，是因为其特色迫使其成员在加入和离开教会之间做出明确的选择。这就降低了搭便车的概率，从而使群体有更多的利益来回馈信徒。这里的叙事始于一个预先存在的社会群体——教会，它希望增加自己的权力和成员基础。然后，特定个人的宗教承诺就从随后的故事中流露出来。但宗教承诺还有其他完全不同的故事。对格里利来说，正如我在上面所提到的，宗教承诺可以从一种高度个人化的叙事中产生，并且可能来自神秘体验。对于康菲尔德来说，宗教承诺是某一行业的背景特征，它塑造了罢工行为。对于比恩斯托克(Elisa Bienenstock)及其同事来说，宗教承诺通过网络

① 这些文章大概是因为《圣经》中保守的性观念，把阅读《圣经》作为原教旨主义的代理变量。正如博斯韦尔(John Boswell)对同性恋问题的研究果断地表明的那样，《圣经》本身在性议题上比那些没有读过《圣经》的人以为的要自由得多，参见 Boswell(1981)。

同质性(network homogeneity)产生，就像对其他许多人来说，[两者关系]相反：宗教承诺塑造了**加入**网络的可能性。①

将扬纳科内的研究与那些关于网络的研究结合起来，为如何排列这个叙事迷宫提供了一道提示。因为如果独特的教会为了产生强大的信徒而变得更有特色，那么，如果强大的潜在信徒[*ex ante*]事先存在，而网络又将他们聚集在一起，则教会和成员都将螺旋式地迈向一个极端。个人的承诺和组织的承诺由同一个过程产生。当然，这样的论点预言了所有的社会团体都会如此螺旋式上升；而事实上，这种情况显然只发生在一小部分社会团体中。显然在这一过程开始之前，必须经过一些时间。从形式上看，独特性是一项吸引因素，但只是在可能的追随者的空间中引导他们走出一定的"距离"。

我的调查以最后一个时期的一个叙事模糊性的例子收尾。这个例子与位置的模糊性之间表出现了有趣的张力，在不同的层面上发生着多重的、相互交错的故事。

(五)小　结

在这四个时期，似乎存在一些共同的模式。首先，我们确实看到关于宗教强度本身的比较复杂的研究逐渐出现。在最早的时期，只有一小批纯粹关于宗教主题的研究。这些研究规模较小，使用的变量有限。到了最后一个时期，不仅有一小群这类研究，此外还有两个更大的研究群，宗教的变量范围更广，其中一个研究群还有一份可靠的、一致的控制变量清单。 *94*

其次，除了这个缓慢增长的核心之外，宗教强度在各种情况下发

① Greeley(1987)；Cornfield(1985)；Iannaccone(1994)；Bienenstock, Bonacich, and Oliver(1990).

挥着不同的作用。RELITEN 与堕胎态度关联的文献很早就建立起来了，并且一直延续下来。但该文献最终似乎在控制变量的类型上产生了分歧。它也从来没有明确地与“宗教承诺和对妇女的态度之间关系”的更广泛的文献联系起来，尽管这两者偶尔会相互循环。一小部分关于政治宽容的工作出现又消失了，但由于宽容概念的互动性模糊不清，很难阐释。

虽然有一些文献发展的迹象，但是在这些研究中，似乎往往并不存在一致的文献。一致的变量组不一定能预测一致的主题。一组变量清单会被用于广泛而不同的目的。除了宗教聚类的逐步发展之外，我们没有发现曾预期的、在一组小的核心变量基础上建立起来的模式。相反，这是一个关于复杂和重复的故事，是一个[研究]步骤被回溯和绕道而行的故事。当下的调查者在早期调查者工作的基础上，不是增加几个变量，而是引入全新的变量群。每一篇论文，在某些方面都站在一个全新的位置上。这一累积过程显然使许多论文——始于对早期传统的回应——越来越接近于“群体差异”类型论文所特有的一般[将变量]“全扔进去”的策略。①

---

① 毋庸置疑，这种经验分析完全带有选择的色彩。也就是说，我选择了一个特定的变量，并从这个变量的角度看世界。用网络术语来说，这相当于采取了以自我为中心的方法(ego-centered approach)。虽然我自己倾向于结构网络方法，但我认为以自我为中心的方法在这里是可行的。毕竟，科学文献在一定程度上不是建立在结构性的基础上，而是建立在围绕一个问题的对话上。尽管如此，我的选择可能会解释为什么只有宗教文献在这个数据中出现了轨迹。在某种意义上，当我们从一个地方性的“小团体”式(clique-like)的文献中追踪到微弱的联系，从而进入更大的社会调查领域时，就会出现模糊性。

[译注]“clique”在社会网络术语里指的是一类特定的小群体。群体成员之间相似且发生互动。严格定义下每个小团体中的任意节点(成员)之间需要相互连接。

四、结论

在本章中，我试图说明社会生活的复杂性在实证主义分析中变成了什么。通过全面地、“(沿指标)从下往上”去审视一系列研究工作，我表明了模糊性的去向。它消失在研究之间的裂缝中。这些裂缝的出现，是因为一个指标对不同的研究者来说意义略有不同或完全不同，或者是因为一名研究者将一个现象视为自变量，而另一名研究者则将其视为因变量。裂缝的出现是因为一名调查者在其他变量形成的一种情境下看待某一变量，而另一名调查者却在另一情境下看待它；或者 95
是因为一名调查者认为一项指标刻画了一个群体，而另一名调查者却认为它刻画了个人。裂缝之所以会出现，是因为调查者依不同的情境解读(decontextualize)指标，因为他们对指标的持续时间和叙事的设想做出了不同的假设。

实证主义之所以能够前进并产生研究，是因为它们小心翼翼地忽视这些裂缝和裂痕。文献的本质就是试图从这些裂缝中赶出(flush out)某些模糊不清的地方，并相对于剩下的那些事物形成一套常规立场。这就需要做出基本假设，引入新的变量来解决模糊性，等等。但这些常规立场之所以有效，只是因为其他文献作品是未知的。如果按照指标变量的统一程度进入这个调查世界，那么常规惯例就会消失。文献相互渗透，它们全面地渗入彼此的地盘，在其中进行调查。很明显，在一些“变量领域”里，有两三个或更多不同的社会科学共同体在使用相同的指标做非常非常不同的事情。

因此，任何一名实证主义者都会很容易地认识到我分析的七种模糊性的类型，并会注意到实证主义的文献作品是如何以各种方式“常规地考虑到这些问题”的。根据这种观点，模糊性是一个需要解决的问题。但当它被解决时，实际发生的情况是特定的模糊性将会被归入文献之间的未知世界。那么，奇怪的是，理性化实证主义项目的后果是把社会生活中的大部分模糊性解析出来，并把它放在一个非常特殊的地方。在那里，通过我在这里使用的那种程序，很容易就能找到它。

定位和识别特定概念的模糊性就是我所采取的分析形式的效用。虽然这里的调查看起来像是“社会的社会学”(sociology of sociology)的简单练习，但实际上它提供了一条非常快速地进入一份文献的中心概念问题的途径。阐释论者攻击实证主义的最大败笔在于它错过了这个机会。实证主义者把社会生活中许多关键性的模糊性和多重意义都绘制出来，绘制成了困难和无形的东西。如果我们小心翼翼，就可以利用他们的工作使这些原本不可见的东西显露出来。

同时，此一分析也表明，模糊性之网制约着社会科学文献的生命周期。科学文献的所有“发展”都是从一种形式的模糊性替换成另一种
96 形式的模糊性。我们现在需要的是一种形式上的理论，即这一过程是否仅仅是用缺乏更稳固基础的新观念取代旧观念？或者说是不断改变模糊性，使其成为某种意义下的进步？这是一个较大的话题，我在这里暂不讨论。①

① 我在 Abbott(2001)中已经详细考虑了这个问题。
[译注]参见《学科的混沌》各章节。

第三章　因果转移[*]

当我们都已作古，为人遗忘，未来的某位学者会在忙碌了一个下 97
午后坐在安静的办公室里，困惑地盯着他在 20 世纪 60 年代至 80 年代那些社会学刊物页边空白处写的笔记。他会琢磨，那些社会学家相信的到底是什么？他写道：

> 那些自称社会学家的人相信，社会之所以如此，是因为某些社会力量和属性作用在了另一些社会力量和属性上。有时候这些力量和属性是个体的特征，比如种族和性别，有时候则是真正的社会属性，如人口密度或社会秩序。社会学家将这些力量和属性称为“变量”。如果其中哪一些变量影响了另一些变量，这一过程

---

* 本章的草稿写于 1997 年春，当时我正在牛津大学纳菲尔德学院作为 Norman Chester 研究员访学。约翰・戈德索普(John Goldthorpe)、罗伯特・桑普森(Robert Sampson)和两位匿名的《社会学方法与研究》审稿人为本章提供了有帮助的意见。我还想感谢奥斯陆大学社会学研究所和华盛顿大学统计系与社会学系的听众提出的富有启发性的意见。这篇论文是为华盛顿大学的“社会科学因果关系”系列讲座而写的，以纪念赫伯特・科斯特纳(Herbert Costner)。我于 1997 年 4 月 24 日在该系列讲座上宣读了这篇论文。它最初发表于 *Sociological Methods and Research* 27，no. 2 (1998)：148-181；经 Sage Publications，Inc. 许可转载。

[译注]本章中译基于肖索未和刘文楠所翻译的一个早期版本。在此对两位慷慨提供的底稿表示感谢。关于标题，如导言中所指出，取自法王路易十四所发动的遗产战争。战争的基础是路易试图根据一条鲜为人知的法律条款论证他的妻子，西班牙公主玛丽-特蕾莎有一笔未兑现的嫁妆“转移”(devolved)到他那里。

> 就被称为“因果分析”。变量之间的关系(这些社会学家称之为“模型”)被当作有强制力和决定性的。根据这一看法，对人类行动的叙事也许就能提供某些“机制”，作为某种模型的依据。然而，发现这些“因果关系”才使社会科学成为科学。

社会学家们当初真的可能这么想吗？他陷入了深思……

当然幸运的是，未来的这一刻还未到来。我们自己明白了隐含在我们所说的因果关系背后的一切，那些我们的论文并没有明显提到的事。比如，我们很清楚地知道，刚刚描述的因果关系观点并不是经典社会理论家的观点。我们知道，这一版本的因果论其实是社会理论的
98 方言，隐藏在我们进研究生院学习的第一年修的方法课里。而当我们使用标准经验研究的方法时，我们也把这些事视为理所当然。

当然，最初我们都会记得各种[关于这套理论的]警告。正如我们的老师告诉我们，后来我们又告诉自己学生的：回归关系只是真实社会行动带来的必要后果(regression relationship are the mere entails of real social action)。行动才是现实。但对此习以为常之后，我们往往会将警告抛诸脑后。的确，经济学论文在安心使用线性建模技术之前会引用形式化的行动理论(formal action theories)。但是在其他经验性社会科学中，一篇论文的“理论”只是用寥寥数语陈述“可能的机制”。在这两种情况下，行动和偶然性(contingency)都在魔术师的帽子里消失了，而这顶帽子就是基于变量的因果关系，在分析中行动和偶然性都藏了起来，只在文章结尾那几段里才闪亮登场。

结果，我们认为自己的经验研究建立在行动的直接社会现实之上，而在我那位未来的历史学家读来却并非如此。对他而言，我们生活在一种自己并不真正相信的社会实在观中。我们的理论之心在东，我们的经验之脑在西。

我对这一错位的思考，始于检视社会学中对因果关系的经典讨论，即埃米尔·涂尔干(Émile Durkheim)的《自杀论》(*Le Suicide*)。然后，我将回顾社会学方法论中因果关系的历史，并重点讨论 20 世纪五六十年代因果分析运动背后的现实目标。在将那些目标置于其语境中分析的过程中，我进一步参考了关于因果关系和解释的哲学文献。在打破了通常人们所假设的因果关系与解释之间的联系之后，我又回到社会学，并对未来的方法论做了一些推荐。

关于这篇文章的基调，我应该说两句。有些读者可能感到这篇文章的观点过于偏颇(overargued)。他们会说，在社会学这座城市中有许多居住区域，提供了足够的空间给支持和反对因果关系的人住；没必要打压因果论点。而另一些人——因果论者(causalists)——的反应会更简单：你要说的我们早就知道了。

在参与方法论争论的这些年来，我已慢慢习惯了两种观点：一种认为你已经说得太多，另一种认为你什么也没说。对“多种区域”的观点，我的回应是，在哲学意义上，社会学的大部分分支领域，从历史社会学、医学社会学到分层研究，不做哲学思考的研究实践很常见。许多年前，有人把因果关系首次引入社会学，我对这种充满创见的勇气深表钦佩。但如今，不假思索的因果主义充斥着我们的学术刊物，限制了我们的研究，这也是一个经验事实。当然，各种类型的优秀作品都应有一席之地，但没脑子的研究不应该有容身之处。

对于“我们早就知道了”的观点，我没有回应。家常的真理永远是 *99*
古老真理，没理由避而不谈，尤其是在研究实践常常忽略这些真理的情况下。无论如何，我写这篇文章不是为了反对因果论，而是为了反思；我希望通过本文退后一步，与我们已经习以为常的事物保持一些距离，然后问问它为什么会变成这样。

一、经典中的因果关系：涂尔干

我从涂尔干开始。这倒不是因为他对因果关系的概念有着巨大的直接影响。《自杀论》直到1951年才被译成英文，要到十年后因果论革命如火如荼时，这本书才获得范式地位。然而迄今为止，已有三个世代的社会学家把《自杀论》奉为圭臬。而此书写得非常清晰，其优点和缺点都显而易见。这本书对因果关系理论中几乎所有重要的问题多多少少都有所提及。

在《自杀论》中，涂尔干从一开始就坚持认为在因果关系中有某种起决定作用的"推动力"(forcing)，类似于经典力学中的因果关系。因此，在序言中他写道：

> 如果人们认为，每个民族都有自己的自杀率……如果人们认为……结婚、离婚、家庭、宗教团体和军队等按某些明确的规律影响着社会生活的节奏……这些情况和这些行为是不道德的和无效益的意识形态安排。但是人们会感觉到，这是一些实在的、有生命的和活跃的力量，这些力量以它们支配个人的方式证明它们并不从属于个人。①

因果关系在此处意味着"有生命的和活跃的力量"。这意味着决定(determination)，意味着必要且充分的理由。尽管涂尔干后来或许

---

① Durkheim 1951：38-39. 除另外注明，这里所用的译文均来自Simpson-Spaulding译本。

[译注]中文采用的是冯韵文的译本。页码对应商务印书馆2001年版，此处为第5页，下同。

会强调间接因果效应，但他最开始表达的社会因果关系的理念几乎是机械式的。

这一机械的形象充斥着涂尔干对因果关系的表述。他论证仿效/模仿(imitation)不是致因(cause)的时候，主要依据是对“超距作用”(action at a distance)的否定——一个经典物理学的难题。在仿效理论中，他说：

> 一个喷嚏、一个舞蹈似的动作、一阵杀人的冲动，都可以从一个人转移给另一个人，而他们之间只需要偶然和短暂的接触。他们既不需要任何智力上或道德上的一致，也不需要彼此为对方做什么事，甚至不需要说同一种语言。他们在转移之后并不感到比转移之前关系更加密切。①

于是，仿效作为一种因果机制被排除，因为它基于认知联系，不 100
能在个体间传递真正的影响力；换言之，因为它是一种(社会意义上的)超距作用。对涂尔干而言，**分享**某种东西——尤其是规范(norms)——才能使真正产生因果效应的力量从一位行动者传递给下一位。规范就像以太，只有它才能解释社会的因果关系如何穿过貌似真空的地带。

然而，在另一些地方，涂尔干的视角与其说反映了19世纪的物理学，不如说反映了当时的医学。那时的医生把疾病的原因分为三个层面：**诱发**(predisposing)、**催化**(precipitating)，以及**身体结构**(anatomical)。诱发致因使人与人之间罹患某种疾病的可能性有所区别；例如，某些气候被认为会导致肺部疾病，而过度劳累被认为会导致癫狂。与

① Durkheim 1951：123.
[译注]中文版106页。

之相对，催化致因在某些易感人士（predisposed people）身上“触动了开关”，因而引发了疾病。酗酒也许会触发癫痫，而“沮丧的情绪”也许会触发躁狂。解剖学上的致因导致了产生疾病的最终共同路径，即带来病症的器质性损伤。①

涂尔干对自杀的社会根源的许多分析都适用于诱发致因模型，事实上他还用“倾向”这个词来专门形容这一模式：

> 每个社会都有一部分人倾向于自愿死亡。因此这种倾向可以成为属于社会学范畴的专门研究对象。这正是我们要进行的研究。②

此处，我们好像完全在遵循医生的模式；社会力量使某些事情更有可能发生，而个别的、偶然性过程则造成了事情实际上的发生。但是，正如他对遗传性（heredity）的讨论所示，涂尔干的头脑里还有其他东西。而遗传是19世纪末医学中最典型的诱发致因：

> 人们在谈到自杀时说自杀是遗传的，是否仅仅想说自杀者的孩子具有从他们的父母那里继承来的气质，所以在同样的情况下

---

① 这个关于因果关系的讨论在一定程度上依赖于Abbott（1982），第八章。

② Durkheim 1897：15.

[译注]原书此处引文为法文：“Chaque société est prédisposée à fournir un contingent déterminé de morts volontaires. Cette prédisposition peut donc être l'objet d'une étude spéciale et qui ressortit à la sociologie”。对应中文版的20～21页。这里还有一个法/英文与中文在不同语境下的微妙差别。涂尔干的法语原文用的是 prédisposée 和 prédisposition，英译采用的是 predisposed 和 predisposition。而中文里 predispose 则有诸多译法，如将 predisposing cause 译为诱因（在医学语境中）；predisposed 为“易感/易患”；predisposition 译作“倾向”（社会科学，也是涂尔干中译的措辞）或“预设立场”。但三者在法/英文语境下同源的事实经由翻译就不再明显了。

> 也倾向于像他们的父母那样行事？如此说来，这种假设就是无可争辩的，但没有什么意义，因为遗传的不是自杀，而只是某种一般的气质(general temperament)，这种气质在某种情况下可能 101
> 使他们倾向于自杀，但并非必然如此，因此，这种气质不能充分说明他们的决心。①

涂尔干强调由于遗传的效应仅仅是诱发性的，所以它不是自杀的致因。涂尔干后来提出的社会致因不被看作诱发性，而是催化性的，并且涂尔干明确地认为催化性致因具有决定性的力量，是既充分且必要的力量。

有时候，涂尔干甚至似乎在论证社会致因可以**替代**个体致因：

> 因此，能够使我们了解那些具有社会学特点的情况历来不是关于某些特殊情况的描述，哪怕是非常确切的描述。如果我们想知道哪些不同情况的汇集会导致被看作集体现象的自杀，从一开始就应该从它们的集体形式来考虑，即通过统计资料来考虑。②

但是在最后的分析中，他的方法却使社会致因成为一种一般性框架，只有在这一框架中个体的力量才能产生特定的影响。于是他说：

> 事实上，[被推定为自杀动机的资料]看来向我们指出了各种自杀的直接前提；为了理解我们所研究的现象，首先追溯其**最直接的原因**，如果感到有必要再进一步涉及各种现象，这难道不是

① Durkheim 1951：93.
[译注]中文版69～70页。
② Durkheim 1951：148.
[译注]中文版139页。

> 一种很好的办法吗？[①]

涂尔干煞费苦心地剔除的那些直接动机——也就是我们所说的介入变量(intervening variables)——只是在更大的力量已确立的趋势上产生的变化而已。

涂尔干然后似乎采用了一种混合途径，一种与社会科学，而非物理学或医学联系更密切的因果关系模型。在这一我们社会科学家成长起来的模型中，社会力量直接决定潜在参数，个体案例受局部因果关系的影响围绕这些参数发生变动。遵照采纳此模型的主要方法，我们也许可以称该模型为因果关系的方差分析(ANOVA＝the analysis of variance)模型。我们很容易找到一段涂尔干运用方差分析方法的段落，例如：

102 > 事实上，在这些个别条件中，肯定有许多条件还没有普遍到足以影响自愿死亡的总数与人口的关系。这些条件也许能促使某一个人去自杀，但不可能促使整个社会产生多少有点强烈的自杀倾向。[②]

涂尔干明确地区分了两个“层面”的因果关系：

> 我们并不打算因此而开列一张尽可能包括一切可以算作个别自杀起因的条件的完整清单，而只是研究那些我们称之为社会自

① Durkheim 1951：148；着重为我所加。
[译注]中文版 139 页。
② Durkheim 1951：51.
[译注]中文版 21 页。

杀率的这个确定无疑的事实的条件。人们认为这是两个性质截然不同的问题，不管其中可能有什么联系。……[社会学家]所研究的是可能影响群体而不是可能影响个人的原因。①

这一立场与"诱发/催化"模型的本质区别在于，涂尔干像其他社会科学家那样希望把社会致因当作具有决定性、必然性的力量，而不只是一般的随机变化。尽管他将一般和特定(general/particular)"的因果关系做了区分，但改变了这些力量在模型中所处的位置。19 世纪的医生往往发现更高层面的(诱发)致因是不变的，因此仅仅对其抱有学术上的兴趣，而涂尔干的兴趣恰恰在于那些更高层面的致因(在他的研究里，也即社会致因)。对他而言，直接致因反而无甚趣味。

众所周知，关于这些直接致因——所谓自杀的动机或直接刺激——的数据非常稀少，这一点帮了涂尔干的忙。但是涂尔干还是拒斥了这些致因。首先，他用统计数据来说明，尽管这些动机并未有多大变化，而此间总体自杀率却急剧上升。其次，他又用统计数据说明，农民和自由职业者的自杀动机大致相同，"是一些很不相同的力量，这些力量促使农民和城市里有教养的人去自杀"②。他直言不讳地表示：

因此，这些原因是人们赋予自杀的，或者是自杀者本人用来解释他的行为的，所以往往只是自杀的表面原因。……可以说，这些原因标志着个人的弱点，而促使他自杀的外来潮流最容易通过这些弱点影响他。但是这些原因并非这种潮流本身的组成部分，

---

① Durkheim 1951：51.
[译注]中文版 21 页。

② Durkheim 1951：151.
[译注]中文版 143 页。

所以不可能帮助我们理解这种潮流。[①]

103 此处，涂尔干明确推翻了“诱发/催化”模型。个体因素现在成了诱因；社会层面的因素则是激发、有效、强劲有力的致因。

这种对因果关系的概念化体现在他这部名著的整体设计中，我们对此很熟悉。在批评了非社会性论证后，涂尔干简要涉及了我们现在所谓描述性分析或类型学分析的内容——把自杀分成几个类别，然后按类别逐个分析。但是此时他发现有太多的差异，太多缺失的数据，以及自杀动机记录中太多的错误。他认为，还不如将这些材料全都抛弃不用，从而追求对自杀进行更纯粹的社会性因果分析。在此书中部的一个段落中，他表达了自己的信念：

> 实际上，只有引起自杀的原因不同，才可能有不同类型的自杀。每一种类型要有自身固有的性质，就必须有自身存在的特殊条件。同一个前提或同一组前提不可能有时产生这一种结果，有时又产生另一种结果，因为，如果有这种可能的话，区分这两种结果的差别就没有原因了；这就否定了因果关系。各种原因之间的特殊差别意味着各种结果之间的特殊差别。因为，我们可以确定自杀的各种社会类型，不是直接根据事先描述的特点，而是根据产生这些类型的原因来加以分类。[②]

---

① Durkheim 1951：148.

[译注]中文版 143 页。

② Durkheim 1951：146-147. 这一信条中的有些部分涂尔干在整本书中都遵循了；例如，他根据致因不同为自杀分类。但是他在第二句中所假设的严格一一对应的因果关系却在后来被他抛弃，尽管此处涂尔干的自我表述是完全诚实的。而且，对殊途同归的明确反对(“各种原因之间的特殊差别……”)也从头到尾与涂尔干彻底的功能主义相矛盾。

[译注]中文版 137 页。

《自杀论》第二编的主体部分贯彻了“根据致因分类”原则，并在结尾处对 ANOVA 式的因果关系进行了最后总结：

> 这些就是自杀的一般特点，也就是直接由社会原因产生的特点。这些特点在特定的情况下个性化时，根据自杀者的个性和他所处的特定环境而有各种复杂的变化。但是，在由此而产生的各种组合中，我们总是能够重新发现这些基本的形式。①

尽管涂尔干所用的统计技术非常初级，我们却很容易理解为何《自
杀论》成为现代因果分析的典范之作。这本书有自觉的科学意识。它提
出了因果关系的概念。它结合了经典物理学家的机制分析与医生对局
部与全局原因的区分。它使因果关系同时是普遍和独特的。而且，它 *104*
还阐明了一种因果关系的模式，这种模式几乎一字不差地预示了三
十年后罗纳德·费雪(Ronald Fisher)及其统计学同事们提出的方差分
析法。

但是我们在接受这一轻率的判断前必须三思，因为这是以今律古。如果我们问**涂尔干**怎么看待自己对因果关系的讨论——这些话对我们而言似乎就是当代量化社会学的纹章——涂尔干会回答他正与斯宾塞(Herbert Spencer)和孔德(Auguste Comte)这样的全面进化论者(immanent evolutionists)论战，这些进化论者在事件的进程中看到的只是某些力量在发挥作用，这些力量比涂尔干所谓的社会性力量更宏大更普遍。在《社会学方法的准则》(*The Rules of the Sociological Method*)一书中，我们可以清晰地看到，涂尔干正是以偶然性与变化的

---

① Durkheim 1951：294.
［译注］中文版 318 页。

名义，以特殊性反对普遍性的名义，拿起了因果关系的武器。[①]尽管在今天看来有些奇怪，但他认为自己竭力主张的是真实历史、真实事件的重要性。因此，这本书在我们现在看来像是过去四十年社会学因果主义的原始版本，事实上对其作者而言，它是一部宣言，主张研究偶然性社会行动要高于记录统一的、超越历史的发展。

二、社会学中的因果关系与经验主义

如前所述，涂尔干时至今日的象征意义掩盖了事实上他对社会科学中因果关系的形象所造成的微不足道的历史影响。只是到了 20 世纪 50 年代，差不多是《自杀论》被译成了英语并经自由出版社再版时，《自杀论》中如此明显的将因果分析与量化方法相综合的做法才广为流传开来。也正是那个时候，涂尔干的理论与费雪的数学之间的巧合性亲缘(accidental affinity)使《自杀论》成为因果分析的权威著作，被拉扎斯菲尔德(Paul Lazarsfeld)、斯廷科姆(Arthur Stinchcombe)及其他现代社会学方法的开发者不断引用。因果论与量化分析的新综合实则通过另外的方式达成。[②]

到 20 世纪 50 年代时，量化分析在社会学中，其实可以说在更广泛的社会科学领域，都已不是什么新方法了。但是，早期的量化分析并不是现代意义上的因果性或推论性的。费雪的统计学革命只不过在 20 世纪 20 年代后期才席卷了统计学领域。在那个时候，社会学的量化分析有各种形式——奥格本(William Fielding Ogburn)的社会趋势研究、
105 芝加哥学派的生态分析、博加德斯(Emory Bogardus)的社会距离

① 涂尔干([1895]1995)。

② Lazarsfeld and Rosenberg(1955); Stinchcombe(1968).

量表研究——尽管他们确实用到了上一代统计学家的相关性分析方法，但都没有援引新的费雪主义正统。

20 世纪 30 年代的新社会学统计方法有三个广义上的来源：计量生物学、计量心理学和计量经济学。计量生物学这个脉络是最简单也是最重要的。正是计量生物学家在 19 世纪 90 年代到 20 世纪 30 年代之间创立了现代推论统计学（modern inferential statistics）。高尔顿（Francis Galton）、皮尔逊（Karl Pearson）、费雪、赖特（Sewall Wright）及其同事发明了相关系数（correlation coefficients）、回归方法（regression methods）和路径分析（path analysis）。他们还依据概率参照模型，提出了抽样理论（sampling theories）和假设检验（hypothesis testing）。[①]

最初的计量生物学革命多多少少有点反因果论。例如，老皮尔逊在其著名的《科学的规范》（*Grammar of Science*）一书中将因果关系还原为不变的接续（invariant succession）。[②]当然，在早期生物学研究典型的实验设计中，因果关系和相关关系之间的区别比较模糊。通过将实验组从无关条件（我们现在称之为虚假因素）的影响中分离出来，通过比较干预带来的变化和观测结果之间的差异，实验可以建立直接的因果推论。但是，大量早期的统计研究——从对智力的研究到对遗传性

---

① 关于这一主题的早期文献是 Bernert（1983）。较新也较重要的参考文献——特别是关于社会学实证主义——来自珍妮弗·普拉特（Jennifer Platt 1996）撰写的关于美国社会学方法的书。对更早时期的研究，Bulmer（1984）的书比较重要。斯蒂格勒（[1986] 2014）的统计学史很遗憾地只讲到 1900 年，尽管此书的终章谈到了老皮尔逊和尤尔。

[译注]卡尔·皮尔逊的儿子埃贡（Egon Pearson）也是著名统计学家，假设检验框架下著名的奈曼-皮尔逊引理即出自他。为区分两人，常常将卡尔称为老皮尔逊。

② 皮尔逊（[1892]1937：102-114）。

[译注]老皮尔逊的该著作有若干版本，不同版本之间的页码差别较大。作者此处引用的 1937 年 Dent 版，对应现行商务印书馆的李醒民中译本第四章“原因和结果——概率”的第二至第九小节。“不变的接续”出现在第八小节最后一段，尽管皮尔逊本人没有用这个词。

的研究——事实上都没有在实验的情况下进行，也没有任何真正关于机制的理论。因此，这些研究都倾向于不强调因果关系和因果解释。尤其是农业研究的主要目标是操作性的——如何最好地提高作物产量。关于机制的知识在这类研究中都不太重要，它们其实是评估性研究，并没有理论上的野心。

对智力的研究引发了另一系列统计学的发展，这次是在心理学领域。在那里，桑代克（Edward Thorndike）、斯皮尔曼（Charles Spearman）和瑟斯通（Louis Thurstone）发展了量表/量尺（scale）和因子分析（factor analysis）技术。与计量生物学家相比，计量心理学家更不注重因果关系。计量心理学家的因子分析将复杂数据还原到简单形式，以使量化数据符合直觉的类别（intuitive categories）。它完全忽略了因
106 果关系。但这并不令人意外。因子分析研究要解决的主要理论问题是对心灵诸功能（faculties of the mind）的争论——是否存在独立的掌管记忆、欲望、思想等功能的“器官”这一长期困扰学者的问题。这不是一个因果性问题，而是一个描述性问题。

计量经济学提供了统计学进入社会科学的第三条路径。最早的计量经济学家是相当直言不讳的唯相关主义者（associationalists）。G. 厄德尼·尤尔（G. Udny Yule）在其《统计学理论入门》（*Introduction to the Theory of Statistics*）一书中，用以下操作化的术语讨论了“贫困（pauperism）的原因”：

> 事实上，当我们说任一变量是贫困的一个因素时，我们的意思是这个变量的变化会伴随着（accompanied by）受接济的人口比例的变化，不管是同一方向还是相反方向的变化。[1]

---

① Yule(1912：192).

尤尔的话里没有任何关于“因果关系”或“因果律”的指示。只有在处理时间序列的对等影响(reciprocal influence)这一问题时，因果议题才成为计量经济学的核心问题。如斯卢茨基(Eugen Slutsky)、弗里希(Ragnar Frisch)和丁伯根(Jan Tinbergen)这样的学者都声称其研究与致因有关，但是这三者研究的因果关系本质上都可以被归为连续一致的相关(uniform association)。在哈维默(Trygve Haavelmo)那份极具影响力、关于计量经济学中的概率问题的纲领文件中亦是如此。计量经济学中产生的严格意义上的因果问题(超越了相关性)是关于可逆性和方向性的问题，而丁伯根以来发展出来的滞后路径(lagged paths)，已解决了许多此类问题。一些经济学家主张将理论层面与统计层面分开(如凯恩斯在批评丁伯根时就这样主张)，认为因果观点只能从理论中来。另一些则认为因果关系只能在数据层面进行分析；确定方向的问题，事实上正是沃尔德(Herman Wold)偏好递归结构路径分析范式的理由(自 20 世纪 40 年代晚期始)。然而，大致说来，简单地用持续一致的相关性来确定因果是贯穿计量经济学文献的标准做法，尤其在其联立方程(simultaneous equations)分支中。与其他新派统计学者相比，计量经济学家更多地使用因果的语言，但他们指的只是关系或者相关性。[①]

---

① Haavelmo(1944). 关于凯恩斯和丁伯根，见 Morgan(1990：121ff)。关于沃尔德的偏好，见 Morgan(1990：255)。特朗德·彼得森(Trond Peterson)为我指出赫尔曼·沃尔德在这个故事中的核心重要性。沃尔德是布拉列克最核心的来源，他明确地使用因果关系的语汇进行表述。在有关计量经济学的这部分中，我在一定程度上参考了摩根的书(Morgan 1990)，尽管我对资料的解读与她不尽相同。一个吸引人的想法是猜测量子力学对计量经济学全盘接受概率因果关系的影响。毕竟丁伯根于 1929 年获得了物理学和经济学的双博士学位时，量子力学正风行一时。巩固了统计关联主义(statistical associationism)的概率因果关系观念从量子力学中获得了最重要的支持，因为如汉斯·赖兴巴赫(Hans Reichenbach)所论(1951：157-165)，在量子力学中，概率性原因不仅仅是因为复杂性，也是直接决定论的根本失败。

107 因此，新派统计学出现并进入社会科学的三条主要脉络多少都与其对致因的态度混杂在一起。就计量生物学家和计量经济学家所说的因果关系而言，他们指的是不变的关系或者相关性。而从计量心理学家的角度，他们其实并不怎么关注因果关系。从 20 世纪 20 年代到 30 年代，在量化社会学中因果关系研究都一直很不起眼。威廉・菲尔丁・奥格本曾说起，他的博士论文“不是确定致因的研究，不过希望它也许能用来作为研究致因的基础”①。

在社会学中，正相反，反而是老派**质性**理论家想讲因果关系。因此，罗伯特・麦基弗(Robert MacIver)在《社会因果》(*Social Causation*, 1942)中抨击数学化，恰恰认为其在各种相关性的迷雾中失去了对因果关系的洞见。麦基弗的怒火主要冲着更极端的逻辑实证主义(logical postivism)，这被他称为“数学地狱(mathematical limbo)”：例如，莫里斯・科恩(Morris Cohen)所声称的“数学和逻辑关系组成了事物可被理解的本质”。社会学中的极端实证主义者——以乔治・伦德伯格(George Lundberg)为旗手——认为，因果关系的概念是拟人的(anthropomorphic)，而且是“神学的”；可以被观察到的只是相关关系，而不是推动力或者冲击力。事实上，早期社会逻辑实证主义者的纲领不仅包括这一极端反因果关系论，而且还包括同样极端的操作主义(operationalism)，后者借鉴了物理学家珀西・布里奇曼(Percy Bridgman)的观点。②

麦基弗抨击实证主义者所持的因果关系概念其实更接近我们常说的解释概念(concept of explanation)，而非因果关系。他说，对因果关系的评价意味着寻求“为何某事或某种规律会发生?”这一问题的答案。

① 转引自 Bernert(1983：237)。

② MacIver(1942). 科恩的引文来自 MacIver(1942：49，53)。关于操作主义的讨论见 MacIver(1942：157)。

就像亚里士多德一样，麦基弗提出了许多不同类型的“为什么”，这意味着有许多不同类型的原因。很显然，“因果关系”一词对麦基弗与科恩、伦德伯格等实证主义者而言，意味着完全不同的事物。麦基弗并不是社会学界唯一发出类似声音的人。在其重要的方法学著作中，兹纳涅茨基(Florian Znaniecki)将决定性的(determined)、“因果”过程视为三种基本社会过程之一(另两种分别为“个体发生”[ontogenetic]过程和“系统发生”[phylogenetic]过程)，并提出了惠威尔(William Whewell)的论点，也即致因可以通过分析性归纳发现。因此，第二次 108
世界大战期间，质性的、非统计方法的社会学家讨论的是因果关系和行动；而量化的、使用统计方法的社会学家则主要关注相关关系，他们对因果关系心存怀疑。然而，第二次世界大战后，因果关系的语言在不知不觉中转回到量化社会学那里。因果关系再度现身，是作为拉扎斯菲尔德驯服[社会学中]严苛的科学范式的一种努力，而这种科学范式正与伦德伯格、斯图尔特·多德(Stuart Dodd)、乔治·齐夫(George Zipf)等人的社会物理学立场相关。拉扎斯菲尔德与罗森堡(Morris Rosenberg)在其1955年编著的读本《社会研究的语言》(*The Language of Social Research*)中，确立了方法论的现代概念(尤其是有意识地选择了“方法论”[methodology]这个词)；并将对致因的探究作为这一方法论过程的核心。这本书既引用了麦基弗，也引用了伦德伯格、多德和涂尔干，事实上还使用了麦基弗的术语“因果评价(causal assessment)”。①

但是先前的怀疑主义依然存在。在《社会研究的语言》里关于多变量分析的主要章节中，分析者被说成是追求“解释(explanation)”，而

---

① Znaniecki(1934)；Lazarsfeld and Rosenberg(1955). 他们在4页上讨论了为何选择“方法论”一词。

非因果评价。此处，解释意味着发现普遍规律性，而因果关系评价则意味着“用已有的知识去理解某个特定个案，无论是一个人还是一个群体”。拉扎斯菲尔德和罗森堡在有关“行动的经验分析”的章节中，举了一些因果评价的例子，其中花费笔墨最多的一个例子是关于购买物品的过程。他们告诉我们，“任何一点行动都是一方面由那一瞬间这个人的特质所决定，而另一方面又由他所处的情境所决定”。① 这很像是布鲁默(Herbert Blumer)在符号互动论中的表述，拉扎斯菲尔德和罗森堡将因果关系视为理解和解释特定情况下的特定行为。

塞缪尔·斯托弗(Samuel Stouffer)对量化方法作的全面回顾对拉扎斯菲尔德-罗森堡所持的对因果关系的怀疑态度做出了回应。斯托弗极具先见之明，他注意到了博弈论(game theory)、决策理论(decision theory)和随机过程(stochastic processes)在社会学发展中的潜力。他还谈到了在抽样、项目量尺化(item scaling)、实验设计和官方统计数据(official statistics)方面的最新进展。多元回归(multiple regression)作为一种社会学方法还处于雏形，只被简短提及，之后便是关于因子分析(factor analysis)和显著性统计检验(significance statistics)的大段论述。然而，书里并根本没有提到因果关系。甚至在泽特堡(Hans Zetterberg)对社会学科学范式的概述中，因果关系都只是“解释”那不起眼的陪衬。泽特堡的重点在于对公理和演绎理论的检验(axiomatic theory and deductive theory testing)，这显然源于科恩和内格尔(Ernest Nagel)以及亨普尔(Carl Hempel)的著作中对科学的逻辑解
109 释。与斯托弗类似，泽特堡很关注所谓研究的语义学：区分理论变量和操作变量，定义的效度，以及测量的信度。因果关系——属于句法

① Lazarsfeld and Rosenberg 1955：387(第一处引文出自第一自然段)和 393 页(第二处引文出自最后一个自然段)。

问题——只在讨论纵贯研究设计(longitudinal designs)时被简短提及，而且其实还被调侃为一个“在常识层面”的术语。[①]

但是泽特堡在其科学宣言的第二版和第三版中做了非常明显的修改。1965年，他评论道：

> 如果20世纪50年代特别欢迎分类学和描述性研究，那么20世纪60年代似乎更欢迎理论和验证性研究(verificational studies)。[②]

他用很长的一节介绍社会学中的命题(propositions)，其中致因处于中心位置：

> 当我们知道或假设两个变量相互影响的方向，我们就能将其中一个叫作**决定因素**(determinant)(致因或者自变量)而另一个叫作**结果**(效应或者因变量)。[③]

这段论述似乎延续了计量经济学家所接受的因果关系，即将之简单视为由关于方向的理论判断来阐释的不变关系。但是泽特堡还在书中加入了大篇幅的分析，讨论“决定因素与结果之间的不同关系”，包括可逆转关系与不可逆转关系、确定性关系与随机关系、时间序列关系与同延性关系(coextensive relations)、充分关系与偶然关系，以及必要关系与可替代关系。

社会学似乎已经翻越了一座分水岭。1972年再版的拉扎斯菲尔德与罗森堡读本发生了翻天覆地的变化。此书将郝胥(Travis Hirschi)和

---

① Stouffer(1957)；Zetterberg(1954)；Cohen and Nagel(1934)；Hempel(1942). Zetterberg(1954)的引文来自60页。

② Zetterberg(1965：29).

③ Zetterberg(1965：64)，着重来自原文。

塞尔温(Hanan Selvin)合著的关于“因果分析原理”的章节作为多变量分析那部分的开篇。关于“行动的经验分析”的那个部分整个消失了(关于质性研究的内容也全都没有了)。登青(Norman Denzin)于同时代编辑的《社会学方法》(*Sociological Methods*)读本尽管重印了拉尔夫·特纳(Ralph Turner)阐述兹纳涅茨基分析归纳法的文章，同时也再版了郝胥和塞尔温合著的另一章节，攻击关于“青少年犯罪(delinquency)的错误评判标准”。这一章将相关论作为因果关系概念的唯一站得住脚的可能性，但是赋予相关关系强制性或决定性属性。①

110 当然，真正的分水岭其实是路径分析的运用。路径分析有着悠久但鲜为人知的历史。休厄尔·赖特(Sewall Wright)在 20 世纪前 20 年发明了这个方法(第一次完整发表是在他 1921 年的论文中)，并将它运用在人口遗传学和计量经济学的问题上。尽管赖特将其广泛运用，而且在人口遗传学领域也产生了几名追随者，但路径分析的方法在 20 世纪 50 年代之前基本上寂寂无名。著名统计学家约翰·图基(John Tukey)在 1954 年惊讶道“为何我以前不知道这个方法”，甚至迟至 1972 年，戈德伯格(Arthur Goldberger)还认为“统计学家普遍忽略了赖特的研究。”②

赖特的研究主要是在经济学领域，并为其父 1927 年那部关于关税的颇具影响力的著作提供了路径分析。然而，经济学家也或多或少忽略了他的研究。事实上，他在芝加哥的朋友和经济学同事亨利·舒尔茨(Henry Schultz)知道这些方法但并不使用它们。结果，经济学家一次又一次重新发明赖特早已发展出的方法(比如，丁伯根在 1936 年提出的“箭头图示”)。赫尔曼·沃尔德在 20 世纪 50 年代左右开始明确

① Lazarsfeld and Rosenberg(1972)；Denzin(1970)；Turner(1953)；Hirschi and Selvin(1967). 郝胥和塞尔温(Travis Hirschi and Hanan Selvin)的书既是关于方法的教科书，也是对犯罪文献的实质性批判。在此书中，新的因果主义已经相当成熟了。

② Wright(1921)；Tukey(1954：35)；Goldberger(1972：988).

地将路径分析重新引入经济学。赫伯特·西蒙(Herbert Simon，20 世纪 50 年代初芝加哥大学考利斯委员会[Cowles Commission]圈子里的另一成员)也支持路径分析。在 1953 年和 1954 年的两篇论文中，西蒙认为之前经济学中不加反思的因果概念(比如在哈维默发表于 1944 年的那篇著名的文章中)应该立足于更坚实的哲学基础上。值得注意的是，此类工作对因果关系的定义仍然相当狭隘。沃尔德用严格的操作性术语来定义因果关系，在他“广义的刺激-反应定义下的因果关系”(generalized stimulus-response definition of causation)这一概念里，他彻底地将因果关系与决定性和强制性区别开。西蒙在 1953 年的论文中同样将因果排序用纯粹的集合论术语定义为变量最小子集的偏序(partial ordering of minimal subsets of variables)。[①]

路径分析方法由邓肯和布拉列克(Otis Dudley Duncan and Hubert M. Blalock)引入社会学。1964 年，布拉列克在《非实验性研究中的因果推断》(*Causal Inferences in Non-experimental Research*)中回顾了沃尔德和西蒙的研究。布拉列克颠覆了 20 世纪四五十年代的立场，他认为因果关系从本质上与量化分析和普遍(而非特殊)现象相关联。该书开篇就告诉我们，因果模型曾经处于多么主导的地位，它又如何被重新定义，而当初在涂尔干、麦基弗，甚至早期拉扎斯菲尔德作品中与因果关系相关联的行动的意涵在这里都消失了。书中只字未提行动、行动者或 111
意图。因果关系被直接称为一种“强制力”，不仅仅是某种经常性的联系或序列。正如涂尔干那样，布拉列克借用经典物理学的说法，将“因果律”视为经典物理学意义上那样具有决定性的，但是受到了误差的干扰，

① 关于舒尔茨，见 Morgan(1990：178)，Goldberger(1972)。关于再发明，见 Morgan(1990：118)。西蒙的重要论文是 Simon(1953，1954)。他关于哈维默的论点参见 1953：66 n. 6。沃尔德对因果关系的定义在 Wold(1964)，引文来自 274 页。西蒙对因果关系的定义见 Simon(1953)。

他所谓的误差指的是尚未明确的原因，个体的变异性等。而“理论”一词，他指的是通过线性变换对现实的再现(representation)。其实很清楚，这一哲学的开场白是根据其后的统计学论证的逻辑衍生而来的。①

邓肯对路径分析的运用并未引出决定性致因的明确概念。他提出“因果路线图”必须要“与假设的变量体系的代数和统计性质同形”的主张，意味着代数性质是最重要的。事实上，他引用了赖特的话，这些话早早地道出了多年后大卫·弗里德曼(David Freedman)对滥用路径分析的著名批评：

> 路径系数(path coefficients)的方法并非用来实现从相关系数的数值(values)中演绎出因果关系这一不可完成的任务。……这一方法有赖于两种知识的结合，一是系统中诸变量相关度的知识，二是有可能掌握的因果关系的知识。②

事实证明，布拉列克的书(1964)与邓肯的文章(1966)成为 20 世纪 70 年代初被频繁引用的经典。在 1971—1975 年这五年中，布拉列克和邓肯分别被引用了 115 次和 76 次，他们共同发动了一支路径图(path diagrams)的大军。

不论邓肯在技术上有什么样的影响，在文献中他对因果关系审慎的使用被布拉列克更有决定性的因果概念掩盖了。这一次因果概念被强调的关键在于重新定义；“因果关系”一词重新变得重要，部分的原因在于它有了新含义。因果关系被视为数学和统计学命题的属性，而

① Blalock(1964). 引文“强制力”出自 8 页，对决定论的讨论在 17 页。

② 邓肯(Duncan 1966)是关键的路径分析论文。文中的引用来自 3 页，那段话来自 15 页，邓肯引用了 Wright（1934：193）和（1960：444）。弗里德曼的批判见 Freedman(1987)。

非现实的属性，布拉列克明确地用公式和条件概率来表述因果关系，清楚地反映了这一事实。此表述直接来自西蒙，而且呼应了计量经济学领域中相关主义学派长期以来存在的因果关系定义。[1]

与这一转变相呼应的是稍早科学哲学的发展趋势。逻辑实证主义 112
者重新定义了几乎所有的科学核心概念，使其成为对科学语言而非对经验现实的描述，从而力图摆脱经验主义中传统的认识论难题。因果关系也是这其中被改造的术语之一。因此，在科恩和内格尔极具影响力的《逻辑与科学方法导论》(*Introduction to Logic and the Scientific Method*, 1934)一书中，因果关系被定义为只是某种陈述(statement)——标示某种不变关系的陈述。研究者因为理论兴趣的迥异，会对这一固定关系的不同方面感兴趣，这一点后来也被布拉列克所强调。艾耶尔(Alfred Ayer)在《语言、真理与逻辑》(*Language, Truth, and Logic*)一书中也持同样观点，认为"每一个形式为'C造成E'的一般命题，即等同于形式为'每当C发生，E就发生'的命题"[2]。因此，向涂尔干式因果关系模型的转向获得其合理性，并非立足于涂尔干的本体论基础，而是基于广义的哲学基础。这一新模型再次重申了因果关系，但仅仅是(在理论上)将其作为一种话语的陈述，而非作为事实提出。然而与此同时，布拉列克也默默地恢复了涂尔干式强制性、决定性的因果概念。他引领了一代学人，他们将此前束缚了邓肯和许多计量经济学家的哲学观点抛诸脑后。

我来小结一下，以便更清楚地呈现这一发展变化过程。对涂尔干而言，"因果关系"意味着社会现实由真实行动而非由宏大的无所不在的力量所支配。"致因"是决定这些行动的局部力量(尽管在我们看来仍

① 西蒙对因果关系的讨论见 Simon(1952，1953，1954)。

② Ayer(1946：55). 布拉列克关于不变性方面的论述，见 Blalock(1964：18)。

然像涌现出的社会因素)。对早期统计学家而言，他们似乎不怎么关注“因果关系”；他们感兴趣的是描述，或结果分析，而非机制。因果关系对其而言就是均一的相关关系而已。套用门外汉术语，对逻辑实证主义者而言，因果关系就像是人形怪物——需要被从真正的科学中清除出去。他们是相关主义的狂热支持者，只有等同于相关关系的“因果关系”概念才能被他们所接受。与之形成鲜明对照的是，对麦基弗和其他非统计学家而言，因果关系似乎是解释人类事务的核心。事实上，他们所谓的因果关系正是其他人所谓的“解释”(explanation)。甚至对早年的拉扎斯菲尔德而言，“因果关系”也意味着某种对人类特定行动的理解。但是，布拉列克等人提出的新的因果论接受了逻辑实证主义
113 的因果关系概念(即因果关系是“陈述的一个谓词”，而非现实，因果关系只是一个概念，并不涉及行动)并同时再赋予其涌现论的属性(quality of emergentism)和强制性或决定性的特征，这两点在涂尔干那里都体现了，但是涂尔干认定的因果关系还是与行动存在密切关系。因此，才出现了彻头彻尾的“因果关系的 ANOVA 概念”。具有讽刺意味的是，如今哲学家们阅读这些因果模型的文献，是为了了解“概率因果关系的性质和结构”①。

我不需要告诉读者，这种因果观在美国社会学领域处于霸权地位，

---

① Irzik and Meyer(1987). 我在这里没有讨论关于概率性因果关系的大量文献。常被引用的经典文献有 Suppes(1970)和 Salmon(1971)。我也不考虑统计学中关于因果关系的各种争论，与这些争论有关的研究者有格兰杰(C. W. Granger)、唐纳德·鲁宾(Donald Rubin)和保罗·霍兰(Paul Holland)。(对其中一些问题的精辟分析，参见 Sobel[1996]。)这些观点在统计学文献中讨论得很透彻，此处就没有提到太多，因为我关注的主要是生活世界中的因果关系，以及因果关系的推理和解释的恰当关系。正如大卫·弗里德曼以他特有的辛辣言辞所说(在他贬低能从数据中自动生成路径图的 TETRAD 程序时；Freedman 1997：76)，“因果关系必须处理(do with)经验现实，而不是处理基于公理的数学证明。”人们不禁要问，概率性因果关系理论是独立得出的结论，还是对 20 世纪 70 年代早已成为自然科学和社会科学的常见做法的[事后]合理化？

虽然有意思的是，在心理学或市场研究领域却并非如此。我们已经慢慢相信社会现实主要由某种普遍性的力量所决定，然后这些普遍性由各种力量的组合来设定(specify)，并进一步受到“个体性”(individuality)各个方面的限制。对这里“个体性”最好的解释是特异性的高阶交互作用(idiosyncratic higher order interaction)。正如我在开篇中提到的那样，尽管我们非常小心地告诉自己和学生，这其实只是数学模型，但在实践中，有相当多的社会学家出于各种动机和目的，相信这就是社会世界运作的方式。

至此，我的讨论尚未解释布拉列克和邓肯这代学者为何乐此不疲地用这种方式进行因果分析。这里似乎有好几种理由。

理由之一是他们真的相信社会学的“科学”立场。因此，尽管邓肯认为自己从布鲁默和从奥格本那里学到的一样多，但最吸引他的其实是布鲁默对严谨和科学的坚持。[①]布拉列克对科学也抱有相似的信念，这在其著作里随处可见。当然，唯科学主义在当时无处不在。逻辑实
证主义在哲学中所向披靡，而且在许多人眼里，科学打赢了第二次世 114
界大战。在社会科学中，科学立场也显得异常强大。民意调查得到了全面推行。两种类型的市场研究蓬勃发展，一是高度量化的拉扎斯菲尔德式的研究，另一是相对温和的、由劳埃德·沃纳(Lloyd Warner)和伯利·加德纳(Burleigh Gardner)所创的心理学风格研究。唯科学主义作为一种意识形态，已经不仅仅是一种方法论的立场。它成了一种普遍的承诺，而双盲评审于20世纪50年代中叶的社会学刊物上开始实行正是一则明证。[②]

就新的方法论而言，这种对科学的信仰在很大程度上是年轻人的

---

① 参见邓肯1951—1952年在系里争论中的许多发言，对此我在Abbott and Gaziano (1995)中有所讨论。

② 关于市场研究的新形式，见Karesh(1995)。双盲评审的兴起我在《学系与学科》中已详细讨论，见该书第五章和第六章。

游戏。1955 年，邓肯 34 岁，布拉列克和科尔曼（James Coleman）29 岁，古德曼（Leo Goodman）27 岁。54 岁的拉扎斯菲尔德已是元老级别，他将其 1955 年的读本献给“查尔斯·格洛克（Charles Glock）及其领导的应用社会研究局里的‘少壮派’”。当然，由于战后的迅猛扩张，当时的社会学整体上都很年轻。但因果关系革命有着鲜明的代际色彩。邓肯发表对沃纳“不科学的”归类的著名批评时才 29 岁，合作者是自己的研究生哈罗德·普福茨（Harold Pfautz）。这既是年轻人对已有建制的进攻，又是在量化/质性之战中的猛烈一击。布拉列克的教科书《社会统计学》初版问世于他 34 岁那年。科尔曼关于数理社会学那部气势恢宏的狂想之作，在其 38 岁那年问世。[①]

尽管证据不足，但我的直觉强烈地告诉我，新的因果主义的年轻气质存在着另一重原因。尼古拉·马林斯（Nicholas Mullins）将他们视为克伦威尔式的清教徒。[②]但是正相反，我认为新的因果主义领军人物有点像攀登珠穆朗玛峰的希拉里（Edmund Hillary）。他们做这件事是“因为它就在那里”。这些方法早就被人提出了，它们能很快被借鉴并投入应用。试试这些方法并不难。谁知道会有什么结果？一言以蔽之，少壮派这么做就是为了好玩。

我们在科尔曼的《数学社会学导论》（*Introduction to Mathematical Sociology*，1964）一书中会一次次体会到这种“我们来试试看”的感觉，正如我们在读《美国的职业结构》一书时也经常会有这种感觉。[③] 邓肯在该书里明确表示极端假设在分析中的必要性，但他也反复恳请读者对他
115 所做的新尝试和探索予以容忍，看看究竟可以从中学到些什么。如果打

---

① 邓肯对沃纳的攻击见 Pfautz and Duncan(1950)。科尔曼关于数学社会学的著作是 Coleman(1964)。

② Mullins(1973).

③ Coleman(1964)；布劳和邓肯([1967]2019)。

开哥伦比亚大学应用社会研究局的回忆录，翻看其早期的记载，我们会在字里行间读到那种类似的实验心态——常常瞧不起外人，但无所顾虑、轻浮狂放、充满活力，唯有掌握了新真理的年轻人才可能有那样的心态。

当然，这种“试试看”的态度与马林斯非常不喜欢的科学清教主义结合在了一起。更重要的是，与其相结合的还有一种非常强的排外性，因为资深社会学家中几乎没有人能具备必要的数学功底去亲自做因果分析，而计算机化的商业统计工具尚未出现。结果，年轻的因果主义者初出茅庐就成了无人能攻击的群中之首，若是遵循传统的职业生涯轨迹，他们这个年纪还得在前辈的羽翼下历练十数年才能崭露头角。无怪乎随着岁月流逝，他们开始以毫不留情的严肃态度对待自己的发明。

这种严肃认真传递给了他们的学生们，这些学生并没有亲历因果主义发明的过程，因而也不可能直接了解其偶然性和历史性。相反，他们在研究方法课程上学到因果论，把它当作一种科学的方法，而且几年之后，统计工具包也将阻碍他们获得那些方法背后的默会知识以及通过亲手操作而产生的对方法的尊重。邓肯传递给学生的既非他对所谓“适当相对主义的社会学”的向往，也非当初他从布鲁默那里获得的对社会生活的广博视野。他在学术生涯落幕时谴责了那些追随他的人所做的一切。因果主义者赢了所有的战役，却输了这场战争。①

---

① 我听说“赢了战役”这句话出自邓肯之口，但无法核实其来源。邓肯对其拥趸的攻击，参见 *Notes on Social Measurement*（1984）。对相对主义社会学的评价则在 Duncan(1951)。在本章中我没有篇幅讨论南希·卡特赖特(Cartwright 1989)根据因果关系来阐释概率时所做的冗长辩护(请注意，卡特赖特明确指出，她无法为“用因果关系阐释**数据**”做出任何辩护；参见 13、15 页)。卡特赖特详细展示了“概率-致因”间的联系，但对我而言她的论证仍存在问题：因为她对干扰项的阐释，因为她绕过了时间序列性问题，以及因为她忘记了从概率回推到致因是有条件的——要基于因果情境的真实知识。正如许多人(从威廉·惠威尔开始)所论(卡特赖特自己在其书的第二章中也说了)，理论化的行动最后总是成为自发的行动。

这场战争是为了什么？是为了提供一种有力且有趣的对社会生活
的阐述（account）。因果主义是实现这一更大战略目标的战术手段。在
邓肯的眼中，因果主义者的大错在于将“用正确方式做科学”的战术胜
利当成对社会生活更好阐述的战略胜利。用因果主义本身所熟悉的术
116 语来说，错误在于把指标（indicator）当成了概念（concept）。这种对主
要目标的迷失，正是我本章标题的意思——“因果关系的转移”。

然而，如果错误在于相信一个相当狭隘的因果概念是解释社会生活的唯一方法，那么其他方法是什么？我们由此转向哲学相关文献，这将有助于回答这个问题。

三、哲学、因果关系和解释

事实上，在社会科学中常见的 ANOVA 因果观，与哲学中因果分析领域的发展几乎没有关系。在哲学领域，亚里士多德和休谟对因果关系的分析堪称经典。亚里士多德以其特有的良好判断力注意到，人们用“致因/原因”来表达各种不同的意思。他提出的四种原因，如今分别支撑着社会科学中四个主要的理论分支。人口学家研究的是质料因（material causes），他们相信社会现象的解释在于这些现象中人口的不同特性。结构主义者研究的是形式因（formal causes），他们在网络和模式中看到人类事务的决定性形态。功能主义者研究的是目的因（final causes），他们感兴趣的是行动的目的和目标。选择论建模者（choice modelers）关注的焦点是动力因（efficient causes），他们寻求决定行动的最终路径。在大部分经验性的社会科学中，（至少）前三种原因是混合在一起的，不过近来最后一种也常常参与其中。因此，亚里士多德的致因概念相当宽泛，涵盖了社会科学家的大部分工作。正如麦基弗在 20 世纪提出的批评，相比于我们所理解的致因，亚里士多德

的概念更接近我们所理解的“解释”。

休谟的分析更细致。众所周知，休谟直接批评了这种因果关系的概念：将其当作使事物发生的“强制力”以及真实世界中的一种必然关系。对休谟而言，因果关系只不过是固定序列(invariable sequence)，或是恒常联结(constant conjunction)。因与果必须是相邻的，而且在时间上前后相续，二者间的关系必须恒定。但是，其必要性只存在于观察者的脑海中，因为必要性无法被直接感知。正如后来逻辑实证主义者主张的，因果其实是指某一类陈述，而不是指事物之间的某种关系。[①]甚至康德也只能通过将因果关系当作纯粹理性的范畴之一，也即致知的一个先验侧面(*a priori* aspect of knowing)，使其免于休谟的批评。在这一点上，涂尔干——以及大多数社会科学家甚至大多数自然科学家——完全无视了西方哲学传统，因为他们将强制力和决定性作

---

① [译注]休谟的观点在《人类理解研究》中表述得最清楚：

> 一切事情似乎都是完全松懈而分离的。一件事情虽然跟着另一件事情而来，可是我们永远看不到它们中间有任何纽带。它们似乎是“**会合**”(*conjoined*)在一起的，却不是“**联系**”(*connected*)在一起的。……但是某一种特殊的事情如果在一切例证下，总和第一种事情会合在一起，那我们就会毫不迟疑地在一件事情出现以后来预言另一件事情……因此，我们就叫一件事情为**原因**，另一件事情为**结果**。……相似的物象(objects)是恒常和相似的物象会合在一起的。这是我们经验到的。按这个经验，我们就可以给原因下一个定义说，**所谓原因就是被别物伴随着的一个物象，在这里我们可以说，凡和第一个物象相似的一切物象都必然被和第二个物象相似的物象所伴随。**或者换一句话说，**第一个物象如不曾存在，那第二个物象也必不曾存在。**一个原因出现以后，常借习惯性的转移，把人心移在“结果”观念上。这一层也是我们所经验到的。因此，我们也可以按照这种经验给原因再下一个定义，说**原因是被别物所伴随的一个物象，它一出现就会把思想转移到那另一个物象上。**我们只可以在这两种观点下来考察因果关系，但是除此两种观点以外，我们便对这种关系没有任何观念。

译文参考了关文运译本第七章第二节。着重号来自原文。

为致因概念的核心。

117 自休谟以来，关于因果关系的现代哲学已经在许多问题上产生了分歧。以下是其中几个核心问题：

1. 单一原因还是多重原因
2. 因果关系的逻辑模式：必要性还是充分性
3. 因果关系的范式：理性行动论还是机械决定论
4. 同时性的因果关系还是序列性的因果关系
5. 决定性的因果关系还是概率性的因果关系

在如此短的篇幅中，我无法回顾整个领域的文献——数量很多，争议很多，而且尚无定论。但重要的是注意到，社会科学的因果概念体现了这些尚无定论的争论中的某个特定立场。社会科学普遍地将决定论而非行动论作为范式，而且一直假定了序列性：因必须先于果。问题 1、2 和 5 已经被约翰 · L. 麦凯(J. L. Mackie)关于多重因果关系理论的一个概率性版本给解决了。麦凯将因果关系等同于他所谓的 INUS 条件："充分但是不必要的(总体)条件之中的那些(单独而言)不充分但是非冗余的成分。"麦凯的概念或多或少为我们将因果关系按比例分成数个部分(apportioning causality in pieces)的惯例做法提供了辩护：告诉公众——至少是他们所听到的——犯罪率 65%是因为遗传，或者智力 35%是因为营养，诸如此类。如果各个致因不能独立起作用，那么它们单独而言并不充分这一事实能为我们圆场(covers us)。致因是事物非冗余的组成部分，这一事实掩盖了我们对多重因果关系的明显假定。如果各致因综合起来是充分但非必要的，那么这就能帮助我们摆脱在因果解释方向上的困境。①

① Mackie(1974)提出了 INUS 条件的思想。关于社会学中这种类型的因果关系思想的回顾，见 Marini and Singer(1988)。

然而，在哲学研究文献里，关于因果关系的大部分问题一直存在着很大的分歧。哈特(Herbert Hart)和奥诺雷(Tony Honoré)的《法律中的因果》(*Causation in the Law*，1985)一书堪称对实践性因果关系(practical problem)的最出色的当代评论。事实上，该书在致因的理解上表现出有意的、令人恼火的兼容并包(deliberately，maddeningly catholic)。[①]但是这本书的确表明，从法律和实践的角度，因果关系问题总是作为解释问题的一部分而提出的。而关于解释，又有另外一批同样复杂的哲学研究文献。

关于解释的现代哲学立足于亨普尔的著名观点——在1942年逻辑实证主义的全盛时期提出——对具体事件的解释总是采取三段论(syllogism)的形式，其大前提(major premise)是“覆盖律(covering law)”，而其小前提(minor premise)则是对某一特定情况满足那条总法 118
则的假设条件的断言。[②]因此，以涂尔干为例，社会学提供了理论上的大前提，据此某种社会条件蕴含了某种必然结果：社会整合的缺乏会导致高自杀率。而小前提是说明某一特定个案适用于大前提的假说：萨克森地区缺乏严格的宗教，因此缺乏社会整合。于是这个三段论就得出了一个不可避免的结论(conclusion)：萨克森地区有高自杀率。据此，社会学“解释了”那里的自杀率。

多年以来，亨普尔的观点遭到了诸多反对。最开始，波普尔(Karl Popper)认为，所有的社会覆盖律都是无关紧要的(trivial)，经典的例子就是“神志健全的人通常或多或少按理性行动”[③]。对波普尔而言，

---

① Hart and Honoré(1985).

② Hempel(1942).

[译注]三段论包含三个成分：大前提、小前提与结论。

③ 波普尔([1962]1999，第二卷：401)。该论点见波普尔([1962]1999)第二卷第二十五章。

诉诸这样的原则只不过是在重新表述问题本身，而没有解释任何事情。真正的解释都由周边条件来完成，这些附加条件明确了哪些覆盖律站得住脚，亦即哪一组多重原因在做解释，哪一组多重原因在问题提出时就已经被假定了。

但是更重要的对于亨普尔的回应来自历史哲学家，他们基于叙事(narrative)对解释提出了完全不同的看法。这里有三种大致观点。第一种是柯林武德(R. G. Collingwood)、德雷(William Dray)和其他许多学者的“理解(understanding)”模式，在某种程度上这种模式处理的是波普尔的附加条件问题。[①]按照柯林武德的说法，历史学家的目的在于进入历史人物自己对行动的辩解，以那个人物的偏好和处境去理解什么是“合理的”。因此柯林武德的立场是某种广义上的、后来被人们熟知的理性选择理论；历史学家通过行动者的信念、知识和心理去弄清楚“对行动者而言什么是明智的做法”。与这一路径相契合的是柯林武德的立场，即认为理性、有目的的行动是因果关系的范式。

然而，这一“理解”的视角在后来的历史哲学家看来过度“唯心主义”，陷入了危险的主观主义。第二种叙事解释的视角是加利(W. B. Gallie)的“可追随性(followability)”观点，这一观点正回应了上述挑战。[②]正如柯林武德的理性建构主义，这一观点试图描述叙事史实际上是如何发挥作用的。根据这一观点，凭借真相、一致的事件编年、连
119 贯的中心主体，叙事本身就有解释力。叙事被用来把那些一般规律决定的事和偶然发生的事结合起来，产生出一则听来可信的故事，因为这个故事是可追随的(followable)。这一理论中“结合”的观点比覆盖律模型的种种形式化特征(formalities)要松散得多，但是仍然为柯林武德

① 柯林武德([1946]2001)；Dray(1957)。

② Gallie(1968).

不曾提及的一般决定论留下了一席之地。

历史解释中的第三个立场在加利的可追循性观点中发现了一个关键问题——知道故事的结局如何(how the story turns out)对于历史学家"追循故事"来说至关重要。例如，路易斯·明克(Louis Mink)就认为，历史是思考世界的三个基本模式之一：理论的(自然科学的视角)、范畴的([categoreal]哲学家的视角)和构型的(configurational)(历史学家的视角)。构型的思考方式的独特之处在于它坚持将各个特定的部分(particular pieces)拼成更大的整体。这就是沃尔什(W. H. Walsh)等人之前称为综合(colligation)的过程：例如，他们主张，一组冲突应该被共同定义为一场社会运动，或者某一群作曲家组成了一个学派或形成了一种风格。经由时光的酝酿，综合成为创造事件的"构型"——也即历史或情节——的过程。[①]

在我们现在看来，历史哲学中关于解释的文献可以说是"两种文化"立场那悠久传统的一部分，这一传统可以追溯到19世纪末的"方法论之争"(Methodenstreit)。相当多的哲学家认为人文与社会科学中的解释不同于自然科学中的解释。这一立场的早期观点倾向于认为阐释性解释和因果性解释是互斥的(exclusionary)(文德尔班、狄尔泰)，但是后来的观点试图提出将二者融合的方法。[②]因此，这些哲学文献给出

---

① Mink(1970)；沃尔什([1958]2001)。"colligation"一词出自惠威尔(Whewell 1968：129ff)。惠威尔对科学哲学和科学史的分析性归纳论述被密尔的朴素归纳法所取代，然后被马赫和皮尔逊(Mach and Pearson)的工作所取代(尽管如此，他们还是要感谢惠威尔)，后来又被实证主义者的更多的演绎论述所取代。

[译注]明克所用的 categoreal 一词比较冷僻。怀特海在其《过程与实在》中(本书第七章对此做了详细讨论)也用到了这个词，在目前的三本不同中译本里都译作"范畴"，所以在这里也遵循了惯例。根据明克的原意，范畴性的理解是"一个概念被发展为一套理论，并延伸到原始概念并无涉足的领域"(550页)。比如"思想的进化"中"进化"取自生物学中变化和选择的本义。

② 参见 von Wright(1971)，第四章。

的启示是，社会学对解释的看法可以得益于坦诚探讨是否以及如何有可能结合阐释性(意图性的，目的论的，等等)解释和因果性(决定性的，法则性的[nomic]，等等)解释。(在括号里加上这些词，我不是想暗示所有这些区别都能被简单混同；我想说的是，无论我们怎样区分这两种文化，结合二者的问题都会产生。)历史哲学中各种解释的概念为我们提供了处理这一问题的示例。

120 大部分关于阐释性解释的文献认为，对事件的描述在解释活动中既至关重要，又问题重重。在能够给出解释前，我们必须先描述。尤其是，正如哈特和奥诺雷指出的那样，我们通常在事物偏离某一公认的正常状态的情况下才去追求对它们的解释。[①]他们认为，这一“偏离正常”的状态，与规律关联(regular association)一样，都是我们的因果观念的重要组成部分。当然，这样的偏离在我们对行动的解释中最为明显，但是它同样出现在计量经济学或自然科学中最简单的因果模型里；这些学科都假定，没有因就没有果。因此，不仅解释以描述为前提条件，而且是以出于某种视角的描述为前提条件。

正如分析性历史哲学所展现的，重要的是意识到这种视角——以及因此视角而产生的描述——不可避免的是“叙事性”的，这意味着它包含了不止一个时间点。因为在此前的情况中哪些才是明显构成原因的方面通常是由后来发生的事件界定的，并且这些事件告诉我们哪些部分的描述才是重要的。举个广为人知的例子，直到俄狄浦斯的父母是谁被揭露出来，我们才知道其婚姻的关键不在于俄狄浦斯娶了底比斯最美的女人，而在于他娶了自己的母亲。[②]

---

① 关于描述，见 von Wright(1971：135)。哈特和奥诺雷关于偏离的论点见 Hart and Honoré(1985：29)。

② 关于叙事性的必然性，见丹图([1985]2007，第八章)。俄狄浦斯的故事出自 Ruben(1990：105)，引自 Mackie(1974)。

最后，解释的哲学还给予我们一个洞见，这涉及我们追寻解释的理由。哈特和奥诺雷讨论因果关系和法律的核心目的是分析我们对因果关系的信念和我们对责任的归因（attributions of responsibility）之间的关联。现在的实际情况是，尽管美国社会学从表面辞令上看被科学因果主义把持，但从实际工作上看大部分成果的核心部分还是关于责任归因。至少在我所在的工作和职业研究领域确乎如此，“不平等”的责任归属是这一领域大部分研究的核心内容。[①]在这种情况下，社会学亟须审慎反思因果分析与责任归因之间的关系。我还不知道有任何这方面的讨论。在这一领域，我们需要学习的还有很多。

四、社会实在的因果观和偶然观

源自阐释哲学和历史哲学关于解释的观点，如何为我们提供切实可行的对于社会生活的解释，以替代基于当下的因果概念的解释
呢？可以确定的是，相比于量化研究中典型的 ANOVA 式因果关系的 121
观点，这些解释的观点更接近于传统西方社会哲学，也更接近于现代社会理论家。这些观点把行动置于中心位置。它们将受决定的与自由的行为混合在一起。它们拥抱偶然性。但是完全信奉（espouse）它们将会意味着放弃我们已经从因果关系范式里获得的有关社会决定因素的重要知识。我们必须改写解释的策略，同时不失去已经获得的知识。要做到这一点，第一步就是思考我们希望从解释中获得什么。

解释主要想获得的是一致性（consistency）和趣味性（interest）。首先，即使学科发展时好时坏——这里有进展、那里有退缩——只有我们的知识内在一致的时候，它才会变好。我们的理论、我们的解释、

① Abbott(1993).

我们的方法、我们的研究项目都应该相互呼应，彼此支持。在此一致性之外，我们对社会的知识还应该满足第二个标准：它应该产生一正如邓肯等人想要做的——一种对社会生活全面、有趣而令人信服的阐述(a comprehensive，interesting，compelling account)。那种阐述不仅对我们本专业的人而言有趣而有力，而且对我们身处的更大的社会而言也是如此。

现在的社会学既没有实现一致性的标准，也没有达到有趣的标准，这并不是什么秘密，尽管以前的社会学做到过，而且幸运的话将来也会做到。我已经讨论了，我们的抽象理论和我们的方法隐含的具体理论之间存在着严重的不一致。而且毫无疑问我们没有一个人认为社会学如今提供了一种令公众信服的对社会生活的阐述。

余下的文章里，我将讨论一致性这一主要观点。在此之前，我想谈谈使公众信服这一点。社会学从公众头脑中消失的一个关键原因是我们对描述的轻视。公众想要描述，但是我们瞧不起描述。我们的眼里只有因果关系，拒绝发表纯粹描述性的文章，即使那些描述在量化(方法)上复杂、在实质(内容)上重要。商业公司为这类研究花费数百万美元。实际上，专有的市场研究以惊人的细致程度“描述”着我们的社会。而我们这些喜欢把自己想象成需要对公众的社会认识负责的人却鄙视描述，而且甚至还鄙视那些普遍用于量化描述的方法。我们的社会指标不过是一堆解聚的变量，随时准备输入因果分析。复杂的、组合性的(combinatoric)描述的观念，基于多变量的类型学的观念——这些东西只会让普通社会学家反感。

122 而我们的这种反感很虚伪，因为计算的便捷已经使回归分析本身成为描述性方法。当一下午可以运算几十组回归方程，当基于回归的期刊论文平均只报告 5%～10%实际运算的程序，我们应该停止自欺欺人说什么科学和假设检验了。若把回归作为一种描述性技术，它其实相当糟糕。描述的目标是把纷杂的数据简化成某些可处理的东西。但是回归只是减少了数据空间的一个维度。更糟糕的是，那个减去的维度通常保留了其大部分的变异性。因此，我们甚至无法理解为什么一件事情发生了。我们**理解的**只是自变量对某个因变维度(dependent dimension)造成的影响。在评估语境中——当我们试图决定是在农田里用肥料还是在脑子里释放多巴胺——回归分析无疑是方法上的最佳选择。

然而，作为理解为何社会如此运转的一般方法，更不用说作为简单的描述策略，被用于因果阐释的回归方法几乎就是浪费时间。标度(scaling)和聚类(clustering)可能会丢掉很大一部分的维度，但是一旦这么做了，往往会生产出对复杂数据引人瞩目而强劲有力的简化。当赌注高达数百万美元时，赌徒往往选择描述性方法，而非回归的方法。市场研究者用描述来整理细节。

当然，我们中许多人都觉得这些市场研究者都是傻子。因果分析是唯一真正的科学。然而，是什么造就了生物学对进化树的现代理解?是准确的描述和数值化的分类，也就是我们通常理解的聚类分析。是什么让我们寻找特效药的能力翻了五倍?是序列分析，一种描述技术。大多数对于蛋白质机制的因果发现都建立在序列分析研究者对蛋白质结构描述的基础之上。因此，我们不应该认为，科学必须是关于因果关系的。许多真正的科学是描述性的。除非社会学严肃对待描述，否则就再也难以被当作研究社会生活的一般性科学来严肃对待。①

但是我更关心的还是一致性。我已经谈到，我们的方法中所隐含的关于社会的理论，其实我们谁都不信。我还含蓄地指出，我们可能通过借用历史哲学中对解释的理解，逃离我们方法论中隐含的狭隘的

---

① 类似的立场立足于不同的论点，见 Sobel(1996)。

解释概念。我现在想描绘一下逃离的路线。

123 当最初转向“历史的”解释时，我将其作为一种简单的替代性选择。我不再把社会的故事分解成几个变量，而是让它们合在一起，从整体上对它们进行比较和归类。我会像历史学家那样以故事开头，不过接着我会做概括。于是，我踏上了历时十年的寻找“特征性情节”的征程，比如研究医疗领域局部职业化的先后过程，研究不同行业中个体的职业生涯，还有研究主要福利国家的演进模式。①

毋庸置疑，这些努力招致一些人不甚友好的评论，他们把这些作品称为“只是描述”。我之前已经概述了对那种判断的两种反应：第一，描述没有什么不好；第二，如今的因果方法本身实际上就是描述。但是我的做法**确实**错了，而错误的原因是批评我的人和我自己都没看到的。这不是“社会学的”方法。我非常清楚，社会学最根本的洞见在于认为社会世界是由情境化的行动(situated actions)、由社会**关系**组成的，而非由独立的故事组成。社会生活是不断在限制性的结构中体现(embodies)自身的一个过程(a process)。和我批评的因果方法一样，我的方法迅速地预设了这些结构不存在。我也在**定位**(locating)社会事实，但只是在职业生涯或职业周期的一个个故事中，只是在时间中定位它们。我并没有把那些在变动中的职业生涯或职业周期相互**联系**起来。我并没有在社会结构中定位它们。

当然，有些时候广义的对个案独立性的假设是有道理也是有用的。因此，将底特律的医疗职业化的顺序与波士顿和阿尔图纳(Altoona)的作比较是合情合理的。但是将德国音乐家的职业生涯作为独立个案来研究就可能并不合理；他们身处一个系统之中，而在此系统中某些人

① 关于医学内部的局部职业化，见 Abbott(1991b)。关于一个行业内的生涯，见 Abbott and Hrycak(1990)。关于福利国家，见 Abbott and DeViney(1992)。

的成功意味着其他人的失败。而且，毫不意外的是，我发现在那些重要的福利国家中，不仅没有可供序列模式探寻的清晰的内在理由，而且对此也没有明显的扩散性解释。因为那些国家其实捆绑在单一的西欧文化单元之中。

对于任何既定的社会现象，我们也许可以判别其脱离社会空间和社会时间的情境的独立性。完全不受情境影响的现象，适用于标准因果方法。受到其时间情境的巨大影响，却相对不太受周围社会结构影响的现象，适用于时间序列、事件史或序列分析方法。受到结构情境 124
的巨大影响，但不受时间情境影响的现象，则适用于网络分析和空间自相关分析（spatial auto-correlative）方法。

但是处于社会学核心的是那些完全与社会空间和社会时间纠缠在一起的现象，我在其他文章里称之为互动领域（interactional fields）。[1]正是因为研究互动领域，本学科才是一个研究社会**关系**的学科，关心的是社会**过程**。使用这类分析的优秀经验研究作品是从戈夫曼（Erving Goffman）以来那些对小群体互动的研究，对城市性和城市模式的研究，对行业和职业的研究，以及相当一部分犯罪研究和历史社会学研究。

我们要的解释是对这类互动领域如何运作的阐述。第一，这一阐述不会是完全因果性的，因为几乎所有这类文献都为自主行动，尤其是策略性选择，提供了很大空间。第二，这类阐述会包括许多不同规模的时间效应，因为在这些领域中许多不同时间纵深的过往共同形塑了当下。第三，它还会包括对社会结构的复杂理解，因为在互动领域中也充斥着不同规模的社会结构。

在我看来，中层理论（middle-range theories）和经验研究方法论若

---

① Abbott（1997a）.

要与我们对社会世界的根本理解相一致，必须满足以上这三项要求。事实上，就中层理论而言，这样的作品已经产生了。沃勒斯坦(Immanuel Wallerstein)的《现代世界体系》从本质上来说就是这样一个互动领域的理论，有着各种尺度和力量的历史和结构。我自己那本关于职业的专著也是如此。[①]这样的书并不预言将来会发生什么；事实上，它们揭示的是互动领域也许太复杂了，以至于我们没法预测。但是它们的确展示了各种各样的内在模式；它们的确概述了"游戏规则"；它们的确描绘了在这样的系统中行动的局限和可能性。

我们需要量化方法也做同样的事情。如果允许我说另一个大家不想听的词汇(forbidden word)，我们将不得不采用模拟技术(simulation)。博弈论不会带我们走很远，因为它无视(除了在最一般的意义上)对结构和复杂时间效应的严肃关注。但是模拟也许能帮我们理解某类互动领域的局限和可能性，而那将是深刻的社会学的知识。

因此，比如，就职业领域而言，某些地方情境——基于历史的，
125 以及某一职业所面临的竞争——对于某一个职业严密的组织化非常重要，而在另一些情境中却不是如此。例如，当工作机会快速增长，职业最好也能够快速增长以满足工作的需求。但是要确定一个特定职业正处于哪个阶段，取决于系统的演化。地方性工作增长的现象是由某一时间、某一地区所有职业的竞争造成的策略性和非策略性行动的总和所产生的。因此，没有什么参数可供我们用来衡量组织严密性的变量，因为参数的作用是情境化的，是从系统的演化中发展出来的。它不会系统性地随时间变化或随空间变化。我们只能将其视为发生在特定时间点、情境下，而不能把它作为某种东西的属性去"管窥(window)"。拉扎斯菲尔德认为理解"处于具体情势中的行动者"是分析的核

① 沃勒斯坦([1976]2013)；阿伯特([1988a]2016)。

心，在这一点上他是正确的，但是他错误地将之视为一件汇集足够的一般性覆盖律并运用它们的简单事件。情势就是一切（Situations are all there is）。更好的解释策略是去理解一个相互依赖的系统内部是如何演化的。模拟也许是做到这一点的唯一办法。

更重要的是，“参数的意义”（meaning of parameters）本身也会因为策略性理由而改变，也即经由系统中行动者故意的行动而改变。当前几乎所有类型的实证主义都假定一个事件的意义——因果上的意义或其他的意义——在分析期间是固定不变的。但是我们都相信最核心、基础的人类行动之一就是重新定义某种东西，使当下（也许甚至是处于当下的行动者身份）的样态得以更新。任何严肃的方法论都必须能够包含这类意义变化。这再次说明模拟也许是最好的备选方案。

我们似乎正处在一个转折点。我们的解释对普通大众而言索然无味，也与我们自己对社会的一般观点严重脱节。通过拓展我们对解释的概念，我们可以再次讨论我们领域最根本的问题。

我不想贬低因果主义的成就。因果主义对社会学方法论而言一直是非常成功的范式，但是赤裸裸的事实是它现在已经阻挡了这一领域的重要发展。我们必须重新修正、重新思考解释社会生活意味着什么这个理念，我们也必须围绕那个理念重新整合我们的理论和方法。

第二部分　时间与方法

第四章　案例做了什么？[*]

本章涉及三方面的问题。首先，我问的是，在标准定量方法中，129
“案例”行动的命运是什么？我论证它们会失去复杂性和叙事顺序（narrative order）。其次，我考虑了认真对待这些事情的那类研究，特别是历史案例研究。我考察了案例复杂性和案例行动在这些研究中如何发挥作用。最后，我考虑了如何在不同案例中对复杂性和叙事顺序进行一般化。正如我的总结所表明的，本章传递的一则核心信息是，我们必须把“群体与案例的区别”（population-versus-case distinction）和“分析与叙事的区别”（analysis-versus-narrative distinction）区分开。[②]

我在这里运用的“案例/个案”是在“实例”（instance）的意义上讨论的。实例可以分为两种。首先，一个特定的实体可以是某群体的一项实例（案例）。在这里，我把“案例”作为单元素子集（single-element sub-

---

* 我要感谢查尔斯·拉金（Charles Ragin）、霍华德·贝克尔（Howard Becker）、戴维·威克利姆（David Weakliem）、克劳德·费希尔（Claude Fischer）和彼得·埃布尔（Peter Abell）对本文的评论。特别是豪伊提醒我在早期草稿中忽略了芝加哥的伟大传统，鉴于这一传统对我实质性工作的影响，我的疏忽更令人惊讶。这篇论文最初于 1990 年 3 月 2 日在西北大学主办的一次会议上发表。会议由拉金和贝克尔组织，主题是“案例是什么？”（What Is a Case?）本文最初收录于 Charles Ragin and Howard Becker, eds. *What Is a Case?* . Cambridge University Press, 1992. , pp. 53-82；经剑桥大学出版社许可转载。

② [译注]generalize/generalization 在本章中译为“泛化”或“一般化”，这两个术语在此处等价。population 在统计术语中称为“总体”，在本章中取字面含义“一群人”。

set)；群体是一些社会对象(个人、公司)的集合，各案例是其成员。但某一特定实体也可以是一个概念类的一项实例(案例)。在这里，我将“案例”作为典型(examplar)；概念类具有某种属性(例如，它可以是一种结构类型，比方科层制)，案例则表示这一属性(exemplify that property)。显然，这两种实例有不一样的定义，其含义截然不同。下面我们将看到，某些社会学家认为，有的社会对象本质上不是“概念的”(conceptual)，而另一些社会学家则不这么认为。①

130 通过询问“案例做了什么?”，我假设了案例是一个动因(agent)。该想法对某些社会学传统来说有些陌生。我们一般不会把综合社会调查(General Social Survey，GSS)中的个案看作拥有意图和历史的动因。但我正是从韦伯(和其他人)意义下的社会行动角度来考察这类个案“做什么”：他们进行怎样的活动?他们试图完成什么?他们是什么样的动因?②

一、案例在标准实证主义论文中做了什么?

要确定案例在标准实证社会学研究中做了什么，一个简单的方法是打开最新一期的《美国社会学杂志》(*American Journal of Sociology*，简称 *AJS*，当我撰写本章时适逢 1989 年 11 月刊面世)，并详细分析

① 我在这里忽略了一个问题，即案例关系不是一种映射(mapping)，这个问题在案例的概念定义下显得特别重要。也就是说，“x 是 y 的案例”可以与“x 是 z 的案例”同时存在，而且两者在 y 和 z 之间各种关系的情况下都可能成立。这确实是一项令人困扰的事实，但考虑其影响会使我偏离当前的话题。还要注意的是，即使把案例定义为子集，其实也存在同样的问题，因为我们并没有一套定义明确、层级分明的范畴来对社会实体进行归类。恰恰是在对“x 是什么的案例”的思考中，才产生了真正的理论。

[译注]category/categorize 在本书中译为类别/归类/范畴。

② [译注]动因在本章中既指人也指抽象事物，在本书第六章中主要指人。

一些文章（以下我将考虑前三篇论文）。我的程序很简单。找到所有的叙事性句子——谓词（predicates）是社会过程的活动或部分的句子。[①]然后考虑这些句子的主语是什么/是谁，涉及什么样的活动，以及谓词与因果关系如何联系。我还考虑在论证中何时可能出现叙事句，以及作者如何（隐含地）解释案例。

在此处适用通常的免责声明。我不是在攻击或揭穿这里分析的特定作者。他们的作品出现在这份期刊上，就证明了对于此学科而言这些作品很恰当且具有代表性。我也不是要揭穿这里分析的所有研究风格。我只是希望对其“案例”的假设有所发现。我大量地引用了原文，是因为原文的确切表达方式具有核心重要性。一件事情可以有好几种说法，但恰恰是在选择其中一种说法时，关于案例的假设才最清楚地显现出来。[②]

在第一篇论文中，查尔斯·哈拉比和戴维·威克利姆（Charles Halaby and David Weakliem）研究了工人对工作的控制权与公司归属感（attachment）之间的关系。[③]他们的“案例”是工人（这类文献中的案例通常被称为“分析单位”，这个术语与“案例”的内涵相当不同——在个体间的等价性和分析范畴的优先性上都不同）。哈拉比和威克利姆研究 131
了几项假设。而我们正是在他们对这些假设的讨论中，首先找到了叙事句。

① 叙事句的技术定义参见丹图（[1985]2007）。

② 虽然从技术上讲，这些论文是一份随机样本——我的程序完全如前所述——但有些读者可能会觉得，我“只是碰巧得到了一些这样的文章”。事实上，其他的论文也会产生差不多的一组观察结果，尽管可能是以不同的方式。的确，我可以想见这批论文的总体平衡——两篇论文采取强烈的“群体/分析”观点，一篇采取“叙事”观点——可能高估了叙事在主流社会学中的直接运用。

③ Halaby and Weakliem(1989).

第一项假设认为，工人的控制力使工作变得高贵。这一点可以从“控制力增强实现了工作的意义”带来的转变中得到证明。在没有控制力的情况下，工作仅仅是一种工具性活动，是一种生存手段：工人工作生产物品。但随着控制力的增强，工作本身成为一种终端价值。作为一种自我表达，工作本身就被赋予了意义。出于不一定说得清楚的原因……被分配到工作上的价值会延续到雇佣关系中，从而导致[对公司]的归属感增强。[①]

请注意，“工人工作[仅仅为了]生产物品”是仅有的由案例行动(case act)的句子。在其他句子里，则由变量行动：在“工作(the work)本身成为一种终端价值……”，“价值(the value)会延续到雇佣关系”和“‘控制力增强实现了工作的意义’带来的转变(the transformation)……”中，变量是分句的主语。读者可以推测，这些都是基于变量的描述，描述的是“发生在个案脑海中”的心理过程。但仍然由变量，而非案例做出行动。

哈拉比和威克利姆接下来提出了“过度监督违反文化规范”这一假设：

[理论家]认为限制工人独立性和控制他们的工作的监督实践违反了“美国文化中的独立性规范”，因此导致了工人的不满和流失。[②]

在这里，变量被直接人格化为动因。“实践……违反了……规范，因此导致……”我们已经从假设一的简单因果语言(“成为”“延续”“导

① Halaby and Weakliem(1989：553-554).
② Halaby and Weakliem(1989：554).

致”)转向了更积极的词汇(“违反”)。同样，可以推测这是一种心理上的简略描写(shorthand)，然而即使在心理层面也没有案例的能动性(agency)。工人没有想这些事情，事情本身直接作用在(act in)工人们的心理上。人格只是致因做出行动的环境，人格本身并非根据致因行动(如“反思”)的动因。

最后一项主要假设是作者新的理论贡献，他们称之为“匹配质量” 132
假设(“match quality” hypothesis)，强调工人先天特征与工作特征之间的匹配：

> 一位工人可以控制与任务相关的工作活动，使他能够自由地、更充分地运用自己的技能和能力，从而取得更大的成就，充分发挥与其生产资源相称的最大水平生产力。这意味着，对于自主劳动者来说，伴随着工作变更而产生的潜在生产率收益变动可能很低。因此，这类劳动者会对工作变动带来的潜在工资收益得出悲观的估计，并会表现出对当前雇主的更强归属感。[①]

此处的论述就不同了。在先前讨论的现存理论中，我们得到了用变量表述的、极为分析性的陈述。这些变量关系背后的“故事”(个别工人的心理反思)完全是隐含的。但在作者自己提出的新假说中，我们开始更清晰地看到工人的作用。他们在进行推理和反思，他们的反思导向一个过程，该过程暗示了研究中变量之间的一种特殊关系(即工人控制力和归属感之间的正向关系)。为了证明变量之间的这种蕴含关系(entailed relation)，需要为特定的案例创造合乎情理的叙事。在这样那样的条件下，这样那样类型的工人会产生这样那样的想法，因此会

① Halaby and Weakliem(1989：554).

有这样那样的行为。

在讨论部分，我们发现了一种同样的区分。一方面，我们发现一些伪叙事，它们实际上是关于相关性的简单描述：

> 那么，很明显，拥有过对工作活动高度控制力的劳动者，对自己从其他雇主那里获得等价回报的机会显著地更乐观，他们对当前工作的归属感降低也得到相应的体现。①

由于变量是对“我认为……”这一类型的句子的回应，所以它们可以很容易地转化为这样的伪描述性语句。工人在这里不必被看成“做出行动”或“进行思考”的主体，而只是作为变量行事。这里没有真正的行动，因为即便工人“拥有过”高度的控制力，他们也只“是”显著地更乐观。

133 但是，我们也有以下的结果：

> 需要注意的是，这些结果假设了工人的控制力和匹配质量具有因果优先性，先于工作的内在价值。……社会理论在很大程度上忽略了一种可能性：劳动者可能会基于其对工作的先前取向，作为工具性或终端性价值的先前取向，而选择自主工作和高质量匹配。事实上可以论证，无论劳动者的先前取向如何，只有通过实际行使控制权，以及充分发挥自己的生产能力，劳动者才能达成自我实现，工作才具有内在价值。②

这段话提出了一个“备选故事”，在这里，当我们再次远离标准或

① Halaby and Weakliem(1989：576).

② Halaby and Weakliem(1989：577).

预期的时候，我们看到了实际的工人活动，在这种情况下是对工作的选择。[①]作者所提出的叙事破坏了变量先前的“因果故事”（相对于工人的实际故事）；如果新叙事成立，则变量的蕴含关系就不再如先前那般。因此必须检验带有“其他方向箭头”的模型。这第二种模型之所以被拒绝，是因为它对其中的一种变量间关系给出的结果在理论上不合理，而原来的模型没有这种不一致。

在这里必须注意到备选叙事的作用。要使任何一组特定的因果变量关系成立，所有的动因（案例）必须只遵循一个故事。正如布劳和邓肯（Peter Blau and Otis Dudley Duncan）尴尬地承认的那样，要估计所谓“度量致因效应”的回归系数，就必须假设因果模型对每个案例都完全相同，而这显然不真实。[②]两种不同的叙事可能会蕴含同一组变量关系。但如果它们确实如此，分析者又会寻找其他涉及的变量来区分它们。理想的情况是，叙事和涉及的变量模型之间是一一对应的关系。但在这种情况下，“因果关系”实际上就是指叙事；认为两者真的不同（变量蕴含在一种叙事中，而非代表叙事）的观念只是虚构。即使把变量作为行动者，也不能真正使我们摆脱叙事，因为每一个以案例为行动者的叙事都会包含变量之间的一系列关系（以变量为行动者的一种叙事）。当另类的案例叙事包含另一种变量间的关系时，这一系列关系就会受到挑战。矛盾的是，案例叙事的层面对这些（以及对其他）作者来说是一种“必要之恶”，尽管本研究中的大多数活动都发生在变量层

① 此外，这里案例的行动很奇特；它们“用脚投票”。请注意，这是定量方法中总是允许案例采取的少数行动之一，其结果——选择偏差（selection bias）——会削弱这种分析。一项具有讽刺意味的关于学科边界的证据是，匹配质量假说是经济学中关于员工离职的标准理论（见 Mortensen 1988）。

② 布劳和邓肯（[1967]2019：219）。 *134*

面，在那里事情显得要整洁得多。[1]

随后，两位作者发现了一种效应——由控制力对归属感造成的重大的、意想不到的直接负效应。他们必须决定如何处理它。现在，根据我一直在发展的隐性理论，我的预测是，他们将会直接转向叙事工作。下面是该段落：

> [自主工人积累的决策和解决问题的能力]……可能会使自主工人在与自主性较差的同行相比时，在寻求流动性带来的收益方面更具有竞争力。在匹配的质量保持固定的情况下，自主性工人导向流动的动机更高，同时会降低其对当前工作的归属感。[2]

请注意，该描述仍然是对变量的一种叙事。但我们开始把工人看作受实际激励的个人，从而具有行动的潜力。下面的段落完成了此一过渡：

> 如果对变化的接受度表现为自主的工人更突出地以工作的流动性为目标，这一点都不会令人觉得奇怪。这些工人可能

---

① 戴维·威克利姆对本文的评论比我在同等情况下所能发挥的优雅得多，他提出了这个观点：

> 即使我们把变量作为行为者来谈，我们也有一个潜在叙事的概念，而关于变量的陈述只是一种简写。在潜在叙事不为人熟悉的地方，我们试图把它说出来，这就解释了为什么只有对新的想法或结果才会出现明确的叙事。

因此，叙事确实位于"实在"的层面(由此确实是一种非常必要之恶)，而变量的修辞则是其简写。但请注意，正如单数名词所暗示的那样，作为行动者的变量只允许"一种潜在的叙事"，而不是各种各样的叙事。

② Halaby and Weakliem(1989：582).

> (might)会意识到，他们的生产力与其说是取决于雇主的身份，不如说更多地取决于能否生产资料，以及能否不受限制地运用他们的技能。这将(would)促进“对技能的归属感”(如职业、手艺等)，因为这些工人一旦有机会使用他们的生产性资源，可能就不会太在意究竟为谁工作。[①]

在这里，开始的地方，变量是行动者(“接受度表现为……更突出
地以……为目标”)，然后我们进入一项包含真实行动者，并有多重步 135
骤的真实叙事，尽管他们的行动只是对换工作这一真实活动的反映。请注意，叙事的真实性被动词的虚拟语态破坏了；作者们之所以担心，是因为这样的另类叙事包含着未被测量的步骤。作者们真正满意的只有非常简单的案例行动或由变量直接“行动”。

总之，这里的大多数叙事句都以变量为主语；只有当一个变量在叙事上“做了什么”时，作者们才认为自己是在直接地谈论因果关系。然而，对于任何意料之外的事情，无论是叙事链中的步骤数，还是以工人本身取代变量作为主体，真实(案例)的叙事性水平(level of narrativity)都会上升。最后，方法论的限制只允许一种叙事的存在，它必须涵盖所有案例的故事，尽管去搜索备选变量预示了一项隐蔽的假设，即因果关系在逻辑上取决于叙事。我们应该回想一下，隐含地把变量(一般概念/全称命题)当作动因的实在论形而上学最后一次被认真对待是在阿奎那的时代。当然，社会学实证主义对变量的官方立场是名物主义(nominalist)的立场，但在这篇相当典型的论文中，“最好的”因果句显然是变量行动的实在论句子。

所以案例在这里不做什么。除了能动性很弱之外，它们还有什么

① Halaby and Weakliem(1989：583).

特征呢？由于遵循相同的叙事，所以案例变得一致。通过模型——模型总是这么对待案例，除了那些“变化的”部分之外——它们变得持久而固定。一项个别研究中不可避免地隐含的修辞意味着，它们唯一重要的特性是由它们与这一因变量（即拥护）的相关性所界定的特性。因此，案例并不是在这个模型中被简化了特征的复杂实体，而是被变量赋予属性并因此“复杂化”了的无特征实体。当案例确实涌现并采取行动时，它们遵循一种非常简单的理性计算方案，其参数由它们情境的实际情况设定。所有的行动都蕴含在参数中；案例即使反映工人的情况，也只是记录了理性计算者在不同激励机制中的明显决策。

我们可以将以上分析应用于下一篇论文，即伊莉莎·帕瓦尔科（Eliza Pavalko）对于美国各州在采用工伤赔偿（workmen's compensation）方面的差异的考察。[①]帕瓦尔科的文章还有一项优点，就是运用了实证主义的另一种标准方法——事件史方法（event history methods）。也许这种技术——其名称承诺关注事件和历史——会更大方地处理案
136 例的活动。另一个有趣的变化是，案例在这项研究里是美国各州，而非生物个体；因此我们必定会遭遇九头蛇般的方法论个体主义。

作者首先讨论了之前的案例研究和早期对政策采纳的分析，它们一般都遵循案例法。然后，她为我们提供了超越这些研究的理由：

> 对采用工伤补偿法所涉及的行为者和利益的分析，表明了［州立法机构］受到压力的迹象。但是，这种最明显的政治层面［活动］并不能显示出政治进程的潜在方面，这些方面“影响着政治议程以及问题和解决方案的相对优先性”[②]。为了解决这个潜在层面的问题，我们需要将关注点从个体行动者转移到宏观指标上，这些指

---

① Pavalko（1989）.

② Offe 1984，p. 159.

> 标形成了政治家关于工伤补偿的必要性、可能的决策范围以及自身行动与否的后果的看法。[①]

那么，我们立即读到了对涌现、宏观的层面的辩护，用来反对方法论个体主义者——后者把所有的活动都归结为生物个体，虽然在这种情况下也可能有个体利益集团。请注意，从物质到文化的转变与从微观到宏观的转变同样重要；宏观（物质）指标由于其具有文化效应（即对感知的影响），因此很重要。从微观层面到宏观层面的转变涉及这样的信息问题，这直接让人联想到哈拉比和威克利姆的“案例”，这些案例是角色有限的行动者，**只能在其获取信息的范围内**做出理性的反思性决策。在这里，个体也被假定为直接的理性计算者。而既然各类个体在大多数州都存在（立法者、商人等），那么除非在各州之间他们拥有的知识有所不同，否则[各州]在政策采纳上应该没有差别。由于这种知识又在很大程度上由“真实”环境形塑，因此，驱动真实环境中真实差异的变量（即州、涌现层面的变量）在系统中具有因果优先性。将州视为案例的正当理由涉及简化假设，简化了个体行动者采取了一种理性行动范式的假设（事实上，帕瓦尔科最终将转向州的这种模式）。[②]

她的第一项假设涉及商业利益： 137

> 雇主责任制对雇主来说是个问题，特别是那些大企业雇主，

① Pavalko（1989：593）.

② “案例”概念的微观/宏观含义很广泛，我将在以后再谈。但这里值得一提的是，如果这些案例是涌现产物的话，帕瓦尔科所采取的方法意味着忽略案例（这里指国家）内部的任何微观过程。人员更替是一个很好的例子。一个州可以在这里研究的二十年期间更换所有的立法者，但如果决定性的背景变量没有改变，预测仍然不会变。一位立法者等同于另一位立法者，是没有性格的理性选择人。当然，正确的程序是获得每个州大量微观层面的数据，以补充宏观数据，但这种必要性确实带来令人生畏的问题。因此，人们很容易理解为什么“案例”的概念与微观/宏观类的调查相当不搭。

因为成本高，而且长期的法庭斗争不可预测。[1]

这个变量根本没有得到任何叙事上正当理由的支持。它只是作为行动的一项隐含条件提出来。既然行为人 a 有利益 x，行为人 a 就会做出行动 y。昂贵、不可预测的法庭斗争会使大企业希望看到工伤赔偿，因此工伤赔偿会出现。当然可能会存在干预性步骤，但隐含的概念是，即使在州层面，也足以提出一种基于理性行动假设的一步到位的隐性、正当的叙事。几乎所有其他变量都依此处理。一个短语确立了某一行动者有一定的利益或面临一定的条件，再加上行动者会根据自己的利益采取行动的假设，它们共同产生了一项通过利益从条件到行动的一步式叙事。如此提出的变量有十几个。

[整个研究]只是讲了个较长的故事。根据我的理论，这将用于证明，第一，这是作者的故事，第二，这是得到经验支持的故事。我预测对了。最后，我们读到了更复杂的叙事。这个叙事太长，无法直接引用，不过它基本如下(我完全遵照原文顺序给出，读者们可以看出，这并非严格按时间顺序)：

1. 工伤赔偿意味着不需要确定罪责……

2. 这意味着劳动过程发生了变化，既提高了生产力，又增加了事故；两者可以被合理化为“进步的必然结果”。

3. 立法者对提高生产率感兴趣，因为他们是否当选取决于此。

4. 劳资关系管理不善可能导致生产率下降。

• 4a 关于事故的法律争议是劳资关系不好的指标。

---

① Pavalko(1989：598).

5. 由于 1 和 2 成立，所以工伤赔偿可以解决 4 和 4a。

6. 因此工伤赔偿出现了。[1]

在经验材料之后，作者再次复述了这个故事，这次按照适当的叙 138
事顺序。它是本章结论的主要主题。[2]

总的来说，帕瓦尔科论文中的叙事句与哈拉比和威克利姆的叙事句十分相似。它们大部分都将活动简化为单一步骤的理性行动模型。除了上一个复杂故事中的那些句子，没有一个叙事句允许在几个步骤上，或在变量或事件之间存在偶然性。即使在上一个故事中，所有的事情都衔接起来产生一种结果；没有真正的意外或偶然性。这些叙事中也没有任何一个真正涉及具有实质复杂性的行动者。个体层面的行动者为自己的利益采取了理性行动，但在此意义上却成为无足轻重的人。团体层面的行动者——各州——是(像哈拉比和威克利姆的“案例”一样)没有特征的事物。我们没有艾奥瓦州、伊利诺伊州或爱达荷州；我们有“州”，其唯一的属性是输入部分似然估计中的“主效应”取值。案例唯一显著的特质是在这个模型中被假设的对工伤赔偿产生影响的特质。此外，这些特质相互孤立地起作用，[起作用的方式]不考虑叙事顺序。最后，意外的发现和作者主观的部分使叙事性水平再次上升。

不过，这里的案例与叙事的关系多了一项新的情况。它与案例的数量到底有多少有关。在这篇文章的正文中，我们忽略了一项事实——在开头讨论几个案例(州)时就很清楚了——事实上我们这里仅仅有 48 个故事。运用标准的部分似然方法估计参数，假装我们真正拥有的是 369 个案例(每个州在没有补偿法的年份出现一次，在立法的年份也出现一次)。所有这些都被看作一个随机过程的独立实现。对历史

---

① Pavalko(1989：599).

② Pavalko(1989：608-609).

学家而言，在群体层面上只有 48 个故事，尽管在个体层面上显然还有很多故事。这 48 个故事非常复杂，这才是真正的问题。但在论文中，这 48 个复杂、链式的叙事被弄得像是 369 个独立、一步到位的故事，而这 369 个故事中的“因果”步骤都变成了一步到位的理性行动故事（哈拉比和威克利姆也这么做了）。之所以会出现这种情况，是因为这些方法忽略了历史学家在案例研究中所记录的实际相连的叙事步骤之间的连接。因此，“案例”在这里的意义与马萨诸塞州的工人赔偿案例研究有很大的不同。如果说“马萨诸塞州是一个案例”，就会引起这两类研
139 究中的一系列问题。但帕瓦尔科把“1913 年的马萨诸塞州”当作独立于“1912 年的马萨诸塞州”的案例。这不仅在空间上，而且也在时间线上区分了案例。[①]

这些标准实证主义文章中的叙事与 1989 年 11 月《美国社会学杂志》中第三篇文章的叙事形成了非常强烈的对比：威廉·布里奇斯和罗伯特·纳尔逊（William Bridges and Robert Nelson）关于等级工资制中的性别不平等的研究。[②]在这里，两位作者分析了一项单一的“案例”（华盛顿州的公务员系统）。他们将定量方法应用于该案例**中**单个“案例”的

---

① *人们可以在这里引用赫拉克利特关于“人永远不会两次踏入同一条河”的格言。但尽管如此，考虑到我们现代的自回归概念，允许用时间线来区分案例似乎是一道错误的程序。从技术上讲，369 个“州-年”被认为相互独立，并不是因为模型依此构造，而是因为在某些条件下，时间分布的方程会还原到这种情况。Allison（1982：82）讨论了其中的一项条件：假设解释变量的向量能够解释风险率的所有变化。由于这种可能性不大，所以会出现序列相关的误差和估计问题。帕瓦尔科已经注意到并讨论了这个问题（1989：601 no. 5），尽管她提出的警告消失在了她的结论里。另一项条件是解释变量矩阵满秩，但任何解释变量的自回归都违反了这一假设。由于矩阵中包含了对实质性“案例”（即这里的州）的重复测量，假设几乎肯定会被违反（例如，“立法机构是否开会”遵循的是一种无误差的自回归方案）。计量经济学家已经关心过这个问题（Kennedy［1985：38］），但其在社会学对事件史方法的讨论中并不突出。

② Bridges and Nelson（1989）.

全域(universe)，但这仅仅是为了确定基线薪酬模型是否由于性别不平等而不起作用。对这些不平等的实际解释产生于叙事中。

解释性别不平等的叙事非常复杂，其特点在于不同的行动者有不同的利益、不同的过去和不同的动机。动因不仅包括其他论文里的简单理性动机(有动机的包括工会、美国州县市雇员联合会[AFSCME]等)。他们的行动也是基于习惯(财务部门)和偏见(整个系统中的众多群体)。布里奇斯和纳尔逊认为整个系统太大，无法叙述或全面描述，但由于各种系统性的偶然因素相互交织，所以其结果一致(男女薪酬不平等)。例如，AFSCME 以一种特殊的方式进行游说，反对所有的分离团体(特别是女性分离团体)，因为这些团体争夺 AFSCME 的地盘。但这又将“对公平的[主动]关注”转移到了分离团体中，这些团体觉得无法与 AFSCME 机构负责人合作——出于历史原因，机构负责人往往是男性，因此对女性团体来说是个问题。这样一来，AFSCME 只能就其他大部分问题[与雇主]进行谈判，包括男性的薪酬申诉(因为女性的申诉更有可能被带到发声更大的女性分离团体中去)。同样由于各种历 140
史原因，AFSCME 恰好很擅长谈判，而且在它主动的时候往往能[使其成员]成功加薪，因此这些加薪往往是不按比例地加给男性。

在这篇文章中，我们有叙事性和复杂性。和以前一样(但少了很多歉意)，引入它们是为了解释标准模型中无法解释的结果，在这里是决定工资的“被管理的效率”模型(“administered efficiency” model for salary determination)。叙事使属性的交互作用具有因果优先性。决定一个系统中薪酬不平等的主效应不是“工会的成功”“工会与竞争对手的对立”“男性占主要权力职位的百分比”等变量，而是一个“既成功又反分离的 AFSCME”与“机构负责人倾向于由男性担任”之间的交互作用。特定的交互，而不是自变量，决定了社会叙事的进程。

那么在标准的实证主义分析中，案例做了什么呢？大多数情况下，它们不做什么。叙事句通常以变量为主语。对于任何意料之外的事情和作者的假设，叙事性水平会以各种方式上升。当案例做某事时，一般被设想为简单的理性计算。所有的特殊性都在于计算的参数(parameters of calculation)。由于只有参数变化，所以不存在复杂的叙事：叙事总是一步式的决定(one-step decisions)。没有真正的偶然性，也没有道路的交叉。只有变量主干道和其剩余——也就是误差。

此外，案例本身在很大程度上并无差别且相互一致，因为在大多数模型中，它们都必须遵循同样的叙事，而这种叙事被表述为行动变量的叙事，而不是行动个体的叙事。案例是无特征的；除了[作者]假设的会决定因变量的特质外，案例没有其他特质，甚至这些特质也只是相互孤立地起作用。案例被建构，从主效应中简洁地建立起来，而不是通过简化其复杂性来解构。

二、单一案例的叙事

就某种程度而言，案例做不了什么。在这个分析的世界里，案例的行动都一样，这并不奇怪。事实上，我们一般认为，只有单一案例研究才能真正“叙事”，而只有群体研究才能真正“分析”。那么，让我们考虑一下，在涉及叙事的单一案例研究中，案例做了什么，以及它
141 们如何被个体化。完成这一步之后，我们就可以看看是否有对于多案例的研究方法，可以保留案例在单案例研究中所具有的一些理想的属性。[①]

① 正如戴维·威克利姆提醒我的那样，这种对比有些过头。即使是在单案叙事的观点中，我们也必须不考虑个案的许多事情，因为已知的东西太多。而历史学家们自己，也正如威克利姆提醒我的那样，经常会求助于“一个有理智的人在当时的情况下会怎么做”的论点，我将在下面考虑这个问题。

单一案例叙事的第一步是划定案例本身(delimiting the case)，也就是历史学家所说的“中心主体问题”(central subject problem)①。历史案例研究中的中心主体有很多种类；因为主体不一定是社会行动者或群体。它们可以是事件(第一次世界大战)，也可以是社会群体(奥耐达社区[Oneida Community])，甚至可以是事态(乔治三世登基时的政治结构)。鉴于社会多面体的连续特征，关键难点(一个经常在史学中引发冲突的主题)在于围绕中心主体划定边界。请注意，群体/分析法(population/analytical approach)是如何避免这一难点的：它倾向于对案例明确无误的群体(生物个体、国家)开展工作，而不适应于案例不明确的群体(阶级、压力群体)。

一旦“案例”被划定，其统一性(如作为社会行动者)就要求案例属性从“案例语境”中获得意义。因此，如果有40％的精神病学家是APA成员，那么这种情况发生的意义，即叙事潜力(正如我们所见，在实证主义的方法中，它实际上决定了因果力量)，就来自当考虑到过去和他们的其他种类的组织生活和活动之后，这个数字对精神病学家来说是大还是小。此处40％的意义并不产生于它比“有60％的律师属于ABA”或“有75％的医生属于AMA”中相应的数字少，因为在上面的群体/分析方法中，属性是被独立地定义的。②因此，以这两种方法解读案例，其作为社会实体的本体论地位存在很大的不同。单一案例叙事的观点是，案例可以被解构，它们从整体开始，然后得到简化。群体/分析的观点是，它们一开始只是存在(exsistence)，然后在此基础上加入了相互独立的属性。

两种观点的不同之处还在于，案例/叙事方法允许“个案”发生根本

---

① Hull(1975).

② Abell(1987)，第二章。

[译注]APA＝美国精神医学学会；ABA＝美国律师协会；AMA＝美国医学会。

性的转变。与帕瓦尔科不同，马萨诸塞州的福利政策历史学家可能感
兴趣的是立法机构更替对工伤补偿法造成的影响。这样的微观转换不
142 仅被允许，而且是本质上的转换：从死到生或从生到死，从一个单元
到两个单元，从两个案例合成一个案例，再沿着某种新的路线一分为
二。也就是说，案例/叙事可以将人口学和(变量型)分析性事件混合在
一起，而上述群体/分析性研究中隐含的案例概念禁止研究者这么做。
在那里，案例性(caseness)与持久性和物性(endurance and thingness)有
关；出现、消失、组合和转化都会造成问题，必须用删减、群体消失
或其他一些临时性手段处理(这就强化了这类方法的一种倾向，即倾向
于强调将生物个体等“不可还原”之物作为案例)。因此，在人口/分析
方法中，人口学解释和因果解释可以且确实明确地分离了；而且，由
于每一种取径内部的研究法过度生长，当它们必须结合起来时，就会
产生一个真正的问题。[①]然而，在案例/叙事方法中，属性的转换可以
非常极端：一件案例从一个类别的实例开始，在研究完成时可能成为
另一个类别的实例；一个州可以成为一个国家，一项手艺可以成为
一项职业，等等。

因此，“案例的本体论”在群体/分析方法和案例/叙事方法中存在着巨大的差异。前者要求可严格划分的案例，并赋予它们跨案例意义的属性，将案例建立在简单存在的基础上，拒绝一切根本性的转换。后者则相反，假设案例会有模糊的边界，认为所有属性在特定案例下产生特定意义，通过简化复杂的案例进行分析，允许甚至注重案例间的转变。案例本体论中的这些差异在处理叙事时被进一步放大——询问案例做什么，描述案例做了什么或经受过什么，就是历史哲学家所

① 关于人口学解释和因果解释的分离，见 Stinchcombe(1968)。

说的综合(colligation)问题。它有几个子部分。[①]

首先是确定涉及的事件。就像人们比较熟悉的研究法中的概念一样，事件是假设性的。每位历史学家在决定一个特定事件是否发生时，都会考虑几十个指示性发生的事(indicating occurrences)。说十所医学院成立是一回事，说医学界对专业教育深切关注是另一回事；描述十场战役过程是一回事，而确定一场战争的转折则是另一回事。此外，这些假设事件的持续时间和可见度也各不相同。例如，对职业道德规范的兴趣比对职业教育的兴趣传播得快，因为前者作为一项事件“耗时较短”。推动职业教育是一个漫长的过程，而且在成功改进的学 143
校结出果实之前，它就已经“发生”了。请注意，类似于案例的假设，事件也被认为是复杂的。事件由一整套属性和性质来定义。上文所讨论的转变就是这种复杂事件的极好例子。由此，案例可能“做”或“承受”各式各样的事情，其中的每一样都可以被看作在能动(它们做了什么)或结构(它们承受了什么)中产生的一项事件。

那么，这些事件必须被安排进一个情节中，把它们设置在我们一般当作解释性的松散因果顺序中。对于帕瓦尔科分析的采纳工伤赔偿法而言，这意味着要找出政策出台的关键步骤，找出谁对每一个步骤都有什么样的能动性，有哪些关键性的决定及其后果，谁做的，在哪里做的，如何做的，以及在谁的帮助下做的。然后，政策的出台被看作一系列重大转折点(事件，或罗兰·巴特所说的“核心”[kernals])和由这些事件产生的一系列情境后果。[②] 与帕瓦尔科的论文密切相关的一则例子来自萨瑟兰(Edwin Sutherland)，他研究了美国各州惩戒性变态者的法律的通过过程。[③]在萨瑟兰的论文里，其核心

① 延伸讨论和参考文献见 Abbott(1984)。

② 关于叙事理论的讨论，见查特曼([1978]2013)。

③ Sutherland(1950).

是：(1)一种恐惧状态，部分是全国性的，部分由引人注目的地方事件所诱发；(2)各色团体焦虑不安所导致的活动；(3)任命一个委员会，通常由精神病学家主导，该委员会通常会通过一项针对性变态者的立法。对萨瑟兰来说，重要的是将一种状态沿着这条道路推进或使之偏离这条道路的偶然因素，而不是一般的变量——取决于这一过程已经走了多远，这些变量可能有或没有重要性。

相比之下，在群体/分析方法中，情节有不同的定义和不同的作用。如果我们用变量空间中的一个点来表示每个时间点上的一项案例，那么找到情节就是连接时间-1、时间-2 等点的问题。这幅图基本上是连续的。可以肯定的是，群体分析方法在实践中必须把每个案例故事中的度量——哈拉比和威克利姆论文中工人“是否有控制权”、“拥护”和“寻求替代就业”的度量——当作离散的，因为它们只是偶尔被测量。但在因果理论中，它们被当作连续可测的(这与有限持续时间[duration]的案例/叙事假设直接形成对比，后者会把这些在时间-t 上的“度
144 量”当作“事件”。在这样的方法中，不需要在所有时间都观察到变量；也许工人们有时并不关心工作)。关于这些连续轨迹(叙事情节)之间的相似性，有许多问题无法由线性变换模型(要求连续性假设)解决，因为这种相似性只能通过“沿着轨迹”寻找相似性来发现。引人注意的是，群体/分析模型并没有在案例/叙事意义上进行这种“情节”的相似性搜索，而是(因为它必须这样做)在抽象层次上假定了一则相同的情节，即效应参数。通过将所有的个案转到案例叙事层面上的单一同形情节(isomorphic plot)，这些参数被隐含地合理化了。因此，结果形成了一种奇特的自助法(bootstraping)，在这种情况下，叙事情节在理论上的主导地位得到承认，但它的多样性必须被同质化，因为变量“情节”

只能接纳一个叙事情节。①

至此，从群体/分析方法到案例/叙事方法的转变，首先是转向一种新的看待案例的方式——将案例视为具有自主定义的复杂属性的模糊现实——其次是转而将案例视为与其环境进行永久对话，一种行动和约束的对话，我们称之为情节。

我们应该从复杂的案例经历情节的角度来思考社会过程，然而这一想法有其自身的问题。主要问题有三个。第一是情节会交错。一个特定的事件有许多直接的前因，这些前因也各自有许多直接的前因的前因；反之，一个特定的事件有许多后果，这些后果也各自有许多后果的后果。人们的研究可以考虑某一事件的所有前因，费伊(Sidney Bradshaw Fay)对第一次世界大战起源的著名分析就说明了这一点；人们的研究同样可以考虑某一事件的后果，如凯恩斯(John Maynard Keynes)对战争经济后果的讨论。②但这些前因和后果当然也在其他事件的谱系中——就像一个人的祖父母有其他孙子，一个人的孙子有其他祖父母一样。案例/叙事方法的情节必须用假设去掉这种历史因果关系的网络特征。

情节的另一个问题是它作为社会现实的本体论地位。海登·怀 145
特(Hayden White)认为，历史情节只有四种：

---

① 这种方法确实在有限的意义上承认不同的叙事。在由两个自变量共同决定一个因变量的系统中，比如说自变量的系数为 0.2 和 1.0，一个取值为 4.0 的因变量值可以从（20，0）、（10，2）或（0，4）中产生；变换把 $x_1 = 5k - 5x_2$ 这条线上的所有点都变成了点一k，但这些叙事都具有相同的“因果形状”，即具有相同的系数。我感谢彼得·埃布尔要求作出这一澄清。

[译注]自助法是统计抽样中的一种常见方法。通过对样本进行放回再抽样(resampling with replacement)，以提高对参数的估计精度。在这个类比中，叙事情节是参数，各案例之间的多样性是再估计的样本。

② Fay(1966)；Keynes(1920).

1. 悲剧(每个人都想讲道理，但还是陷入了困境)，托克维尔对法国大革命的研究说明了这种体裁。

2. 喜剧(每个人都很糟糕，但最后事情的结果都是好的)，利奥波德·冯·兰克(Leopold von Ranke)的历史著作说明了这一体裁。

3. 浪漫(黑暗中出现光明)，米什莱(Jules Michelet)说明了这一体裁。

4. 讽刺(事情总是会变得更糟糕，而历史学家的书写无论如何也无济于事)，布克哈特(Jacob Christoph Burckhardt)的著作说明了这种体裁。①

怀特的范式有点过头了，但仍有重要意义。当然，由于重度政治化，社会学家到现在已经很习惯于重度情节化(emplotted)的叙事理论；关于偏异行为的标签理论和马克思主义的阶级冲突理论就是例子。因此，我们应该深切担忧的是除了分析者的梦想之外，情节在社会过程中是否真的存在过。

有一项涉及隐含假设的相关问题，即社会过程的分段有起始、中段和终点，抑或只有无尽的中段？为什么 1895 年的蒙夕是一个开始?②当《转型中的米德尔敦》(*Middletown in Transition*)写成后，将(20 世纪 20 年代的)"米德尔敦"重新定义为一个起点，而不再是中段，会发生什么？真的有尽头吗？当然，第二次世界大战结束了，但它的后果结束了吗？显然，个体的生命历程是有限的，一些社会实体也是如此。所以，和群体/分析方法一样，这里有一些研究生物个体和其他确定、有限的社会实体的压力。但对于其他类型的实体，如国家

---

① 海登·怀特([1973]2013)。

② [译注]Muncie，印第安纳州的一个小城市，也是"米德尔敦"系列研究的真实发生地。

和商业组织，情节有起始、中段和结束——这通常被称为历史分期(periodization)——是一个主要问题。[①]

如果只问案例在群体/分析方法中做了什么，而不反问案例/叙事方法中的分析关注点变成什么，这很不公平：叙事实际上如何解释？奇怪的是，这个问题的答案并不重要。因为叙事是实证主义者在变量推理失败时转向之处，当然，如果一组涉及的变量关系不可信或不正 146
确，那么这种被拒绝的关系也会成为一种特定的叙事。但在实证主义的取径中，变量仍然最重要。问题仍然是，在案例/叙事方法中，当没有变量的简明语言来帮助我们提出关于因果关系的问题时，解释如何运作？

这个问题支撑了历史哲学中的一系列著名文献。有三种基本的“历史”解释模式。第一种是卡尔·亨普尔的覆盖律模型(covering law model of Carl Hempel)。根据这一论点，历史学家利用覆盖某一特定案例的社会科学“法则”来进一步理解该特定案例。卡尔·波普尔(Karl Popper)却认为，所有的社会覆盖律都微不足道(典型的例子是人们做事是出于做这些事情的利益)，他的这一论点无疑适用于上述前两项研究中隐含的利益-行动法则。他最终认为，覆盖律模型毫无价值，因为所有真正的解释行动都在附带条件下进行，这些条件规定了哪些覆盖律适

---

① 因此，转向单例叙事并非没有问题。正如哈珀(Douglas Harper 1992)所言，当我们转向单例叙事时，在忠于材料、让材料发展自己的结构方面，我们获得了很大的准确性(fidelity)。然而，哈珀有意识地选择叙事的呈现方式，却忽略了我在这里提出的问题——收获苹果的情节究竟是不是许多台下情节的交集，这个情节是否真的不仅仅是一种文献惯例(即一个真实的社会过程)，是否真的有一个开始和结束。

[译注]如本章导言所述，这个章节最初来自“案例是什么?”会议。此处哈珀的评论取自他在会议上的发言。他用了自己研究铁道流浪汉的例子。这些流浪汉会季节性地搭火车去外地摘苹果挣钱。

用，换言之，案例是“什么的案例”(what the case is a case of)？①

覆盖律模型有这样明显的缺点，以致历史学家自己通常也拒绝接受它。一种比较合意的模型是柯林武德(R. G. Collingwood)、德雷(William Dray)和其他许多人的“理解”模型，它在一定程度上处理了波普尔的附带问题。②根据柯林武德的观点，历史学家的目的是进入历史人物自己行动理由的内部，了解在该人物的品位和条件下什么是“合理的”(合理的不一定是理性的，尽管人们可能会把理性作为合理性的一个版本，正如斯廷科姆最近所认为的那样)。③因此，柯林武德的立场是当前理性选择理论的一个扩大版本；历史学家在了解行动者的信念、知识和心理的情况下，去弄清“行动者做什么是合理的”。这种观点被近代历史哲学家视为一种极端的“唯心主义”观点，倾向于危险的主观主义，目前，这种观点可能是哲学界最为否定的历史解释观点，正因为我们难以重建过去的倾向性。因此矛盾的是，这种观点也是我们在分析/实证主义社会学中会看到的叙事的核心。这两种方法只是在如何找到“决定的情境”方面有所不同：通过(柯林武德史学中)直觉/重
147 建或通过实证主义的测量(在这里我分析的论文中)。还值得注意的是，虽然柯林武德的观点在历史哲学家中不被认可，但它捍卫的那种解释却被历史学家们每天使用。

第三种叙事解释的主要观点是加利(W. B. Gallie)的“可追随性”观点。④与柯林武德的建构主义一样，这种观点试图描述叙事性历史实际上如何运作。根据这个观点，叙事本身就凭借真理、一致的时间顺序和连贯的中心主体而具有解释力。叙事把由一般规律决定的事物与偶

---

① Hempel(1942)；波普尔([1962]1999)，第二十五章。

② 柯林武德([1946]2010)；Dray(1957)。

③ Stinchcombe(1990).

④ Gallie(1968).

然的事物结合起来，产生一则由于可遵循所以可信的故事。这种结合的概念比覆盖律模型的正式程序要宽松得多，但仍然为一般决定论留下了一席之地，而这正是柯林武德立场所缺少的。

因此，案例/叙事对解释的取径与群体/分析的取径有重要的不同。当“变量”(用前者的语言来说，就是“事件的类型”)在叙事上不重要时，它就会忽略这些变量，而群体/分析方法则必须始终把所有囊括的变量都视为同样突出的变量(尽管可能在估计系数上有所不同)。这意味着案例/叙事解释遵循因果行动。它不假设普遍的或恒定的相关性，而只解释“需要解释的东西”，让其余的事物在背景中滑行。这种选择性的关注与对偶然性的强调相伴而行。事情的发生是因为各种因素的组合(constellations of factors)，而不是因为几个独立作用的基本效应。[①]而案例/叙事那流动的关注比起群体/分析方法还有一个明显的优势。它不需要假设所有的致因都在同一个分析层面上(如标准社会学模型所做的那样)。微小的事件(如暗杀)可以产生巨大的影响。

三、社会学叙事

然而，并非所有的叙事都只涉及一项案例。恰恰相反。我们常常认为，许多个案都有类似的叙事。一项杰出的社会学传统已经考虑了普遍性叙事的问题。罗伯特·帕克(Robert Park)和他一整代的学生们

---

① 这的确意味着，案例/叙事常常无凭无据地将结构——使偶然性变得重要的结构(如君主制)——视为毫无问题的。然而，在覆盖律的方法中，这些偶然性通常被完全忽略，就像在群体/分析的方法中一样。因此，双方都没有很好地处理结构和结构性约束或这些约束的来源。关于主效应的非现实性，见 Neyman(1935)的精彩论文。

[译注]弗兰克·耶茨(Frank Yates)于 1935 年在皇家统计学会会议上读了这篇论文《复杂实验》(“Complex Experiments”)，此处提到的乔治·奈曼(Jerzy Neyman)的文章，是指收录在稍后付印版本中奈曼对耶茨作出的评论。

发展了一种“自然史”的概念，将帮派、婚姻、革命和职业生涯的发展叙事一般化。帕克对社会生活的整个概念决定性地从事件的角度出发。他在为爱德华兹(Lyford Edwards)的《革命的自然史》(*Natural History*
148 *of Revolution*)写的导言中表示：

> [革命的策略]预设了在这些运动中存在一些典型的和通用的东西——一些可以用一般术语描述的东西。简而言之，它预设了对革命进行科学解释所需材料的存在。因为从长远来看，科学——自然科学——只不过是对事件发生过程的一种概念性描述，以及提供了被预测的事件和受控制事件的解释……与工业危机一样，革命在发生时，往往在其演变过程中描述了一种特征性的变化周期……剩下要做的，就是不仅要把这个革命周期还原成一个概念性序列，而且要还原成一个时间性序列，在这个序列中，每一次革命运动所经过的一系列变化是如此确定和准确地得到描述，以致它们可以用时间单位来衡量。①

因此，帕克认为因果分析是次要的，而把描述看作叙事的基本方法。

自然史传统中最深刻的作品是对单个案例的叙事研究，特别是克利福德·肖(Clifford Shaw)对劫盗斯坦利(Stanley the jackroller)和少年犯西德尼(Sidney the delinquent)的著名研究。②然而，这些伟大的案例在维护社会学中的叙事分析方面的影响却不如人们所预期的那样大。首先，无论是肖还是后来的评论家，都更强调数据的丰富细节，而不

---

① Edwards(1927：x，xiii).

② Shaw(1930，1931).

[译注]两个案例都是当时芝加哥地区的男性青少年犯(17岁以下)，肖分别追踪了他们六年。

是其叙事特征本身。其次，尽管肖确实认为当前事件的意义往往是由过去的事件序列所决定的，但事实上他认为这一过程与其说是偶然的，不如说是指向性的。在他的两个案例中，基本形象都趋向于一种造成犯罪活动的人格类型。他引用了 W. I. 托马斯在这个问题上的观点：

> 似乎行为特征和人格所代表的整体性是一系列情形所定义的结果。这些情形产生了反应，反应固定在大量态度或心理集合中。①

肖的目的是：

> 表明潜藏在这些犯罪行为之下的习惯、态度和生活哲学是通过犯罪者多年来接续的社会经历逐步形成的。[人们不应该把犯罪]看成是一种孤立的行为，而应该把它与犯罪者的精神和身体状 149
> 况、他生活中的整个事件的序列以及他的犯罪行为发生的社会和文化环境联系起来。②

犯罪研究自动采取了这种“趋同”的叙事形式，因为他们只关注最终达到某一特定点的个人以及使他们达到该点的途径。他们与诸如伟大的弗洛伊德式案例叙事共享这一趋同叙事，而且他们确实受到了后者的某种影响。其他人对斯坦利后来的情况感兴趣，也就是对他一生的全部叙事产生了兴趣，这发生在许多年以后。③

帕克传统下的其他作者更明确地强调了叙事取径。帕克本人在

---

① Shaw(1930：13)，引用 Thomas(1925)。

② Shaw(1931：xiii).

③ Snodgrass(1982).

1926年的一篇论文中提出了著名的"种族关系循环"。爱德华兹的《革命的自然史》出现在1927年，莫勒(Ernest Mowrer)的《家庭的混乱》(*Family Disorganization*)和思拉舍(Frederic Thrasher)的《帮派》(*The Gang*)也是如此。这三项研究采用的"自然史"都明确指向一种预期的事件顺序或事件模式。然而，对于帕克的同事欧内斯特·W. 伯吉斯(Ernest W. Burgess)来说，"自然史"的含义与其说是特定事件的具体叙事或模式，不如说是生物和生态隐喻有效地引导调查者的一般概念。因此，在他的工作中，就像芝加哥地区项目(the Chicago Area Project)衍生的许多工作一样，有一种时间感，甚至是"接续"(succession)的感觉，但他更不愿意在一个或多个特定模式中确定一组特定的事件。雷克利斯(Walter Reckless)的《芝加哥的罪恶》(*Vice in Chicago*)是这种较松散的自然史观的雏形，肖和麦凯(Henry D. McKay)的《青少年犯罪与都市地区》(*Juvenile Delinquency and Urban Areas*)也说明了这一点。一些作品——特别是克雷西(Paul Cressey)的《出租舞厅》(*The Taxi-Dance Hall*)，但也包括莫勒和思拉舍的著作——将帕克的详细序列模型与伯吉斯的松散的"接续"取径分别用于他们研究主题的不同方面。①

即使在思拉舍、莫勒、爱德华兹和克雷西那里，叙事的形象也相当松散。首先，早期阶段的定义往往故意模糊。例如，对爱德华兹来说，社会动荡先有"初步"然后有"后期"的症状：前者包括流动性和期望的上升，后者包括新的智识效忠对象和"压迫心理"。这些都非绝对

① Edwards(1927)；Mowrer(1927)；Thrasher(1927)；Burgess(1925)；Reckless(1933)；Shaw and McKay(1942)；Cressey(1932).

[译注]芝加哥地区项目(CAP)可以追溯到1917年成立的Institute for Juvenile Research，肖在1926年以双重身份加入IJR：芝加哥大学的博士生以及青少年犯假释官，与社会学系的师生开始系统调查芝加哥地区的青少年犯罪，他在1934年正式成立了CAP。

必要，也不一定遵从特定的顺序。莫勒的早期阶段是“失去尊重”和“生活模式的紧张”，他明确地把每一个阶段都视为从属事件序列的总结。思拉舍认为，当一个自发的游戏团体开始“激发不赞成和反对”时，它就变成了一个帮派，但他没有说不赞成的内容，也没有说它的具体对象。当然，帕克自己的“同化”和“调解”概念还是比较抽象的。 150

其次，与肖的趋同情节不同，自然史学家们往往认为自己的“情节”趋异。思拉舍的著作中最后有五种帮派以各种方式产生，以及在整个过程中出现了许多偏离主线的路线（自发解体等）。克雷西的许多出租车舞者没有进入他所勾勒的循环潦倒过程就退出了。莫勒认为，无论婚姻最终是组织化还是非组织化，都出现了同样的总体事件过程。

当然，这并非意味着放弃叙事取径，也不意味着否认其效用。相反，帕克和他的学生们认识到了社会叙事的复杂性，并针对这些复杂性进行了调整，避免了简单而僵化的序列理论。此后这一路线的作者们也遵循了同样的方法。第二次世界大战后幸存下来的“自然史学家”中最深刻的那一批可能是埃弗里特·休斯（Everett Hughes）所教授的研究“职业”的学生们，休斯本人也是帕克和伯吉斯的学生。奥斯瓦尔德·霍尔（Oswald Hall）、霍华德·贝克尔、鲁·布赫（Rue Bucher）等人在之后的几十年中继续应用自然史隐喻。通常的形象——如在布赫和斯特劳斯（Anselm Strauss）于1961年发表的关于职业的那篇有影响力的论文中——是伯吉斯比较宽松的竞争生态。然而，在霍尔同样有影响力的关于医学的论文中，这个形象又是阶段性的，以思拉舍、莫勒和爱德华兹的方式松散地定义。采取这些自然史方法处理职业问题的论文一直持续问世，目前在社会问题文献中处于核心地位。①

① Bucher and Strauss（1961）；Hall（1949）；Bucher（1988）；Spector and Kitsuse(1987).

在某种程度上，为何叙事形象在职业研究中生存得最好，其理由非常明显。在革命研究中，它的主要对手是独特的案例史(unique case history)，案例史可以保留更多的细节。事实上，当斯考切波在1979年写下她的革命比较分析时，爱德华兹的研究仍然只是一份相关的参考资料，但此后比较这两者的工作很少。①相比之下，在家庭和犯罪的研究中，案例数量的巨大意味着叙事形象的主要竞争者是聚合、全局性的分析。以家庭研究为例，早在20世纪20年代，就已经出现
151 了两个流派。"互动"派建立在米德社会心理学的基础上，以伯吉斯式的差异率生态分析为基础。而"社会变迁"派则着眼于社会的整体发展，并将其与社会层面的变量联系起来。②后一种方法在威廉·奥格本等人的领导下，于20世纪30年代成熟，成为"社会趋势"方法，并在社会研究中普遍占据主导地位。在这种方法中，只存在一种叙事——整个社会的叙事——因此比较叙事作为一个问题消失了。职业作为自然史方法的孤岛幸存下来，反映的是研究对象本身。由于职业数量太多，无法成为详尽的个案研究集；或由于职业数量太少，定义太模糊，无法进行聚合或全局分析；职业还显示出丰富而复杂的历史发展，需要某种形式的时间理论。

从某种意义上说，芝加哥叙事取径的最佳时期所体现出的问题——突出体现在克雷西、莫勒或思拉舍那里——在于它保留了太多关于个人、关于叙事、关于群体的信息。减少这种复杂性的一种方法是将叙事切成碎片，并调查每一步骤的"因果力量"。这显然发生在对犯罪和种族关系的研究中。早期芝加哥叙事中的各个步骤，最终成了证明分析这个或那个变量合理性的小故事。也就是这些步骤，导致了

① 斯考切波([1979]2013：38)。

② Komarovsky and Waller(1945)；Nimkoff(1948).

本章开篇部分明确展示的分析修辞。莱曼(Stanford Lyman)1968 年关于种族关系周期的论文恰恰敦促了这种把一项“理论”切割成一套“模型”的做法，而奥尔德里奇(Howard Aldrich)后来对生态接续的评论也认可了(已经没有真正的必要去敦促)同样的做法。[1]这并不是快速的过程，因为很明显，一代又一代的作家存活了下来，对他们来说，基于变量的分析是对隐含的叙事杰作的补充。但这个过程始于奥格本的社会趋势时代。布鲁默(Herbert Blumer)在 1931 年写下了首篇对“一个变量”概念的批判，而且显然是从叙事的角度来写的。[2]

四、多案例叙事

这段关于社会学中普遍叙事模式命运的简史，引出了我的最后讨论。我们常常对普遍性叙事感兴趣，也就是说，我们期望在若干案例 152
中观察到的叙事，只存在微小的变化。正如我们所看到的那样，单一案例的方法允许叙事以一种流动和强大的方式发挥作用。与此相反，在大多数多案例实证主义工作中，叙事几乎是以形式化的方式发挥作用，尽管在那里，叙事也被视为解释最后、终极的来源。但我通篇都在暗示，我们必须把这些二元对立解开。群体方法和案例方法的区别与分析方法和叙事方法的区别不一样。因此，我们必须考虑这个问题：多案例的**叙事**。这也可以看作试图在许多案例中展示共同叙事遇到的问题，或者是当一个人的“案例”是叙事时应该怎么办的问题。芝加哥学派的作者们处理了所有这些问题，但却没有将叙事研究与新兴的分析形式衔接起来，人们可以通俗地称这些形式为“因果”分析。我在本

① Lyman(1968)；Aldrich(1975).

② Blumer(1931).

章中试图概述的正是这种衔接——或者在某些情况下缺乏这种衔接的形式原因。[①]

芝加哥学派的工作表明，并不存在支持"为何叙事只能对单个案件展开"的内在理由。事实上，叙事对于分析少量案例来说特别重要。[②] 这背后有一个简单的原因。当一个全域由成千上万的案例组成时，一般来说，我们很乐意将案例研究文献和群体/分析文献——哈拉比和威克利姆的工作与比方说迈克尔·布洛维的工作——分开。[③]但在全域较小的地方，比如帕瓦尔科的四十八个州，我们就不太愿意做清晰的分离，部分原因是全域的相当一部分很可能成为我们的单一案例研究。在这种情况下，群体/分析方法似乎拒绝了太多重要的信息。在鲜活丰富的叙事性案例研究旁边，这种方法的讨论显得单薄而无实质意义。而由于案例较少，群体层面的分析者似乎应该保留更多的相关信息。但奇怪的是，方法的限制(特别是自由度)意味着，案例数量越少，供定量方法处理的信息越少。因此，在这个中间范围内，案例研究和群体方法之间的关系变得最为困难。[④]

群体/分析方法拒之门外的重要信息之一是各种案例中事件的叙事
153 序列。但是，如果采用适当的方法，人们可以研究这一序列，看看普遍叙事是否出现在各案例中。认识到这一点绝对重要：我们可以关注

---

① 关于因果关系的思想史，见 Bernert(1983)和本书第三章。

② Stinchcombe(1978)。

③ 布洛维([1979]2008)。

④ 斯坦利·利伯森(Lieberson 1992)对理论推理的论述正是在这个中间范围。但是，我们对于如何处理这个问题有很大的分歧。利伯森的例子——酒后驾车、丢失自己的行李——其实根本就不是小-N 情况。更重要的是，利伯森的整套分析都是在因果理论和群体/分析方法的背景下来解决小-N 情况的问题，事实上，他不厌其烦地反驳的斯考切波的论点也是如此。然而，我认为，比较叙事分析可以使我们摆脱小-N 困境。在我看来，"致因""互动""多因"等整套词汇似乎都不合适。

叙事而不关注群体/分析方法中的所有其他简化假设。因此，我们不需要质疑个案之间没有某种结构上的关系的假设(在这种情况下，扩散、约束和支配可能会决定我们本来归结到自变量的事物)，也不需要质疑案例属性是否具有独特、可区分意义的假设(否则，每个案例及其属性的复杂性和模糊性就需要诠释学的方法)。这些也是实证主义中的基本简化假设，在下面的内容中，我将继续做出这些假设。也就是说，我将处理标准方法中一项有问题的假设，而不处理其他的假设。网络文献——处理了刚才给出的结构假设——对于结构假设也做了很多同样的处理。[①]

普遍性叙事有不同的类型，可以从严格到松散地排列。在这个连续体高度具体化的一端是**阶段理论**(stage theories)，我们相信有独特事件的一个共同序列。我们可能会期待一些偏离发生，但一般来说，我们会预期一种自主、稳定的模式。熟悉的例子包括发展心理学理论(皮亚杰[Jean Piaget])、经济的发展模型(罗斯托[Walt W. Rostow])，以及在社会学中的集体行为理论(斯梅尔瑟[Neil Smelser])、家庭生活周期(格利克[Paul Glick])、职业化(维伦斯基[Harold Wilensky])、辩证唯物主义(马克思)和比较革命研究(斯考切波[Theda Skocpol])。关于阶段理论的许多文献都集中在如何把阶段区分开来——这是罗斯托研究的一个主要问题——但阶段理论的思想在社会科学中已经很成熟了。

第二种不那么具体的普遍叙事形式出现在我所谓的**生涯理论**(career theories)中。生涯理论强调致因的相互作用，结构和决定的混合，必要和充分因果关系之间的辩证法。在这里，研究者不太期望找到规

① 我在这里(含蓄地)论证了叙事实证主义的可能性，这个论点我在本书其他章节，特别是第一章和第六章中已经相当明确地提出。关于这些不同假设的历史变数的更一般的分析参见《学科的混沌》，第一章和第二章。

律性模式，尽管这样的模式在某种程度上仍然很明显。事件经常重复，
154 持续时间不可预测，机遇塑造历史。另外，能动在这里发挥了较大的作用。例如，在工作史（怀特、斯派勒曼[Seymour Spilerman]）中，以及为偏异者贴标签的过程（舍夫[Thomas Scheff]、戈夫曼[Erving Goffman]）中。也许是因为有更多的案例可供利用（全域更大），形式化模型已在这个领域广泛出现，尽管大多数模型都将职业生涯解聚为个别的过渡。①

最不确定的（indeterminate）叙事模型是我称为**互动主义者**（interactionist）的模型。他们的模型具有不确定性，部分原因是他们强调结构；甚至比生涯理论强调得更多，[对互动主义者而言]模式化的关系塑造了未来的发展。然而自相矛盾的是，他们的模型不确定也因为他们强调互动参与者的能动性——他们不仅能够通过文化的重新定义来重塑一项叙事的未来，而且还能重塑它的过去。一些互动主义者模型强调的是结构、关系场。例如，早期的互动主义对城市的分析（帕克、伯吉斯），更普遍的人类生态学模型（霍利[Amos Hawley]），世界系统理论（沃勒斯坦[Immanuel Wallerstein]），以及我自己对职业的研究。在这些结构模型中，研究者都避免了实际讲故事，而是分析了结构偏重于某些种类的故事因而阻止其他种类的故事出现的能力，即塑造结构中故事的参数。个别的案例故事被讲述出来，但主要是为了说明可能的模式。除了说明可能的模式之外，几乎不能期望这种故事具有特征性，因为这些模型的一个基本前提是各种内部结构的叙事不独立。这些模型提供的不是普遍的叙事本身，而是叙事的普遍制约框架。

还有一些关于互动的观点没有强调结构性约束。这些观点强调互动参与者的独立能动性，他们不仅能够扭曲互动，而且能够扭曲控制

① 关于结合几种方法的一个优雅的例子，见 Faulkner(1983)。

这些举动及其模式的规则。这是经典的符号互动主义和戈夫曼式互动的基本内涵，在对话分析的工作中得到了形式化。注重规则(例如，话轮转换[turn taking]的规则)使分析者能够避开这样一个问题，即可能的叙事通过行为者的自由意志无休止地进行。

从概念和方法论的角度来看，较严格的形式是最容易分析的普遍叙事类型。阶段论或发展论认为，一组特定的事件往往以若干共同的顺序之一发生。正如我所指出的那样，这个问题特别出现在对个案有许多详细了解的情况下，而不是那些个案数以千计而又不被详细了解 155
的情况下。职业是一则很好的例子。如果我们对职业化的特征顺序感兴趣——从执照到协会到学校到期刊到道德规范——根据我们的定义，会有二十个到一百个案例。每个案例都有大量的数据(因为它们几乎都是案例研究的对象)，包括这些和许多其他事件发生在所有案例上的确切日期。根据人们对因果关系和时间流逝之间关系的假设，有各种直接适用的技术。人们可以应用标度方法(scaling)来考虑独特事件的序列，例如，我在研究美国地方医疗社区的发展时就做过这样的工作。案例是城市和城镇，故事是各种职业化事件发生的序列。研究者还可以应用更高级的技术——DNA 研究使用的最佳匹配/比对方法——在事件重复的叙述中研究直接的序列相似性。我曾用二十个发达福利国家采用福利计划的故事(把帕瓦尔科的研究问题放在国家的层面上考虑)来进行这样的研究。这里的案例是国家，事件是工伤赔偿、养老金和其他主要福利项目的出现。我也曾用 18 世纪德国音乐家的工作史来做过研究，这里的事件是在某一年内是否从事过三十五种工作中的某一种。正如这些简略的例子所表明的那样，从单案例叙事到多案例叙事的转变，涉及很多关于案例、情节、事件及其测量的假设。但它确实保留了案例行动的能力。①

在许多方面，阶段理论的案例很直接。而对于一般的“生涯”类型的叙事来说，发展叙事的挑战性要大得多。对后者，相对而言“情节式发展”的假设并不合理，因为叙事在外部约束的影响下，甚至在其他叙事的影响下，可能会出现突然的“互动”转折。在方法论上，这个问题
156 带来了相互约束的模型的困难，不同案例的故事不是独立的模型。关于这个问题有少量文献(从哈里森·怀特的《机会链》开始)。②

但更困难的问题不是方法，而是来自概念。将叙事与单一案例分析混为一谈，使我们忽视了为叙事步骤建立概念模型的重要性。在单案例叙事中，每一个步骤只需要被讲述，它不需要被设想为一个更一般类型的事件的版本。我曾在其他地方讨论过多案例叙事研究中事件概念化的某些问题。这些问题涉及将发生的事聚合成概念性事件(如上文所讨论的)，以及用前者测量后者。但这两个问题涉及的一般化水平很低。多案例叙事概念化中更重要的问题来自一般层面。我们需要因果关系类型和“叙事步骤”的通用模型。这个问题在群体/分析技术中不为人熟悉，因为那里的因果步骤几乎不需要概念化。它们松散地依附于“理想-典型”叙事，但本身却不被看成问题。“工人的控制权导致了工人的支持”之所以有其科学性，正是因为真正的概念化问题隐藏在

---

① 关于医学，见 Abbott(1991b)。关于福利计划，见 Abbott and DeViney(1992)。关于德国音乐家，见 Abbott and Hrycak(1990)。克劳德·费希尔曾向我正确地指出，阶段理论往往具有强烈的决定性气息。阶段论存在一种感觉，好像下一个阶段的到来只是一个时间问题，等等。在实践中，我所调查的一些过程可能被认为是决定性的，而另一些则不是。大多数国家的职业最终都会获得协会、执照等，但许多地方的医学界却从未成立学校或期刊。至于德国音乐家的职业，这些职业在模式上和在他们设法通过模式走到什么程度上都是不同的。尽管如此，作为“叙事设想”过程中最有规律的，阶段过程确实具有一些分析设想的社会现实的决定性。

② 哈里森·C. 怀特([1970]2009)。

隐含的叙事中。但有了多案例叙事模式，这些问题就暴露出来了。[①]

社会因果链中联系(links)的通用类型问题由阿瑟·斯廷科姆(Arthur Stinchcombe)在多年前提出。[②]斯廷科姆列出了一系列产生序列模式的因果过程：功能型、人口型和历史型。这些都是一步到位的因果模式，长期迭代后会产生特征性的社会序列。例如，功能模式产生的序列是，从某种均衡的偏离与该均衡的重建不断交替。历史主义产生的序列在某一水平上趋同至稳定。人们也注意到其他类型的一般序列——由“和谐”的因果联系产生的振荡序列(克鲁伯[Alfred Kroeber]对时尚的分析)和由“冲突-加剧”的联系产生的分裂演化序列(马克思关于阶级冲突的分析)。

在一个不那么普遍的层次上，任何概念上的区分都会在另一个不那么普遍的层次上产生一组潜在的通用叙事联系(narrative links)。因此，如果我们对社会结构和文化之间的关系感兴趣，伯格和卢克曼给了叙事联系一个有用的名称，在这些联系中，两者之间的纽带以某种方式破裂。[③]社会结构失去了文化的基础，发展出一种自主的、持续 157
的、经常是例行公事般的特征过程，伯格和卢克曼称之为制度化(institutionalization)。因此，一个叙事中的“制度化联系”就是一个导致纽带松动的主要事件。反之，重新锻造这些纽带的过程，他们(以及其他许多人)称为正当化(legitimation)，而这种个别的叙事步骤可能被认为是正当化联系。韦伯和特勒尔奇(Ernst Troeltsch)等作者的一般假设是，这两种联系往往以长周期而非短周期相互跟随，而较短的周期往往与社会结构的破裂有关。当然，如果与(再)正当化偶尔交替出现，

① 我的讨论见 Abbott(1984)。关于多案例叙事问题的一个有趣的例子，见McPhee(1963：184-234)。

② Stinchcombe(1968).

③ 伯格和卢克曼([1967]2019)。

那么制度化可能最终更确定。但核心问题是，一致的名称可能有助于提出关于社会结构和文化中模式化叙事变化的重要假设。有了这样的术语，我们就可以建立通用的“情节”，以便在许多案例中进行调查。

如果考虑到这些社会和文化系统的微观/宏观特征，我们就可以为通用类型的叙事联系建立进一步的术语。体现文化系统宏观转变的联系可以称为范式或风格转变；微观社会结构调整产生宏观转变的联系可以称为集体行动联系，等等。发展这些术语的意义在于，像戴安娜·克兰(Diana Crane)关于科学变化的假说，可以被有效地转换成与哈里森·怀特和辛西娅·怀特的《画布与生涯》(*Canvases and Careers*)相同的术语。[①]除了将这些丰富的研究还原为群体/分析研究的方式来证明一组变量的合理性，我们还可以将它们的结论编码为预测跨案例的某种风格或科学变化的情节。我们用不合适的群体/分析方法调查的许多假设可以更好地表述为这种叙事模型，允许个案之间的能动和行动，允许每个案例的历史统一性。

从我前面对帕瓦尔科文章的讨论中可以看出，一套非常有价值的通用联系概念将仅仅处理微观/宏观关系的问题。我将把它们称为“实体过程”(entity process)联系，并在最后对它们进行简单的讨论。

人口学很熟悉最简单的实体过程，即**出生和死亡**的过程。对于像生物个体这样“不可重复”的行动者，这些往往不成问题；对于像职业或压力集团这样的涌现产物，出生和死亡在概念化和测量上都很困难。
158 在其他重要的实体过程中，还有合并和分裂——同样是容易被贴标签，但不容易被建模的过程。这四个过程都是社会过程叙事中的核心重要事件，至少对于涌现产物来说，这四个过程都需要比目前更细致的概念化。

① Crane(1972)；White and White(1965).

另一个基本的实体过程是**微观转型**(microtransformation)——微观层面涌现群体的转型，而其宏观身份或属性的转型可以[不]发生。微观转型的第一种类型是更替(turnover)，它可以通过迁移和替换，通过群体中成员生命周期的重组，或者通过新的招募来源，将具有根本不同属性的新个体引入群体。所有这些都可以在群体的自我定义或意识形态等宏观属性不产生任何正式变化的情况下发生。

微观转型的第二个版本是**内部蜕变**(internal metamorphosis)，即成员属性改变而不发生更替。这可能发生在衰老、集体行动或其他过程中，在这些过程里，仅仅因为成员之间的内部变化(通常是**共同**变化)，群体的涌现属性可能(有时可能不)产生急剧变化。最后，微观转变可能通过微观结构变化发生。一个群体的内部安排可能会发生变化，可能会影响其聚合属性和招募模式。内部层级制度可能导致内部分裂。或者内部重组可能从根本上改变一个群体的行为特征。

还有一种实体过程是**宏观转型**(macrotransformation)，即涌现实体发生根本性变化，而不同时发生微观变化。第一种宏观转型是指在不改变组成部分的情况下，涌现实体的基本属性发生改变。即使成员没有因人员更替等原因发生变化，职业特征也可能迅速改变。在这种情况下，宏观转型可能会调整个体对职业的潜在理解。当宏观属性发生变化但不影响我们称为“结构意义”的变量时，更为微妙的宏观转型就发生了。职业提供了一则很好的例子。没有一位19世纪的专业人员会把20世纪末的任何美国专业人员视为“专业的”。现代职业者太过依赖他人，太过频繁地在公众场合工作，太过频繁地为他人服务，像普通商人一样做广告，等等。然而，20世纪末的专业人员在今天的劳动力中所占据的**相对**地位与19世纪的专业人员在当时的劳动力中所占据的相对地位大体相同。专业人员仍然拥有骄傲的地位。这种自豪感的内容不同，但其结构性意义是不变的。这种宏观的转变。我们可以称 159

之为结构同形(structural isomorphism)，这在时间研究中很常见。

这场讨论与其说让我来到了本章的结尾，不如说是另一篇论文的开始。要制订一份严肃的“叙事步骤”的目录，社会学家们经常考虑这些步骤，以至于需要对它们进行标准化的命名，这是一项实质性的工程。在先前工作的基础上，我在这里指出了一些方向。[①]但这项工作的逻辑基础在于案例带来的问题。正是因为群体/分析方法对个案的活动和本体论处理得太糟糕，我们才倾向于转向单例叙事。只有详细分析单例叙事，我们才能发现叙事和案例性的各个方面，使其具有如此的吸引力。但我在这里的论点是，我们可以而且应该把群体/案例的区别与分析/叙事的区别解开。这样我们也许能够在叙事的基础上构建新的群体层面的研究形式，这种形式既保留了我们在单一案例叙事方法中发现的对案例活动和案例复杂性的一些关注，同时又允许我们在不同的案例中创造叙事性的泛化。

本章的一些读者——尤其是查尔斯·拉金——认为这是一项几乎不可能完成的任务。他们也质疑，谁会成为听众？我认为“不可能”源于不熟悉。我们都已经习惯于用因果-变量-人口-分析的方式或者情节-事件-案例-叙事的方式来思考。我们很难想象什么叫泛化叙事，虽然我说过，我们的社会学祖先对这种方式很适应。所以我想，在我们尝试一下叙事性的泛化，发现它能做什么之后，这种不可能就会消失。

这意味着一开始要头脑简单一些。在我们有了一些磕磕绊绊和初步的分析之前，我们不可能有复杂而微妙的分析。但有——这里是对听众问题的回答——许多社会学家对典型的叙事模式感兴趣。生命历程论者想要找出是否存在生活模式。压力分析者想知道特定的序列是

① Abbott(1983)包含另一种尝试，即为社会叙事想象一个“单元过程”的清单。

否会导致压力。组织理论家想知道特定的模式是否会导致成功的创新。[①]

除此以外，还有更广泛、具有政策意识的听众，他们目前完全受 160
到群体/分析方法的影响。回归系数现在为自由派和保守派提供了“科学”的证据，证明谁做得好，谁做得不好，以及这些结果背后有什么“因果力量”，从而确立了公共政策的参数。政治人物相信，如果我们改变参数或提高人们的某些变量水平，那么结果就会以某种理想的方式发生变化。但如果现实真的发生在故事中，就没有理由发生这种情况。

用典型故事表达的社会科学将比现在的变量社会科学为政策干预提供更好的通道。任何一个人，在了解处于巨大外部和内部压力下的组织的典型故事后，都不会相信拆分 AT&T(美国电报电话公司)会带来一个高利润的公司和更便宜的整体电话服务。但决策者们看到，经济学家的方程式证明了利润等于这么几部分研发加上这么几部分资源加上这么几部分市场竞争等。没有人去问，能不能讲一个真实的故事，使 1983 年的 AT&T 通向他们心中的愿景。其实根本就没有。于是，本应越来越低的电话费变得越来越高，账单也越来越不容易理解，本应发明奇妙新设备的研究实验室被拆除了，公司通过裁掉决策者认为是未来基础的科学家来实现目前(短期)的利润。AT&T 的主要新事业是在信用卡领域。群体/分析方法所代表的社会科学说过这一切不会发生。但这一切在叙事上都说得通。

① 一些作者一直在追求“叙事实证主义”的技术。戴维·海斯关于事件和对事件的反应的著作从一个角度攻击了这个问题。彼得·埃布尔的同形还原技术从另一个角度出发。我自己对最优匹配技术的使用是第三个角度(所有这三个方面都在本书第六章中进行了讨论)。人们也可以把凯瑟琳·卡莉(Kathleen Carley)和其他人越来越多地使用模拟模型看作这种发展的一部分。

第五章　时间和事件的构想*

161　人为什么会拥有某种生涯(careers)？这个问题的答案有两面，我们可以关注人**为什么**会有某种生涯，也可以关注人为什么会有**某种生涯**。也就是说，我们一方面可以为因果关系发愁，另一方面可以惦念叙事的典型性。

两者的区别在于范式。那些担心因果关系的人认为研究如果不发现致因(causes)便没有意义。那些担心典型性的人则认为致因只是具体化(reification)。不同的观点蕴含了不同的假设，因此互不相见。它们就像穿过同一座公园的两条不同小径，人们从每条路上看到同样的景色，但那些东西看起来截然不同。②

因果分析和叙事分析的差异当然超越了生涯问题。但生涯为原本抽象的讨论提供了经验性的参照物。生涯是个特别好的例子，因为它们混合了偶然和决定。阶段过程(stage processes)在社会科学中已被广泛地理论化，但通常被认为比职业生涯更具规律；典型的模式被当作

---

* 本章最初提交给了 1989 年 11 月 17 日于华盛顿举行的社会科学史学会年会。我要感谢当时听众们提出的各项有助益的意见。论文版本首次发表在 *Historical Methods* 23 (1990)：140-150；经 *Historical Methods* 和 Heldref 出版公司许可转载。

② 我曾向一些期刊提交过形式化的叙事分析，这些期刊的审稿人都受过因果关系方面的训练，所以我是有感而发。不过，通常的免责声明适用于下文。我为了强调重要的选择而过分地(overdrawing)进行了区分。很少有分析人员会对我将要分析的假设采取一致立场。而无论选择哪个角度，都可以进行好的研究工作。

理所当然，我们寻求推动它的致因。相比之下，互动过程(interactional processes)虽然同样众所周知，但却被认为比生涯更松散。对互动的研究，焦点更多放在偶然的发展上，典型性被认为相当不可能。在职业生涯中，我们既期待发现相当数量的模式，也期待相当数量的波动。因此，它们提供了一则特别好的例子，说明了如何权衡"从因果关系角度思考历史过程"和"从叙事模式角度思考历史过程"这两种思路。 162

本章首先对两种不同的生涯想象方式进行总体的描绘。然后，我考虑两种观点各自涉及的假设，重点讨论了主要差异。这些差异涉及：(1)社会过程的本质；(2)致因的作用；(3)事件的特征和可排序性；(4)时间的本质。本章最后简短地总结了这些差异对方法论发展的意义。

一、两种生涯观念

有两种将生涯概念化的形式化方法。一方面，人们可以把它们当作随机过程的实现(realizations of stochastic processes)。①根据这种说法，存在某种具有一定参数的潜在过程(underlying process)。这些参数可能是决定性的致因，如个人的种族划分或受教育程度，也可能是

---

① 以下我将使用"随机观点"这一短语作为这一观点的简称。我并非要由此暗示，另一种"整体生涯"观点在某种程度上是一种与"随机"观点相对的"确定性观点"。这里的"随机"是"随机过程"的简称。

[译注]英语中 stochastic 和 random 意思相近，历史上往往交替使用。当前一般用前者形容"过程"，后者形容"变量"。在本书的翻译过程中二者不做区分。stochastic 一词进入英语一般被认为译介自苏联数学家 20 世纪初的研究成果，参见楚波夫(Alexander Alexandrovich Chuprov [1923])或辛钦(Aleksandr Khinchin [1933])。

决定个人选择的偏好。[①]随机的观点把生涯看作一次实现(a realization)，生涯只是潜在过程于接续的时间段内所抛出的结果列表。从这个意义上说，它是意外而非模式，是表象而非现实。现实位于致因或选择的潜在过程层面。

正如人们所预料的那样，从这种观点派生出来的生涯分析方法注重的是特定点上的结果。例如，威斯康星地位实现模型(Wisconsin status attainment model)假设一组变量预测了某一点的职业结果，即路径模型完成时观察到因变量取值的时间点。基于事件史数据那更为复杂的持续时间模型采用了同样的想法，但预测的是接续时间点上的结果。
163 同样，持续时间模型也没有将生涯作为一个整体。一些作者区分出遵循不同结果序列的案例类别，然后寻求这些类别之间因果参数的差异。这样的模型仍然在随机过程框架内。结果的序列——例如，人们进入劳动力市场的“生涯”事件——只是被用来区分子群体；类似的模型并没有考虑过致因本身可能受制于群体内不同情况下的不同顺序。[②]

人们也可以将生涯概念化为整体(wholes)。也就是说，人们可以把职业生涯看作在其完成时的单一单元。然后，机遇、制约、致因和

---

① 我们到底把潜在过程看作由“致因”驱动，如社会学建模中习惯的那样；还是由“选择”驱动，如经济学中习惯的那样，其实并不重要。从逻辑上讲，经济学家讲的偏好和机会的作用相当于“致因”，它们是分布在给定行为者之间的属性，决定着结果。偏好模型只是增加了这样一种观点，即行动者以一种适当复杂的方式选择符合其利益的东西。社会学和经济学的因果观都认为行为的基本决定因素在某种意义上外在于行动者。在社会学的情况下，决定因素是被具体化的“致因”，如“种族”、“教育”和“权力”。在经济学案例中，决定因素是设定可能选择的机会/约束和决定哪种选择是最优的偏好。个体本身只是这些决定因素交会的一个地点。进一步的讨论见第四章。

② 但这些作者至少将不同的事件序列视为值得区别探究的对象，因而对社会现实的叙事特征表现出比更经典的地位实现作者更强的敏感性。例如，见 Hogan(1978)；Marini(1987)；Marini，Shin，and Raymond(1989)。关于压力的文献中也有类似的关注，见 Chalmers(1981)。

选择的不同效应会被不加区分地合并到一项单一的事物中，即生涯线(career line)。根据这种观点，生涯是一种现实，是一个整体，而不仅仅是一份潜在随机过程接续性实现的列表。需要记住的是，这是我们对个人历史和许多超个体行动者(supraindividual actors)历史的常识性建构。因此，我们认为学术生涯表现为这样或那样的形式。我们根据特定的生活事件序列进行心理学上的预测。我们谈论暴动、革命和其他集体行为的模式。这些讨论都假定过去的生涯——关于个人、社会运动、组织的生涯——可以作为诸整体、作为各单元来对待。开头、中间和结尾都是一体的，这一整体必然导致下一个整体。[①]

将生涯作为整体单元进行分析的方法很罕见。彼得·埃布尔(Peter Abell)主张采用同形分析(homomorphic analysis)，将这种叙事简化为若干共同的形状。目前尚不清楚如何根据经验应用埃布尔的方法。最优匹配技术(optimal matching)似乎是唯一在经验上可行的技术。它们通过计算从一个序列变成另一个序列所需的变化次数来测量职业序

---

① 我对如此强烈的说法感到不舒服。通常历史过程被看成向偶然敞开，但受到一定限制；于是就会产生典型的模式，然而决定并非[*ab initio*]自始就存在。我们将“命运”一词保留给那些在真实、偶然的时间内展开，但具有强烈目的论的过程，并认为命运不是一种科学的概念，而是一个文学的概念。因此，对亚里士多德来说，悲剧的必然性产生于主人公最初的狂妄。情节的细节只是这种狂妄的展现——生涯。无论如何，生涯和其他历史过程能被作为整体来对待的观念，可以追溯到芝加哥社会学派的罗伯特·帕克等人提出的“自然史”概念。帕克关于种族关系的研究，莱福·爱德华兹关于革命，肖关于青少年犯罪，思拉舍关于帮派，休斯关于职业，伯吉斯、雷克利斯、克雷西以及其他许多人关于邻里社区：所有这些研究都看到了特征性的发展模式。在每一种情况下，“自然史”都表示发展由内部力量和包围的制约所形成，但却采取了一种特征性的模式或形式。

164 列的相似性。①

因此，有两种看待职业的方法，实际上是两种看待历史进程的更普遍的方法。一种方法侧重于随机实现，旨在寻找致因；另一种方法侧重于叙事，旨在寻找典型模式。这种二分法在其他研究领域与在职业研究中同样突出。因此，人们可以把革命想象成随机过程的实现，在这种情况下，某次革命的历史实际上只是罗列一些潜在因果过程的接续结果。另一方面，我们也可以认为革命拥有一条完整的隐性逻辑，从头到尾贯穿始终。在这种情况下，一段特定革命的历史就是一项具有内在目的(telos)的逻辑叙事。类似的论点也适用于生命历程、组织历史、职业发展等。

二、时间过程和历史过程假设的重大差异

对于时间和社会生活嵌入时间的方式，这两种生涯观做出了各种假设。当然任何一位特定的作者都会对这些假设进行多样化的选择。但是，反思一下两极化版本的假设，会让我们更加意识到自己的选择。如果下面的论证显得过于模式化，那么原因之一就在于它希望挖掘我们对社会过程的看法。然而在一定程度上，我也挑起了一项争论。在实证社会科学中，随机观点占据了压倒性的优势。而我想论证的是，尽管这种观点确实很吸引人，但它并不是将社会过程形式化的唯一合

① 埃布尔在这方面的主要工作是 Abell(1984，1985，1987)。关于最优匹配技术的经典著作是 Sankoff and Kruskal(1983)。本文中提到的应用可参见 Abbott and Forrest(1986)以及 Abbott and Hrycak(1990)。编码变化时该方法的稳定性参见 Forrest and Abbott(1990)。关于序列方法的概述见本书第六章。另见 Abbott and Tsay(2000)。

理方式。[①]

(一)构成性假设

关于社会过程的假设始于对社会行动者和他们世界的性质的构成 165
性假设。也就是说，这两种观点的第一项假设与其说是关于时间流逝本身，不如说是关于身处该时间内的社会行动者。

在生涯的随机观或因果观中，正与我在其他地方的分析中泛指的“广义线性实在”一样，社会世界由固定、安排好的、具有可变属性的实体组成。我们通常把这些实体称为“案例/个案”，把它们的属性称为“变量”。[②]生涯由一个或多个因变量属性的值随时间的推移而接续组成。随机观点的目的是找到产生这些观察到的“职业生涯”所需的最小数量的属性。事实上，最常见的是一个时间点一个时间点地考虑这些属性，就像在状态成就模型中一样。

这样的程序从最低限度的单纯存在(mere existence)构筑生涯。其范式是工业可靠性和流行病学的文献。在这些领域中，存在本身是人们感兴趣的(有时是唯一的)因变量属性。例如，等待直至报废/死亡所

---

① 我并不是在敦促大家远离通常意义上的实证主义方法。叙事性地思考事物意味着沿着案例而不是跨越案例进行思考，正如我在其他地方所论证的那样(例如，Abbott 1983)。它不一定涉及转向阐释性方法，尽管两者在过去表现出了一种选择性亲缘。那些主张或假设必然联系的人(如 Richardson 1990)把“多重含义”问题(用实证主义的术语来说，变量在一个给定的模型中可以有一重以上的含义)和时间性问题混为一谈。我正是要避免这种混同。因此在本章中，叙事意味着叙事实证主义(narrative positivism)。即便如此，多重意义事实上也可以被形式化(如巴特[1974]2012)，所以即使在那里，“固有的不可形式化”假设也是一种错误。如果不承认实证主义/阐释主义之间是一种递归的二分法，那么使用它就会令人迷惑而不是带来启发。关于这个问题，见我在《学科的混沌》(*Chaos of Disciplines*)第一章和第二章中的综合论述。

② 参见第一章对标准线性模型中隐含的可称为哲学假设的一般分析。本章阐述了这些假设中与时间流逝有关的方面。关于案例和变量概念的分析，也可参见 Abell (1987)和 Ragin(1987)。

需时间可能只是先前生存时间的函数。[①]当然生涯的随机观可以设想出复杂得多的变化。但它通过在这个单纯存在的基础上增加更多的属性(更多的自变量和因变量)来实现。引人注目的是，在这种“生涯”模型中，主动性和行动属于变量，而不属于案例。变量做事情，案例本身只是承受[事情的发生]。[②]

相比之下，在叙事或典型模式的职业观中，社会世界由参与事件的主体组成。用来描述这一立场的语言本身就完全不同；“事件”在这里的含义与“一个伯努利过程(a Bernoulli process)的实现”相当不一样。叙事论者关心的主体和事件本质上具有复杂性。分析通过直接简化它们来进行。

为了使这两种观点能够通约(commensurable)，用随机观的术语重
166 新表述叙事立场是很有帮助的。根据前者的术语，叙事论者所说的“一次事件”可以被定义为许多变量特定值的组合。只需创建一个邻域(对于连续状态空间)或属性组合(对于离散状态空间)的列表，人们便可以从随机状态空间转移到叙事性的“事件”列表，这些列表穷竭地覆盖了(在连续情况下)或分类了(在离散情况下)状态空间。这就是可能事件的列表。

一位叙事论者直接用事件进行思考(而不是用维度或未交集的类别本身来思考)，其理由来自一项令人惊讶的经验事实：一旦我们考虑任何一个真正复杂的状态空间，大多数事件都是零事件/空事件(null)。也就是说，离散变量特定值的大多数组合永远不会被观察到，连续变量空间中的大多数邻域(neighborhoods)都为空。如果状态空间大部分是空的——如果大多数可能的事件没有发生，我们为什么要设计覆盖所有可能事件的模型呢？这样的模型(如一般线性模型)不仅试图解释

① 因此，人口学是随机观的基础科学。但请注意，把存在与其他变量属性尖锐地分开的倾向，意味着人口学和因果模型之间的奇怪分离，这实际上困扰着此类因果研究。

② 参见本书第四章。

确实发生了的事，还试图解释很多没有发生或者也许(由于约束条件)不能发生的事情。将实际观测到的地点定义为“事件”，并直接研究其叙事结构，而不求助于具体化的“致因”是比较简约的做法。我们通常为使用“变量”进行辩解的理由是现实太复杂而没有其他办法能进行分析。也许这并不正确。

举一则经验性的例子有助于说明“大多数事件不会发生”的论断。我从《统计摘要》(*Statistical Abstract*)中随机抽取了四个关于美国各州的变量：用于每位学童的经常性教育支出、每十万人口的犯罪率、上次选举中给美国国会代表投票的选民百分比、人均能源消耗(BTU)。为了有力地说明[变量空间为]“空”(emptiness)的事实，我故意选择这些不相关的变量，因为相关性当然会带来大片空白空间(这四个变量按绝对值计算，最高的相关度为 0.268，并不引人注目)。为了只关注州状态空间的相关部分，我通过重新标度变量，将每个州(50 个州加上哥伦比亚特区)定位在一个标准化的四维矩形中：我从每个变量观察值中减去该变量的最小值，再将结果除以该变量的极差。这样我们就得到了一个有单位边缘的四维方块，其中包含了 51 个点的点云。我们可以把该方块的每个维度一分为二或更多部分，然后考虑有多少案例落在所得到的“网格方块”中。①

表 5.1

将每个维度分成 _ 个部分		2	3	4	5	6	7	8	9	10
	N=0	7	62	225	587	1 253	2 355	4 047	6 511	9 949

① 一个二维的类比可能有助于澄清这个程序。考虑在二维笛卡尔坐标中的点云，我正在寻找一个可以包含其中所有点的最小矩形(每条边上至少会有一个点，或可以有多个点)。然后挤压这个矩形，使其成为每边长度为一个单位的正方形。接着我再把各种细度的方格纸覆盖到正方形上，看看方格纸的每个单元格里含有多少案例(点)。

续表

将每个维度分成_个部分		2	3	4	5	6	7	8	9	10
包含N个元素的单元格数量	N=1	4	10	22	30	36	42	47	49	51
	N=2	1	4	3	4	6	3	2	1	
	N=3			3	3	1	1			
	N=4			1	1					
	N=5		2	2						
	N=6		1							
	N=7	1	1							
	N=9	1								
	N=10		1							
	N=11	1								
	N=18	1								
网格方块(单元格)总数		16	81	256	625	1 296	2 401	4 096	6 561	10 000

167 由于有4个变量，所以如果将每个维度一分为二，我们会得到16个网格方块(或单元格)。一般来说，每个维度的任何“*n* 切分”都会产生 n^4 个方块。表5.1显示了在这批数据中，有多少单元格非空。空单元格的数量令人惊讶。如果我们将每个维度切成两半(2切分)，16个单元格中有7个是空的。当然总的来说，空单元格的数量反映了51个案例和数百上千个网格单元之间的差距。但请注意**非空**单元格的集中度。在2切分中，51项案例中有45个落在4个单元格中(共16个网格方块)。[①]在3切分中，33项案例落在5个单元格里(共81个方块)。在4切分中，23项案例落在6个单元格里(共256个)。还要注意的是，必须将这一空间分成10 000个单元格，才能将51项案例中的每一个单

① [译注]4个单元格内的案例数量是18+11+9+7=45。此外，这个例子的隐含论点是，一旦我们关注现实的多个方面(即此处的变量数目)，空单元格的情况会以指数形式上升。

独分配进一个单元格。当然，其中一些[案例]叠合(clumping)是随机的。但是对这些数据的泊松(Poisson)拟合明显地显示出了进一步叠合的证据，存在真正秩序的证据。例如，在 3 切分中，泊松模型预测大约一半的单元格应该为空；而事实上有四分之三是空的，这明显表明在其他单元格中存在叠合。①

这些度量所显示的集中度反映了局部秩序(local order)，而这些秩 168

① 自 4 切分往上，由于参数极小，泊松模型几乎必须拟合。有些读者可能会像我一样怀疑，状态空间的空虚主要由离群值(outliers)造成，离群值会拉伸边界，造成内部空间的空虚，散点图经常说明这一点。不过“离群性”在这里似乎不是问题(当然，有大量关于“回归诊断”的文献涉及离群值的问题)。特别是，我提出在许多数据集中，离群性本质上是一种分形属性(fractal property)；如果从一个复杂的数据集中删除明显的离群值，会得到一个具有同样明显离群值的较小数据集。然后可以继续删除它们，以此类推。

让我以本数据演示这一属性。我在 4 个变量的平均值处分别计算出一个中心点。然后，我计算了每个案例到该点的欧氏距离，并选择最大距离作为标准半径。接下来，我创建了 10 个同心 4 切分-球体：半径分别为标准的十分之一、十分之二、十分之三，以此类推(用二维术语来说，这就像在空间中心画箭靶一样)。然后，我考虑有多少百分比的案例位于最外侧的球体内部，这些可能是离群值。接着，我删除那些在最外侧球体内的案例，重新计算了中心点、距离和十个球体，并重复整个过程。下方的表格显示了当我继续完成这一删除离群值的过程时，剩余的案例数量(remaining)、最外层球体中的案例数量([dropped]待删除)以及三个最外层球体中所含的案例百分比。

剩余案例数	待删除	8 号球体	9 号球体	10 号球体
51	3	0.04	0.02	0.06
48	3	0.06	0.04	0.06
45	4	0.27	0.04	0.09
41	6	0.27	0.24	0.14
35	9	0.23	0.23	0.25
26	9	0.12	0.23	0.35
17	4	0.29	0.24	0.25

考虑到底层多元正态性的假设，对离群值的合理定义是：如果最外层的案例与案例主体之间存在空位(empty space)，则这些为离群值(待剔除)。然而在上述前三种情况下，第 10 号球体内的案例比第 9 号的案例多。删除无济于事。直到我删除了 20%的案例，数据才会“适当翘尾”。在我删除相当一部分数据之前，离群值的比例不会有明显的变化，这是因为删除一些离群值只是将其他案例转化为离群值。

序是相关系数等全局度量(global measures)无法测量的。即使这些全局性的测量方法显示出“变量”之间关系非常弱，大部分状态空间为空的原因，事实上是案例之间存在许多局部相似性。3 切分——其 81 个单元格与 51 项案例的数量级相同——提供了最合理的证据：只有 19 个单元格内有观察值，一半以上的案例都位于 5 个单元格中。纯粹的类型学方法可以用 5 种简单的描述覆盖大部分数据。①

169 因此，叙事分析者将事件视为简化社会过程的自然方式。与其将复杂的殊相拆解成(所谓的)独立变量属性的组合(即根本不是将个案定位在一个多维或交叉类别的状态空间中)，叙事分析者会将观察到的事件直接概念化，将其视为简化复杂的发生之事流动的最佳方式。与其通过赋予案例超越基础存在(foundation of existence)的最小属性来向上建立它们(build up)，叙事观会假设一种复杂性，它必须从这种复杂性中“向下建立”(build down)或做简化。存在当然仍然决定着职业的最终开始和结束，但将它作为单独的探究事项[对叙事分析者来说]则是不可想象的。

一则实质性的例子可以强调这种区别。假设我们正在考虑美国各

① 这是一个横截面的例子，因为横截面数据最容易获取。如果我把这些测量结果在几个时间段内连接起来，情况也一样，状态空间比我们预期的要空旷很多。在横截面数据中，发现此处记录的那种局部规律性是聚类和标度(clustering and scaling)等描述性方法的核心任务，这些方法创造了我在这里提出的类型学。我在四维空间中使用欧氏度量对这些数据进行了聚类，发现了许多叠合。有时簇成员来自明显的原因(如路易斯安那和得克萨斯)，有时来自不那么明显的原因(佛蒙特、威斯康星和宾夕法尼亚)，有时则很不可能(相比路易斯安那，伊利诺伊、内华达、密歇根、新墨西哥、马里兰和特拉华都更接近得克萨斯)。请注意，我在这里提出的叙事分析本质上是类型学思维向时间领域的延伸。人们可能会进一步注意到，这些结果表明，统计学文本中通常表明“无相关性”的散点图是多么不切实际。在这种图中，各点通常很好地分散在整个空间中。事实上，即使根据泊松假设，也会存在相当多的叠合。

州通过工伤补偿法的问题。[①]用随机观来处理的话，我们要观察 48 个州(固定实体)在哪个确定的时间段内通过这些法律(比如说 1909—1929 年)，并观察它们什么时候没有和什么时候有赔偿法。目标(采取事件史方法)是找到最小的一组状态属性(经济类型、制造业的生产力等)，它们可以预测法律何时出现，何时不出现。在整体生涯模型中，人们建立了导致各州工伤赔偿法的基本事件，并试图找出这些事件的典型序列，通过这些事件来推动赔偿法的产生。这些事件无疑涉及随机方法中使用的许多“变量”，但叙事者不会将它们单独处理，而是将这些变量的特定值的特定组合视为赔偿故事的一种或多种模式下的事件。例如，在 14 个变量的情况下，如果我们采取随机方法，绝大多数可能的事件必然不会被观察到，这提供了叙事过程的合理性。

(二)关于因果关系的假设

如何简化由复杂的社会生活产生的根本性分歧，被如何理解因果 170
关系的分歧所补充。归根结底，这两种观点接受了相同的解释观念；都认为叙事解说(narration)是社会解释的最终形式。持“整体生涯”观点的作者们这样做的原因显而易见，但“随机生涯”的作者们通常似乎认为因果关系存在于变量之中。然而仔细阅读他们的研究就会发现，“变量导致事物”的语言只是一种简写；当随机作者必须捍卫或支持关于变量的特定论断时，他们又回到了故事上(“可信的机制”)。叙事是

---

① 这里的例子是帕瓦尔科(Pavalko 1989)，我已经在第四章中讨论过。帕瓦尔科分析了 48 个真实的案例(州)，每个州的分析时长长达 21 个时段(从没有补偿法直到法案通过)。在事件史分析的世界里，这批时段可以组成 369 个“州-年”的数据集，也就是分析的“案例”。有 7 个二分变量，所有的变量在某一时刻都可以取两个值。有 7 个连续变量；其中每个变量与至少一个其他变量绝对值的相关系数在 0.27 以上。[研究者]报告了相关性最强至 0.40 和−0.67。这个连续状态空间的大部分无疑是空的。

[译注]空的理由在《统计摘要》例子开头部分进行了说明。

根本性的求助。[①]

这种对叙事的最终共同依赖与其他完全不同的因果关系假设纠缠在一起。第一项假设涉及致因的步调(pacing of causes)。尽管非必要，但随机模型一般假设致因在所有情况下“以同等速率”工作。与此相反，整体生涯模型将因果步调想象成潜在的变化。考虑两幕生涯，其中我们观察到相同的工作序列，但在其中之一，每项工作的持续时间正好是另一序列中对应工作的两倍。任何研究过渡或运动概率的模型都会将这些持续时间的差异视为用因果预测因子估计对生涯的影响时所生成的变动。相反，如果我们把职业当成一个整体来考虑，我们可以提出在每一种情况下，致因都一样，但它们“以不同的速率起作用”。在随机观点中，这是一种断言，意味着一些未测量的变量与观察到的变量相互作用，因为时间本身大概并不导致任何事。整体生涯方法使我们能够比较容易地看到这种相互作用效应(从而提出未测量变量的问题)。此外，我们不妨考虑一项实际的想法，即致因能以不同的速率起作用。这是当前工作的历史学家们运用的标准假设，而且正如我们将在下面看到的那样，假设步调一致涉及关于因果效应连续性的有问题的假设。正是由于这个原因，在因果步调的假设中，差异很重要。

因果关系的第二项差异涉及相关性(relevance)。正如我在其他地方所论述的那样，随机过程观点必须假定：致因总是相关；一旦进入模型，它们就必须一直待在里面。用形式化的术语来说，这意味着任何采用线性变换进行建模的方法(无论是直接的，还是像部分似然法那
171 样将其作为指数项)都必须假设所涉及的变换的维度不会改变。由于整体生涯观从事件的角度来看待职业生涯，所以它可以认为“种族是黑人”或“性别为女性”的因果因素会影响其中的一些生涯事件，而不会影

① 参见本书第四章。

响其他事件。没有必要假定一种永久的重要性。当然，在随机观点中，这个问题可以通过允许隐含变换的系数连续变化，并假设其中大部分系数在大部分时间为零来正式处理。但是这种程序首先抛弃了假设变换模型的好处，并在大多数情况下排除了估计[的可行性]。这将是一种非常烦琐的处理手段，是整体生涯观点直接面对的问题。①

这种区别与史学程序和社会科学程序之间更普遍的区别密切相关。历史学家写他们的叙事是为了遵循因果行动。如果该行动似乎涉及一两项主要致因，而不是一两个事件之前的其他核心致因，那么历史学家就会简单地忽略这些先前致因的存在。它们被假定为在背景中冒着气泡，并没有真正影响到什么。这种观点直接违背了大多数社会科学家认同的观念。社会科学家试图据以运作的物理科学模型，不允许考虑到那些出现和消失的致因。人们很难想象一位社会学家会说："除了在几个关键的结点上，种族根本没有多大关系。"然而这种论点显然隐含在历史的标准叙述程序中。②

第三项基本差异涉及致因的含义。大体上说，随机方法假定一个给定变量的意义不随历史时间和其他变量的背景而变化。交互作用(后一种背景的正式术语)基本上被假定为次要；主效应才是首要的。相比之下，以事件为中心的整体生涯方法则假定互动是第一位的。因为正如我前面所论证的那样，整体生涯方法认定的事件，根据随机观点会被视为变量特定值、交互项特定值的组合(constellations)。主效应是一种虚构，叙事论者对此不屑一顾，因为社会生活实际上并不发生在主效应中，而是发生在事件/交互里。性别这个被分解(disembodied)的特征，其实并没有引致任何事情。男人和女人导致了事情的发生。而

---

① 参见本书第一章。

② 有大量关于历史论证究竟如何运作的文献，参见本书第四章中引用的资料。

除了性别之外，男人和女人从不缺乏其他特征。生命从来不在主效应中发生。

这种差异回溯到前面讨论的构成性假设。随机方法的案例始于这
172 样的情况：其唯一属性是存在，并在存在的基础上增加了其他属性（大体是主效应，但有时也有交互效应），以解释生涯的发生。如果主效应[解释力]够好，那么[模型]就足够了。与此相反，整体生涯观将案例的本质当作是复杂的，并使用事件、案例和叙事的类型学来简化这种复杂性。这种类型化将复杂性放在首位，而不是像“主效应”的方法那样，从交叉类别或维度的产物来得出复杂性。

这种对互动的关注意味着重新思考我们如何赋予“变量”因果意义。因为在叙事观中，一个“变量”的特定值的意义并不因**这个**变量在其他情况下与其他值的关系而固定，而是随着其作为构成各种特定事件的不同变量的几个值中的一个的地位而波动。以我前面举的工伤补偿法为例，马萨诸塞州的某一生产力水平的影响不是由与其他州的生产力水平的关系来界定，而是由马萨诸塞州在某一特定时期的生产力、工业化和其他变量的结合点的关系来界定。这样的主效应并不存在。①

同样的论点也适用于时间背景。特定的生产力水平取值可能没有独立于时间的绝对意义。当然，随机观点可以通过变化值（change scores）来解决这个问题。但变量的时间背景可能比变化关系所能捕捉到的更加复杂。一项给定的值可能因为它第一次反转了一拨长期稳定

---

① 在后者 1935 年提出的因子设计中的“主要效应”概念上，乔治·奈曼（Jerzy Neyman）与弗兰克·耶茨（Frank Yates）发生了严重的争论。有关讨论，见 Traxler（1976）。我在这里遵循奈曼的论点，即耶茨的程序对现实的乖巧特征做了深刻的假设。耶茨采用主效应概念当然不是为了理解现实，而是为了决定是否使用某种农业方案。即，主效应方法最终源于操作主义的态度。当然，现代社会科学对主效应的使用也是如此，在许多情况下，主效应是为了显示各种政策和个人特征的积极或消极影响，而不是为了了解现实。

的下落，或者因为它启动了一段长期稳定状态而获得意义。在这两种情况下，重要的是一般的时间背景，而不是眼前的变化。只有当这个先前的时间背景对现在发生标准的线性影响时，随机观点才能真正处理时间背景，就像 ARIMA 方法(整合移动平均自回归模型)一样。但即使在那里，多个变量的分析也是一个核心问题。

(三)关于事件及其可排序性的假设

虽然研究生涯的随机方法并没有真正从事件的角度进行思考，但 173
它确实对变量值的排序做出了独特的假设。为了说明这些假设如何工作，我必须引入一个变量的“时间视界”(time horizon)概念，即我们可以观察到该变量有意义波动的时间范围。“有意义的波动”这一想法假定任何变量都会存在测量误差或“微小的变化”(在概率视角下，两者在这里等同)，但我们对这些误差或变化有足够多的了解。在变量发生一定数量的变化后，我们可以确定观察到的变化不是误差或随机波动，而是实质性的变化。因此，时间视界是指将信号和噪声或真实和随机变化分开所需的时间段。

时间视界随变量不同而波动。它们在某些情况下反映了误差过程的方差[①]与(比如)自回归的确定系数之间的关系。如果一个大的误差方差叠加在一个缓慢的确定趋势上，我们需要比在叠加小误差方差的情况下更长的时间才能观察到趋势。这种情况的发生是由于我们用来识别变量变化的实际策略；因为我们希望避免将随机变化误认为是真

① ［译注］“方差”(variance)即上一段提到的“变化”(variation)的常见度量。

实的趋势，所以我们将确定“真实变化”的标准设定为误差分布。[①]那么在某种程度上，在测量误差与其他形式叠加的随机变化中会出现不同的时间视界。在这种情况下它们成为一道实践问题，而不是理论问题。

但通常情况下，时间视界的不同是出于实质性的理论原因。例如，在包含关系（relations of inclusion）中会出现时间视界的波动。最明显（但绝非唯一）的此类例子是宏观变量与其微观成分之间的时间视界差异。直觉上，我们认为聚合度量本身就缺乏本体论地位，它们只是个体层面测度的总和。在这种情况下，它们似乎与个体层面度量具有相同的时间视界。而事实上，我们注意到一个人工作满意度的变化可能比观察到一群人工作满意度的变化更快。这既有概念上的原因，也有概率上的原因。

从理论上讲，时间视界之所以不同，是因为像群体工作满意度这
174 样的涌现事件确实具有现实性，不能在概念上归结为我们用来表示它们的个体水平度量的总和。群体工作满意度是一种具有现实后果的文化建构。虽然我们只能通过个体层面的衡量标准的加总来测量它，但那些显然只是模糊事物本身的指标。承认“员工对他们的工作条件不满意”这样的社会事实所流露的因果关系，与成千上万的个人陈述“琼斯讨厌她的工作”所流露的因果关系完全不同。在一种情况下，我们可能有革命；在另一种情况下，可能出现倦怠和神经症，以及心理治疗和其他形式的个体反应。

我们并不需要这样的涌现论假设来进行数学论证，说明聚合的度量具有较长的时间视界。这对那些不喜欢此类假设的人来说更具说服

① 数据过滤（filtering）是社会科学之外处理这个问题的一种标准方法，但一般涉及的情况是，人们可以假定存在一个潜在的纯信号，基于此可以做出其他强假设，以便对数据进行清理。尽管如此，过滤很可能在社会科学中得到更广泛的应用（在经济学之外，它已经得到了广泛使用）。

力。用形式化的术语来说，时间视界指的是等待所花的时间，[从观察的那一刻]等待直至超过某个极限结果的那段时间。假设一个待聚合的潜在个体变量符合标准正态分布，并假设我们知道变化的方向。在通常情况下，我们希望避免在变化没有发生的情况下错误地判定变化已发生。所以我们设定一个标准水平来接受这样一种错误的结论，通常是在5%的时间里。如果分布事实上已经向右移动了 m ，那么新的均值是 m ，方差仍然是1，在旧的5%处($z=1.65$)画出的垂线在某一点 c 与移动了的分布部分相交。在变化已经发生的情况下，新的移动了的分布部分在点 c 右边给出了决定发生变化的概率 p 。同样，如果我们认为变化已经发生，作出这个决定的预期等待时间也呈几何分布，因此其期望值为 q/p 。①

现在考虑把比如说十个这样的变量聚合在一起。为简单起见，假设这些变量同分布。如果它们彼此独立，那么[加总后]等待时间的情况和之前完全相同。原始总和的均值为0，独立性意味着总和的方差等于各方差之和(即10)。移动后分布的期望值为 $10m$ 。我们可以通过除以10，得到相同的 z -标准线：相同的 c ，相同的 p ，以及相同的预期等待时间 q/p 。② 但若加总的变量彼此相关，那么总和的方差会大于10，使得加总的分布会比较平坦。由于 z 的分母变大了许多，我们 175
将被迫向右移得更远，以保证获得与不相关情况下同样的5%水平的 α 误差。当加总的分布将其 $10m$ 单位向右移动时，在 α 水平的左边，我们将在该分布下“取回”更多的下一个 $10m$ 单位，但由于该分布比较平

① 在这一点上，此处沿用了原论文版的论述。但是原文论述聚合的时间视界效应并不正确。下面两段我将用更好的论证来代替它。

② 原文在这里使用了卷积论证(关于卷积在几何分布上的应用，见 Feller[1968：266-269])。该论证假设了单个变量的顺序实验，而根据问题的条件，对聚合变量的单次实验需要对所有单个变量进行一次实验。

坦，我们取回的数量比在不相关情况下少。因而 p 会更小，预期等待时间 q/p 会更长。

有很多理由可以期待在聚合变量中出现这种相关性。在构建量表的情况下——对单个个体的多重测量——研究者通常会刻意寻求相关性。即使是对不同个体的加总测量，相关性也很常见。例如，在刚刚提到的工作满意度的情况下，工作场所内的传染效应几乎可以保证这种相关性的产生。覆盖整个人口的时段性事件也会产生严重的个体间相关性。局部传染和总体事件意味着在实践中，聚合变量的时间跨度很可能比单个变量更长。①

时间视界的概念使我们能够看到这里考虑的两种方法之间的重要区别。随机方法必须保持技术上称为“变量时间视界的偏序”（partial ordering of the variable’s time horizons）的假定。因果关系可以在时间视界相同的变量之间产生，也可以从时间视界较广的变量流向时间视界较窄的变量。但流动不能反向进行。因为人们可以设想一个观察区间，使短期变量表现出有意义的变化幅度，而长期变量却没有。在这种情况下，我们不能相信短期变量导致了长期变量，因为我们只能测量后者的误差。

对随机方法至关重要的另一项假设是，一般来说，我将所有变量的后续观测值都称为偶然独立的（contingently independent）。也就是说，如果存在自回归，它假设了一种给定的模式，该模式不会随着时间段而变化。一个变量在后续时间框架中的数值不能以任意的方式联系起来。假设我们使用时间序列形式下包含多个自变量的回归分析来

---

① 我这里的论点基本上是经验性的。请注意，调查分析在一般情况下都会刻意地试图将相关性降到最低，尽管它在消除传染的影响方面无疑比消除广义时段性事件的影响更为成功。案例间相关性的来源似乎如此强大，特别是在纵贯分析中（longitudinal analysis），以至于在聚合变量中延长时间视界的可能性很高。

估计工作生涯的某些因变量；连续的年份构成了“案例”，生涯的某个 176
变量方面(比如说收入)由一个(可能滞后的)自变量向量来预测。如果一个独立变量的连续值之间存在着任意的联系模式(比如持续几个观察期的临时工作任务，以及反映经济中持续几个观察期的“事件”)，自变量中变化的自回归就会对我们的参数估计做一些很复杂且无法设定的事(因为交互)。问题是，各种自变量的某些后续值在跨越几个观察帧的“事件”中被联系在一起。[①]

在整体生涯观中，处理时间视界问题的方式有所不同。这里最重要的是事件列表。它们在时间视界上可长可短。例如，在某些类型的职业中，在某一阶段由某一类型的赞助人决定了整个职业生涯其他阶段的模式。这是一个立即可以确定的事件，与其他时间视界较长的事件如“掌握基本的专业技术”或“接各种小活”不同。唯一需要做的叙事假设是，在职业生涯中，一项事件只能影响它之后开始的事件。[②]由于叙事发生在事件的转移之间，所以甚至没有必要假设一个定期间隔的观测框架，如观测按年度发生。可以认为一项小型、可高度具体化的事件对于大型、扩散性的事件有一定影响。唯一必要的假设涉及事件的可排序性(orderability)。

---

① 事件史方法无法逃避这个问题。在其最常见的形式下(偏似然估计模型)，通过避免基于方差的估计来回避正常的多共线性问题(在估计的参数方差中出现)。极大似然估计的基本步骤——似然方程的写法假定了观测值的联合独立性。不幸的是，在事件史数据阵列中这不可能；1912 年马萨诸塞州发生的事情显然取决于 1911 年那里发生的事情。在事件史模型的离散时间估计中的某些条件下，估计方程确实会降低到明显独立的情况。一项条件是解释变量的向量解释了风险率的所有变化。另一项条件要求解释变量矩阵满秩。见第四章，脚注 23。 * 我在第一章也讨论过时间视界的概念。

② 我们可以通过类比催化作用来想象一个事件- a 对已经在进行中的事件- b 的影响。在这种情况下，事件- a 会改变已经在发展中的事件- b，而事件- b 的时间视界可以比- a 的大很多。人们当然可以用这种方式来讲述故事。如何把它们体现在经验实践中是另一回事。

随机观和整体生涯观对事件序列的思考有些不同。在随机方法中，标准的假设认为基本顺序是变量的顺序，所有案例都服从相同的顺序。例如，在任何多元回归中，都假定每一种情况下的因果关系模式全相
177 同。考虑到关于“因果机制”的故事与路径图的关系，这相当于断言每项案例都遵循相同的叙事。当然，我们可以使用虚拟变量(或者干脆把一个案例拆开)在一定程度上回避该假设。但其特征性目的是要找到一种在所有案例中都成立的致因模式，而不是找到各种模式。一项相关的假设认为，变量特定值的特定序列没有来自任何特定的致因或产生特定的后果(从技术上讲，这是“主效应优先”假设的一部分)。这也意味着，不能说每当我们看到特定事件 a、b、c 的顺序时，总是会观察到 d，没有关于特定值 a、b、c 的陈述，只有关于变量 A、B、C、D 的陈述。

相比之下，在整体生涯方法中，特定事件的顺序是兴趣的中心。我们的第一个目的是考虑是否存在一种或几种特征性的事件序列。这里的假设涉及我们将一组事件按顺序排列的能力。其中一个版本假定了严格的顺序；事件之间没有重叠。另一版本可能允许一些重叠，但对其数量进行了限制。还有一种策略使用了随机方法的基本观测框架，但以事件的形式来定义观察结果：具有这样或那样的年龄或从事这样或那样的工作的联合事件，等等。

由于顺序是整体生涯方法的核心，我们必须要能够严格地定义它，这种方法才能发挥作用。似乎存在两种基本策略。一种是保留时间视界的灵活性，从概念上定义事件。它考虑了由可观察到的“发生的事”(occurrences)组成的现实，并想象如何将这些综合(colligated)成概念上的“事件”。发生的事包括诸如学习课程或从事特定工作；事件是诸如“接受了教育”和“像专业人士般的发展”。然后，对事件可排序性的约束可以被看作给定事件中发生的时间模式的测量问题。另外，我

们可以在一个标准的测量框架内对事件进行组合性定义，就像刚才建议的那样。这自动产生了有序性，但代价是失去了所有事件的时间“形状”信息——它们的持续时间，它们的强度(就产生事件而言)，简而言之就是它们的时间视界。因此，最后一种方法是随机概念化和整体生涯概念化的混合体。[①]

(四)时间的特性

最后，在因果时间的特征和深度方面，随机过程和整体生涯方法 178
也有所不同。随机观点意味着相信社会过程连续，且社会过程在因果程度上很浅(causally shallow)；而整体生涯方法则认为社会过程不连续，且社会过程在因果程度上很深。当然，这些并非有意识的假设，而是隐含在两者处理问题的取径中。

随机过程研究生涯的特征性方法重复离散地观测生涯变量(即面板数据)。如果我们考虑的是时间-1 的教育对时间-2 的收入(比如 5 年后)产生的影响，我们的第一个想法是将教育视为阶梯函数(a step function)，以受教育程度(高中、学士、硕士、博士)来测量，并以正常方式估计其在不同情况下的效应。但显然最好每年对教育进行测量，因为教育不是简单的受教育程度问题，还包括在职培训，而后者可能对收入产生自己独特的效应。如果我们的测量框架按年度进行，我们可以把第一年受教育程度的因果效应看成落在某个中间变量上——比如说第二年的一般职业上——并把这个一般职业看成提供了接受其他形式的(在职)教育的机会，进而影响第三年的更具体的职业地位，以

① 关于综合和测量问题的正式分析，见 Abbott(1984)。我已经把那里描述的一些技术应用于福利国家发展的序列(Abbott and DeViney [1992])和医学职业化的序列(Abbott [1991b])。关于综合的文献正在发展。特别是斯科特·普尔(Scott Poole)，继承了贝尔斯(Robert F. Bales)开创的互动过程分析方法。见 Poole and Roth(1989a，1989b)。

此类推。也就是说，五年内的原始“教育-收入效应”将被视为一系列较小过程的内插。如果将这些过程纳入模型，那么在第一年的教育与第五年的收入之间画上因果箭头，则似乎没有必要，甚至可能不合理。

正是这种插值使我们在纵贯工作中对于面板的态度变成了宁多毋少，也使得事件史数据框架，因为其以准确的事件日期为基础，变得如此吸引人。数据越多越好。[①] 标注日期越精准越好。

但在极限情况下，我们这里有形式化微积分的“连续性”。没有一个时间区间能够小到使自变量不在其中影响因变量的程度。因为如果我们继续揭开系数的内插特性，我们最终会达到每日或每小时的测量。但在该层面上，我们总是在特定的叙事中思考现实。在这些叙事
179 中，像“我的教育”这样的一般变量只是面对面互动中的资源；它们对一个人收入所产生的后果来自在互动中使人享有特权或将他们置于不利地位。而这些真实互动的日常叙事，一般不涉及大多数具有“长期”重要性的变量；或者即便涉及，叙事也以微乎其微的方式进行，在任何实际意义下，都无法与误差区分开来。在这样细微的时间层面上，现实是相当跳跃和不连续的。重大的变化(如工作状态)很可能来得非常突然；一次重大晋升所依赖的记录可能需要几年的时间才能建立起来，但晋升本身却在瞬间发生。也就是说，面板越多越好，但只是到一定程度。如果我们看得太仔细，像“我的教育程度”这样的全局变量的影响就很难有意义地设定。[②]

---

① 关于这个“越多越好”问题的详细讨论，见 Tuma and Hannan(1984)。他们认为，实际上每拨数据的最佳间距是将拨与拨之间发生两次或多次变化的概率降低到可以忽略不计程度的那种。他们的论点建立在我称为“时间视界”的概念上，即实质性变化的典型等待时间。他们没有考虑下面讨论的微观层面的“致因消失”问题。也就是说，他们虽然考虑了因变量的时间视界，但没有考虑自变量的时间视界。

② 通常用在历史数据上的事件史框架采用的是年度测量，因为这是文字记录的典型框架。因此，文中所述的微观还原问题并没有强加给事件史学家。

这种[*reductio ad interactionem*]诉诸互动的观点使职业生涯的随机观点面临一个基本困境。随机观点的主要假设是，职业生涯只是由一个潜在、真实的随机过程或选择过程的结果所组成的顺序列表。一组初始值面对模型，并由模型产生新值，而新值又进一步面对模型，以此类推；眼前的过去永远在生产未来(当然，很多是通过再现恒定性)。对于这样的模型来说，显然迭代多比迭代少要好，然而在一定数量的时间细分之后，“每一个变量(或它的组成部分)总是在模型中”的假设显然不成立。人们需要一组“微观时空模型”来解决这些局部的不连续性，但此类模型会以某种方式产生一种更连续现实的外观，以便在宏观时空层面上进行插值。①

整体生涯观和任何叙事观点一样，完全不需要坚持绝对连续的历 180
史时间。事件只含有限的持续时间。它们有开始也有结束。微观转译问题较少，因为大的历史时间与微观时间一样不连续。特定的致因并不总是存在，只有在成为叙事者称为事件的复杂殊相的一部分的情况

① 微观结构和宏观结构的关系是一个被广泛讨论的问题，至少在社会学中如此。最好的宏观理论都相对制度化，并把微观层面当作相对固定不变的。马克思、韦伯和涂尔干都倾向于这样思考，他们目前的信徒也是如此。相比之下，到目前为止，最激动人心的微观理论把微观层面当作极其开放和不确定的。芝加哥学派以及从他们那衍生出来的生态论者和符号互动主义者都采取了这种立场。尽管有人做了些英勇的努力，但尚未有人真正做到把这个“矮胖子”重新组合起来。虽然当前社会学理论中存在大量关于这个问题的文献，但大多数文献缺乏数据、适用性，甚至无法让人理解。这一文献由一些“理论修补”组成，将几种一般概念黏合在一起，并声称已经解决了问题。关于微观/宏观关系的一些标准观点是：(1)宏观结构是微观情况的简单聚合；(2)微观情况仅仅是宏观结构的实例；(3)微观情况是宏观过程的随机实现；(4)宏观结构是微观情况的约束因素(或者反过来，是促进因素)；(5)微观是自由的层面，宏观是约束的层面；(6)宏观结构仅仅是微观情况序列的随机过程的极限；(7)微观结构是心理的，宏观结构是社会性的。这些文献都没有认识到微观/宏观问题本质上是时间性的，也就是说，没有一份文献认识到时间视界的概念问题(而不是实践问题)。对这些文献的标准评论是 Alexander et al.(1987)。

下才获得意义。应该指出的是，虽然这种观点的背后倾注了历史编纂(historiography)的所有分量，但它在哲学上却相当不稳固。米德、怀特海和其他许多人都认为，现实从深层的**过去**流向眼前的**过去**，再流至**现在**和**未来**，而深层的**过去**只是通过决定了眼前的**过去**才获得了因果效应。随机观就建立在这个相当合理的假设上。例如，一个人获得博士学位的学校可能会影响最初的教职，但它对后续事件的影响应该通过它对最初安排的影响来发挥作用。①

但考虑这种历史性的“作用在远处”有很多理由。其中之一隐含在米德自己的过去理论中。现在正不断地按照自己的关注点重塑过去。在生涯的例子中，人们不断地重新阐释自己过去的工作历史，以决定现在该做什么。假设一个糟糕的就业市场环境会让人们去他们原本可能忽略的工作和组织。接下来市场又变好了，这时有些人可能会把自己在边缘的岁月重新定义为对当前变化的有益准备，而另一些人则认为这些岁月只是等待的时间，还有一些人可能已经完全忽视了自己身处外围或自身不受欢迎的特质，也许会把这段岁月看作将自己从职业生涯跑步机上解放出来。这些不同的分析对个人未来的选择有着不同的影响，尽管所有的人都可能有过位于(他们当时认为的)边缘的“客观”经历。因为人们不断地给远古事件赋予新的历史功效(根据这些事件重新阐释他们的生涯)，我们必须认为远古事件具有某种因果功

---

① 米德对时间性的一般分析，参见米德([1932]2003)。有用的综述包括Tonness(1932)和Eames(1973)。另参见本书第七章。当然，像博士毕业位置这样的状态变量仍然存在，因此人们可以画出路径箭头，好像它们具有递延效应(deferred effects)。但现实的随机模型的直觉指出，在某一瞬间的整体情况会产生下一瞬间的整体情况。如果这种生产的一部分是简单的再生产，那就这样吧。重要的是生涯时间的连续性和潜在随机过程的现实性。

效。①

我们还必须假定在远处存在着历史行动，因为正如我所表明的那
样，其他假定更不合理。由于坚持历史进程的连续性被证明是不切实 181
际的，我们必须将就另一种观点，即事件的持续时间有限且不同，它们可能会重叠。一项职业可能同时被始于过去且起始时间不同的持续事件所塑造：劳动分工变化导致的劳动力需求的整体变化，近期招聘市场的变幻莫测，个别用人单位生存可能性的变化，等等。对于从20世纪60年代以来经历过学术市场的人来说，没有必要重申这些问题。但请注意，这一立场涉及我们对多个重叠事件的评估。

三、结论

我在本章中试图区分对历史过程的两种截然不同的看法。一种认为它们由随机过程产生。社会世界由具有特定属性的个体组成。致因在所有情况下都以固定的速率起作用；致因是一般而非偶尔突出的，而且主要是独立地起作用，尽管偶尔也会在交互效应中结合。因果关系在一定程度上从背景流向细节，但一般是在地位“平等”的变量之间流动。很少有或没有超越模型单一迭代的因果关系模式，所观察到的模式平等地影响所有个体；每个人都有相同的因果关系史。社会时间基本上是连续的。

另一种观点则把历史过程看作完整的故事。社会世界由复杂的主体组成，复杂的事情——事件——发生在他们身上。因果关系在不同的情况下流动的方式不同——也许是以不同的速率，当然是以不同的

① 米德当然会认为，事实上所有的因果关系都在眼前的现实形成中发生。把遥远的过去视为功效只是一种分析上的便利或简写。

模式。大多数致因在复杂的串——事件——中起作用，而非单独。这些事件没有必要在时间上大小一致或长度一致，不同大小的事件之间的关系也无限制。事件可以有多种时间顺序——严格的序列、重叠、同时性。所有这些都意味着历史过程在根本上是不连续的。

我区分这些观点的第一重目的是使它们变得可见。第二重目的是把其中的后一个观点确立为解决“社会叙事中的特征模式是什么?”这一问题的方法的可能基础。我当然不否认目前按照第一种方法处理社会过程卓有成效，但它提出了许多限制其视野的假设。

182 最核心的限制性假设是，大多数事件都发生了。因此，历史过程的种类繁多。这个假设意味着最好的模型是以全局的规律性为目标的全局模型，因为该假设意味着它是唯一可行的模型。复杂性需要全局模型的观点又进一步蕴含了其他高度限制性的假设：统一的因果步调、相对一致的因果效应、主效应主导交互作用、时间视界的一致性、所有案例都遵从的单一因果顺序。因此，如果我们不再相信大多数事件都会发生，我们就可以为历史过程的形式化分析提供新的可能性。

这些新的分析不会立即产生与我们目前所拥有的结果相当的结果。例如，人们可以使用最优匹配来研究福利国家的发展，并制订出测量这几种历史之间相似性的方法。但是用因果阐释这些相似性就会出现问题。要想找到是什么总体致因决定了一组福利历史和另一组福利历史之间的对比，就必须解决何时测量因果变量的问题：在历史开始的时候？在所有历史的某个固定日期？在历史的中点？答案并不明显。从短期来看，转向叙事形式论(narrative formalism)意味着放弃了我们对致因的大部分习惯性兴趣。当然，人们可以回答说，由于建立在上述严格的假设基础上，我们的大多数因果结论不过是礼貌性的虚构。但叙事方法仍不会提供简单的答案。

另外，叙事实证主义也有一些明显而强大的优势。它将促进历史学和社会科学之间的直接交流，因为它以历史学家传统的方式来思考社会现实。它将为我们提供一种直接解决典型序列问题的方法，这些问题是当代一些实证文献的核心：生命历程、组织、劳动力市场、革命。它将发现社会过程中的规律性，然后可以对其进行更传统的因果分析。最终，它可能会比因果方法在最好的情况下更全面地分析历史的复杂模式。同时，我认为对基本时间假设的认真思考可以帮助我们大家改进工作。[①]

① 我目前的工作试图使用最优匹配来考虑多案例、多变量的时间序列数据。这就是在变量的状态空间中寻找不同“轨道”的问题。我对叙事实证主义的其他应用的文献引文可以在前面的脚注中找到。

第六章　从致因到事件*

183　在过去的十年里，一些作者提出将叙事作为社会学方法论的基础。他们的意思不是指常识理解下的叙事，即与数字相对的文字，或与形式化相对的复杂性。相反，他们说的叙事是更一般意义上的过程或故事。他们希望把过程作为社会学分析的基本构件。对他们来说，社会

---

* 我把本文献给已故的布鲁斯·梅休(Bruce Mayhew)，他写过两篇关于序列的有趣论文(1971，1976)。当我在职业生涯早期试图发表一些非正统的工作成果时，他给我写了一封奇妙的鼓励信(如读者所见，我仍在努力)。我还要感谢哈里森·怀特(Harrison White)最初邀请我为1991年8月16日在新罕布什尔州恩菲尔德举行的"界面会议"写这篇总结性的文章。我同样感谢那次会议的与会者，他们的敌对意见迫使我做出重要的澄清。我要感谢罗恩·蒂斯特德(Ron Thisted)、约翰·帕吉特(John Padgett)、拉里·格里芬(Larry Griffin)和拉里·埃萨克(Larry Isaac)给出的不同意见和建议。最后，我要感谢彼得·埃布尔(Peter Abell)提供的多种形式的合作。本文首次发表于 *Sociological Methods and Research* 20(1992)：428-455；经 Sage Publications，Inc. 授权转载。和原文一样，我把自己放在了第三人称的位置上(这也许很奇怪)，因为这似乎是统一本文语气的唯一办法。虽然我已把本书收录的论文副标题都去掉了，但这篇原本的副标题曾经刺激到了很多人："叙事实证主义笔记"("Notes on Narrative Positivism")。本文的开头涵盖了第一、三、四、五章中比较详细地分析过的论点，后半部分显示了理论论证与某一特定的方法论工作之间的联系，这也是我将本文列入这里的原因。

[译注]此处的"界面会议"即导言里提到的"边界与单元"会议。怀特本人在非正式的场合这么称呼这次聚会，是因为他组织了两拨不同主张的学者进行对话：以他自己为代表的理性选择主义者和其他一些不属于这个阵营的学者，包括利弗、阿伯特、埃布尔等。会议由此得名"界面"。原文中的日期有误，经过与作者核对，会议在8月17—20日举行，所以发言并不是在16日。

现实发生在位于约束性或实现性(constraining or enabling)结构下的行动序列中。社会现实是特定社会行动者在特定的社会场所、特定的社会时间的问题。

在当代经验性/实证性实践的背景下，这样的构想是革命性的。我们通常的方法将社会现实解析为具有可变特性(variable qualities)的固定实体。它们将因果关系归因到变量上——根据假定而成立的社会特征——而非动因上(agents)；变量做事情，而非社会行动者。故事消失了。这种方法中存在的唯一叙事是无法检测的故事(just-so stories)——证明了变量之间的这种或那种关系。偶然性叙事是不可能的。[①]

当然，在一些经验性的文献中过程仍然很重要。各种微观社会
学——符号互动主义、互动过程分析、常人方法论、对话分析——都 184
关注社会过程，尤其是互动的分支和转折。历史社会学，特别是对革命和罢工等集体行为的研究，同样也研究过程的展开，不过这里更多的是寻找特征过程，而不是寻找互动规则(在另一批文献中，过程在概念上的重要性显而易见，但在经验上无人超越回归分析的配方，生命历程文献就是最好的例子)。

但社会学的主要实证传统完全忽略了过程，这种无知逐渐蔓延到我们的许多理论中。叙事方法论是对这种双重无知的回应。因此通过在这里回顾它，我希望提出一种议程，将“概念化过程”作为中心问题，我同时回顾了建立在这种过程概念基础上的形式化方法论，它们虽初步，但都是令人振奋的尝试。为此，我将首先提到过程在古典社会学理论中的地位。随后，我将讨论过程分析如何从经验方法中逐渐消失。

---

① [译注]当代科学语汇中，just-so story 意为无法被证伪、无法被证明的解释。早期出处可参见弗洛伊德的《群体心理学与自我分析》英译(*Group Psychology and the Analysis of the Ego*，1922，p. 90)。更早可追溯到 19 世纪末，意为“神话、起源故事”。

这就自然而然地引出了对主要理论问题的讨论，这些问题来自我们重新将过程整合进经验性实践的时刻。在该讨论之后，我将回顾为完成重新整合而提出的新方法论。

一、理论与过程

虽然行动和过程在很大程度上已经从经验社会学里消失了，但相较之下，它们仍是许多社会学理论的核心，无论是经典还是近代理论。韦伯在其理论著作中把行动作为核心。他在比较宗教和经济学领域写了许多偶然性叙事(contingent narratives)，并把寻找理想-典型的叙事(ideal-typical narratives)作为其方法论著作的核心。马克思也以过程论的方式构思世界，尽管他所关注的过程是黑格尔式的历史大潮。但与韦伯一样，马克思写下的解释性叙事既灵巧又精妙。①

在美国传统中，注重过程的首先是芝加哥学派。帕克和伯吉斯的教科书(1921)围绕过程标题来组织。他们的学生给出了社会过程的"自
185 然史"，描述了在帮派发展、职业生涯，甚至革命中观察到的典型模式。②芝加哥"互动"概念的核心体现了对过程的痴迷，这种痴迷也遗留给了后人，如欧文·戈夫曼(Erving Goffman)和标签理论家。但芝加哥并不是唯一对过程感兴趣的理论传统。即便像帕森斯，特别是在他的早期工作中，也使行动(如果不是过程)成为社会学的核心。③今天我们看到，这种社会学对行动的长期关注装扮成另一种样貌再次出现；理性选择理论直接关注行动者和决策。尽管许多人谴责理性选择在方

---

① 韦伯([1947]2010)；马克思([1963]2001)。

② Park and Burgess(1921)。关于帮派，参见 Thrasher(1927)。关于职业生涯，参见 Cressey(1932)。关于革命，参见 Edwards(1927)。

③ 特别参见帕森斯([1937]2001)。

法论上坚决的个人主义是“非社会学的”，但该理论至少集中在动因和活动上。

人们可能希望用这样的话来概括对过程和行动的共同理论关注，即许多理论对社会现实采取“叙事取径”(narrative approach)。但除非认真地加以限定，否则“叙事”这个词在这里遮蔽的事物比揭示的要多。我们常常认为，叙事必然涉及意义的复杂性，而且它天生就不可形式化(unformalizable)。尽管如此，在通过过程取径进入社会现实的时候，人们不需要做出这两种假设，无论出于多么可取的其他原因。过程性思维并不需要在阐释角度关注意义的复杂性。当然过程性思维也丝毫没有禁止以形式化的方式来表述社会现实。那么，如果我们记得“叙事”一词在这里如此广义地被理解：过程性以及基于行动[研究]社会现实的取径，即基于故事的取径，那么我们就可以避免这些混同，并认识到社会学的伟大理论传统确实对社会现实采取了叙事取径。

二、经验社会学中过程的消失

但主流的经验传统并没有采取这种叙事取径。在经验社会学中取代过程和叙事概念的当然是因果关系。然而因果关系在社会学中有着一段奇怪的历史。虽然现在它是实证社会学自我形象的核心，但事实证明，早期的社会学实证主义回避了这个概念。①

当代的因果关系概念源于逻辑实证主义。尽管休谟认为因果关系不过是相关关系，但20世纪初的自然科学在使用致因概念时，明显带有前休谟[时期]决定/确定和作用力(determination and forcing)的色彩。量子力学挑战了这一概念。它断言现实的本质是不确定的，并声称“可

① Bernert(1983)。本节所涉及的材料在第三章中阐述得更为详细。

186 能的决定”([probable determination]由概率分布确定)是对“真实”因果关系的最佳近似。针对这一发展，逻辑实证主义者将因果关系概念改写为陈述的一项谓词(a predicate of statements)而非现实的前提(a predicate of reality)。①

当今最好的社会学方法课程中教授这种经过改写的因果关系概念。说“x导致y”，就是对与x和y有关的方程式以及它们所蕴含的隐性理论框架(x的时间优先性等)说些什么。因此，一位优秀的社会学方法论者会认为，“教育导致职业成就”实质上是三种说法结合起来的简写：(1)在生命历程中，教育一般先于职业成就；(2)二者在不同个体中高度相关；(3)认为[因果关系]由前者流向后者是可信的(因为可以讲一个“给出一个潜在机制的可信故事”)。在这种理想化的观点中，“教育导致职业成就”并不是关于某种因果力量——“教育”——的陈述，它以某种先验的方式决定了一种同样抽象的事物——“职业成就”。相反，它快速地概括了许多“教育说明[accounts for]职业成就”的叙事。

当然，在实践中，这种小心翼翼并不典型。许多或大多数社会学家正是以实在论的方式来阐释“教育导致职业成就”的说法，他们在社会世界中看到的是产生其他作用力的因果力量，这些力量发生在远离人类活动的地带上。人们只要阅读学术期刊，就会发现这种确定性“因

---

① Reichenbach(1951)，第十章。

[译注]predicate既有“……的前提”之意，也是专用术语“谓词”。谓词的概念至少可以在三重意义下理解。在逻辑的意义下，谓词是关于主词的一个说法，比如说“这个男人是我的父亲”中的“我的父亲”。在英语语法中，谓词是句子中论及主语的部分，如“约翰昨天回家了”中的“回家”。在数学逻辑中，谓词是指一句包含“未被标明”(unspecified)部分(一处或多处)的句子。哲学家苏珊·朗格将“being white”这样的陈述定义为谓词，因为它没有联系到另一个词(*An Introduction to Symbolic Logic*，1937，p. 158)；数学家希尔伯特和阿克曼把单一方程 $x+y=z$ 称为谓词，因为式子 $S(x, y, z)$ 中只有一处论证(one argument place)，而若有一处以上论证，则能称其为**关系**(*Principles of Mathematical Logic*，1950，p. 57)。

果力量”的言论，尽管任何严肃的方法论者在受到质疑时，都会退回到理想化的“叙事概括”观点。[①]

这种改写了的因果关系理论对社会学的接管始于奥格本（William Fielding Ogburn）、斯托弗（Samuel Stouffer）、邓肯（Otis Dudley Duncan）和拉扎斯菲尔德（Paul F. Lazarsfeld）掀起的统计革命。这场统计革命的首项举措，于 20 世纪 20 年代以相关性而非因果关系的名义进行。[②] 按照休谟的方式，[革命的]第一版完全拒绝谈论“致因”。但随着社会学在第二次世界大战期间和战后逐渐采用新的统计方法，逻辑实证主义“因果关系概念仅仅是陈述的前提”这一观念为重新使用因果语言提供了理由。既然谈论因果关系只是谈论方程，那么这在哲学上就是合适的——哪怕休谟不会这么认为。这种解释产生了我刚才概述的 187
“作为简写的因果语言”观点，它是标准方法论得到广泛教导的哲学基础。

但实际上，社会学家从来没有把陈述与现实的分离看得那么重。到布拉列克（Hubert M. Blalock Jr.）的《非实验研究中的因果推断》（*Causal Inference in Non-experimental Research*，1964）问世时，谈论作用于现实世界的决定性因果力量但又不真正提及具体的个体行动，这样的语言已经成为该领域的标准。这次蜕变得益于涂尔干的《自杀论》被翻译成英语（1951），这本书将坚定的社会涌现论和定量经验主义进行了诱导性的融合。涂尔干近乎中世纪的社会实在论似乎证明了我们可以完全忽视能动性和故事。

到了这时，方法本身已经开始对理论思考施加一套隐性假设的约束。方法已经逐渐成为社会学家的第二天性，以至于这些隐性假设已

① 关于这个论点的详细论述，参见本书第四章。

② 参见 Bernert（1983）和本书第三章。

经开始决定社会学家如何想象社会世界的构建。在这里回顾一下它们是很有用的。[①]

1. 社会世界由属性可变的固定实体组成(人口学假设)。

- 1a. 一些属性决定(导致)另一些属性(属性因果关系假设)。

2. 发生在一项案例上的事，无论从时间上或空间上，都不会制约发生在其他案例上的事(案例间独立性假设)。

3. 在一项给定的研究中，属性有且仅有一种因果意义(单义假设)。

4. 属性之间的相互决定主要是作为独立的尺度(scales)，而不是作为属性的组合(constellations)；主效应比交互效应(交互是复杂的类型)更重要(主效应假设)。

这些假设中的一部分受到了各种文献的攻击。例如，人口学假设(假设 1)受到了一些关于合并与分裂研究的攻击。但是，人口学的总体趋势是从研究实体的流动(形式人口学)转向固定实体/变化属性的取径(社会人口学)。虽然组织生态学家已经解决了合并与分裂的问题，但他们仅仅把这些过程看作一个群体的延续加上另一个群体的死亡或
188 诞生，从而回避了关于实体和属性之间连续性的核心问题。在这样的论证中，存在(existence)变成了实体以某种方式可能失去的一种属性，从而产生了一个可以被定义为实体但又不实际存在的哲学怪胎。

案例独立性假设(假设 2)也受到了攻击，其中最有力的来自网络研究文献。这份价值巨大的文献关注了相互关系的类型(types of interrelations)，并从空间的角度来设想社会世界。它倾向于以标度、聚类和类似描述性的方法来研究社会结构，但仍在形式化方法之内。相比之下，单义假设(假设 3)主要受到各种阐释性文献的攻击，因此并没

---

① 参见本书第一章中的延伸分析。

有成为形式化或方法论文献的重点，尽管我们可以想象对相互之间具有多重因果关系的属性进行形式化的工作。一般来说，正是这第三项假设引发了“软”社会学对“硬”社会学经验主义的主要批判。

主效应假设(假设 4)并没有受到任何主要文献的直接挑战。可以肯定的是，网络文献隐含地认为社会关系以组合(constellations)而非简单的联系(simple links)出现。但一直以来，应用社会科学家——主要是市场研究者——认为复合体(complexes)比主效应更重要，并遵循了这一论点的方法论含义，他们认为分类与描述现实比对现实的因果分析更加核心。

然而，对我的论点而言，比这四项假设更重要的是标准方法论中隐含的涉及时间和时间性(time and temporality)的假设。因为新的“叙事实证主义”正是在反对这些假设的基础上产生的。

5. 事物的发生以长度一致的离散量(discrete bits)为单位，而非聚合为长度不一的重叠“事件”(连续性或统一时间视界假设)。

- 5a. 在必须考虑属性不同的持续时间的情况下，“决定”从长时效属性流向短时效属性(determination flows from long-duration attributes to shorter-duration ones)，从背景流向个体(单调因果流假设)。

6. 属性变化的顺序不影响变化的发生(非叙事性假设)。

- 6a. 所有案例都遵循相同的“因果叙事”或模型(同质因果假设)。

进行一下反思会说服深思熟虑的读者，以上这些确实是标准方法的基本时间假设。在布劳和邓肯的《美国的职业结构》一书中散落着对
它们的有益讨论，该讨论可能是标准方法论资料中最好的。布劳和邓 189
肯首次将回归方法应用于一组庞大的社会数据集，他们详细讨论了这

些问题。①

总之，第二次世界大战以来，社会学所采用的方法不仅体现了作为强制力的因果关系概念，还带来了一系列隐性的假设，这些假设逐渐被强加到社会学理论上。我在这里称为叙事实证主义者的人所关注的正是这些隐性假设，特别是有关时间和时间性的假设。

三、关于叙事的理论问题

因此，社会学标准方法的历史提醒了我们一则简单而重要的道理。任何方法论策略(我们可以称之为“大写的方法论”[Methodology])都会带来一般的约束，或正确地说，这些是理论性的约束。既然任何社会方法论都必须以特定的方式解析社会世界，那么它就必须包含来自一种隐性社会理论的要素。从上面的假设列表中可以看出，这些要素包括一种本体论(假设 1)，结构的理论(假设 2)和因果关系理论(假设 3、4 和 5a)，以及一种时间观念(假设 5 和 6)。

因此，建立在叙事基础上的另一种[M]方法论，其第一步就是要发现适合这种方法论的理论策略，并概述它提出的一些中心问题，以便进行概念上的反思。当然，叙事[M]方法论本身会对社会现实做出假设。新的叙事主义者并不声称他们可以免于这种必然性。相反，他们希望在新假设的基础上提出新问题。这将使我们有备无患，而不是像目前这样只有一条出路。

当前这方面的理论文献还很少。虽然从一开始提到的零散经验文献中可以得到许多理论上的启示，但它们都对创造建立在叙事基础上的积极方法没有强烈的兴趣。唯一自觉的论述是阿伯特和埃布尔的各

① 布劳和邓肯([1967]2019：111-131，161-169，213-223，231-245)。

种著作。两人都遵循了大同小异的逻辑来攻击所谓的“以变量为中心的模型”，但从那里开始，他们走上了不同的道路。①

阿伯特最初的论证既借鉴了结构文学理论和历史哲学的文献，也 190
借鉴了社会学的文献。他把重点放在了社会故事的连贯性和可追随性问题上，考虑“社会现实发生在故事中”是否真的有意义。阿伯特最初提出了三大故事属性。②第一个是链锁（enchainment），其定义为从一个步骤到另一个步骤的叙事联系/环节的本性（nature of the narrative link）——这就是因果关系的叙事类似物。第二个是顺序（order），即社会故事预设一种特定、确切的事件顺序的程度。第三个是收敛（convergence），即社会序列接近稳定状态的程度，[然后]非叙事方法就适合于此。在后来的理论写作中，如同在方法论工作中一样，阿伯特一般都关注顺序属性，尤其是典型序列的问题——寻找一种典型或特征性的事件顺序。与埃布尔相比，阿伯特的理论立场似乎相当不确定，他为各种链锁留有余地，几乎没有花时间侧重于这一概念。这源于阿伯特作为一名研究制度的历史社会学家在经验上的主要关注。在制度分析中，理论化链锁的方式多种多样。③

从更形式化的背景出发，埃布尔将他的叙事方法更明确地建立在行动的理论模型上，即一种集中的链锁概念。和阿伯特一样，埃布尔也主张故事的统一性和连贯性。但他的主张主要建立在有关行动的哲学文献上。埃布尔从个体行动的角度明确地定义了链锁，将其归类为

---

① 这里收集了我自己的作品（另见 Abbott[1983，1984]）。彼得·埃布尔的理论著作包括 Abell（1984，1985），以及最重要的 Abell（1987）。一旦“叙事革命”在社会科学部分领域向文化的普遍摇摆中展开，我们就突然获得了很多同伴。例如，见 Griffin（1991）、Aminzade（1992）、Sewell（1996）。这些工作大多不像埃布尔和我的工作那样集中在泛化的问题上。

② Abbott（1983）.

③ 我在阿伯特（[1988]2016）中提出了许多这样的论点。

意向(intention)、积极活动(positive activity)、前摄(forebearance)等类似的概念。在此基础上，他为阿伯特的典型序列问题建立了一套强大的代数方法。对埃布尔来说，叙事分析的核心理论问题在于对行动的类型和方式进行归类。他最近更加明确地坚持理性行动范式，主张理性行动范式是一种"最不坏的选择"。[①]尽管这种承诺使得埃布尔的理论把握更加集中，因而也许不如阿伯特那么广泛(catholic)，但他在《社会生活的句法》(*The Syntax of Social Life*)中对叙事问题的论述仍然是社会学中最好的延伸处理。[②]

尽管阿伯特和埃布尔已经开始为叙事主义的方法论制订一项理论
191 问题和议题的议程，但他们都更明确地关注了方法论，以说服经验社会学家相信他们的理论见解(下面我将对这些方法论进行回顾)。因此，大部分的理论议程仍有待研究。我将在这里讨论一些主要问题。至关重要的是要注意到，这类问题——我们可以称之为"方法的哲学"问题——不应该阻止我们以叙事的方式看待社会世界。毕竟，标准方法也存在同样的问题。这些方法仅仅因为其范式地位而被人忽略了。只是由于叙事方法的新颖性，我们才意识到这些问题。

第一大类理论问题涉及叙事框架内对人口问题的处理。阿伯特称之为"实体过程"问题。[③]这些过程涉及个案本身的转变或根本性的变化。最熟悉的(也是研究得最好的)是出生和死亡。但阿伯特也指出了案例合并和分裂的重要性，这些问题在埃布尔相当强烈的方法论个人主义中消失了，但由于阿伯特主要关注制度层面，这些问题却显而易见地重要。正如我在前面所指出的，在事件史文献中，合并和分裂一直被当作死亡(一个案例因合并而不复存在)和诞生(一个案例从另

---

① Abell(1989，1991).

② Abell(1987).

③ 参见本书第四章的结尾段落。

一个案例中分裂出来)来处理，但这种方法只是对一道重要的理论问题进行了细化。

阿伯特还认为，微观/宏观问题本质上是时间性的，因此，在微观和涌现层面上，存在着各种与变化和非变化相关的实体过程。① 这个问题又源于制度主义的理论关注。例如，职业在分工中可以继续保持一个恒定的位置，而与此同时其人员则完全流转；反之，一批恒定的人员也可以作为一个集体，通过一般专业分工的变化经历集体身份或位置的完全转移。这类问题提出了微观转变和宏观转变的问题，是理论分析的重要课题。我们必须发现合理的规则来规范个案的构想及其与宏观实体的结合。这些都是理论化“实体过程”所碰到的问题。

在这些人口问题之后，第二大类理论问题涉及事件。由于埃布尔 *192*
借鉴了相对形式化的叙事模式与理性选择及其方法论个人主义，他倾向于把事件看作简单、没有问题的交流和反应。相比之下，阿伯特则将事件的概念化视为一个核心的理论问题。②对于历史哲学的文献来说，事件特别成问题，因为一组给定的“事件”(阿伯特通常称为“发生”[happenings])可以通过许多不同的方式来设想(emplotted)。(标准方法中的类似问题是，一个给定的经验统计量可以被用作许多不同概念的指标。)此外对于历史学家而言，事件有持续时间，因此可能会有重叠。这又使得顺序的概念受到了破坏，而顺序是叙事的核心。阿伯特的各种著作都围绕着这些问题展开，但顺序仍然是应用研究中的一项核心问题。③

此外，一旦我们把事件看成是由“发生”或“发生的事”(“happen-

---

① 同样，见第四章的讨论，也见导言中对这个问题的考虑。微观和宏观作为纯粹的时间问题，在本书第七章有详细的讨论。

② 概念化问题在 Abbott(1984)中做了讨论。

③ 见 Abbott(1991b)。关于多重指示，见本书第二章。

ings" or "occurrences")所示的大型、概念性的东西，那么就会出现与两个层次有关的各种问题。在很大程度上，这些都可以看作测量问题。哪些是告诉我们事件 x 已经发生的关键？例如，哪一所新的医学院最终说服我们，医学界开始致力于教育？但它们又折回到了首先定义和理论化事件的问题上。一旦我们超越了简单的行动/反应序列的世界，进入一个"事件有持续时间且会重叠"的世界，同时我们主要通过指示性的"发生的事"了解它们，要如何决定故事的各个部分怎样结合在一起呢？这就会面临一项非常复杂的问题。正如阿伯特所指出的那样，在历史哲学中，关于这一主题有很长且杰出的文献。尽管如此，它还是因为漫长而杰出而没有得出结论(inconclusive)。

一组相关的理论问题涉及社会世界的多重情节结构。如果我们用故事来概念化社会世界，就会立即面临一项问题，即每一个事件都同时处于许多叙事之中。每桩事件都有多个叙事前因，也有多个叙事后果(当然，在标准方法中也是如此，只是要用"因果"一词代替"叙事")。[①]也就是说，从叙事的角度看，全部社会过程构成了一个流向现在和未来的故事网络。在这个网络紧密程度不一的地方，叙事有所不同。某些叙事的发展相对独立于周围的其他叙事，这些我们称为阶段性过程(stage processes)。其他叙事则更多地取决于那些四周环绕的叙
193 事——例如，在大多数情况下，组织性生涯(organizational careers)就是如此。最后，其他的则发生在系统性的结构中，这些结构以激进的方式制约着叙事的展开。最后这些是相互制约叙事的"互动系统"。阿伯特对职业演变的分析和沃勒斯坦对世界体系的分析一样，都采取了该立场。[②]这个叙事的相互偶然性(mutual contingency)问题显然需要进

① 比较 Marini and Singer(1988)。

② 阿伯特([1988]2016)；沃勒斯坦([1974]2013)。

行广泛的理论研究，然后我们才能思考解决问题的方法论。

我们可以通过考虑一则理论问题来概括该问题，即对一桩事件的叙事(或因果)意义如何变化，即如何随着当代环绕事件的合集与“导致现在的过去事件”而变化。叙事方法论的一项基本论点是，叙事意义(链锁的“因果力量”)是现在和过去情境的函数。从共时性角度看(synchronically)，这是“现实并非发生在主效应，而是发生在交互效应中”的论点。从时间上看，该论点意味着叙事力必然是序列性的，顺序会带来区别。这些问题也是重要的理论思考课题。

最后一项特别重要的理论问题是，如何形式化地表示那些涉及多个“以不同速率运动”的偶然事件序列的过程。也就是阿伯特在其他地方所说的时间视界问题。[1]这也是一个主要由历史社会学文献提出的理论问题。我曾经着手解释为什么美国精神病医院里没有精神科医生。1900—1930 年出走的那批人，不仅反映了每年可具体化的个人理性流动决定，也反映了需要数十年发展的门诊社群的吸引力，以及在更长时间内发生的知识和社会控制的变化。我们如何同时接受这四个过程?

对于这个问题，有很多快速解决的方法，但没有一种令人满意。其一是传统的观念，即历史研究界定了时段或区间，社会学在其内部大致以共时性的方式研究致因。存在长期变化，我们可以在其中设定短期的“因果关系”。遗憾的是，这种论点(目前在历史社会学文献中占主导地位)既没有提供说明长期(时段之间)变化的方法，也没有说明长期变化对短期过程的影响。[2]另一种答案是更微妙的“马尔可夫式”答案，即历史因果关系其实没有深度，所有深层过去的影响都通过塑造 *194*
了现在的即时过去(an immediate past that shapes the present)来表达。

---

① 参见本书第一章和第五章。

② 参见 Abbott(1991a)关于历史社会学的文献。

许多哲学（如怀特海的哲学）和某些方法（如事件史分析）都以此为特点，这种观点认为历史的连续性假设有问题。[①]如果具有持续时间的事件真的存在（任何明智的分析者都不会否认这一点），那么马尔可夫观点就存在重大问题。但是除了这两项应急措施之外，这一不同速率的多重序列问题并没有简单的答案。布罗代尔将历史划分为结构、形势和事件的著名做法是开始的一种方式，但即使在他那里，三个层次之间的叙事联系也没有被理论化。多重时间视界问题仍然是使形式化叙事超越阶段过程和理性行动序列的简单思维分析的核心理论障碍。不解决这个问题，我们就无法进行严肃的制度分析。

四、方法论取径

在概述了创建叙事[M]方法论所涉及的一些基本概念问题之后，我现在要回顾一下该领域内的方法论工作。叙事方法论有三种一般取径。第一种涉及我们通常所说的某种形式的**建模**（modeling）。根据这种观点，虽然叙事和时间性很重要，但叙事本身缺乏独立的本体论地位。因此，人们的目的是发现一个随机过程（stochastic process），这个过程的各种实现方式是一组被观察到的叙事。另外两种取径则对这一假设提出异议。对它们而言，叙事本身被看作可行的现实，而不仅仅是发现一种潜在生成过程（underlying generating process）的手段。研究这些真实叙事有形式化和非形式化的取径。**形式化描述**（formal description）力求对相对较少的故事进行详细的形式化。**经验性描述**或**经验性归类**（empirical description or empirical categorization）的目的则是在数量较多的故事中找到类别（classes），这些故事的结构通常比形式

① 参见本书第五章。

化描述的结构更简单。

(一)建模策略

许多文献都遵循了建模策略。一些文献“以叙事的口吻”扩展了现有的技术。其他文献则拓展了新的取径。三份最重要的文献分别涉及时间序列方法(time series methods)、持续时间方法(durational methods)和博弈论方法(game-theoretic methods)。

时间序列方法仍然保持在一个相当传统的以变量为中心的形式
中。它们理所当然地采用了上面讨论的带有属性的实体模型。但是它 195
们对因果关系的假设，通过使一些变量的现在值取决于该变量的过去值和/或误差项的过去值，将因果关系直接嵌入时间中。因此，它们通过修改关于非叙事性的假设 6，实现了简单的叙事性。

各类作者都试图将这种简单的叙事变得更加复杂。这方面的核心论点，是埃萨克和格里芬(Larry Isaac and Larry Griffin)的一篇论文，提出通常使用的时间序列分析忽略了许多历史信息。[①]传统的分析对因果模型的历史恒定性做出了深刻的错误假设，从而允许在恒定致因的时段内进行“社会学”[研究]，而在跨时段内进行“历史”[研究]。埃萨克和格里芬认为，时间序列方法为实证历史分期提供了一种天然的格式。人们将时间序列模型应用于移动窗口中的零碎数据上，然后分析系数随时间的变化。[②]

时间序列方法有各种优点和缺点。虽然可以在不同的案例间和多变量的情况下装配模型(如“横截面与混合”时间序列模型的组合)，但统计假设的负担变得很大。[③]这些方法在仅处理一项案例和一个变量的

---

① Isaac and Griffin(1989).

② Isaac, Carlson, and Mathis(1991); Griffin and Isaac(1992).

③ Griffin et al. (1986).

情况下效果最好。另外，即使在埃萨克-格里芬取径下，当“事件”跨越观测框架时，时间序列方法也变得非常脆弱，这违反了上述的假设5。但它们也有相应的优点。这些优点不仅在于其朴素和简练，而且还在于它们对习惯于标准式、横截面回归的研究者来说也是很容易接受的。①

然而，时间序列取径的基本假设仍然是“存在一种潜在过程”，把
196 实现了的数据抛出其表面。现实首先是因果现实，位于潜在模型的层面。变量保留了其对活动/行动的支配地位。虽然新的时间序列方法因此对叙事实证主义表示同情，可它们的表达非常温和。但它们确实开始认真对待叙事性的偶然。

对现有技术的类似改编来自持续时间方法，或者像社会学中通常所说的那样，事件史方法。这些等待时间模型最初在社会学中得到应用，成为对结婚和离婚的顺序数据进行的更大的马尔可夫分析的一部分。②然而，后来的应用已经失去了其中隐含的序列味道。它们只是简单地预测一次单一的过渡/转移概率(在完整的马尔可夫矩阵内)。这里的叙事是指在某个事件发生之前的等待时间，通常是死亡、离婚、晋升或组织消失等剧烈事件。因此，每次叙事中有两桩事件——开始和

① 在许多方面，新的时间序列方法是整个统计学普遍发展的一部分。考虑到计算机变得逐渐强大，统计学家越来越多地敦促将经典的推断程序递归应用于数据的子样本。他们认识到统计推断的大多数应用具有坦率的探索性特征，并将结果视为复杂的描述而不是“因果分析”。这一运动与图基(John Tukey)、艾弗隆(Bradley Efron)等人有关，并产生了重要的迭代程序，如刀切法和自助法(jackknife and the bootstrap)。(对这一运动的讨论见 Efron and Tibshirani[1991]。)这种对多重、描述性分析的冲动在寻求时间和背景变化参数的适当限制的多重分析中找到了它的表达方式(在时间序列分析的一般领域)。事实上，在寻找这些限制方面有大量的统计文献，统计学家称之为变化点问题(change-point problem)。

② 关于事件史的一般资料有 Tuma and Hannan(1984)以及 Yamaguchi(1991)。最初的经验应用是 Tuma，Hannan and Groenveld(1979)。

结束——人们的目的是在给定各种独立变量的情况下，预测完成所需时间。

对传统主义者来说，事件史方法的优点是“在一边”保留了因果论框架。其中仍有自变量（这些自变量偶尔允许时变[time-varying]，尽管计算代价巨大）。然而在另一边，我们有事件和时间，这是叙事的基础。那么从哲学上讲，这些都是混合（hybrid）方法，一只脚踩在基于事件的世界观上，另一只脚踩在基于变量的世界观上。

因此，事件史方法在方法论上同时具有两方面的一些优点和缺点。将案例转移到一个共同的抽象起点上，掩盖了时段效应，虽然这些移位可以作为变量输入，但最多只能输入一点。过去的序列效应，也必须作为参数输入，而不是直接用来建模。事件史模型可以通过竞争风险的框架（framework of competing risks）扩大到几桩事件。[①]然而，对于计算而言，它们很快会变得让人无法忍受，这是在 *n*-阶马尔可夫模型中早已被注意到的问题。这里的核心问题由阿伯特详细概述，但拉金（Charles Ragin）和其他人也考虑过。[②]一旦我们感兴趣的变量倍增，同时关注过去事件序列的影响，我们就会迅速接近大多数可能的事件和变量组合从未发生的情况。将事件/变量序列作为简单的叙事单独分析更简单，因为它们的数量较少。

然而，事件史方法为我们在传统框架内走向叙事分析提供了另
一种途径。它们保留了传统方法的大部分因果假设，当然也保留了本 *197*
体论的假设。但它们又通过将因果关系嵌入时间的流逝中，而放松了时间性假设。虽然很难说它们激进，但它们走向了时间的那一端。

第三类叙事建模取径是序列博弈论（sequential game theory）。博弈

---

① 参见，例如，Smith(1985)。

② 参见本书第五章和 Ragin(1987)。

论打破了变量中心世界的核心假设之一，即假设 1a，因果关系通过属性[表达]。虽然博弈论采用了变量(例如，在设定偏好时)，但它通过个人行动的阶段(博弈)来阐述这些变量。此外，博弈的整套思想就是完全拒绝另一种以变量为中心的假设，即关于个案独立性的假设 2。因此，博弈论从一开始就走出了变量中心的框架，但方向与叙事论不同。

关于时间性，博弈论的态度比较分裂。博弈论的很多内容涉及"策略形式"(strategic form)的博弈。在这种形式下有一个假设，即所有的谈判和交流都发生在实际博弈之前。严格意义上的博弈开始于设定行动者、偏好、规则和回报。然后发生一次"行动"(play)，其最优结果由各种解决方案系统(solution systems)找到(或有时被证明无法找到)。博弈理论家有各种理由来解释为什么策略博弈的研究实际上在(广泛的)时间情境下很有用。[①]事实上我们可以说，过去十年博弈论的重大进展正是产生于从时间形式到策略形式的转变。

然而，相当大的博弈论领域涉及重复或随机博弈，其中存在重复、博弈间协商、嵌套博弈，尤其是不完全信息，它们通常会阻碍将博弈还原到策略形式。在博弈论的这一分支中，我们走向了一种更明确的社会生活的叙事概念。事实上，叙事实证主义的核心人物之一彼得·埃布尔认为他的形式化描述方法可以与序列博弈论调和。社会学中对理性选择和博弈论思维最活跃的阐释者可能是科尔曼(James Coleman)和赫克特(Michael Hechter)。[②]

博弈论的优点和缺点众所周知。大多数批评集中在关于理性和偏好不真实的假设上。但(应用层面)的核心实际问题主要在于两个方

---

① 参见 Shubik(1982：67-70)。

② Coleman(1990)；Hechter(1987)．关于序列博弈论的优秀回顾，参见 Kreps(1990)。

面。首先，或许有非常多的可能博弈(规则)适用于一项特定的社会情境，(有时)还对应了各种解决方案。更广泛地说，理性选择解释中的大部分“解释”不是发生在策略那奇妙优雅的句法中，而是发生在通常所说的一方面是变量，另一方面是行动者的偏好和游戏规则中。现在已经很清楚，由于理性选择中的“临界点”，一些社会选择情况对参数的微小扰动很敏感。① 但是，使理性选择成为一场或一组骚乱的“解释”的原因，在于演示有关参数事实上是在这些临界点附近。这种演示是测量问题，而不是理论问题。 198

理性选择和博弈论解释的第二个大问题在于它们通常没有认真地解释偏好。当然，在这个问题上已有研究，但在实际应用中，这种解释总是把偏好变成外生，从而又把解释的核心方面置于它们的范围之外(同样重要的是，在大多数形式下，理性选择理论接受了以变量为中心的假设：关于行动者和事件的强定义性的假设)。

因此，理性选择和博弈论取径在传统方法的延伸和直接叙事方法之间构筑了一座有用的桥梁。它们保留了对一个潜在生成模型的信念，尽管该模型是选择模型。而且它们更倾向于策略而非扩展形式。但信息不完全的序列博弈其实是重要的、研究得很好的叙事结构。它们具有清晰、简洁的优点，也具有不确定性和广泛假设偏好的缺点。它们将实质性理论与明确的适用性相结合，使其变成建模技术中可能最为有趣的。②

建模策略应用于叙事时有各种优势和弱点；分析者会希望选择它们，并在模型间进行选择。它们都采取共同的形式，即寻求一套潜在结构——一个生成性的随机过程，一套游戏规则——产生了作为副产

---

① 关于临界模型，见 Rashevsky(1968)和 Granovetter(1978)。

② 关于“动态选择理论”的动态规划的一些说明，见 Abbott(1983：144-45)，n. 31 中的参考文献。

品的叙事模式。在这个框架内，他们采取了各种不同的立场。时间序列分析倾向于关注少量的变量和单个案例。因为多变量、多案例的分
199 析具有严重的“偶然性”，会产生问题。持续时间方法研究大量的案例，而且通常伴随大量的变量，但一般假定没有时段效应；当面对严重的序列效应、多事件和复杂的叙述时，它们就会出现问题。博弈论方法可以认真地研究序列，但只是在一种相当严格的假设框架内，而且应用的不确定性也令人惊讶。因此，这些建模方法被对叙事本身有浓厚兴趣的分析者所忽视也就不足为奇了。

(二)形式化描述

形式化描述和经验性归类都拒绝了“潜在生成过程”(underlying generating process)取径。它们认为叙事由事件的内在逻辑产生，而非由因果变量的先验逻辑产生。它们的不同之处在于如何分析逻辑。那些对形式化描述感兴趣的人旨在对事件逻辑本身进行实质性、理论性的说明。用阿伯特的话说，他们有一种实质性的链锁理论。那些对经验性归类感兴趣的人，主要是阿伯特本人，则希望对链锁问题保持开放。正如我们将要看到的那样，它们之间还存在其他差异。形式化描述倾向于关注(一般意义上的)微观层面；对这种方法而言，叙事是可识别的行动者之间的交流。经验性归类则更多地将叙事看作发生在单个且往往是无定形的行动者(amorphous actor)身上的一系列事件。因此，形式化描述倾向于在序列中看到更多的分支，而经验分类则更多地看重单线性阶段(unilinear stages)。这些阶段恰好不可能是永久性的差异。相反，它们产生于不同的经验问题，这些问题激励了叙事实证主义者开发各种方法论工具。

形式化描述基本上有两个实用版本。一个是戴维·海斯(David Heise)出于建模小群体互动和形式化民族志的兴趣而发展出的“事件结

构分析”(event structure analysis)。另一个是彼得·埃布尔的“比较叙事分析”(comparative narrative analysis)，源于埃布尔对非洲生产者合作社内部互动建模的尝试。

海斯的“事件结构分析”已经发展了一段时间。在早期工作中，他将事件的产生看作意图恢复“期望与实际情感”之间的和谐，而不是以多步骤的叙事为目标。后来，他转向了一种更广义的多步骤的构想。最近，格里芬(Larry Griffin)试图将事件结构分析应用于私刑的历史分析——经典的“叙事”问题——这是一次很好的应用。[①]

事件结构分析首先要定义一个事件词库。然后，通过交互式计算 200
机算法对这些事件中的一些叙事进行形式化描述，受访者被要求告诉计算机，在跨时间的序列事件集中“下游事件 b 是否需要上游事件 a”，以此类推。计算机利用这些必要的因果关系信息，编制出事件间依赖关系的形式图，这个图可以捕捉到基本的叙事结构。

海斯模型的理论基础是法拉罗(Thomas Fararo)、斯克沃雷茨(John Skvoretz)等人的形式理论。[②]这些人认为社会现实由配方系统(recipe systems)产生，这些配方系统“生产”事件，并按一套优先级将其排序(它们构成了制度)。其潜在模型在某些方面接近于理性选择——行动者根据一组优先级(偏好)选择调用哪种配方——但不同的是，行动不一定是策略性的。相反，先决条件被满足之后就引发了事件。因此，该模型建立在历史因果关系的必然因概念(necessary cause)之上，这既是个优势(因为它的清晰和易于分析)，也是个弱点(因为最合理的历史因果关系概念可能涉及充分因和必要因的某种混合)。

---

① Heise(1979，1986，1989，1991)；Corsaro and Heise(1990). 关于别人的应用，见 Griffin(1993)。

② Fararo and Skvoretz(1984)；Heise(1989).

正如海斯所发展的那样，除了依赖必要因果关系之外，该系统还有一些特性。它假定事件的部分有序(偏序[partial order])；假定将持续时间不同的事件混合在一起会带来问题。因此，事件是零散(bitlike)和离散的(参见假设5)。然而它并无规则禁止独立的故事线；完全可以存在多种平行的叙事。不过，非递归(循环)[叙事]是不允许的。研究者可以运行模拟(simulations)——并修改叙事序列的“生成语法”——直到模拟出的数据合理地拟合了观察到的序列。海斯的系统还提供了“泛化”叙事的方法，通过使事件描述更加全局化(更广泛地“综合”[colligating])，重复事件结构分析。[①]

埃布尔的比较叙事方法略有不同。与海斯不一样的是，埃布尔更注重纯粹形式论(pure formalism)的发展，而非计算机程序。另外，他的实质理论更接近于理性行动理论。此外，埃布尔的根本目标是泛化，与阿伯特一样，他也着迷于寻找典型的事件序列。

埃布尔的方法从强有力的形式化行动理论出发。[②]他从“事件的泛
201 化”开始——在海斯那里，这种泛化直到分析的最后才出现。他创建了由三对二分法形成的全局性活动类型：无意识与有意识的行动，积极行动与克制不动，建设性与预防性行动。随后，这些活动类型被分配给叙事中的各组行动者，并分别置于四个情境中：行动的意向前提、行动的认知前提、行动的实际前提和行动的后果(这一步解开了海斯归在一起的事项)。因此，埃布尔的理论致使行动的表达变得高度形式化和抽象化。

---

① 关于综合的问题，参见Abbott(1984)和Abell(1987)。Griffin(1993)也考虑了这个问题。

② 我从Abell(1987)中总结出来，但也可参见Abell(1993)。

[译注]《数学社会学杂志》(*Journal of Mathematical Sociology*)1993年的特刊包含了阿伯特、埃布尔、海斯以及其他一些对叙事展开形式化工作的研究者之间的对话。供读者参考。

在此基础上，埃布尔后来又加入了实质性的假设，体现出他对理性选择理论的承诺。①因此对埃布尔来说，理论构建分为三个阶段：第一，去定位“稳定的相关性”；第二，提供说明“这些相关性如何产生”的叙事结构；第三，从行动者的相关博弈中得到叙事结构。在实践中，埃布尔把重点放在第二和第三阶段上。他从一个“叙事表”开始，定位行动的实际条件和认知条件、实际行动和具有叙事意义的结果。然后，他(用具有合适属性的合成图[digraph])生产出一则叙事的形式化表征，接着对其进行抽象化(使事件更加通用)和泛化(与其他叙事进行比较——注意，海斯的“泛化”就是埃布尔的“抽象化”)分析。这些分析由集合理论的形式语言来说明，因此导致了层级化的相似性的分类(hierarchical classifications of resemblance)，而不是埃布尔方法的定量(度量标准)测量。②

与海斯的分析相比，埃布尔的分析对“叙事联系的实际引出”(actual elicitation of narrative connection)关注较少。埃布尔没有使用自动的计算机算法来检索和生成叙事结构，而是直接利用自己和他所研究的群体的序列直觉来建立什么“导致”什么。埃布尔的这种 A 导致 B 的概念，与其说是海斯的必要联系，不如说是一种充分因(sufficient cause)联系。但也许通过这样一种开放性的方式提出问题，埃布尔为提出 INUS 条件(充分但是不必要的条件之中的那些不充分但是非冗余的成分)的麦基(John Mackie)留出了空间，这可能是对我们日常致因信念的最好近似。③

因此，形式化描述是进行叙事分析的一种很好的方法。海斯和埃 202

① Abell(1991，1993).

② 一些例子可以在 Abell(1987)中找到，尽管明确的博弈论联系最近才出现(例如，Abell 1993)。

③ Mackie(1974).

布尔给出了基础扎实、分析清晰的方法对社会现实进行叙事性研究(我没有涉及人工智能界广泛的叙事分析方法)。[①]目前，形式化描述在应用于少量丰富的叙事时做得最好，其泛化和归类的能力还不强。但这些方法与实质性理论有着牢固的联系，从而开始跨越由于我们致力于因果关系的方法论而产生的理论/方法鸿沟。最重要的是，这些方法明确地致力于通过故事构建现实。

(三)经验性归类

经验性归类的主要倡导者是阿伯特。与海斯和埃布尔不同，阿伯特并没有把他的方法建立在生产理论或理性选择等特定的实质性理论上。这在一定程度上反映了一种源于历史社会学的序列和顺序的观点。正如阿伯特在他最早的工作中论述的那样，在制度层面上存在着多种机制推动着故事的发展：选择、意外、功能、制度化、历史主义、力量等。[②]一种灵活的方法论一定不会将自己固定在任何特定的链锁上。阿伯特取径的第二个特点是集中于单线序列(single-line sequences)，这种情况也部分源于阿伯特依靠历史哲学和结构文学理论，而这两者都比较注重单线叙事。虽然这种叙事可能有分支结构，但在任何时候都只遵循一支。单线性也反映了一定的现实关怀，许多实证文献(如生命历程、犯罪和职业生涯)都需要单线性的方法。

从经验上看，阿伯特将序列分为两种类型。[③]第一种是像职业化这样的阶段性过程，其中包含独特事件的时间性接续。第二种是更复杂的“生涯”，其中的事件反复发生。阿伯特的方法本身就借鉴自跨学科

---

① 参见 Schank and Abelson(1977)；Dietterich and Michalski(1985)。

② Abbott(1983).

③ 在本文最初发表时，对我的方法最好的回顾是 Abbott(1990b)。从那时起，有 Abbott(1991b，1995b)和 Abbott and Tsay(2000)。

的序列比较研究。他仿效数学心理学家和考古学家的做法，对独特事件序列采用了约束性单维标度(constrained unidimensional scaling)，如他对职业化的研究。[①]对于重复事件，他采用了从DNA分析和相关领域汲取的最优匹配技术(optimal matching techniques)。这些技术始于建立序列之间的“距离”，将从一个序列转化为另一个序列所需的插入、
删除或替换的数量作为衡量标准。通过给这些插入、删除和替换分配 203
不同的成本，分析者可以再现局部相似度。然后，他的算法使用动态规划(dynamic programming)来最小化两个序列之间的总体距离。这些(在整个数据集上的)相似度的矩阵接着被用于各种归类程序——标度、聚类等。阿伯特已经将该技术应用于职业生涯、福利国家的历史、仪式舞蹈以及民间故事。他还开始建立编码扰动受该方法影响的信度资料(reliability information)。[②]

在目前的工作中，阿伯特将该技术从离散事件案例扩展到连续变量案例，旨在为多案例、多变量时间序列问题提供新的武器。这意味着用“事件的轨迹”来重新理解连续变量空间中案例的行为。事件在这里被定义为连续空间的邻域，由此合理化了叙事方法，因为这些邻域绝大多数都是空的。[③]

叙事实证主义的各种技术在许多方面都互相联系。正如我所论述的那样，最根本的区别存在于那些延伸或改编以变量为中心的建模技术与那些“直接叙事”技术之间。原则上，前者将叙事序列视为由因果变量模型发出(emanations)，而后者则将其视为拥有内在逻辑。然而，

---

① 关于心理学家和考古学家，参见Hodson，Kendall，and Tăutu(1971)和Hubert(1979)。标度方法的一则例子是Abbott(1991b)。

② 这些例子在整本书中被多次引用。Abbott and Hrycak(1990)，Abbott and DeViney(1992)，Abbott and Forrest(1986)，Forrest and Abbott (1990). 关于扰动问题，见其中最后一篇。

③ 参见本书第五章。

这些内在逻辑本身可能就是行动的“模型”。如同在序列博弈论中一样，海斯的方法中存在着产生表面序列的事件的潜在“模型”。然而，这些都是活动的模型，而不是具体化了的变量的模型。因此，建模策略和直接叙事策略之间的尖锐区别在一定程度上被这些技术弥合了。

在两种严格叙事方法之间做决定——基于事件逻辑模型（序列博弈论、海斯，以及在某种程度上的埃布尔模型）的方法与不基于事件逻辑模型（阿伯特，以及在某种程度上的埃布尔模型）的方法——涉及一项深刻的理论问题。这个问题事关生成机制和序列类型的关系。如果与某一生成逻辑有关的序列类别和另一与生成逻辑有关的序列类别相对可分离——如果生成映射可“覆盖”（onto）——那么注意力就一下子集
204 中在生成机制上。然而，如果事实证明任何给定序列或序列模式有许多生成逻辑——如果映射仅仅是“进入”（into）——那么注意力就会转移到模式本身和其他可能导致它们分化的事物上。目前，这是一个经验性的问题。它的答案很可能在不同的实质性领域中有所不同。

这些方法对事件的定义也存在相当大的差异。例如，在事件史方法下有两种简单的事件：开始和结束。事件的特征很少。对海斯而言，事件是一个从专家行动者（他们被当作事件的专家，但不是事件序列的专家）那里获得的词汇。埃布尔也把他的事件当作故事中简单的互动“动作”（尽管他把线人也当作[确定]序列的专家）。对海斯和埃布尔来说，简单层次的事件可以在新的抽象层次上表现出来，逐渐剥离其内容，直到成为像埃布尔的系统中所说的前摄（forebearance）这样的绝对抽象概念。相比之下，阿伯特的事件往往是大的历史事件，如“医学教育的兴起”，他关注的是用医学院的创办等“发生事件”来表示它们。尤其是作为一名理论家，阿伯特比其他人更担心事件的本质，这种本质对事件的测量造成了深刻的影响。阿伯特将复杂的变量组合重新概念化为“事件”，这起到了从以变量为中心的方法论到叙事方法论的明确

转译作用，而其他作者对这一问题关注较少。[①]

然而，形式化描述和经验性归类的主要技术在许多方面是互补的。海斯和埃布尔的技术基本上是针对可识别的行动者之间的实际互动。阿伯特的技术对发生在单个行动者身上的接续之事最为有效。海斯和埃布尔的方法通过简化事件表征来实现泛化，以涵盖更广泛的现象。埃布尔在此基础上增加了使用同形性(homomorphism)作为分类的手段。阿伯特直接通过序列的比较进行泛化，[在他的研究中]没有类似于事件的简化。

重要的是要认识到，这些差异都不是绝对的。阿伯特**可以**创建允许简化事件的模型，事实上，有一些动态的树形相似度算法可以被埃布尔和海斯类型的方法利用，以产生直接的相似度量，这使得阿伯特 205
的技术在经验性归类方面更加有效。更广泛地讲，很明显，“直接叙事”取径最终将汇聚(coalesce)成一个灵活的包，用于直接分析叙事结构，在叙事实证主义的一般方法中，可以有多种选择和取径。目前，海斯的方法对于发掘特定事件中的叙事结构是最好的，埃布尔的方法对于复杂互动的一般比较似乎是最有效的，而阿伯特的方法对于分析生命历程和职业史等单线职业是最好的。[②]

五年前，还没有一场可以称为叙事实证主义的“运动”。有一些孤立的工作者从他们自己的经验兴趣出发提出了不同角度的方法来处理

---

① 关于这种事件的组合概念，也可参见普尔的工作(Poole 1983；Poole and Roth 1989a，b)。

② 关于这一点原论文提供了一份指南，说明在哪里可以找到这些方法。该指南现在已经完全过时了。对于我自己的技术，目前最好的指导是在 Abbott and Tsay (2000)中。CLUSTALG，一个用于序列分析的生物程序，现在已经被改编为供社会科学使用，但罗韦尔写的 TDA 可能是最好的一般可用程序。

[译注]格茨·罗韦尔(Götz Rohwer，1947—2021)的程序是 Transition Data Analysis，可于 http：//www. stat. ruhr-uni-bochum. de/ 获取。

类似的问题。今天已经很清楚，这些努力构成了对一套核心方法论问题相当一致的攻击，更广泛地说，是试图通过与社会学行动理论的明确衔接，重新找到方法论。

第三部分　时间与社会结构

第七章　社会生活中的时间性与过程*

这么奇如梦镜；只有间歇的沉闷的击剑声在打破沉默，仿佛 209
这就是时辰的机杼，我自己就是一只梭子，无意识地对着命运之神往返地织下去……我在想，这把最后将经纬线弄成这种式样的野蛮的木剑；这把漫不经心的木剑一定就是机会——是呀，机会、自由意志和定数——这一点儿也不矛盾——都交织在一起了。定数的笔直的经线，绝不能越出它根本的常轨——不错，它每回的往复摆动，只能循着常轨走；自由意志却还有在特定的线间投梭的自由；至于机会，虽则它的活动范围局限在那根定数的直线里，而且它打斜的动作受了自由意志的指挥，尽管机会是这样受到这两种东西的指挥，可是，它却能够反过来控制这两种东西，而且，无论如何，最后能够一举而显出特点来。[①]

---

* 我要感谢1994年9月6日至9日在彻默(Tjøme)举行的第五届[挪威]全国社会学会议的组织者朗瓦尔德·卡勒贝里和弗雷德里克·恩格尔斯塔(Ragnvald Kalleberg and Fredrik Engelstad)，感谢他们邀请我赴会发言，以及我在挪威期间他们的盛情款待。正如我在导言中所指出的，本文中详尽的捕鲸例子来自会议地点，即滕斯贝格(Tønsberg)捕鲸中心附近。本文原载 Engelstad eds., *Social Time and Social Change*(Oslo: Scandinavian University Press, 1999), 28-61；经斯堪的纳维亚大学出版社许可转载。

① 赫尔曼·麦尔维尔，《白鲸》，第四十七章·编缏人。

多年来，史学与社会科学之间的重新接触向双方同时允诺了革命性的变革。然而变化并没有到来。这种拖延使我们感到困惑。社会过程只有一个，而对于这个单一的社会过程，应该存在单一的知识。为什么我们没有找到它呢？

在这个问题的许多可能的答案中，我想在这里集中讨论那些研究“过去”和“现在”关系的答案。区分社会学和史学的一种常见方法认为前者研究现在，而后者研究过去。我希望考察的是当我们谈论现在和过去时，在思考它们之间的联系时，在想象一个将二者连接起来从而同时产生了变化和稳定的社会过程时，涉及什么？

210 然而，我不想通过纯粹形式化的分析来进行这种考察，而是想使用一个正在进行的经验性例子，我将通过关于过去和现在关系的三个重要文本所提供的三个不同视角来看待这个例子。这个例子是地方性/局部的：斯文·福因（Svend Foyn）发明的手榴弹鱼叉（grenade harpoon）。三个文本分别是柏格森的《时间与自由意志》、米德的《现在的哲学》和怀特海的《过程与实在》。我首先对福因的发明进行了简单的讨论。这就引出了对于作为一个时代的“这个现在”（“the present” as an epoch）的讨论，在讨论中我援引了柏格森。柏格森的著作提出了过去和现在连续性的纯心灵主义（mentalist）解释的问题，这又把我带到了米德的研究。为了回应米德，有必要对过去和现在的问题进行彻底的重述，为此我援引了怀特海的帮助。本章以一幅草图结束，一幅调和史学和社会学中时间概念的草图。在这个复杂的行程下，我的目的不是要把一则毫无防备的例子浸没在哲学家的不切实际中，而是要把这些不切实际引导成一个组合概念，我们可以在这个概念的基础上以史学和社会学身份建立一种研究实践。

一、斯文·福因的各种过去和现在

让我先从例子开始：导游告诉我们，斯文·福因发明了手榴弹鱼叉。人们马上就会想知道这个发明是什么时候问世的。然而，研究这一时期捕鲸业的伟大历史学家——A. O. 约翰森(Arne Odd Johnsen)——并没有把日期说清楚。从 1864 年开始，福因似乎就使用了手榴弹枪和鱼叉枪，通常是作为单独的武器。从 19 世纪 60 年代初开始，他尝试使用两者的组合式武器——当时他非常成功的海豹狩猎活动开始受到激烈竞争的影响，这使他开始意识到，在毛利润方面，一头蓝鲸的价值约抵得上四百头海豹。1870 年，他申请并获得了手榴弹鱼叉的专利。1873 年，福因获得了一项“适用于他的捕鱼系统的十年专利”，使得发明的情节达到了实际的高潮。该专利保证了他对挪威北部现代捕鲸业的垄断一直持续到 1882 年。①

因此，这取决于我们如何看待它，如果福因的“发明”可以被认为 211

---

① Tønnessen and Johnsen(1982：32)。当然，选取这个高度风格化的例子是为了纪念彻默作为会议的地点，而不是因为我对捕鲸有任何了解，我对捕鲸的全部认识是大约三十五年前在一家挪威餐馆吃过鲸鱼排，餐馆的名字我已想不起来了，但它位于波士顿博伊尔斯顿街和艾略特街(Boylston and Eliot)之间的一条小巷里，就在老 Trailways 公共汽车站的后面。我希望能与新贝德福德、南塔克特或其他一些新英格兰捕鲸镇搭上些联系，但虽然我是新英格兰人，可我在内陆二十英里(1 英里约等于 1.6 千米)处长大。我必须感谢会议的组织者让我对滕斯贝格进行了一次有趣的参观，在那里我第一次听说了斯文·福因。由于我对这个例子的兴趣纯粹是理论上的，我只引用了一处来源，即滕内森(J. N. Tønnessen)和约翰森(A. O. Johnsen)写的 *Den moderne hvalfangsts historie* 的英文缩略版。所有未注明出处的关于挪威捕鲸的事实都来自该书开头的章节。由于约翰森实际上是我所依赖的这段历史(第一卷)的作者，我在本章里称他为唯一作者。

[译注]捕鲸史的原作在挪威出版，共计四卷，2700 页。英文版取自第一卷，福因的故事和背景见第一、第二章。根据两位作者，福因的手榴弹鱼叉被认为是开启了现代捕鲸业的重要发明——它有效地杀死猎物，并能保证鲸鱼不下沉，从而可以被猎手们捕获。

在六年到十年的时间里发生，那么它的前身可以追溯到几十年前。英国人威廉·康格里夫(William Congreve)显然在19世纪20年代就已经制造、设计并使用了用枪发射的炮弹鱼叉(shell harpoons)。然而，在实践中，康格里夫“火箭”被证明是一次无须解释的失败。正如约翰森所说，“很多鲸鱼被杀死了，但它们都沉到了海里，人们放弃了进一步的尝试”。同样，到1860年，美国出现了二十二项不同版本的“鲸鱼炮弹”专利，其中一项是“炮弹-鱼叉-渔线”的组合(shell-harpoon-line)。美国人托马斯·罗伊斯(Thomas Roys)在19世纪60年代中期发明了一种以火箭为动力，从独桅帆船上发射的炮弹鱼叉，这通常伴随着“南塔克特雪橇”①，而且，很可能导致鲸鱼无法挽回地沉入大海。罗伊斯有许多模仿者。在丹麦，加埃塔诺·阿米奇(Gaetano Amici)于1867年为一种用大炮发射的手榴弹鱼叉申请了专利。在英国，乔治·韦尔奇(George Welch)在1867年为另一种手榴弹鱼叉申请了专利，这种鱼叉与福因版本的不同之处只在于它的头部是硬质的而非铰接的。

这样一连串的前身让我们好奇，除了获得十年的北方捕鲸垄断权，让他成为西福尔(Vestfold)最富有的人之外，斯文·福因**到底**做了什么？但要真正理解这一情况，我们必须忍住当前的冲动，不要再进一步挖掘细节，去寻找“真正”属于斯文·福因的“终极发明”。相反，我们恰恰必须朝着相反的方向前进，反思福因在更大变化中的位置。当我们阅读约翰森的书时就会发现，捕鲸被分成现代和前现代两个伟大的时代。它们在很多方面都有所不同：帆船与蒸汽船，划艇与捕鲸船，露脊鲸与须鲸。我们**可以**肯定的是，从一个时代到另一个时代的过渡部分通过斯文·福因这个人以及他的探险活动发生。

---

① [译注]19世纪捕鲸业的俚语，指的是带绳索的鱼叉射入猎物后，由于极度疼痛，猎物会拖着捕鲸小艇高速行进，类似当时由马匹拉的雪橇。马萨诸塞州的南塔克特是19世纪美国的捕鲸中心之一。

这两段捕鲸时期中的任一个在某种意义上都是“一种现在”(a present)。一个历史时代或现在可以被定义为一个时期，在该时期内，某种事物——在这里是规定捕鲸维度和特征的一套社会参数——不发生变化。这样的时代可以短至一群孩子玩某一特定游戏的一个下午，也可能长至布罗代尔思考的菲利普二世大棋局的一个世纪。

关于这一现在的因果规律性的知识，就是社会学知识。正是在这 212
个意义上，社会学家常说，史学家研究特定的事件，而社会学家研究支配事件的一般规律。这个“一般规律”就是支配这样一种现在的因果规律性。规律性使现在成为一个时代，在这个时代里发生各种“历史”——被社会学家看成由社会学规律性(sociological regularities)决定的诸多随机链条。但是，史学家正确地认为，社会学家的这些一般规律本身就被更大的历史变化所限制；它们只适用于历史上确定的时代或现在，因此以它们自己的方式而言是殊相(particulars)。社会学家反驳说，肯定有一种“关于这种时代如何产生”的一般性理论，历史学家则回答……你已经知道接下去的故事了。每一个特定的时代都由更大的普遍规律产生，而普遍规律只有在更大的特定时代才会成立；特定时代又由更大的普遍规律产生，而普遍规律只有在时代内部才会成立……如此循环往复。

斯文·福因的故事就涉及这样一组套娃(Chinese boxes)。在第一个层面上，福因的社会学现在是19世纪60年代初狩猎海洋哺乳动物的世界：对海豹的捕猎竞争日趋激烈；各种失败的捕猎须鲸的权宜之计；对鲸油脂和海鸟粪的强劲需求。基于这些因素，只要有足够的天气和时间信息，人们就可以设想出一组预测19世纪60年代早期捕鲸探险成功与否的模型(碰巧，随机变异是如此之大，以至于这样的模型不太可能解释很多变化幅度)。但该模型的参数很快就会随着福因的发明、1869年后油脂价格的下跌以及捕鲸业本身内部新的竞争者的到来而发生急剧变化。也就是说，到了 19 世纪 70 年代中期，会出现一个“新的现在”。(后面我将分别称两者为“现在-1”和“现在-2”)。

只有一种历史论证——也就是叙事——才能使我们从其中的一个现在走向下一个现在。在这个“更大的”叙事中，沿着十年的方向前进，社会学的现在成为受十年社会变化叙事制约的殊相。它们是叙事线索上的珠子。但当然，社会学家很容易就会认为，这样的叙事本身必须服从一套更大、更普遍的规则，这些规则制约着整个 19 世纪的社会进程。这些规则可能涉及诸如市场的相互依存程度、造船和捕鲸等领域的发明的相关性(通过它们对钢铁制造变化的共同依存)，等等。但是，
213 这些更大的社会学规律将成为一条更大的叙事线索上的珠子；一个谜团在每一层次上都会重复。因此，历史学家会讨论这些更大规则的时代性变化，而这种变化本身就需要一个世纪、一个世纪地进行叙事解释。

像许多其他的时间之谜一样，眼前的这个是埃利亚学派悖论(paradoxes of the Eleatics)的一个版本。考虑一下飞矢不动的悖论。虽然在任何一个特定的瞬间，箭都只在一个地方，完全地占据了那个地方，而且不动(motionless)；然而随着时间的推移，箭却从弓移动到了目标上。运动不可能存在于不动的瞬间，然而箭却在移动。对芝诺和巴门尼德(Zeno and Parmenides)来说，这样的悖论否定了时间和空间的可分割性；它表明宇宙是单一的连续体。但这里的应用既更简单，也更凸显悖论。如果社会学家能够在某个现在的地方展示出一个稳定的因果世界——一支箭占据一个地方且不动——那么他们又如何解释新的因果系数产生于新的现在呢？相反，如果历史学家能够解释这些变化，那么社会学现在展现出的规律性是否仅仅是海市蜃楼，就像只关注汽车里程表上的大数位(不动)而忽略了小数位(转动)？这个问题的“较大”版本——在其中，整个 19 世纪成为一种因果“现在”——只是同

一个谜团较大尺度的版本。

因此，斯文·福因的发明提出了与史学和社会学都有关的一项核心问题，即过去和现在的关系问题。历史时刻并不是我们最常见的一种现在概念。我们首先认为现在是存在于个人意识、个人经验中的一个时刻。我们用“现在”这个词来表示我们作为个体可以直接认知或以意动的方式访问的那个时段，我们在关系上把它与过去和未来做出区分。现在既不是过去——在认知层面只能通过记忆访问，并因其不可唤回性(irrevocability)而在意动层面被禁止；也不是未来——在认知层面只能通过想象获得，并在意动层面依赖于尚未完成的行动链。和历史时代一样，这种现在的“时刻”可短可长，当谈到个人的现在时，我们可以指一场讲座的持续时间(duration)，或者一次会议的持续时间，或者一个人生阶段的持续时间。但更大的用法让人感觉像隐喻。我们“现在”的基础概念来源于对某种意识的直接个人体验，即“此时此地”的直接感觉。

那么与其直接分析过去和现在的历史问题，或许我们可以借鉴那些在个人意识领域内解决这一问题的作者。我们的问题似乎很简单。各种现在是如何关联在一起的？事实上，真的有一种延伸了的“现在”(an extended “present”)吗，或者我们应该更多地想象不相干瞬间的序列？各种大小不一、长短不一的现在之间是什么关系？也许那些 214
研究过意识经验的时间流动的人可以为我们提供一些适用于社会过程的类比。

二、柏格森的时间性

亨利·柏格森(Henri Bergson)就是这样一位作家。他的著作 *Essai sur les données immédiates de la conscience*(《论意识的直接材料》)，译

成英文后题为 *Time and Free Will*(《时间与自由意志》)。这是柏格森的第一部重要作品，写于他二十多岁的时候。①它包括三个长章节：一章关于心理状态的强度和广度问题，一章关于绵延的观念，一章关于自由意志。这三章部分地回答了刚才提出的问题，但在此过程中，它们引出的新问题和它们解决的问题一样令人不安。

笛卡尔为柏格森提供了出发点，即精神与肉体的关系的问题。柏格森问道，"大小概念"(concept of magnitude)是否同样适用于精神状态和物理事物?(他将把自己对时间的全部分析建立在一声响亮的否定回答上。)从一开始，柏格森就把物理状态的度量标准和心理状态的度量标准区别开来，前者的模式是在数值上比较大小，后者则被他定义为一种"不断加入"("新的元素不断加入基本情感之中，新元素似乎使情感逐步增加其强度，但实际上新元素除了改变情感的性质之外并没有起到其他作用"[11]9-10)。柏格森为该论点添加了一些案例：优美的情感、对艺术的反应、怜悯等道德情感。所有这些变化都"很难与程度上的变化相一致，确实更多地与性质上或状态上的差异相一致"([17]14)。即使在更多的表面情绪，如喜悦中，现实是"一种[身体的部分越来越深入]性质上的进展，也存在着一种人们模糊感觉到的复杂性"([26]22)。总之，"不论情绪是表面的还是深层的，不论是激烈的还是反射的，这些情感的强度常常就包含于简单的多样性中"([31]26)。柏格森认为，这种多样性(multiplicity)是性质问题，而不是数量

---

① 所有的括号页引用的都是 Allen Unwin 出版社的朴格孙(F. L. Pogson)英文译本。

[译注]英文版页码标注在括号内，中译页码对应的是冯怀信版本(安徽人民出版社)。本章中三种时间理论传统分别对应各自现行的中译。但由于译者、语境、历史皆不同，所以部分术语的翻译往往互相冲突，更不要说与阿伯特教授的其他作品中类似的用法统一或区分。此次译文已尽最大努力调和不同术语之间的译名，但不可避免地需要改写部分现行中译，以及创造一些术语。

问题。[①]

在他的时代，柏格森对外在的大小与内在的多样性([72]59)所做出的鲜明区分受到了同样鲜明的攻击。当时由皮亚诺(Giuseppe Peano)、勒贝格(Henri Lebesgue)等人创立的关于序和数量的集合论理论暗示，计数延伸的长度(英寸)和计数参与感知的肌肉数量之间没有区别。[②]但我们可以联想到，不同传统中的重要异端作者恰恰援引了与柏格森相同的论点：包容/包含(inclusion)[③]是一种与有序性(ordinality)截然不同的秩序关系。惠威尔(William Whewell)的综合概念(colligation)就是这些异端概念之一。对惠威尔来说，事件要被"综合"成更大的事件，就像许多战役构成了更大的战争，或者许多画家组成了更大的风格一样。综合与分类(classification)那抽象有序的层级结构完全不同。另一个例子是路易·杜蒙(Louis Dumont)对古典印度层级制度的分析，他认为印度人所生活的卡斯特经验并不符合西方的有序分层概念，而是一种嵌套包容(nested inclusion)概念。我们还应该回想起，认为包含不同于有序性是有一定数学依据的——皮亚诺公理和由此产生的定序排列(ordinal ranking)理论建立在算术承继(arithmetic succession)概念上，而与此相比，集合的包含(set inclusion)是一种更普遍的概念。[④] 215

---

① 柏格森甚至将这一论点追溯到洛克和休谟认识论的经典范畴——感觉的世界([36]31)。在讨论热力、光亮和声音时，他竭力表明，所涉及的唯一真实的大小度量是我们对刺激物所形成的肌肉反应；例如，我们通过感觉自己产生这种声音所需的努力程度来衡量声音的响度([44]37ff.)。他巧妙地将量的"感觉的增长"和质的"增长的感觉"进行了对比([48]40)。

② 关于序的数学理论，参见 Dubbey(1970：110，118)。

③ [译注]inclusion 在社会科学里常用作"包容"，在数学术语中被译为"包含"。这两个词在本章中同义。

④ 参见 Whewell(1968)；杜蒙([1980]2017)。

对柏格森的事业来说，最关键的莫过于将秩序区分为两种类型。因为他觉得，把“空间性的”、数量化的秩序观念与包容性的“绵延/持续”时间联系在一起，深刻地扭曲了我们的时间形象。通过两两比较所看到的不同属性——广度与强度、大小与多样性、数量与性质——最终在柏格森的第二章中归结为人类经验的两个不同维度：空间与时间。

柏格森认为，当我们未能“对作为性质的时间和作为数量的时间加以区分”时（[75]61），我们就被欺骗了。他回顾了前一章的论点，即心理状态的多样性是质的；因此，我们应该把它们作为整体单位来感知，就像我们通过“只是限于获得整个[声音]系列所产生的性质式的印象”来感知一首歌一样（[86]70）。但是，我们测量时间时，往往要借助于在空间中表示时间的武断程序。这些程序通过无视心理状态的相互渗透①，从而将它们变得绝对可分离（[89]72）。也许，柏格森认为，我们
216 可以通过反思从而暂停这些通向广度世界的映射，然后开始在“纯绵延”（pure duration）的世界里理解心理状态和时间本身——就像理解歌曲一样。

在第[100]81 页，柏格森终于为我们给出了他对这个“纯绵延”的第一个定义：

> 假定当我们的自我让其自身存活的时候，当自我不肯把现有状态与以前状态分开的时候，我们的意识状态的连续就具有了纯绵延的形式……自我也不需要遗忘以往的状态，就像把一个点放在另一个点旁边一样，只要自我在回忆这些状态时不把它们放在现有状态旁边，而使以前状态与现有状态构成一个有机整体，那

① ［译注］此处阿伯特的原文是 interpenetration and permeation。柏格森的中译都将两个词等价，译作“互相渗透”，这应该取自英文版原意，见该书主题词列表 permeation 词条。

就足够了。当我们回忆一个调子的单音时，可以说，这些单音彼此融合在一起时，就构成了这种有机整体。①

因此，绵延是一个世界，在这个世界里，我们平稳地去体验各种长度的时间——在特定时刻对我们来说存在的时间。再一次，柏格森借助了隐喻。如果我们把一首曲子的一个音符保持得太长，就产生了问题，但这并不是因为它本身的长度，而是因为它重新定义了整个乐句的方向和形状。在这里，柏格森说，我们有的是“没有区别的接续”([101]81)。②在这种绵延的概念下，直接的现在(immediate present)的意义是由它在一个更大的整体中的位置所赋予的，而这确实非常接近惠威尔的综合观念。

在这种绵延的“秩序”中，似乎不可能存在时钟时间(clock time)。柏格森着重否认了一种观点：接续本身不仅仅是将时间过程诡秘地映射到空间中去。“之前”和“之后”——这些都将整合了的、渗透了的绵延的整体还原为一种同质媒介中接续的时刻(a succession of moments)，从而还原为空间。与此相反，纯绵延是一种感觉，是一个点沿直线通过时产生的接续的感觉。也就是说，它是一位“零维生物”对一维空间产生的感觉。任何允许我们对该空间进行细分，允许“分离”和“并置”的感觉，都假定了从直线的外部看待这种流动，从二维空间中的一个不在直线上的点来看待这种流动。零维生物对一维直线的感觉，只能通过想象各种大小不一的线段(various line segments of vari-

① [译注]duration在柏格森的时间理论中占据核心地位，用现代社会科学术语可以译作“持续时间”。在本章中，为了凸显三个文本各自的脉络，保持了“绵延”译法。不管是冯怀信译本还是吴士栋译本都采取了这一译法。

② [译注]succession without distinction，此处原文页码有误，英文版在101页。此外，succession在阿伯特的时间理论中占据关键的位置，在他的其他作品里译为“接续/相续/继承”。冯怀信译本采用的是“连续”。

ous sizes)来产生，所有这些线段都包含着它们自己。[1]这些是多重、互相重叠的“现在”。只有那些**脱离**直线的人，才能把它看成由序列可分的长度相等的线段(sequentially separable segments of equal lengths)以某种方式推动到一起构成的一条直线。

因而，绵延从基于意识的时间理论角度为我们提供了第一位潜在借鉴对象。绵延有一些属性。首先，它以一个人或时刻为“中心”，总是相对于某一殊相而定位；用技术语言来说，绵延是“指代性的”(in-
217 dexical)。其次，尽管绵延总要参照某一特定点，可它可以表示长短不一的时段。绵延可以是多重的、重叠的；“现在”不仅可以指一个时段，而且可以指许多不同的时段。最后，绵延是有序的(ordered)。但这种秩序是以包含的形式，一个绵延包含另一个绵延；但不能在它之前或之后。目前尚不清楚这种包含如何运作。如果按照柏格森对旋律的比喻，我们可以把音乐动机(motif)看作旋律那较长的绵延中的“个别”绵延(比如，考虑一下格里格[Edvard Grieg]的《培尔·金特》第一组曲开篇用的三音下行和上行的音型。移动一下动机，就破坏了乐句；移动一个动机内的音符，就破坏了动机)。总之，绵延具有指代性、多重性和包含性。[2]

然而，重建我们完整的时间经验需要对不同的绵延进行比较，因此，柏格森接下来要考虑绵延是否可以测量。这就不可避免地将他卷入到他者性之中(otherness)。因为柏格森所设想的绵延的核心是心理

---

① [译注]一则扩展的论述见埃德温·艾勃特的科幻小说《平面国》(1884)。

② 这种上行和下行曾是一种流行的动机——德沃夏克(Antonín Dvořák)在《斯拉夫舞曲》(op. 46, no. 8)中将其作为主题，莫扎特(Mozart)在《单簧管五重奏》(K. 581)的开头将其用作主题，沃恩·威廉姆斯(Ralph Vaughan Williams)在《云雀高飞》中将其用作第一首要主题。其实把两个部分颠倒过来，并不会使整个动机变得毫无意义。它产生了丹第(Vincent d'Indy)的《法国山歌交响曲》第三乐章的背景伏笔。

状态的**内在**体验“自我相互消融”(就像互相重叠的现在)。那么，当其他对象和我们一样拥有绵延时，我们该如何理解他们的绵延呢?

即使要对他人的绵延做最简单的理解，也涉及从他人到自身和自身到他人的两个运动。但柏格森只关注其中的第一种，他认为这涉及一种根本性错误——把外部时钟时间作为个人时间的度量。对柏格森来说，把时钟时间强加于内部经验完全是武断的。时钟的钟摆像芝诺的飞矢不动一样，具有外在性(externality)而没有接续继承；每个位置都与上一个位置根本不同，永远不会与它共存。而我们的经验，则是接续而无外在性的；经验从不包括根本不同的时刻，而总是包括重叠和包容性的现在(overlapping and inclusive presents)。那么，习惯上所理解的时间度量由绵延与空间的不合法对应关系构成，而这种对应关系由同时性(simultaneity)的概念连接而促成——“时间与空间的交集”([110]89)。

因而，时钟时间不能提供绵延的比较性度量。然而，柏格森没有提供任何替代方案。他对绵延的分析完全是深度的心理学。正是弗洛伊德式的本我(id)生活在真实的绵延的世界里，一个相互渗透和消融的世界。与社会化的自我(ego)那清晰、精确和非个人化的世界相比，绵延似乎困惑、变化、不可表达。对于柏格森而言，即使是语言 *218*
也协助了时钟时间规律化内在绵延的世界的浓缩过程。柏格森认为，语言教会我们谈论精神状态，好似它们之间不存在相互渗透和弥漫。

因而，他者的时间在柏格森的论述中并无意义。“真实”的时间是个人的。只有互动那机械的必要性，才需要想象一种同质的时间媒介——时钟时间——通过它，讨论成为可能。柏格森苦涩地写道，那些观念“如同落叶浮动在池水上一样……我们按照它们的现成状态接受下来……”([135]109)。正是因为对真正绵延的深刻世界而言这些社会观念不重要，没有被同化，因此它们才成为能够被归类和逻辑化的观念。在这一点上，柏格森把那些被放大了的事物——如时区和官方时间的创制——缩小了。社会时间总是被强制的，总是时钟时间。而柏格森觉得，这最终造就了它所需要的人格，“一种内心生活如果具有分辨清晰的瞬间和特征鲜明的状态，那么就能更好地满足社会生活的需要”([139]112)。完全独立的自我(sovereign self)必须被迫交出关键的时间性特质才能在社会中生活。

因而，柏格森的论述没有提供不同个体的同期绵延之间的联系，我们将不得不在其他地方寻找它们。但柏格森用第三章的篇幅论述了个人内部绵延之间的联系，即过去和现在的联系。这也是我的中心问题之一。而对柏格森来说，就像对其他许多人一样，个人过去和现在之间联系的核心问题是自由和决定(freedom and determination)的问题。

像大多数自由意志的拥护者一样，柏格森承认在接续的心灵状态之间存在**某种**直接的连接，但他不承认那是由决定造成的。他说，通常情况下，看似导致行动的决定性心理状态的一种序列，只是我们在事后发现的东西——一种合理化或辩解。当我们深思时，其实我们的心灵已经做好了决定。

即便如此，柏格森并不是在论证简单的关联主义(associationism)，而是在论证一些完全相反的东西，他论证具体殊相的不可分割性(参见埃利亚学派)。他以一种玫瑰花的气味使人想起童年时代往事为例，说明了特殊主义相关论的危险。这种花香对所有人来说都一样；但某个人鼻子里的气味与另一个人鼻子里的气味引发的结果却截然不同([161]131)。因此，柏格森的一则核心假设是自我的超越性统一(transcendent unity of the self)，即个人心理状态无法简化的连接的本质。连接(connectedness)与含有(containment)一样，也是柏格森反复使用

的概念。[①]事实上，这两者相互暗示。因为柏格森马上认为，灵魂不是 219
由爱和恨这样一般、可分离的状态构成，而是“我们每个人都有自己的爱与恨的方式，这种爱或恨反映了他的整体人格”([164]133)。因此，完整的人出现在任何一个部分——这又是柏格森的连接、含有和包含的思想。

连接在自由行动中以具体形式出现。柏格森认为，自由只是不可分割的自我的表现；“这种内在状态的外部表现”([165]134)。教育如果没有被“完全消化”，就会在内心产生一个“寄生的自我”，它“不断地侵犯着基本自我”([166]135)。(请注意，这一学说与米德的“主我/客我”概念虽然效价相反，但却十分接近。)对柏格森来说，自由的本质是个人。

这种自由的激进个人主义提出了一个问题——个人对自身自由的妥协问题——即认为行动不是自由的，而由先前的行为决定。自由意志主义者拒绝了这一立场：他们将意识等同于一种能力，设想去做与我们实际最终做的事情不一样的事情的能力(这就是博弈论的世界观)。但柏格森指出，我们面临的不是两种绝对的相互替代的方案，而是两个方向。我们首先转向一种可能性。但这种转向本身就会影响我们对第二种可能性的思考方式，以此类推。选择永远不会完全相同。[②]因此，我们的决定过程涉及“这种自我正通过它特有的犹豫不决而生长与发展着，直到自由的动作瓜熟蒂落为止”([176]143)。

---

① [译注]在柏格森的中译本里，connected 译作“关联”或者“联系”(如 131 页)；但为了与阿伯特本人对 link 的特殊用法作出区分——link 译为关联/联系/环节(参见《过程社会学》第三章，以及本书的第九章)；所以这里用连接替代。containment 在冯怀信译本中翻译为“包含”(如 90 页)，与 inclusion 相同。但在序理论上这两者有区别。所以此处改为“含有”，以示区别。

② 柏格森给了我们一个心理学版的阿喀琉斯与乌龟悖论。当我们对一种情况采取行动时，另一种情况总是在变化。

在这一分析的精彩延续中，柏格森拆毁了决策中“路径和方向”的几何隐喻——这是当前博弈论的基础——理由是这些隐喻“承认空间有可能完全代表时间，同时性有可能完全代表接续”([180]146)。深思不是“空间里的摇摆”，不是同时性，而是处于一种“动态过程之中，在这个过程中自我及其各种动机就像活生生的动物一样，处在不断的变化状态”([183]148-149)。

关于预测，柏格森也提出了同样的论点。决定论者说，预测就是要知道一个行为的**所有**前因后果。但是，如果心理状态的秩序、接续与渗透是行动的组成部分，那么由此可见，真正了解一项行动的**所有**前因，就是去执行它。

通过完成这种对自由的分析，我们可以看到柏格森的论证构成了一个连贯的整体。因为这种对决定和自由意志的分析完全建立在嵌套、
220 包含的绵延之上。从现在的行动出发，我们回望越来越长的绵延单位。每个单位都包含了从过去的某个点通向现在的整个序列，而每个单位中又包含了无数个较短的绵延。在不同的位置，博弈论会指出一个分支点；A 导致 B 或 C。但柏格森会说，即使是倾向于一种选择，也会改变我们对另一种选择的看法。同时的备选方案是一座海市蜃楼。通往现在的路线则是一个动态的过程，一个连贯、不可分割的自我通过这个过程来表达和创造自己；这是一个嵌套的绵延序列。柏格森相信各种形式的约束：不仅有直接的社会或物理约束，还有过去绵延的约束。但最终个人可以自由行动，他的生命轨迹就是在这些约束中的自由轨迹。

一旦我们把柏格森放在我例子的情境中，他的时间性概念的优劣就会更加清晰。首先可以看出，被柏格森理论化的绵延概念已经是许多历史写作的实际核心。大多数历史书写，如约翰森写的福因的历史，围绕着一些关键事件组织。这些事件都由长短和形状不一的解释链引

致历史的发生，大多数历史由此都假设了指代性。这些都是柏格森式的“绵延”。其结合产生的指代性体现在，例如，除了高企的油脂价格对捕鲸业造成的后果之外，约翰森没有告诉我们油价还造成了什么**其他**后果。约翰森有一个特定的兴趣“主题”，而这个主题就像任何柏格森式的主题一样，位于一组嵌套的绵延中。约翰森只遵循了这些由他个人兴趣所定义的“绵延”。像柏格森的绵延一样，这些持续时间是多重、互相重叠的。历史以不同的步调一次又一次地走过同一段“时钟时间”，沿着不同的链条：发明的链条、价格的链条、产业结构的链条和劳动力市场的链条。最后，这些绵延并不在某种严格意义上是“有序的”。相反，它们或多或少地具有包容性，涉及更大或更小的时段。但是在不同种类的链条之间——例如，在书写发明和劳动力市场之间——它们却奇怪地断开了。这种断联呼应了柏格森论述中坚决而有问题的个体主义。

柏格森的自由和决定又与约翰森的捕鲸记述中的自由和决定颇为相似。福因的绵延由他周围的力量所塑造，但他总是可以自由行动的。
他摇摆在各种选择之间，但确实不断为自己重新定义了这些选择。例 221
如，当他的发明带来了他所追求的垄断，他立即开始将他的发明许可给他人。因为很明显，鉴于偷猎和他自己无力处理那么多的鲸鱼，预期的垄断效应将被证明比特许安排的利润更低。然而很明显，一旦他拥有了垄断权，他从特许经营中获得的利润要比他在没有获得垄断权的情况下尝试特许经营获得的利润更多。当我们到达一个现在时，实际通向那里的路线就会发生区别；没有简单的替代方案。

柏格森式时间性提供的解释和典型历史提供的解释之间存在强烈共鸣，人们为此而感到振奋。但是，柏格森的解释还留下了两项重大问题悬而未决。第一个是决定的作用。认为行动像成熟的果实一样从我们身上落下，那当然好，但柏格森让我们对那位给树木覆土、修剪树枝，也许在去市场的路上早早地摘下果实等候成熟的农夫了解甚少。那位农夫是决定的力量，这股力量在整个果园里行使，它肯定有可分辨、可知的效应。

与这第一个决定的问题所不同的是——柏格森巧妙地避开了该问题——第二个大问题，即唯我论(solipsism)的问题，建立在他的思想内核中。事实上，柏格森对时间性的分析的中心问题就是这种坚定的唯我论。他的绵延和自由概念在本质上是绝对个体性的。除了被建构的一大堆僵化的时钟时间之外，没有任何关于时间的社会说明。诚然，在最深层次上，建构时钟时间世界的人必然生活其中；假如后果上是真实的，那么这些情形在事实上就是真实的。但是，这真的是对时间和现在的社会本性的全面说明，我们可以在此基础上找到一套研究社会过程的一般做法吗？我认为不是。

近来对历史的理论化尝试，都追随柏格森走上了这条纯粹个体主义的时间性描述的危险道路。事实上，当代大多数关于这一主题的作家都坚定地朝着主观主义和唯心主义的大方向出发。例如，利科就认为若没有叙事，就无法理解时间。因此，他将过去、现在与未来的关系问题转化为一个理解叙事的问题。他由此追随了亚里士多德和奥古斯丁的杰出脚步。但是这条道路却偏离了理解**社会**过程的一个核心目标。因为在奥古斯丁《忏悔录》第十一卷所思考的时间性谜题中——也就是利科的分析所依据的谜题——社会和相互关联所起的作用并不大。①

222 更为极端的一些作者放弃了利科的严格要求，而将历史的偶然性更简单地转化为一个不受叙事形式约束的纯粹心灵主义世界。为了克服笛卡尔式的二元论，他们将社会过程变成了一种在意识的永恒当下

① 利科(1984—1985)，尤其是第一卷第一部分。

之中发生的纯粹的文化建构之舞。既然过去、现在和未来的任何安排都可以存在于头脑中，那么就没有必要担心过去的实际时间性。事实上并不存在这样的事情：时间性不存在于过去之中，也不为了过去而发生。

现在，这种进入心灵的举动确实把所有的时间都缠绕在巴门尼德的连续体中。用 T. S. 艾略特的话讲：

> 时间过去和时间将来
> 那本来会发生的和已发生的
> 都指向一个终点，终结永远是现在。[①]

但是，当代心灵主义在实现那种埃利亚式的连续性的同时，也因完全忽视了过去物质现实那偶然的“黏性”而重振了它所鄙视的笛卡尔二元性。回溯可以以多种方式重塑过去，但它总是受制于过去事物的某种奇怪的永久性。

考虑一下德国人的尝试：20 世纪 30 年代，德国人试图将不来梅的菲利普·雷希顿（Philipp Rechten）和他的枪械师合作伙伴科德斯（Cordes）一起认定为现代捕鲸技术的发明者。雷希顿发明了一种双管枪，一支枪管里发射炮弹，另一支枪管里发射的是鱼叉。这种装置1856 年在英国获得了专利，凭借这一点，以及这种装置明显不被看好的商业经验，德国人一度宣称他们创造了现代捕鲸技术。约翰森认为这是纳粹的宣传，是一种典型的“被建构的”过去。它在哪些方面是“错误的”？的确，该装置在商业上失败了，但也许福因在商业上的成功仅反映了他能更好地进入垄断的捕鲸市场。这是否让他“更像一个发明

① T. S. 艾略特：《燃毁的诺顿》。

家”？事实上，福因的另一位前辈——罗伊斯——在早期商业上依靠他的手持式手榴弹炮取得了相当大的成功，但后来他的失败主要是由于他的支持者的经济状况。这是否使他成为一个糟糕的发明家？

然而，在这层层叠叠的阐释中，仍有一些棘手的事实存在——专利的日期、商业工作的水平、创新的传播、持续的实验。所有这些，也都是可以“阐释”的；一位发明者可能比另一位发明者等待专利的时
223 间更长，等等。但黏性意味着，虽然我们可以从约翰森的版本出发重写故事，使福因不再是中心焦点，但不能把他完全从故事中去掉。这就是我所说的经验现实的黏性。

除非我们承认这种黏性，以及承认它确实能够密切影响我们对过去的心智建构，否则我们要么采取绝对唯心主义的立场（在这种立场中，外部世界与我们对它的思考无关），要么我们重新创造一种清晰的、笛卡尔式的二元论将心灵及其构建，与一个无生命的待构建世界对立起来。其中第一种立场站不住脚。第二种恰恰是建构主义者所希望避免的。由于**过去的**行动具有一种抵制重新阐释的“完成性”（doneness），而**现在的**行动则没有，所以建构论者的立场也站不住脚。完成性确实是使过去成为过去的原因。

利科所采用的复杂的奥古斯丁式的时间性亦不能真正能摆脱这一窘境。虽然过去无可唤回的“质量”与未来难以想象的“多样性”都被记忆与欲望带入了专心的现在，但从纯粹认识论的角度来解决时间的难题，却没有提供给我们任何本体论解决方案。它没有给我们任何关于事物的实际时间性关系的说明，除非我们与怀特海和其他强烈的有机论者（organists）一起假定，所有的事物都有属于它们的意识，以及因此认识论**就是**本体论。

这样，主观主义者和心灵主义者就和柏格森一样落入了陷阱。①但我们从柏格森那里得到了一个强烈的“绵延”的概念，一个指代式的、多重的、包容时间的绵延。我们也从柏格森那里得到了一种松散，尽管最终不能令人满意的感觉，关于在这些绵延中的决定和自由共舞的感觉。柏格森真正失败的地方在于把不同人的持续时间联系在一起，成为一个社会整体，这种失败最终可追溯到他对时间性所采取的极端
心灵主义立场。这个问题涉及柏格森在一般心灵主义的失败中，没有 224
为自己建构一个可行的过去性质模型。我现在转向另一位作家和另一个哲学传统，希望得到柏格森未能给我们的答案。

三、米德的时间性

20 世纪初的美国哲学以实用主义为主导。实用主义对时间的核心分析是乔治・赫伯特・米德（George Herbert Mead）的《现在的哲学》（*The Philosophy of the Present*）。值得一提的是，米德以他在《心灵、自我与社会》中提出的对个人和社会问题的优雅解决方案而知名。

---

① 请注意，心灵主义者的论述也忘记了，尽管人们的构造和想象有种种不同，但它们确实产生了一个共同的经验世界，T. S. 艾略特也看到了这一点，他在《燃毁的诺顿》引言中引用了赫拉克利特的话：**“虽此词为公器，许多人的生活却显示出他们似对之各有私议。”**因此，心灵主义并没有解决历史知识的问题，而只是改变了问题的形式。我们不再讨论过去本身，而是花时间讨论我们观察过去的望远镜。社会现实和文化现实之间存在同样的相对区分，但现在我们讨论的是“常规的、共同的想象”与“有争议的想象”。将问题转移到构建的领域并没有带来实际的收益，反而增加了一层需要理清的区分，这是文化研究这门新学科为了控制这条特定的知识路径而带来的负担。

[译注]赫拉克利特的话引自《残篇-2》，标准英译为：“Although this Word is common, the many live as if they had a private understanding.”中译取自广西师范大学出版社《赫拉克利特著作残篇》（2007）。原文中的 the Word 指的是“logos”（逻各斯，某种解释、要点）。

因此，我们可以期待他直接回应柏格森的唯我论问题。虽然《现在的哲学》并未完成，但这本书是米德唯一幸存的个人作品（不同于他的其他“著作”，后者都是根据讲义重建的）。它由四个短章组成。①

米德告诉我们，现实总是现在的，反之，只有现在存在。过去和未来的本质是它们并不存在。现在的本质是“正在生成，而同时它又正在消失”（[1]2）。“存在[总是]涉及不存在。……世界是由各种事件构成的世界。”（[1]3）这个看起来平淡无奇的开篇论点，似乎又让我们回到了埃利亚学派断联的瞬间。过去如何能影响现在？米德似乎说，只有通过“生成”。但遥远的过去呢？它如何影响现在？难道仅通过记忆？

米德似乎已经打乱了柏格森绵延/持续时间的平稳增长的内涵。然而，他又转向讨论“关于过去的知识”的问题，采取了后来的主观主义者在柏格森那里非常欣赏的心灵主义转向。但同时他的认知论述也明确承认了我前面谈到的黏性。一方面，每一代人都会改写过去。事实上，未来不同于现在，部分原因是我们不断地进行这种改写。然而，“[过去]从未丧失其不可唤回性”（[3]6）。无论我们以何种方式重写过去，无论我们对过去作何种阐述，我们总是将“不可唤回的特征”附加在这种阐述上，尽管这种不可唤回性的重要之处只存在于我们现在的世界，而不存在于我们所讲述的过去的世界。因此，米德认识到了过去的双重本性：一方面是“开放的”，可以自由地为自己选择；另一方面是不可唤回的。

这种二元性部分源于他的实用主义解释，即把认知当作心灵和环
225 境的相互调整。对米德来说，“存在的世界的假定……为认知的推论过

① 《现在的哲学》由芝加哥大学出版社于1932年出版。米德在完成它之前便去世了，墨菲（A. E. Murphy）编辑了实际出版的版本。他在四章原文的基础上附加了几篇米德的文章。所有的括号页参考文献都出自这个版本。

[译注]中译文参考了上海人民出版社出版的李猛译本，英文版页码标于方括号内。

程和思维过程提供基础”([5]9)。他说：“……任何为人所接受的对过去的说明……总有可能面对人们的质疑……这个事实似乎意味着存在某些不可能受到质疑的过去。”([6]12)①现在这似乎意味着，人们可以像拉普拉斯(Pierre-Simon Laplace)那样想象一位无限的历史学家，他知道所有曾经发生过的事情，“在我们的记忆、文献和纪念物中所暗含的一切”([8]15)，他进而会拥有关于过去的渐近的绝对知识。但是，“每登高一步，展现在我们面前的都将是一个完全不同的风景”([9]17)。从涌现出的现在的角度看，也就是说，过去变成了另一种事物。米德对“真实历史”的逃避是通过实用主义的假设来实现的，即知识总是关系性的，它随着认识者以及被认识者的变化而变化。②

米德式的分析提出了许多复杂的问题，为此回顾一下我们的例子很有用。我论证了两种“地方性的现在”——19 世纪 60 年代初和 19 世纪 70 年代中后期的海洋哺乳动物狩猎。我把它们分别称为“现在-1”和“现在-2”。然后还有更大的现在，即前现代(1870 年之前)和现代(1870 年之后)捕鲸。我把它们分别称为“现在-A”和“现在-B”。米德所论证的是，一位全知全能的历史学家在 1870 年写下的现在-A 和现在-1 的发展，与另一位同样全知全能的历史学家在 1900 年，或者约翰森

① 米德在这里的论点与庄子的观点类似，即我们对他人意识产生的意识。在濠梁之上，惠子认定庄子说“**鲦鱼出游从容，是鱼之乐也**”并无根据，因为庄子不是鱼，所以“**安知鱼之乐?**”庄子的回答是“**请循其本。子曰‘汝安知鱼乐’云者，既已知吾知之而问我，我知之濠上也**”(《庄子·秋水》)。

② 米德一次次地用一种最终、完整、绝对的历史观念作答。这个观念下充满了丰富性。一名新的致知者(knower)将不得不以一种新的方式来认识这段历史，因此作为一种新的事物[来认识]。因为它除了对某个人有意义之外，并无其他意义，而它对那位致知者的意义一定不同于它对另一个人的意义。换一种说法，正是在从新颖的现在(或米德所说的“涌现/新生”)的角度重写过去的过程中，我们使这个新颖的现在本身“成为一个新的过去的产物，而这个过去取代了先前的那个过去”([11]19)。当我们理解了现在时，它已经成为过去。

在 20 世纪 50 年代关于同样的主题的记述，会有不同的写法。在这个意义上，斯文·福因于现在-1 和现在-2 或现在-A 和现在-B 的交界处“实际做了什么”，会随着时间的推移而改变，即使他的“实际活动”对其本身来说，已经不可改变地死亡和消失了。对于现在-A 和现在-1 的
226 关系也是如此。我们的理解——“福因直接前辈的时期”如何从“前现代捕鲸”这个更大的单位中涌现——会随着时间的流逝而改变，尽管这两个现在都已经不可改变地过去了。

用米德的话说，当过去早就不存在的时候，这些变化怎么会发生呢？存在两个机制。首先，我们当前兴趣的变化会使过去的事件变得更突出或更不突出。这就是纳粹将雷希顿重构为手榴弹鱼叉的发明者背后的明显力量。以上例子中的政治目的不应让我们忽视这个过程在我们理解过去中的普遍性；妇女史和劳工史提供了近几十年来这种重写过去的最好例子。其次，先前发生的事件在后来的“大”事件中的位置，只有随着时间的推移才会变得清晰。事实上，这也是福因声誉的基础。从两者诞生的时间来看，截至 1875 年他的发明没有比罗伊斯的发明成功多少。正是由于回过头来看，福因的系统在长期获得了成功，才被定义为成功的发明。这种重新定义涉及的究竟是一种内在但决定性的动态，还是仅仅是偶然，取决于我们对事件和决定论的概念。

在这样的描述中，事件缺乏明确的边界。它们的定义向后和向前延伸。这就直接把米德引向了连接（connection）和流逝（passage）的问题，进而引向了曾令柏格森着迷的时间和自由意志的交织。在米德看来，未来由众多的因素共同决定，这些因素有量的，也有质的，它们把事物从过去到未来的“流逝”关系在一起。然而我们并没有直接体验到这种决定（米德和柏格森一样接受了休谟和康德的论点，即因果关系是致知本身的性质，而不是一种可知的现象）。因此，问题在于如何调和我们对自由意志的经验和对决定的认识，特别是鉴于——正如米德

以毁灭性的坦率指出的那样——“一旦我们要对新生事物进行理性化处理，[它就丧失了这种新颖性]”([14]25)。

对米德而言，涌现的过程比新生事物/涌现事物更重要。他把他的分析建立于“流逝”本身，在这个过程中发生的条件决定了涌现之物，尽管“不是以它的全部现实”。这种条件发生在现在，尽管我们通过记忆和文献建立了它在过去的根基。最重要的是，具有本体论优先性的是限定条件(the conditioning)，即过去和现在的**联系**（linkage)，而不是过去本身，我们有时将其称为它“给定的因果意义”。①米德试图用两 227
千人暴露在完全相似的“行将崩溃瓦解的社会状况”下时，有一个人自杀的例子来说明这种联系的概念。他说，正是“那些体现在个体身上的各种倾向组织起来的时候”([17]31)，我们发现了自杀的涌现。这个例子多少相当于把手榴弹鱼叉发明者的许多可能候选人与斯文·福因这个人作对比。

现在，有两种设想自杀或发明中“倾向的组织”方式。它们可能只是复杂的力量形势(complex conjuncture of forces)，也可能是它们之外的某种特殊元素。这些反映了我们可以在两种不同的本体论中采取米德的观点。在第一种观点下，我们采取马尔可夫式的时间观(恰恰与柏格森式的观点相反)，假设时刻无限可分，过去以某种充分的方式逐时逐刻地决定着未来。在这种情况下，决定条件的形势复杂性本身，就造成了一次自杀或发明。这等于说，米德提问题的方式不正确，事实上，两千种情况下的条件并不完全相同。

无疑，另一种柏格森式的观点才体现了米德的意图。但在这里，他的意思就不那么清晰了。就历史**认知**而言，可以肯定的是，他的论点无可厚非。在实践中，我们对致因的推理，首先要比较事件的不同

---

① 米德在这里借鉴了杜威的《经验与自然》第三章(杜威[1929]2016：71ff，77ff)。

结果。也就是说，结果的出现(一次实际的自杀事实)是我们分析的起点，我们通过它与过去的时间(因果)连接的理论，从它出发，建立对过去的理解。但米德在这里似乎仍然希望提出的不是一个认知的观点，而是一个本体论的观点，一个关于过去“有什么”的观点。然而，这个观点尚不清晰。

只有当他对认知和决定的分析完成后，米德才转而定义了现在。对米德来说，我们通过事件的发生来认识时间，而我们构建的间距相等的时钟时间正是如此：一种实用的建构，旨在使我们能够预测未来。因此，米德并不像柏格森那样把时钟时间定义为必然的社会性，而是必然为操作性的(而且与柏格森不同的是，他显然赞同这一定义)。然而，一个现在并不是时钟时间下的一个瞬间，而是那包含着一个涌现事件的时段，一种“事情[的发生]不仅导向了现在出现的那些过程”([23]40)，那个涌现的事件，通过它与过去的限定条件的关系，将某些前因过程标记为它的致因；尽管时间上发生在后，涌现事件具有逻辑上的优先性。

因此，对米德来说，具有现实性的是事件、模式和限定条件，而不是特定时间点上的事物。他的阐述彻底是关系性的。由于这种关系
228 性的阐述，现在的大小可以改变，“它自身的时间尺度是随着这个新生事件的特征的不同而有所变化的”([23]40)(在这一点上，他同意柏格森的观点)。米德告诉我们，过去和未来，从根本上说是思维过程(ideation)的问题。它们超越了事件的直接条件，由记忆和欲望延伸出来。与此相反，现在由活动来定义，实际上是有机体的活动，他的心智创造了过去和未来([24-25]43)。

这种关系性的时间概念意味着，不存在一个“更大的过去”，其中所有这些由“过去了的现在所定义的过去”(pasts-defined-by-past-presents)都得到了调和。恰恰相反，这些过去只有在与某一特定的现在的

特定事件的关系中才得到调和([26]45)。此外，过去不仅不是一个坚硬的对象，我们对它的假设性认识可以与之相比较；过去也**不是**一系列展开的现在。因为把它看成这样，就错过了把过去与现在联系起来的条件，从而使时间成为不相关的一系列时刻。正是过去的限定条件、关系性特征使它成为过去。

因此，米德的第一章显示出他在某些方面接近柏格森，而在另一些方面则离前者很远。他们的共通之处在于时间的概念是多重、包容，以及最重要的，指代性的。的确，在米德那里，每一个新的现在都重写了所有的过去。但与柏格森不同的是，米德明确地论述了过去的性质和我们对过去的知识。他注意到一项奇特的事实，即虽然关于过去的知识永远以现在的兴趣为条件，但它却永远援引不可更改性和完成性的特征。这与柏格森所指出的过去的自由与决定的二元性十分吻合，但米德是从现在论者的角度(presentist perspective)出发的。

因此，两位作者都没有告诉我们过去的经验对过去而言意味着什么。与柏格森一样，米德的观点似乎主要关于认识论而非本体论。当他进入本体论时——从他对流逝和限制条件的描述中，以及在他的自杀的例子中——他的论点就变得不那么确定了。然而，许多史学知识都采取了理解“先前的过去”对于某些“过去的现在”的意义的形式；例如，这就是解释现在-1(19 世纪 60 年代初)对福因的发明的影响所涉及的问题。米德没有向我们阐述这种活动。然而当这个任务被更普遍地考虑时，它恰恰成为理解一组连续时刻的问题，可米德告诉我们这种理解不可能。例如，我们当然不希望仅仅因为我们后来对现在-2(19 世纪 70 年代中后期)与现在-B(整个现代捕鲸时期)的关系感兴趣，就把我们对福因鱼叉起源的分析看成是“错误的”，在这种情况下，福因的发明不再是需要被解释的过去的现在，而是新的待解释物的限制条件 229
的**过去**的一部分。我们必须理解的正是这种连续时刻的**过去**。对社会过程的一般看法，将是一种把接续的时刻当作接续的现在，并理解其所有相关的过去的看法。

那么，根据米德的观点，我们就危险地接近了“过去是我们制造的任何事物”这一立场。在此情况下，过去的黏性特征、米德自己所指出的不可唤回性、历史文件和证词的重要性，究竟是什么？米德只把它归结为我们认知的行为。此外，柏格森那里唯我论的现在堆叠在一起，又被同样唯我论的过去的堆叠所增强。在每一个时刻，每一位行动者都对过去的所有部分有独特的理解。

只有在第三章，米德才试图摆脱这种唯我论，找到“现在的社会性”。[①]他首先给社会性(sociality)下了一个定义。当一位新的行动者进入一个系统，而系统重新适应他时，社会性就发生了。社会性不在于系统本身或互动本身，而在于涌现的时刻，即旧系统与新系统**之间**的时刻。但在下一页，米德又补充了一个限定条件，即当行动者有相互调适的意识时，社会性就会出现。当然，这种意识是米德《心灵、自我与社会》一书的核心(因此，其他作者的社会概念的核心内容在这里似乎是辅助性的)。然而米德很快又把社会性定义为“同时作为几件不同的事物存在的能力”([49]85)。例如，狩猎的动物既是一个世界性的能量分配系统的一部分，同时也是自身族群的一部分，也是配偶的一部分。此外还有另一个社会性的概念，与柏格森的绵延概念一样，建立在相互包容包含的基础上。这三个定义的共同点——尽管米德没有说明这一点——是“之间”的观念：新旧之间、行动者之间、角色之间、系统之间。

---

① 在第二章中，米德调和了相对性的时间与他的情感和流逝理论。但对于社会学家或历史学家而言，这一调查不是很有意思。当他确实回到现在的社会性问题时，他做得相当认真。这并不是“时间是一种社会建构”似的肤浅论证。相反，米德将其作为一种形而上学的论证。

然而，米德并没有调和这些定义，而是继续对涌现进行了说明。
他通过社会性将涌现定义为一个事物在几个参照系中的共同存在，从
而在该事物中产生“涌现”的变化。[①]然后，他对这一论点进行了转换，
用“分析层次”代替了“参照框架”。涌现是“物体同时出现在两个以上的
不同系统中；并且其出现方式是，它在后来的系统中的出现改变了它 230
在早先那个包含它的系统中所具有的性质”([67]116)。但就涌现与社
会性的关系问题而言，这些论证在很大程度上是[*petitio principii*]乞
题。因为它们使涌现成为一种无法与社会性在定义上区分的概念，正
如米德最终承认的那样。

那么，和柏格森一样，米德也难以在独立个体的现在之间搭建一座实质性的桥梁。他只能定义它们，而不是关系它们。但在他的最后一章，米德回到了他的早期工作，他对自我的个体发生性展开阐述。在这里，我们看到了这种关系理论的开端。米德说思维过程始于感觉。感觉是一个人的行为对环境影响的天真反应。作为一种原始的意识形式，感觉构成了一种“进入了[它自身的]环境”([70]117)。在这里，米德开始反对柏格森，因为感觉发展为更高一级的东西，是由有机体对“远方”行动的“较慢”的反应进一步推动的，最终产生了“相互冲突的延迟反应”，这就是“思维过程的素材”([71]119)。也就是说，在非常物理的意义上，时间在这里被空间化了。我们已经远离了柏格森式互相渗透的绵延。对米德来说，这些“遥远”的经验是意识的根源，因为在回应这些冲突性反应所呈现的选择时，有机体开始创造“有目的的反应”，这些反应以“我们可以对之有所作为的东西，也成为能够影响我们的东西”的方式来描述一个遥远的对象。这种反应“存在于”(记忆

---

① [译注]在《现在的哲学》中译本将“emergent”译为“新生性”，本章采取了一种社会科学式的译法。

中)，有机体对它们的反应和对实际知觉的反应一样多。我们正是通过组织这些反应——米德称之为想象(images)——来创造我们的过去，以创造我们的未来。

因此在米德那里，“距离”是第一项暗示，是理解时间性社会本质的有效取径。一种关于距离如何运作的严肃理论将使我们开始迈向对社会时间的真正理解，这种理解将超越柏格森，他错误地将时钟时间认定为唯一的社会时间。当然，“时间被社会建构”是事实，甚至是自明之理。问题在于这种建构的确切拓扑结构；根据米德先前的工作，问题同样在于理解社会时间的建构如何同时也是个体意识的建构，而柏格森的绵延就存在于个体意识之中。

四、怀特海的时间性

那么，通过对柏格森和米德的思考，我们得出了一份关于严肃的社会时间性理论的必要清单。从米德那里，我们可以得出这样的观点：时间性必须——像心灵、自我与社会一样——在互动中涌现。互动的
231 过程必然产生各种各样的时间性，其中包括柏格森的主观绵延和他非常蔑视的刚性时钟时间。诚如两位作者所言，这些时间性必须是指代的、多重的和包容的。它们必须包括个人时间和社会时间。它们必须产生于关系中、互动中和时刻中。而产生它们的过程必须同时承认决定论的运作和自由与涌现的时刻。

与这些要求相关的是，两位作者都认识到了物理时间的颗粒性和瞬时性。米德一直不厌其烦地告诉我们，过去不存在。物理现实是马尔可夫式的，涌现于一个已逝过去的转瞬之间。任何对人类时间性的描述都不能忽视这种颗粒性。然而与此同时，包容绵延的存在显然违反了任何简单的颗粒时间概念。一种关于时间性的理论必须弥合这

一鸿沟。

我们对米德和柏格森的分析同样指出了需要避免的陷阱。唯我论在两位作者身上都是一种危险。在米德那里，另一种倾向也是危险的——将过去视为无限可塑——这种倾向对过去的特征没有做出任何说明。就像自由和决定的两难问题一样，米德的过去不可唤回但又可以无休止地重新阐释（自由与决定的两难确实与此相关），这对如何说明时间性施加了核心的限制。

在考虑了这些要求以后，我现在转向阿尔弗雷德·诺思·怀特海（Alfred North Whitehead）的工作。作为米德的同代人，怀特海终其一生发展了一种“过程哲学”，旨在克服笛卡尔二元论的问题。这种尝试在其 1929 年出版的迷宫式的《过程与实在》（*Process and Reality*）中到达了顶峰。虽然怀特海并没有特别地在他的书中针对时间性，但他的确瞄准了一个更普遍的问题，而时间性是其中的一个子集：如何在后量子力学的世界中找到一种可行的本体论。然而，与米德和柏格森不同的是，怀特海并没有将这一理论从头到尾地阐述出来，他[*medias res*]从中间开始，螺旋式地展开论证。因此，我不能在这里从前到后进行解读。相反我从怀特海本体论的简单阐释开始，然后用它来支撑我从柏格森和米德那里发展出来的时间性理论。①

---

① 我使用的是自由出版社 1969 年版的《过程与实在》。在对该版进行仔细阅读之后，我才知道唐纳德·舍伯恩（Donald Sherburne）编辑的较新的集注本的存在。螺旋式的论证结构使《过程与实在》初读时极为令人恼火，尽管它迫使读者对怀特海的理解比线性论证要深刻得多。对于那些希望从线性论证入手的人来说，舍伯恩的 *A Key to Whitehead's Process and Reality* 将文本进行了删减和重新编排，使之成为这样一种结构。

[译注]目前流行的英文版是 1978 年自由出版社发行的修订版本，本章借鉴的商务印书馆李步楼译本也根据这一版译出。由此译文保留了 1969 年版本的页码，并用“/”区分 1978 年版的页码。

232 正如从本体论到时间性的转换所暗示的那样，迄今为止我从文本中得到的一个教训是，时间性并非[*ex ante*]事先存在。没有本体论就不存在时间理论。因此，在物理学意义下的宇宙里，并不存在以一致的方式在宇宙中嘀嗒走动物理秒针的终极物理时钟；时间性属于(appertains)物质和能量，而不是虚空。我以同样的概念来对待人类的时间性。我们唯一确定的是类似局部时间秩序的事物的确存在。也就是说，在一次互动中(在一个局部范围内)存在着相对的时间关系。其他的一切都是从这个局部的互动时间性之中建立起来的。

然而，时间性和互动都不是怀特海最重要的分析主体。相反，他的目标是要取代笛卡尔二元论及其所假定的本体论。他要用一个由实体与其他实体的关系形成的实体世界来取代一个通过客体的持续属性来认识客体的主体世界。对他来说，知识只是这种形式化关系的一种手段。事实上，关系论也适用于时间的形成，现在的实体由过去事物的关系的趋同形成。仿佛是为了强调这种万物与万物之间永远更新的相互关系，怀特海在两个截然不同的层面上进行了论证。他将微观世界(microcosmic world)称为“现实实有”(actual entities)的世界。这些“现实实有”其实就是一般术语中的事件(怀特海令人耳目一新的特质之一是完全特立独行而又基本一致的术语；他的大多数特殊术语都有明确的定义，非常容易识别，堪称术语的艺术①)。

---

① [译注]与这个赞语相比，怀特海著作的中译本给我们制造了另一重理解上的困难。《过程与实在》有三种常见中译本，分别来自李步楼、杨富斌与周邦宪。他们**都各自**创造了一套术语译名体系。本章主要采用了李步楼的译本，但纯粹只为了便于读者对照。以下有特殊含义的术语，我查阅了三个译本，分别用译者姓氏和页码标识。所参照的译本是：李步楼(商务印书馆，2017 年版)、杨富斌(中国城市出版社，2003 年版)、周邦宪(北京联合出版公司，2013 年版)。术语如下：(转下页注)

从这个微观层面衍生出的是结合体(nexus)的层面或社会/社群的层面(怀特海经常将这两个术语互换使用)。结合体是一组某种形式的现实实有的系统性关系。在标准的术语中，一个结合体是一组编排成某种模式的事件。一个时间上的结合体或社群——怀特海所说的“有个体秩序的结合体”([40/36]58)——就是我们通常所说的对象或事物。因此，笛卡尔所谓世界的原子基础其实对怀特海而言是宏观世界，因为后者和米德一样，把世界当作“事件的世界”。笛卡尔式的、持续的客体，如石头和人类个体，只是不断以同样的方式发生的事件。

把这两个层级串联起来的是“秩序”的关系(the relations of “or- 233
der”)。无论它们的关系在我们看来多么重要，但在《过程与实在》中却没有很好地得到研究。宏观世界“社群”——我们会把正常的社会互动关系置于这种关系下——也没有得到好好研究，但怀特海认为它们完全等同于创造个人秩序的那种关系(怀特海并没有做出这种区分：在我与比如说今天随机选择的一位挪威社会学家的关系之间，和我与1967年的我自己的关系之间)。而是说，在微观层面上将实体相互结

(接上页注)actual entities 现实实有(李，31 页)、实际存在物(杨，30 页)、实际实有(周，26 页)；nexus 结合体(李，31 页)、连接(杨，30 页)、联系(周，26 页)；prehension/prehending 包容(李，31 页)、摄入(杨/周，30 页)；concrescence 合生(李/杨/周)；occassion 机缘(李)、场合(杨)、事态(周)；transmutation 转变(李，385 页)、转换/转化(杨，457 页)；嬗变(周，371 页)；perception in the mode of causal efficacy 因果效验方式下的知觉(李，189 页)、处于因果效应方式中的知觉(杨，221 页)、因果效验形式的知觉(周，181 页)；perception in the mode of presentational immediacy 表象直接性方式的知觉(李，190 页)、处于呈现的直接性方式中的知觉(杨，222 页)、直接表象方式的知觉(周，182 页)；perception in the mode of symbolic reference 符号性指涉方式的知觉(李，264 页)、处于符号参照系方式之中的知觉(杨，307 页)、以符号指称进行的知觉(周，251 页)；society 社群/社会(李)、集合体/集合的(杨)、群集(周)；representation 呈现/表象(李)、表象(杨)、表征(周，87 页)。

合的过程——“包融”(prehension)的关系[①]——作为怀特海的中心议题(“包融”既包括那些标准笛卡尔主义会认为是因果的关系，也包括那些他认为是感性的关系。怀特海讨论了这两者，但将其作为平行的过程类型)。一个现实实有(读作“事件”)通过一种“合生”(concrescence)的过程发生。合生始于对其他实有的包融。然后，这些包融以各种方式被组织起来，最终达到一个实体的“满足”，即它最终“生成它要成为的东西”。就像在米德那里一样，此时，当一个实体失去了米德所说的“流逝”或“生成”时，它又变成了一个客体，用怀特海的话来说，就是后来的“现实实有”的“材料”(datum)。

所有这些复杂性——怀特海用了许多晦涩的段落(passages)[②]书写——在微观层面上创造了一个完全马尔可夫式的世界。这个世界永远在(重新)创造自己。没有固定的对象，只有永久的合生。微观世界看起来像锁子甲(chain mail)，一个“包融”的网络，其中现实实有是包融联系之间的交叉。在这个网络中，强烈的时间线是“个体秩序”，通过它，持续客体从实有的世系中被创造出来。但这些线与其他包融关系在种类上并无不同；事实上，在这种同一性中，怀特海拒绝了笛卡尔的二元论。

把社会本体论的观点建立在怀特海的模式上，似乎相当有吸引力。微观/宏观世界的区分使我们的微观层面由米德的事件世界组成，哪怕我们在宏观层面上有的是涌现的结构，该结构受制于永久的定义和重新定义。在微观层面上，现实呈颗粒状。世界永远在创造自己。涌现

---

① [译注]此处柏格森(inclusion＝包含/包容)和怀特海的术语(prehension＝包容)产生了冲突。鉴于怀特海的用法很独特，这里及下文用同音词“包融”代替。

② [译注]这里是一处双关语。passage也有通路的意思，在这个过程中，“刚刚逝去的过去创造出新的当下，而新的当下转而又成为新的刚刚逝去的过去”。见作者在《过程社会学理论》一文中的总结，收录于《社会科学的未来》(商务印书馆)，第一篇第四讲，134页。

的现在永远产生于一种眼前的过去。怀特海本体论的这一面满足了概率论者和建模者的要求，对他们来说，现实由一个个时刻到时刻的分支过程链组成。也请注意，我们可以允许不可唤回性存在于这样一个微观的过去中。这就处理了我们上面提到的困难：我们不喜欢想象当我们改写了福因在 1880 年、1900 年和 1930 年的发现时，会改变福因当时实际做过的事。行动的微观性概念也抓住了柏格森的理解，即替代性的行动路线并不是真正的选择，因为倾向于其中一条路线会重新定义另一条。如果一个人不是一个有经验的事物，而是诸微观时刻的一道历史轨迹，那么柏格森的观念就变得简单易懂了。

但仍有一些重要的问题似乎简单地被微观/宏观的区分唤醒了。首 234
先，为什么世界上有那么多的个人有序(也就是说，为什么世界上有那么多的事物由保持不变的东西组成)？相比自然界，在社会中这个问题没那么大，但仍然是一道难题。其次，为什么社会现实中具有个人秩序的部分会这样做，为什么这些个人秩序有时会崩溃？就社会而言，为什么会有持久的社会结构，为什么这些结构有时会不明不白地急剧失效？更广泛地说，怀特海的本体论如何面对社会实体的产生和消解问题，以及不同规模的社会实体的复杂关系。小的现在与大的现在之间的关系如何？最后，“建构主义者”的过程，通过重写、通过我们自己对过去的综合，扮演了什么角色？

这些问题的答案都有一个前提，那就是怀特海隐含的论点：小与大的关系，那些获得个人秩序的机缘与没有获得个人秩序的机缘之间的关系。这种关系从根本上说是一种经验关系。在怀特海看来，持续的个人秩序(行动的社会个体)并不是以某种方式先于更复杂的社会存在。相反，所有的包融关系都发生在同一个微观宇宙中，行动的社会个体拥有连贯的个人秩序(也就是说，它们是事件的序列，成为“物”)，其方式恰恰与其他种类的社会结构获得秩序的方式相同。在任何一个特定的时间，都有一个无比复杂的包融结构，把社会世界的所有机缘联系起来。该结构的一部分可以被想象为持续的“个体”轨迹。但它的其余部分可能是持续的朋友网络，是将“部分的人”联系在一起的科层关系，甚至是被马克·格拉诺维特(Mark Granovetter)称为“弱关联”的复杂联系。

这种巨大结构的未来的诸种可能性是纯粹经验性的。1860 年，一组庞大的联系结构将捕鲸的“前现代”形式编码到参与捕鲸的国家的社会结构中。我称这种形式为“被编码的”(encoded)，意思是说整体的联系模式是这样的：创新往往会被追溯到常规做法上。一项创新可能缺乏资金支持而无法成功，名誉因素可能意味着碰到好天气，或者发现鲸鱼的运气是核心要素，或者技术上的变革可能无法为那些认为有理由使用它们的人所利用，或者这些东西可能无法按照允许变革展开的顺序获得。让福因这样的发明产生决定性影响的事件的排列是很复杂的。一个“大”而持久的结构变得容易受到变化的影响，并不是因为
235 某种特殊的创新，而是因为这个结构本身的排列方式，以至于在它的边界上不再发生通常的对传统做法的反思。这种结构不仅不是限制，反而促进了变革。现在，虽然我们说这样的联系排列具有“大”结构，但**最重要的**是要认识到，它的大只在于它不让变化透过(imperviousness to change)，而不一定在于任何普遍性或统一性。正是联系的经验性安排，即局部互动的拓扑结构以这种反射性的不让变化透过的实际方式将自己勾连在其他事物之上，才使一个结构成为大的结构。除了局部的相互作用之外，什么都不存在。

因而，这就是为什么微观的颗粒性与宏观的规律性是相容的。单纯经验模式的联系，使得一些现象在时间性上看起来很大，而另一些现象看起来很小。但由于所有的现象都同样被编码在微观事件中，在大结构中，突然的变化和渐进的变化一样是可能的。因此，当福因的

发明，加上周围其他环节的形势，在捕鲸结构中创造了某些新的途径和环节时，过去压制了十几位前辈发明者的结构就不再发挥作用了。这个系统在一段时间内进入了变化，然后发现了新的安排，允许或禁止某些事的发生。这便是福因行使其垄断权期间发生的事情，当时他发现特许经营比实际的垄断更可取；以及之后几十年中发生的事情，因为现代捕鲸的可能性被具体化了。

简而言之，现在的“大小”是在任何特定时间点编码到社会结构中的事物。因此，一个现在向自由和创新开放，正如它以自己的方式行使着决定的力量，这些力量既是眼前的，也通过更大的包融网络“在远处”产生影响。此外，正如有许多社会结构互相重叠，把同一个人拉进几十个不同的交错结构中一样，这些结构所意味的现在也是重叠和交错的。因此，我们为柏格森的多重现在留有余地，但在这种情况下，不仅仅是为一个“社会”(诸个体，或用怀特海的话说，“个体秩序”)提供了空间，而是为任何有序的包融概念之间的联系系统地提供了空间。在这样的模型中，把 19 世纪 60 年代初的捕鲸看作“前现代捕鲸”的一个子集，就像把福因的个人经历看作一个类似的重叠绵延的问题一样，是可能的。回避柏格森的唯我论，就像否认“个人”的包融与他人不同一样简单(也同样激进)。

然而，怀特海的本体论没有给出任何方案可以真正解决个体秩序如何开始的问题，以及为什么它们具有特异的持久性的问题。把个人秩序和非个人秩序放在同一位置上，已将小实体和大实体的问题以及与社会结构和时间性相关的一般问题都处理得很好。但怀特海没有解 236
决人格本身的问题。我可以指出，关于“人”的产生，有许多可能的理论，尽管它们显然超出了本章的范围。例如，人们可能会把个人秩序归结为某种形式的习性化(habituation)。或者，人们可能会看到它起源于更大的现象；怀特海式的“社会”之所以获得个人秩序，是因为这种秩序提供了某种更大结构的一个分区，比另一个分区更有效(例如，这往往是我们解释分工的方式)。或者我们可以在名称中看到个人秩序的起源；当一组机缘获得一个作为事物的名称时，个人秩序就产生了。把一组机缘称为一个对象，就使它成为一个对象。这种对个人秩序的“文化”观点使我们转向了建构的问题。

对过去的建构似乎是我从怀特海那里得到的社会本体论中剩下的另一个问题。正如我迄今对他的介绍那样，怀特海忽略了我们对过去的建构不断变化的事实。他只认为过去或多或少为自身而存在。上述分析是否意味着我们原则上可以发现所有相关的包融，从而真正理解过去本身？还是米德说得对，我们通过为我们定义的过去的显著性，从而使过去成为过去，因此我们在不断地改变它？

令人欣慰的是，怀特海以多种方式回答了这些问题。首先，他认识到了命名的过程，通过这个过程，一组我们看到某些共同抽象元素的机缘就变成了一种社会事物。他把这个过程称为“转变”(transmutation)，并认识到这个过程由特定的实体，以自己特定的兴趣，以自己特定的方式完成。而转变可以在不同的时滞发生。这个词同样可以描述个体在他的直接意识中的一桩包融事件(prehending events)，或者一位历史学家通过与之相关的文档包融过去的事件。因此，历史知识和即时知识之间并没有绝对的种类差别。但是其中涉及不同类型的包融以及它们的混合。怀特海一直小心翼翼地保留着他所谓的“因果效验方式下的知觉”“表象直接性方式的知觉”和“符号性指涉方式的知觉”之间的区别。处在当下的人们通过因果效力和直接感知的方式来“感受”事件，这种方式对现代读者来说是极其微弱的。怀特海原则上坚持认为，世界上的每一个事件都会影响到后来的所有事件——比如本章就是由福因的发现而形成的因果关系——但怀特海允许[对过去的感知]
237 极度的衰减，以便使他的泛关系论与常识相协调。

在这种对包融类型的区分中，蕴藏着一枚处理建构问题方法的种子。在微观世界的层面上，因果效验和表象直接性的包融连续存在。一旦过去，它们就被编码进实体的完满中，在那里成为新的合生过程的材料。一旦如此编码，这些包融——当时的社会事实和建构——就是现实，可以通过两种方式被认识，一是通过某种形式的符号表象(记录)，二是通过它们自己的包融后代。正如我们所看到的，一名更晚近的作者可能会看到许多在当时晦涩难懂的微观事件之间的实际联系结构。但他也可能选择不同的联系结构(积极的和消极的包融)，从而对过去的排列与实际经历过的人完全不同。因此，无论是根据事实还是根据建构，后来的作者都可以像米德所说的那样，自由地按照自己的兴趣重写过去。然而，过去的因果连接，乃至它对自身的建构，都可以作为可包融的材料获得，关于这些材料的理解可能是错误的或有偏差的。尽管我们有能力改写它，但还是存在一段“黏稠的”过去。

因此，将这种对建构的分析与怀特海的本体论以及从柏格森和米德那里获得的见解结合起来，就能对我在分析福因的历史中出现的大多数问题得出答案，并通过它对史学和社会学的更大关系得出答案。我们有一个建立在自由与决定对话基础上的局部世界，也有一个通过认知和意动(conative)的相互关系而产生的更大世界。我们有颗粒状的时间和更大的时间。我们有作为现实的建构，也有作为建构的现实。我们有一段黏稠但可阐释的过去，在这个过去中，大可以塑造小，小可以重组大。所有这些都是通过转向对社会对象及其意义的根本关系的论述，以及通过承认社会生活的实际安排在一种经验关系中(在任何特定情况下)编码历史和社会学来实现，而这种经验关系是我们要分析的。

然而最后，仍然存在一个核心问题，即时间性本身起源于何处。柏格森和米德的唯我主义的时间性似乎仍然是一个坚定的心理学范畴，在这个范畴上强加了时钟这只僵化的社会之手。但一个直指米德其他作品的模型却摆脱了这个陷阱。在《心灵、自我与社会》中，米德从理解他人对自己手势的反应的经验中推导出人格，这种经验使手势从实
238 际表现中脱离出来，并创造出一枚重要的符号，在此基础上可以建立起与自我的纯粹内部对话。类似的理论可以解释时间性。社会生活中的基础性经验是互动的经验，是轮转(turn taking)的经验。在社会过程中，一个个体可以被定义为一个场所(site)，在这个场所里，各种轮转的节奏——来自于个体所参与的各种互动——相互刮擦(scrape against one another)。这种刮擦是我们对时间性的原始经验。它纯粹是互动之间的相对性。重要的不是“社会变革发生的速度有多快”，而是变革的发生**相对于**生命历程的长短等其他事物发生的速度。重要的不是计算机使人们在股市上的交易速度有多快，而是计算机交易**相对于**企业基本生存能力和其他经济指标的变化有多快。

在沓杂又冲突的互动节奏中，如何产生稳定性是一个关键问题。唯我论的绵延时间和时钟时间实际上都是使这种节奏性嘈杂规律化的策略。一方面，唯我论只是将围绕个体的一组任意的互动性“现在”放在优先位置。我可能认为自己“现在”仍然与一位朋友保持联系，而事实上这位朋友已将我们的关系重新定义为过去。我选择如何定义这种绵延时间完全是任意的，尽管听我叙述的第三方并不会意识到这一点。另一方面，当唯我论中的个体是社会个体时，我们更容易理解这种任意性：例如，一家工业公司，它的固定工时和不定期时间表为许多不同的员工规定了“绵延的现在”。值得注意的是，怀特海的观点并未暗示只有生物个体才能拥有纯粹的“绵延”。关于集体行为的文献长期以来一直关注群体之间的这种行为。

在另一个极端上，时钟时间只是一种极简主义取径，用来在不同互动之间调节复杂的节奏。合唱歌手只有在其他声部的相互作用暂时

无法为自己的歌唱提供指引时，才会跟随指挥家的拍子。工业公司用时钟时间来要求低级员工，却期望高级员工接受唯我论式的定义——“想想今天你应该工作多久”。学者们会为不太重要的交谈安排固定时长，但对于更重要的对话者，则会让对话自己找到节奏，任其恣意展开。柏格森极为反感将时钟时间强加于绵延之上，但这只是一个历史事实。这些时间性策略的极端分离——其实每种策略都隐含着另一种策略——源自现代社会对公共与私人领域的区分。柏格森的“纯绵延”并非一种原初体验，而是被制造出来的——制造的方式是排除所有轮 239
转互动中的他者部分，仅保留我们自身的体验。

这个简单的分析，与其说使我到达了本论证的终结，不如说开启了下一个论点。从这三位作者身上产生的时间性理论需要广泛的发展。然而它的轮廓很清晰——一个过程中的世界、一个互动的世界、时间性由关系定义。一种微观过程与宏观秩序的纠缠。一种史学与社会学、叙事与致因、小与大之间的纯粹经验性关系。这样的理论可以阐释19世纪60年代滕斯伯格的转变。它为我们提供了语言，让我们理解为什么是福因而不是阿米奇、罗伊斯或韦尔奇被认为是现代捕鲸的发明者，以及捕鲸的不同的现在相互叠加如何使一些东西不仅是具有明显因果规律的可分离时代的集合，同时也是一种有序的历史结构。

在当下，我们仿佛生活在无尽的过去和未来之间。米德说得没错，我们似乎悬浮在虚空无物之中，现在是思考之海中的现实之岛。

> 它的钢拱漂浮
> 在洁净的雾面上，
> 这座没有支承的桥是否将无物联向
> 无物，亦或从内特(Nøtterøy)到彻默？

但同时，现在是我们所知之事（至少是模糊的）和我们尚未能描述之事中间的联系。即便如此，在现在成为过去之前，我们也无法理解现在；甚至直到那时，当我们看到它的各个部分之间那迄今为止隐形的连接时，我们会重新制造它。

丘山连绵，险隘
去向野旷，熟悉的
昔日风景
溅入未来的
世界尽头的潮汐。
喷洒金箔的岩石之外
地貌消失了：
野旷、丘山和险隘
都被隐藏，就像雨后的土地，
在水的平静无知之下。

第八章　论转折点的概念*

在一篇重要的论文中，约翰·戈德索普针对他所说的比较宏观社会学(comparative macrosociology)中的“案例导向”方法，提出了三项主 240
张。第一，他认为由于案例数量少而产生的问题，对于案例导向和变量导向的方法同样重要。第二，他认为高尔顿问题(在大多数的数据中无法区分异质性和传染)在两种方法中都同样存在。第三，他认为案例导向的方法并不能优先进入因果“黑箱”的内部；在它们确实能阐明因果模式的地方，它们不能一般化/泛化(generalize)；在它们能一般化的地方，它们并不比基于变量的方法更好，而且往往更差。[2]

戈德索普的观点有道理。而且他以宽宏大量的方式来论证这些观点。[3]但他选择了一个易攻击的靶子。对基于变量方法的真正批判不是来自案例研究，而是来自通过复杂殊相的诸模式(patterns of complex

---

* 本文为《比较社会研究》(*Comparative Social Research*)的一次特别研讨会而写，是对约翰·戈德索普(John Goldthorpe)一篇论文的评论。由于我的工作是戈德索普批评的目标之一，所以我在这个版本中留下了原论文的序言部分以回应他；他的批评在我的回应中都已明确标出。我感谢弗雷德里克·恩格尔斯塔(Fredrik Engelstad)邀请我写这篇论文，它最初发表在 *Comparative Social Research* 16 (1997)：85-105 上；经 Elsevier Science 许可转载。

② Goldthorpe(1997)。关于高尔顿问题的技术分析，见 Taibelson(1974)和 Loftin and Ward(1981)。

③ 类似的例子如 Lieberson(1992)。

particulars)来刻画社会过程的方法。通过避开这另一种批判，戈德索普能够把他的讨论引向古老而熟悉的特别与普遍(idiographic versus nomothetic)的区别、谈话与数字的区别。

但是，戈德索普所捍卫的基于变量的方法并不是一般化社会过程的唯一形式化手段。基于变量的方法遵循的是一些可能的泛化策略中的一种。它们试图找到一个将高维空间("主效应"的高维空间，偶尔也包括它们之间的交互作用)变为单一维度(即因变量)的线性转换，以此
241 来理解社会过程。如果这种转化为因变维度提供了充分的近似，那么就可以说自变量"因果解释"了因变量。

该策略——实际上是将数据空间的维度降低一档——只有当数据空间或多或少地被均匀填充时才有用。为此我们就需要有一种适用于数据空间各处的一般模型，而且这个模型在数据空间的各处都大致相同。但在很多或大多数时候，数据空间并非均匀地充满了数据。相反，大多数时候，大多数变量的特定值的可能组合要么不出现，要么很少出现。社会现实中的变量通常具有很强的局部关联性；即使在皮尔逊相关系数等全局关联度量值较低的情况下，数据空间内的点也叠合在一起。[①]

如果大多数可能发生的事情没有发生，那么我们最好先尝试在数据中寻找局部模式，然后才在其中寻找规律性。事实上正是这个原因让聚类分析和标度(cluster analysis and scaling)，而不是回归分析，主导了花费巨资的社会科学——市场研究，其目的是寻找、理解和利用强大的局部模式。因为这些都是寻求数据的叠合与分区的方法，它们并没有尝试书写一般的转换模式。换一种说法，聚类和标度试图通过寻找多变量的局部规律性来描述数据，而不是试图选择一个数据维度进行选择性淘汰。

---

① 参见本书第五章。

因此，戈德索普那基于变量的方法的真正替代方案不是基于案例的方法，而是我所谓的——如果没有更好的术语的话——“基于模式的方法”。以模式为基础的方法，首先要在变量中建立局部模式，然后再着手进行一般化。这些初步模式是复杂的殊相：在许多变量上具有大致相同值的案例簇(clusters of cases)。在基于变量的方法中，我们并不寻求这种复杂的殊相，而是在给定变量的基础上立即进行一般化，这些变量被视为实质上相互独立(即作为主效应)。相比之下，基于模式的方法使用变量来定义类型。然后它们会在不同类型之间寻求更普遍的模式，或者将类型相互联系起来。正如我所指出的，当大量或大部分数据围绕着几种类型，并且相当一部分数据空间或多或少是空的时候，这个程序最有用(这是一项经验问题，并且很容易通过直接的方法进行测试)。在这种情况下，我们最好先建立局部关联。

注意，这些局部关联并不一定要是截面的。也就是说，它们不需 242
要是截面数据空间中的聚类簇。它们同样可以是一个或多个变量值的接续模式。在最简单的意义上，自回归方案(autoregressive scheme)就是这样一种模式。从稍复杂的意义上讲，一个变量的任何共同的接续数值(实际上是几个不同变量任何的共同接续数值)都是这样一种模式。

正是在这里，正如戈德索普所说的那样，我们得出了“社会学叙事主义”(sociological narrativism)。他在其论文的后半部分指出，“对于任何一种宏观社会学来说……‘历史’将永远是一种必要的剩余范畴(a necessary residual category)”。这句话的一个脚注概述了戈德索普的忧虑：

> 我不能确定，现在通过“社会学叙事主义”[以克服社会学与史学之间的区分]的进一步尝试……是否更有可能实现？虽然人们可能会同情阿伯特(Abbott 1992a，1992c)等人在叙事性说明和因果性说明之间建立类比的努力，但在可以使用的叙事种类中，它们

> 仍存在人们尚未认识到的基本区别。例如，我们可以从叙事的角度来理解理性选择理论——但与历史叙事相比，这种叙事是一般化的而非具体的，设置在分析性时间而非实际时间内，在结构上是寓意性的而非关联着的(*implicative rather than conjunctive*)。①

在这里，我对戈德索普将历史定义性地归入剩余范畴的兴趣不大，而对他承认“规律性的叙事模式实际上是对社会过程进行一般化的一种合理方式”感兴趣。也就是说，他在这里承认了以时间的序列(temporal sequences)为基础的模式化社会分析方法的可能性；或者，容我将其称为“叙事模式”。②他的最后一句话呼吁人们对叙事模式的某些方面给予有益的关注。我们希望它们是一般化的(事实上，我在戈德索普提到的论文中也曾论证过这一点)。我们希望它们发生在一种比时钟时间更灵活的时间性中(戈德索普对纯粹抽象时间的坚持，把模式还原为单
243 纯的接续，而我们应该保留模式涉及持续时间的可能性)。而且我们希望这种叙事是“强制的”，因为在某种意义上，在某一时点之后，它们意味着某种结局(denouement)，某种结果(最后一点是我对戈德索普所说“在结构上是寓意性的而非关联着的”的阐释)。

在此，我想讨论这最后一个问题，即最终性、确定性、寓意性结果的问题。我把这种最终性放在“叙事模式的转折点”这个更广泛的问题中来看待。相信一次叙事在某一时刻之后变得具有强制性，意味着

---

① Goldthorpe(1997：22)，n. 18。他所指的论文是本卷的第四章和第六章。

② 当我在20世纪80年代初第一次开始谈论序列社会模式的分析时，“叙事”还没有成为后来的时髦词汇。因此，我(有点懒洋洋地)用这个词来指代实际的历史规律性，也指代它们被叙述的版本，必要时指明适用于哪种含义。遗憾的是，“叙事”一词后来完全与法国人所说的 *discours*(讲故事)混为一谈。在此，我用“叙事模式”来指代社会过程本身的实际规律性，并不把话语和这种规律性再现的整个问题当成问题。这当然是一个过于严格的假设，但对于我目前的目的来说是必要的。

相信转折点已经过去。我们已经走出了先前的模式，进入了一道新的轨迹(trajectory)。转折点在社会科学的定量分析和定性分析中都被普遍假设。但我们缺乏对它们的持续分析。事实上，我刚才概念化的“轨迹”和“转折”的隐喻可能完全是误导。因此，我想着手研究转折点概念的逻辑和形式化属性。

我首先说明性地提及一些采用转折点概念的文献。然后，我讨论了转折点的一些数学类比，并发展了叙事性[转折]概念的想法。这导致了将转折点与轨迹联系起来讨论，并发展了一种处理转折点的社会结构方法。本章的第二部分考虑了转折点理论中的两个特殊问题：扩散的未来(proliferating futures)和瞬时性变化(instantaneous change)的问题。本章的实质性讨论以意外的社会变化的多重偶然性理论结束。

一、转折点的概念

在社会学中，转折点的概念相当古老。[①]它主要应用于生命历程的研究中。在埃尔德(Glen Elder)被广泛引用的评论中，他把生命历程解析为“轨迹和过渡”[②]。轨迹是生命中不同领域内相互交错、相互依存的事件序列。过渡一方面是沿着这种规律性轨迹的各阶段(stages)，另一方面是根本性的诸转变(shifts)。埃尔德告诉我们，“有些事件是人生中重要的转折点——它们重新定向了路径”。转折点打断了常规模式，这是生命历程文献的一项重要见解；早期的生命历程构想讲的是 244
有规律的“生命周期”，它最终可以追溯到芝加哥学派的自然史概念。[③]

---

① Hughes(1971).

② Elder(1985).

③ Elder (1985：35). 关于自然史，参见 Park(1927)。关于生命周期概念的批判性评论，参见 O'Rand and Krecker(1990)。

虽然我在这里将以生命历程文献为试金石，但在其他地方，例如，在犯罪学文献中也提出了类似的论点。桑普森和劳布(Robert Sampson and John Laub)认为，在将犯罪者引入或震荡出进一步犯罪的轨迹方面，转折点起着核心作用。[①]但是，转折点的概念不仅仅是一种生活史甚至社会学概念。在政治学中，研究者一直在政党重组和关键选举的研究中寻找转折点。在应用经济学中，对商业周期和其他经济规律的研究导致了对转折点的广泛分析。在科学史上，革命是最近几十年甚至几个世纪以来的核心概念。[②]

在发展能够支持这些不同文献的转折点概念时，最容易从数学的概念开始。想象一个 x 的连续单值函数。转折点是这个函数的极大或极小点，也就是函数斜率改变符号的点(在实践中，这是应用经济学文

---

① Sampson and Laub(1993).

② 关于政党重组，参见 Lasser(1985)。关键选举包括大量回应 V. O. Key(1955)的文献，例如，Burnham(1970)和 Clubb，Flanagan and Zingale(1981)。关于应用经济学的例子，参见 Chaffin and Talley(1989)和 Zellner，Hong，and Min(1991)。关于科学革命，参见库恩([1970]2012)和科恩([1985]2017)。关于政治革命的文献浩如烟海，读者们耳熟能详，我就不给出参考文献了。革命概念的历史前因在科恩([1985]2017，第四章)相当木讷的革命观念史中有所涉及。历史进程中革命转折点的概念归根结底是基督教的概念(柯林武德[1946]2010，第二编·第二节)。事实上，后来在本章中为转折点所发展的概念——相对尖锐分化的体制之间的过渡——有效地被保罗关于道成肉身(incarnation)的转折点形象所捕捉，将救赎时期与律法时期分开(《加拉太书》3：23-25)：

> 但这因信得救的理，还未来以先，我们被看守在律法之下，直圈到那将来的真道显明出来。这样律法是我们训蒙的师傅，引我们到基督那里，使我们因信称义。但这因信得救的理，既然来到，我们从此就不在师傅的手下了。

保罗对生命历程中转折点的描述也是如此(《哥林多前书》13：11-12)：

> 我作孩子的时候，话语像孩子，心思像孩子，意念像孩子。既成了人，就把孩子的事丢弃了。我们如今仿佛对着镜子观看，模糊不清。到那时，就要面对面了。

献中对转折点的操作性定义)。①

然而，我们会认为快速接连发生的两次类似变化不过是一般单调趋势中的一段小波折。但是，如果这两次变化是分散的(spread)，我们就会认为整个函数曲线由两个转折点分成了三段。 245

图 8.1 所示的这个常见的例子，抓住了转折点的一个最重要的方面。用阿瑟·丹图(Arthur Danto)的语言来说，转折点的概念是一个“叙述性概念”。②也就是说，这个概念参照了两个时间，而非一个。使转折点成为转折点而不是小波折的原因在于充分的时间流逝在了“新的路线上”。这使人们清楚地看到，方向确实已经改变。

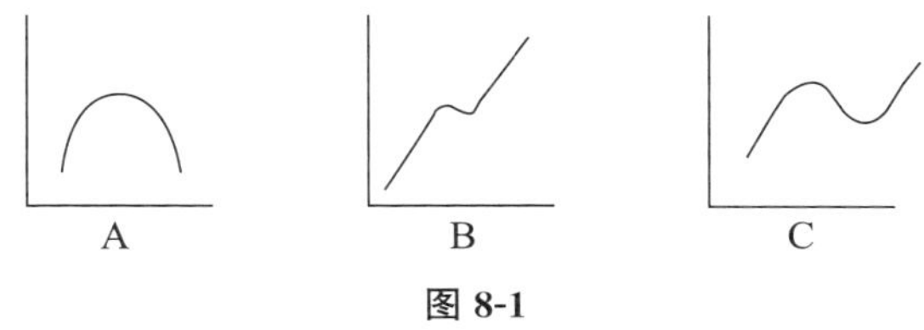

图 8-1

请注意，转折点的这种“叙事”特征在定量和基于变量的方法中与在定性或基于案例的方法中都表现得相当强烈。如果仅仅参照过去和眼前的情况就能确定定量转折点，那么定位转折点的算法早就能跑赢股市了。恰恰由于转折点“事后诸葛亮”的特性——其定义既包括未来，也包括过去和现在——禁止我们这么做。

鉴于叙事性的特点，我们可以对转折点的概念进行重新表述和一般化，以包含曲线上更简单的“弯曲”(bends)。将一个点定义为转折

---

① 参见，例如，Zellner，Hong，and Min(1991)。

② 其实，丹图([1985]2007，第八章)讨论的是“叙述句”，他把它定义为参照两个时间点而不是一个时间点的一类句子。我在这里将他的见解扩展到更广泛的涵盖概念，并认为转折点作为一个概念，本质上是指两个时间点。

[译注]丹图中译本将“narrative”译作“叙述”，与本章中的“叙事”等同。

点的原因是，发生在其内部的转折(the turn that takes place within it)与其外部(之前和之后)的相对直线形成对比。因此，如图 8-2A，我们不需要实际的[斜率]符号变化。重要的是通过一次比较突然的转折来分离相对平滑的模式。请注意，我们不会认为一条无差异的平滑曲线(图 8-2B)有一个转折点，尽管它显然涉及长期变化。

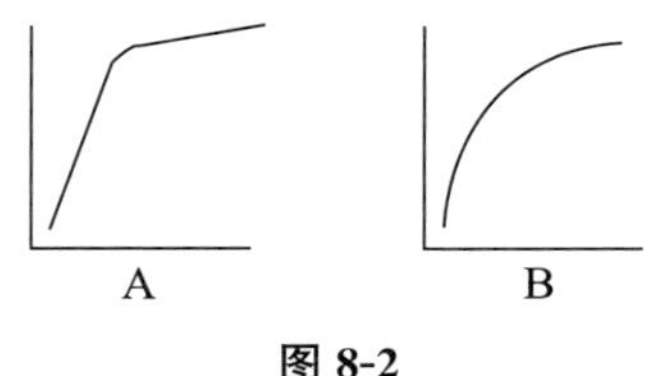

图 8-2

246 如果我们把现实看作离散和类别化的(discrete and categorical)，而非连续的和数字式的，就会出现同样的转折点概念。在这种观点下，我们把社会过程想象成马尔可夫过程(Markov processes)。想象一个简单的过程，它在不同的状态之间跳来跳去，每一次跳跃都由给定的上一个位置的概率决定。例如，假设一个过程取值为 0 和 1，并且在 95%的时间里我们的下一步只是重复上一取值。这是一个马尔可夫过程，其转移矩阵(transition matrix)[①]为：

	转移后		
		0	1
转移前	0	0.95	0.05
	1	0.05	0.95

该过程将产生一长串 0 和 1(长度中位数约 15，即连续 15 个“0”或

① [译注]在马尔可夫术语中，“transition”被称为“转移”；在社会学文献，尤其是在下文出现的生命历程文献中，这个词通常译作“过渡”。

15 个“1”)。转折点将是那些相对罕见的偏离对角线的事件，它们导致数字串元素的改变(即由 0 变成 1 或者相反)。偶尔，我们会得到快速重复发生的转折点(给定起始点后，在一个 6 元素序列中，根据上述概率，我们将只能在大约 3%的时间中观察到两个转折点)。但大多数时候，转折点将很罕见且很清晰。

我们可以一般化这个例子：想象一个更大的状态空间，该空间中有明显的状态叠合(clumps of states)。叠合指的是该空间中的区域，在这些区域里，过程随机游走，只是偶尔跳到另一区域。在这种情况下，马尔可夫转移矩阵将是分块对角矩阵(block-diagonal)，对角线上大概率存在子矩阵，而对角线外则是稀疏的子矩阵。

这种马尔可夫构想表明，转折点与赫伯特·西蒙([1969]2004)所说的“近可分解性”(near-decomposability)有关。[①]他所说的近可分解性是指一个系统，它的各个部分可以或多或少地独立看待。同样，一个 247
过程之所以有转折点，是因为它有规律的子过程，而我们很少在这些子过程之间切换(switch)。这些罕见的切换就是我们所说的转折点。根据该观点，转折点是一个第二层次的问题，支配着不同第一层次区域/体制(regime)之间的变化[②]，这些变化在一定程度上可以单独理解。一项长期的职业生涯可以“近乎分解”为这些组成轨迹。

那么，在连续情况的构想中，转折点涉及相对平稳和有方向的轨道被相对突兀和分散性的时刻所分离。在离散的构想中，转折点是指那些使我们在不同的概率区域之间跳跃的罕见跳转。这两种表述都与生命历程文献中的传统主题直接相关。之前与之后的平滑是轨迹，由一个相对突然的“转折点”连接起来。它们是稳定的区域，由不寻常的

① 西蒙/司马贺([1969]2004：161ff.)。

② [译注]“regime”在社会科学语境下一般被称为“体制”、“体系”或“制度”。在物理和数学术语中，常见的译法是“区/域”。

过渡/转移分开。[1]

虽然生命历程文献使我们把重点放在单一案例中的轨迹连续性上，但重要的是要设想这种对转折点的看法所暗示(或蕴含着)的社会结构。到目前为止所给出的模型都表明了一种社会结构，其中存在着若干种轨迹和生命历程。生命历程由一个人试图将这些轨迹勾连成一道合理的序列而组成。人们的生活通常在一条稳定的轨道上进行，但在不同的时候，外部和内部的冲击意味着个人必须跃入新的稳定轨迹。

这种观点很适用于专业人士的人生道路。比如说，一旦某人进入研究生院，就踏上了一条稳定的轨迹：从入学课程到考试和论文工作。研究生学习是一种具有强大强制力的轨迹：当然内部变化不大，但具有巨大的惯性。可是之后是一个相当混乱的转折点——进入职场——研究生通过这个转折点跳入下一道或多或少的稳定轨迹：助理教授、研究工作、博士后、专业外的工作。职业生涯由一连串这样的惯性轨迹结构勾连成的生命历程构成。[2]

从理论的角度看，这里重要的是轨迹那惯性、历史主义的特
248 征。这些都是具有自我再生和自我延续能力的人生片段(episode)。这样的片段被广泛地编入我们的社会制度中：在研究生院和专业学校中，在内部的劳动力市场中，而且在令人惊讶的程度上，仍然在婚姻等制度中。因此，根据这种对转折点的看法，就会涌现出一幅隐含的形象，

---

① 轨迹与转折点的区别，在实践中将不再那么严苛。每一条轨迹内部都有小的转折点，正如转折点——如果延伸的话——可能在其中有小的轨迹一样。这种分形的相互渗透将使识别变得困难。下面我考虑等级嵌套过程的问题——在定义上引起这种相互渗透。

② 不应假定最终的精英生涯是将所有完美的精英轨迹勾连在一起的生涯。这里适用的很可能是一种帕吉特-利弗式稳健行动的论点(Padgett and Ansell 1993；Leifer 1988)。最出众的个体可能是那个保持着最多可能的未来轨迹的人，他可以跳到这些轨迹上，就像最强大的行动者是其行动最不可预测和最不可具体化的人一样。

即社会过程由一些程序化的惯性轨迹组成，而这些轨迹的数量和可欲性(desirability)都受到强烈的约束。事实上我们可以推测，在社会光谱的两极，这些约束相当强烈。对于伟大的歌剧演员来说，可供选择的职业生涯只有那么多，而这些职业轨迹的存在完全独立于特定时代产生和被发现的声音。轨迹究竟如何被填充，大体上是任意的问题，即什么轨迹[在当时]开放，谁准备在什么时候跳跃。而在社会尺度的另一端，埃里克森(Kai Erikson)关于偏异的著名论述表明存在着类似的惯性偏异轨迹，一些人的先前生活最终一定会附着在这些轨迹上，即使这种附着相对于他们自己的先前经验来说多少是随机的。①

简而言之，这种对转折点的概念化似乎与结构主义的社会生活观密切相关。其重点是约束和空缺(constraints and vacancies)，是可得性和偶然性(availability and chance)。

但认识到转折点的社会结构性特征，不应该使我们忽视它的本性——行动者对转折点的经验是个体化的。对个体行动者而言，在职业生涯或生命周期的轨迹中——转折点模型——存在着“因果关系”和“解释”的奇怪倒置。从行动者依轨迹移动到轨迹的角度看，轨迹的“规律”段远不如转折点的“随机”段具有后果性和因果性。因果上可理解的阶段似乎不重要，而因果上不可理解的阶段似乎要重要得多。这个悖论值得阐释。

使轨迹成为轨迹的正是它们具有惯性这一特质，在没有显著改变总体方向或体系的情况下，它们能够吸收并持续大量微小的变化。轨迹之所以是轨迹，正是因为我们所说的它们的稳定随机性，即它们的因果特征，特别是在回归分析思维中所隐含的致因观念下的可理解性。它们的惯性来自稳定但局部的因果参数。

---

① Erikson(1966).

因此，轨迹可以被称为休斯(Everett Hughes)所说的“主状态”意义
249 下的“主叙事”。[①]正如种族这样的主身份凌驾于职业这样的从属身份之上，从而在简单的比较中消灭从属一样，主叙事是一种总体性(overarching)的社会过程，它具有强制其内部过程的特征，事实上也具有阻止这些过程破坏其组合的特征。正是由于这种强制特征，轨迹才成为主叙事。

相比之下，转折点比轨迹带来更多的后果，这是因为它们引起了总体方向或区域的变化，而且变化以一种决定性的方式出现。因此虽然我们可能想把它们看成是“突兀”和“混乱”的，而且我们的确会因为它们在迄今为止稳定的轨迹或区域中显得不规则而发现它们；但事实上，它们是一段生命历程或组织生涯整体结构关键的决定地点(site of determination)，因为它们改变了后者的参数。因此具有讽刺意味的是，标准统计模型可能在某一时间段内被期望对结果产生良好预测，这样的时间段是轨迹，因为在某种意义上这就是轨迹的定义。但是转折点，正因为它们对区域而言是更具因果性的核心转变，所以不会被旨在揭示区域的方法所发现。

到目前为止本文定义的转折点概念可以用一种重要的方式进行概括。我们可以放宽对转折点两侧轨迹性质的假设，允许其中任意一个是随机过程，而不是固定轨迹(也就是说，就前面紧接着的讨论而言，它们中的一个或另一个可以是标准因果模型**无法**帮助我们预测未来结果的时段)。在这种情况下，如果从一段相对随机的轨迹转到一段相对固定、有方向性的轨迹，那么转折点就变成了“焦点转折点”(focal turning point)；或者如果是从一道稳定的轨迹转到一道随机的轨迹，那就是“随机化转折点”(randomizing turning point)。

---

① Hughes(1945).

焦点转折点和随机化转折点在生命历程研究中显然很重要。例如，以桑普森和劳布的青少年犯罪者为例，许多走向“良好适应行为”的关键转折点都是焦点转折点；它们将个体从随机轨迹——涉及偶尔的犯罪、与就业经历的混合、社会支持和友谊网络的继承——转到围绕一份工作、一名配偶、一种生活方式组织的稳定轨迹。

一些作者考虑了某些焦点转折点。焦点转折点的结果是转折点内 250
特定事件序列或类型的函数。因此在思拉舍(Frederic Thrasher)对帮派自然史的描述中，一个“帮派”是一段“自然史”。一些力量汇聚(coalesce)起来，将群体凝聚成一个团伙。随后这个团伙经历了一些转折点，这些转折点的结果因其内部事件性质的不同而不同。[1]因此在焦点和随机化转折点的概念之外，还必须加上偶然转折点(contingent turning point)的概念，即转折点的结果取决于其内部事件序列。

在描述了标准的、轨迹间的转折点以及焦点、随机和偶然的转折点的特征之后，我们可以简单地思考一下在社会过程中发现转折点的经验问题。在最简单的意义上——在我们不关心“快速转变”问题的情况下(图 8-1 B)——对[曲线斜率]符号的考察就足够了。但在这里所勾画的更广泛的概念框架内，问题是要建立某种移动的窗口，既可以评估目前正在进行的轨迹中“轨迹性”的程度(degree of “trajectoriness”)，也可以评估任何确实存在的轨迹“方向”变化。在上面讨论的广泛意义上，轨迹性是指某种形式的一致因果区域：一个恒定的斜率、一组恒定的转移概率、一组恒定的回归系数。另外，转折点由混乱的内部区域所衬托：不同的内部斜率、不规则的转移、不一致的回归。[2]一个真正的转折点区别于单纯的随机事件，其进一步的特征在于它所分离的轨

① Thrasher(1927：56).

② Griffin and Isaac(1992).

迹要么在方向上不同(斜率、转移概率、回归特征)，要么在本质上不同(一个是“类似轨迹”[trajectory-like]，另一个是随机的)。

回想一下，在整个转折点过去以前，转折点的开始和结束都不能被定义，因为定义转折点本身的是一个新轨迹的到来和建立(或者在随机化转折点的情况下是一种决定，决定随机性将持续)。这意味着转折点分析只有在事后，当新的轨迹或系统状态明确建立后才有意义。正是由于这种特质，使得确定转折点的移动窗口策略(moving window strategy)既可行又有必要。

二、转折点的过程、瞬间和持续时间

然而，生命历程文献对转折点的看法往往要宽泛和宽松得多。该文献的作者们往往将转折点定义为“一个过程”。塔玛拉·哈雷文和正
251 冈宽司(Tamara Hareven and Kanji Masaoka)写道：

> 所有的过渡都是潜在的转折点。在一定的条件下，过渡在生命历程中被感知和体验为转折点——作为过程，它以各种形式继续影响后续事件。
>
> …………
>
> 转折点不是一项短暂的孤立事件。它也不包含从一个阶段突然跳到另一个阶段。转折点是一个涉及改变人生道路的过程，因此是一个“路线修正”的过程。于是，转折点依赖于一定的策略和选择。①

① Hareven and Masaoka(1988：274).

这项定义有几个值得注意的方面。首先，它符合我们的观点，即转折点本质上是叙事性事件，它们被定义为“只有通过观察它们之后发生的事情时才会发生”。例如，过渡/转移(transitions)——在生命历程文献中是指依规范性定义(normatively defined)的生活的变化，如结婚或获得第一份工作——有时也可以通过从自身出发的事件流被由果及因地定义为转折点。

其次，这项定义将转折点在某种程度上视为主观的。事实上在哈雷文和正冈论文的其他部分，以及许多生命历程文献都把转折点定义为那些被调查者自己也这么认为的特定事件，无论事情过去了有多久。然而，虽然我不否认重写自己的传记是个人经验性经历中转折点的一个重要方面，但这种回顾性的解释工作并非必要。将一个先前的时刻定义为转折点的工作，既可以由一项社会事实来完成(如经济学家那改变符号的斜率概念)，也可以由做出阐释的人类意识来完成。

但最重要的是，这个定义断言了转折点“是”过程，因此它们在时间上有持续性。在我看来，“转折点是过程”的说法似乎代表了它是
一种叙事概念这一事实的糊涂版本。①另外，转折点具有持续时间的观 252
点相当重要。上面的讨论表明，与围绕它的较长(通常是较均匀的)轨迹相比，转折点总是相对较短(小)。同时，这里所发展的概念预设了转折点事实上具有时间上的广度/延伸。事实上，不管我们遵循什么样的社会世界因果理论，似乎都有必要相信这种持续时间。如果没有它，我们就不得不假定社会过程有时会瞬间出现新的方向。但这样一来，

① 在上面引用的这段话中，如同在其他一些生命历程的写作中一样，转折点被延伸到不再是任何意义上的一个点，而仅仅是一个名称，表示在某个漫长的时期内发生了变化，因此它包括图 8-2B 所示的情况，以及像 8-2A 中那样相对急剧的转折。我们似乎最好区分这些情况，事实上，这似乎也是提出一个转折点概念的意义所在，而不是简单地用变化或因果关系或继承的概念来解释，所有这些概念都会涵盖这种渐进的转折点。关于使用这种广义定义的经验性例子，见 Pickles and Rutter(1991)，例如，p. 134。

从某种意义上说，变化就失去了来源。它只是会从头产生（arise *de novo*）。

但是，即使我们允许持续时间有限的转折点，这个“瞬间”的问题实际上也会出现。我们仍然要考虑这些转折点的可划分性（delimitability），它们必须有一个开端（beginning）。这个开端或是即时性的（即瞬间的），或是延伸的；如果是延伸的，就必须也有一个开端，等等。这种埃利亚式的逻辑迫使我们假定某物有一种即时性的开端（即转折点开始的开始的开始），从而使我们无法摆脱“变化如何开始”的问题。

当然，在经验实践中，我们希望转折点的开端是模糊的。例如，图 8-2A 中如果整条曲线被（很现实地）赋予一些高频变化，那么就很难划定转折点。但是，实际现实的模糊特性并不能免除我们对潜在区域的瞬时变化进行哲学解释的要求（注意，这些考虑既适用于转折点的末端，也适用于转折点的开端）。

生命史文献针对转折点和持续时间更广泛的图景提出了一道问题，即转折点或转折点的开端如何可能是瞬时性的。当我们尝试在社会生活的选择模型情境下思考转折点时，就会产生一则相关的问题。在选择模型中，我们把行动者的经验看作一种永久的分支过程（perpetual branching process）。行为者必须首先选择 a 或 b，然后，根据这个选择，选择 a. 1 或 a. 2 要么 b. 1 或 b. 2。选择分支模型似乎是一种由瞬间到瞬间的模型。但与此同时，转折点概念的逻辑本性——它的叙事特性——似乎排除了分支模型中隐含的一步式马尔可夫观点。因为在后者中，定义选择只参照了决定的单一时刻。一项选择根据预期的未来做出，但并不能确定这个选择是否最终会被证明是一个转折点。[①]

但这里同样存在第二项困难。在选择模型中，个人不断面临抉择；有些人选择一种方式，有些人选择另一种方式。在这个意义上， 253
随着时间的流逝，个体的经验似乎变得越来越独特，越来越具体。生命就像树枝状系统(dendritic system)，从简单的根开始，沿着轨道发展，下游的可能性总是比上游的可能性多；选择总在未来，相比僵死的过去，选择总是涉及更多不同的东西。

此处我敦促的轨迹概念似乎否定了这种整体扩散模型。因为在它的强形式(strong form)中，该模型想象了一个由社会结构和生成轨迹组成的世界，这些轨迹由偶然的转折点联系起来：一个时间中的网络(a network in time)。社会过程由一代代重叠的轨迹组成，这些轨迹通过转折点与过去和未来的轨迹相联系，从而形成序列(如生涯)："轨迹 a、转折点 1、轨迹 b、转折点 2、轨迹 c 等"。在这样的过程中，下游并不比上游更复杂或开放，因为在整个系统里，总是有差不多数量的轨迹在行进，每个个体要么在轨迹中，要么在转折点上。问题仅仅是谁被勾连到了哪里。也就是说，这里讨论的"轨迹-转折点模型"是一种结构性、社会层面的模型，而选择模型则假设存在一个纯粹个体化而非约束性结构的世界，其唯一的"社会"结构是类似于清算市场的事物。

对于这个"分支和可能未来的扩散"问题，有两种反应。一种反应来自想起这样的事：正如潜在的选择向下游扩散一样，潜在的前因也向上游扩散。个别的选择可能会随着每一代人的成长而有更多可能的

---

① 这里没有详细考虑转折点的一个方面是不可撤销性。我在评论戈德索普论文时，只是提到了"不归点"的概念(point of no return)。但是，有很多种类的临界事件可以在分支框架内进行有效的观察。选择知道自己未出生孩子的性别就是一个例子。一旦知道，这个事实就不能"不知道"。

后代。但任何一个给定的轨迹可能已经向后（在一个转折点之后）连接到许多不同的个体先前的轨迹，而其中的每一段轨迹，又连接到下一个前代的许多轨迹。树枝状系统向两个方向发展，我们关心其中一个还是另一个，取决于我们是从一个活到未来的个体的角度，还是从某一轨迹占有者的角度来看待这个系统。

但第二种反应更重要。选择不是一项孤立的行为，而是在许多其他人选择的背景下做出。由于轨迹被整个系统约束，每个人在任何时候进入一个转折点，都以同样有限的轨迹阵列为目标。只有网络，而非扩散系统，才有可能。

254 但未来的明显扩散只是选择模型提出的第二道问题。还有一个更重要的问题是即时性（instantaneousness），正如我所指出的，转折点的持续时间也涉及该问题。问题仍然是变化的开端是什么。特别是，如果转折点是变化的体现或延伸过程，那么**它们**是如何起始的呢？这种起始必须发生在一个瞬间，然而考虑到常规的因果关系观念，一个瞬间似乎无法产生持久的变化。同样，既然选择过程在一瞬间发生，那么就不清楚它们如何能产生转折点，因为我们已经断定这些转折点必须参照两个时间点，而不是一个。

对这一难题的简单回答是将转折点归入主观领域，将其视为对选择的事后阐释。这将是大多数理性选择理论家的观点，但它面临一个困难，就是不能不通过这种即时阐释而出现的转折点——如股票价格的转折点等。股票价格当然可以还原为个体选择的聚合。但比如说，个人偏好集合体的变化就不能[这样被还原]。把转折点归入主观领域的做法行不通，即使如我上面所说，转折点显然是主观重新阐释过去的核心概念。

更有效的答案来自另一种方式，以牛顿物理学解决芝诺飞矢不动的方式来处理这个问题。我们无法通过观察箭的瞬间[位置]来了解它是否在运动。但有的箭恰好在运动，而有的箭没有，时间的流逝会告诉我们是哪一支在运动。这个答案对牛顿很有效。他处理运动的方法是决定不解释它，而把它当作一项原始的事实，并找到它所涉及的基本规律（$F=ma$ 没有讨论任何关于因果关系的内容，它是一种纯粹的描述性陈述）。但是这种策略避开了解释的根本问题；它表明我们只是假定转折点的存在，就像牛顿假定运动存在一样。

但牛顿对亚里士多德式问题的回答确实提供了一种解释的取径。我们应该假设变化是常规的状态。社会世界在不断地变化和改造自己。可以肯定的是，社会世界的很大一部分在不断地再生产/复制（reproduce）自己；它的许多部分看起来很稳定。但这仅仅是表象。不断蒸腾的是再生产，而非持久性。做出这一假设的核心原因很实际。我们可能把再生产解释为一种有时由永久变化产生的现象；而不可能把变化解释为一种有时由永久静止产生的现象。

将变化作为我们的常量，我们也就交换了待解释之事。我们有必 255
要解释再生产、恒定和实体性，而非解释发展和变化。虽然我不能在这里给出一份完整的理论，但我将勾勒出它说明转折点所必需的那些逻辑方面。[①]

社会结构被再生产（或“恒定/常量”）的部分最好想象为由社会行为者之间的关系网络构成（它们由行动者之间的社会关系构成，因为在最简单的意义上，这就是社会世界的全部。它们之所以是网络，是因为这种关系的共同发生就意味着网络）。在这些关系网络中，有的涉及许多行动者，有的涉及少量行动者；有些紧凑，有些稀疏。所有网络都由行动者在当下的行动构成。例如，一所大学由成百上千的人每天来到一组建筑物里，按某种方式交谈和行动而产生。在这些活动中，大

① 参见本书第七章和第九章。

量的个体差异与我们称为大学的事物的持久性相适应(compatible)。这就是结构的韧性(resilience of structure)——对教学实践、作为学生的方式等大量变异不敏感(讨论这种韧性如何产生，超过了我在这里的主题)。

行动的网络总是发生在当下，这一点至关重要。选择论者和他们的祖先实用主义者，说对了一点：过去不存在，它已经死了，消失了。[①]它对现在的所有影响都通过对眼前的过去的结构化(structuring of the immediate past)来实现。社会结构由行动者与他人一起做的事情不断展演(enact)。他们做这些事情的原因可能多种多样：习惯、理性计算、非理性承诺等。然而，在社会过程中存在的只是这些行动在任何时刻的瞬时总体(momentary totality)，以及它们通过在无数关系中联接或断开(connecting and disconnecting)众多行动者的数百种类型而形成的相互交错的模式。

请注意，任一行动都会同时影响到许多这些网络结构。没有一项行动只完成一件事(相信这一点是角色理论[role theory]的巨大错误，正如简单版本的理性选择理论所犯的错误一样)。当我写下这篇论文时，我进一步推动了我的职业生涯(大概是这样)，把我的学系与某些文献作品连接起来，把我的大学等同于某些智识立场，我创造了与一些同事间的竞争，我为编辑提供了就业。这份列表尚无止尽。这些不是简单的备选情节。它们真正体现了行动的多重性。通过完成许多
256 事情，每一项行动都会重新连接一些现有结构，与其他结构断开，并且确实创造了一些以前看不到的结构。这些“结构”不应被具体化为事物，它们只是在下一次社会过程迭代中可能重新出现的关系模式(连接的网络)。

① 米德([1932]2003)。另参见本书第七章。

在任何时候，结构都有一种特定的排列/安排(arrangement)——由它们构成的总网络。这个网络中的一些部分用西蒙的说法是“近似可分解”，可以孤立地看待。另一些则交织在一起。鉴于各种网络的不同排列，必然存在一些奇特的必需节点(peculiarly essential junctures)。所谓“奇特的必需节点”，我指的是在一些节点上行动可能会通过在许多网络之间建立或切断联系，从而搭建起特别重要的桥梁，其结果是立即重新排列网络结构的整体模式。也就是说，结构体现了使某些行动或事件造成特别后果的安排。例如，18 世纪伦敦的某位随机贫民是疯子，这不会带来什么影响。但是，被编码和创造的结构使得乔治三世受到近乎精神错乱的困扰，这一点就相当重要。我们可以把奇特的必需节点想象成像锁里的弹子(tumbler)一样排列；如果一项行动恰好进入弹子的下面，它就会成为开锁的钥匙，成为突发优势或劣势的动因。

如我所提到的，并不是这些结构的所有部分都相同。而且有些部分可能更容易或更难从其他部分里分解出来。特别是有些部分的排列方式很难断开、很难防止再生产。它们可能因为自身的范围、冗余、与别的结构断联，或其他一些原因而获得这种特性。用布罗代尔的语言来说，关系网络中的这些难以改变、有抵抗力的部分就是**结构**：长期持久的模式(我们常常称它们为潜在的[underlying]，但这意味着一种层级[a hierarchy]，而层级并不是持久结构的必要条件，它们可大可小)。就宏观政治而言，这种持久结构的例子可能是生产方式或国家制度。在生命历程研究中，它们可能是“个人性格”。它们的长期持久意味着它们难以断开，即便人们有意识地着手停止这种复制，往往也难以做到。这通常是因为长期持久的结构是其他持续较短的结构或局部结构的集合体——它们成为冗余的蓄水池，即使在协同努力[试图改变]的情况下也能实现，实际上常常强制再生产。也就是说，层级制经常参与再生产。但是正如我所指出的，它并非必要。

257 然而，层级制创造了一种特殊版本的奇特必需节点。由于所有的结构都在不断地重演(reenacted)，所以会不时地发生这样的情况：在一个更大的结构之下的几项局部结构可能会同时断开，它们自己的再生产也会被阻止。这就为行动留下了一个空隙(opening)，一个新的节点，可能以一种新的方式组合它们的构成部分。如果某位行动者采取了这种行动，其结果可能是一个小的转折点，大的结构毫发无伤地继续下去。但偶尔这个小转折点可能会与其他小转折点排成一排，在总体主结构中创造一道空隙。然后我们就有了一个潜在的重大转折点，如果在这个转折点上采取适当的行动，整个总体制度就会发生变化。但是，正如所有的再生产都取决于持续的行动一样，一个潜在的转折点也只有在采取了使之成为现实的行动时才会实现。许多潜在的革命由于缺乏尝试而失败，正如许多被尝试的革命由于缺乏结构性机会而失败一样。

总而言之，正是结构的性质——一部分相互交错，一部分层级化——创造了看似非常稳定的事物发生突变的可能性。这种突然性的核心，首先意味着稳定仅仅是表面特征。变化是事物的正常本性，但在网络化结构的背景下，局部习惯和训练的影响意味着相当数量的社会关系网络会自我复制，这使得我们将其称为“大规模结构”(我的观点是，再生产，而非别的什么，构成了这些结构的决定性特征)。但是，由于结构总是有一种特定的排列，而这种安排不断在行动中重演，所以总是存在着一种行动模式的可能性，像把钥匙插进锁里，使重大转折点发生。

因此，对即时性问题的回答是：社会过程**总是**即时的。瞬间——眼前的过去、现在和眼前的未来之间对话的瞬时步伐——是仅存的。世界**是**马尔可夫式的。但过去是以我们称为结构的连接模式(patterns of connection)被编码进现在的。下一刻社会生活的产生，就发生在这个结构的基础上。而结构的排列总是为行动留有空隙，如果行动符合形势，就能很快改变哪怕最持久的结构。

只有在采取了行动，如转动钥匙之后，我们才能说转折点已经发生。转折点在这种结构化的可能性和行动的对话中被定义。通常，就像苏联垮台的例子一样，一旦在结构开放的背景下采取了决定性的行动，一个系统需要很长的时间才能重新安顿到[下一个]结构中去。在 258
其他时候，恢复(可能是一种新的)稳定很迅速。但正是由于必须根据潜在性采取行动，才使转折点成为在前面发展的意义下的叙事概念。潜在性必须在行动之前出现。可能性和行动共同构成了转折点的叙事结构所需的两个必要时刻。

最后，这个论点意味着，社会结构本身就是社会过程的记忆。在我们称为社会结构的排列中，隐藏着过去的所有影响。当然，阐释又增加了一个层面。人类的记忆中包含了过去的许多内容，而我们的行动，总是以过去的记忆为基础。但即使没有人类记忆，社会过程仍然保留记忆。这种记忆就是我们给结构的标签。①

三、结论

本章确定了转折点的若干方面。转折点最好被设想为重新引导过程的短暂、有影响的转变。这个概念不可避免地是一种叙事性的概念，因为如果没有确立新的现实或方向，转折点就无法被设想，这种判断

---

① 特别的是，不仅有人类对过去的实际记忆的问题。还有另一个困难，就是过去可以在字面意义上被改写。它可以因为新的发现和新的阐释而在事后发生变化。当然这不是过去本身的改变，而是因为它影响了那些行动者。但它改变的是被阐释的过去，因而也是对目前而言有影响力的过去。

至少需要两个时间上独立的观察。并非所有的突然变化都是转折点，只有那些继之而起的时段彰显了新制度的突变才是转折点。

在某种意义上，转折点是“第二层次”的时刻①，它分离出更均匀的轨迹，在这个轨迹中获得“第一层次”的制度。然而，我们并没有理由将转折点看作由一个潜在的或总体的(取决于你对隐喻的选择)过程所组织或联系起来。它们可能只是随机的，但却成为干预生命过程的重大干扰。一位个体行动者(生物性的或社会性的)将这样的生命历程体验为一连串通过转折点相互联系的轨迹：轨迹、转折点、轨迹、转折点等。

与这种转折点的观点相联系的是一种结构主义的社会过程观。这个过程被组织成轨迹，其中许多轨迹被编入学校、职业、婚姻等制度
259 中。轨迹往往受到不同程度的约束，从纯粹的空缺约束到较宽松的阶级约束。②轨迹具有很强的惯性，由于一致的内部因果制度，可以经受大量的变更而不改变。

很矛盾的是，相对于因果意义下可理解的轨迹，个体行动者体验时却觉得它们不重要，不那么有后果性；相反，那些不太可理解的转折点更重要，后果也更严重。事实上，我们没有必要的理由使转折点的效应呈现出系统性。例如，在严格约束的空缺系统中，它们的效应基本上是随机的。

延长非轨迹经验时段是可能的。在这些情况下，事件是随机的或无法解释的。导致进入和离开这种时段的转折点分别被称为**随机化转**

---

① [译注]“second-level moments”中的“moments”可以做诸多解读。在牛顿微积分中，它的意思是“无限小的部分”(infinitely little parts)；在当代英语中也做“转折点”；在物理和数学术语中，“moments”指“矩”，即对转动效应的一种测量(a measure of the turning effect)。

② Abbott(1990d).

折点和**焦点转折点**。我们还认识了由其内部事件决定结果的转折点，并将其称为**偶然转折点**。

虽然转折点的概念在正常的生命过程中是绝对的核心，但没有**必要**为了认识转折点而进行阐释。有些转折点本身就存在(exist *in se*)，不需要被“发现”或“发明”。

转折点有持续性和延伸性。它们需要时间。这在一定程度上是由于它们固有的叙事性特征所决定的。尽管如此，它们也是即时的，因为所有的社会生活都是即时的。允许即时变化的可能性，需要一种建立在过程和变化基础上的社会本体论，在这种社会本体论中，稳定只是表象。因此，转折点最好被理论化为维护稳定的相互交错的关系网络解开(unglued)，(常态的)永久变化重新接管了社会生活。这种情况可以以各种方式发生，特别是在层级化组织的过程中(in hierarchically organized processes)。一次重大的转折点有可能打开一个系统，就像一把钥匙有可能打开一把锁一样。在这两种情况下，也都需要采取行动来完成转折。

因此，我的转折点理论符合一个更大的观点，即社会结构是过去过程被编码的记忆。由于在任何时候，给定的关系结构都是存在的全部(我暂时忽略人类的记忆)，因此过去的所有影响都通过过去的行动赋予这些关系的形状来发挥作用。记忆当然提供了过去的符号记录，然后重新阐释和重塑了过去作为当前行动的基础。但在第一种情况下，社会结构本身就是社会过程的记忆。

对于我开头提到的来自戈德索普的批判，这又会给我们带来什么影响呢？本章向戈德索普提出挑战，请他说出，如果以这里所建议的 *260*
方式来建构社会世界，基于变量的方法论会使社会世界变成怎样？(这里所说的方法论，不是特指回归分析，而是指其中所蕴含的更广泛的世界观，即我在其他地方所说的“广义线性实在”。)[①]在轨迹中，我已经论证过，基于变量的方法可能会起作用。然而，识别这些轨迹是“基于模式的方法”的任务，而不是基于变量的方法的任务。而一旦转折点本身被引入到要分析的数据中，基于变量的方法就变得更加无用。因为通过转折点，约束和偶然性起到了嘲弄基于变量分析的前提条件的作用。如果世界真的存在转折点和轨迹，那么找到它们的唯一方法就是追求叙事实证主义的项目。戈德索普对这个项目不抱什么希望。恕我直言，我不同意。[②]

① 参见本书第一章。
② 参见本书第六章。

第九章　边界之物*

在本章中，我将论证，去现存的社会实体之间寻找边界是错误的。相反，我们应该从边界入手，研究人们如何将这些边界连接成单 261
元从而创造实体。我们不应该寻找物之边界（boundaries of things），而应该探求边界之物（things of boundaries）。

我首先介绍一些促使我思考边界的问题。我提出的立场是“边界先于实体”，所以我接着考察该立场涉及的逻辑和理论问题。然后我转向一则特殊的例子，即19世纪末社会工作（social work）的创立。在分析这则例子之后，我又回到主要论述，进一步具体说明我的论点。最后我把这一立场与最近关于社会结构的其他一些观点联系起来进行讨论。

一、对边界的兴趣

在我的两个研究领域——职业研究和时间性研究——中，都出现了物与边界的问题。

---

* 本文应理查德·斯科特（Richard Scott）的盛情邀请，首次作为演讲稿发表在于阿西洛马举行的关于组织研究的会议上。我感谢他为我提供了发展这些想法的机会。我感谢罗伯特·吉本斯（Robert Gibbons）为我指明联盟理论（coalition theory），感谢迈克尔·韦德（Michael Wade）与我讨论失控选择（runaway selection）。本文最初发表在 *Social Research* 62, no. 4 (1995): 857-882；经《社会研究》许可转载。

我的理论认为职业都居住在一个生态中。①那里存在职业(professions)，也有领地(turfs)，在职业和领地之间存在一种社会和文化间的映射——管辖权的映射(mappings of jurisdiction)。映射的变化是职业研究的应有之义，而且最常发生在职业管辖权的边缘(edges)。这些边缘可以在工作场所、公共场合和国家这三个场所/竞技场(arena)中进行研究。

所有这些概念都包含了很多预设：关于职业的边界、领地的边界，实际上是管辖权本身边界的预设。我假定边界可以被设定(specified)，它们事实上可以用来区分职业；而且由于冲突区域[存在]，因此它们构成行动的区域。而事实上就像许多其他人一样，我预设这些边界具
262 有空间结构；甚至那些攻击我的人——他们认为我的理论主要涵盖了职业生活中的例外情况，而没有考虑到“职业核心”的稳定生活——也做出了该预设。这里的概念认为，职业是凸表面的集合体，在边界领地的深处有安全的核心地带(heartlands)。

除了这些关于边界的隐性预设之外，我还预设了一些更为深刻的事。在主要论证职业间的冲突时，我将挑起冲突的职业视为理所当然般的存在。这当然很必要。人总是要预设一些**东西**，如果我把职业间的冲突作为关注的焦点，那么发生冲突的群体就成了明显的预设。但是当我论述边境地区涌现出的职业时，论述没有管辖权的职业逐渐解体时，或者论述职业通过合并和分裂而发生转变时，我理所当然地认为，被称为职业的行动群体(acting bodies)，他们能够被分裂或合并，能够进入或失去某种永久性的存在状态。

在我关于时间性的工作中，出现了一系列类似的有关边界和实体

---

① 阿伯特([1988]2016)。

[译注]这一段用英文标注的术语都来自作者的《职业系统》一书。

的问题。我的中心关注之一是不同时间大小的过程如何结合在一起。实质性的问题再次涉及职业。[①]为什么精神病学(psychiatry)在19世纪末开始成为疯人院医生(asylum doctors)的职业，但在20世纪30年代只有寥寥无几的精神病学家(psychiatrist)在精神病医院(mental hospitals)工作？我考虑了这个问题的一些答案。其中一项是关于医生进入神经疾病与精神疾病领域之后的年度流动模型。另一项答案是，在大城市里，神经病学家(neurologist)和精神病学家组成了令人兴奋的当地社群，他们的增长缓慢得多，而这些社群改变了流动的条件。还有一份答案则与精神病学知识的逐渐变化有关，在五十年的时间里这些知识逐渐转向心理主义和弗洛伊德主义。最后一项分析援引了社会控制的变化，这些变化花了一个多世纪才形成。

要为精神病学家的转变设置这四种解释很容易，但想象它们如何一起进行则很难。如果人们假设知识变化是核心的因果力量，那么它将决定精神病学家如何选择流动的结果，比如说1880年到1885年这五年中的流动选择，尽管这种流动要到1920年或1930年才在测量意义下完成。所以显然这种假设不成立。但是如果认为这种宏大、情境性的变化根本就不重要，那同样很可笑。显然，所有这些力量都在同 263
一个"现在"发生作用，但又以某种方式独立地施加限制。

所有这些都促使我对社会结构采取一种强烈的过程论观点(processual view)。但是，如果一个人采取这样一种过程性的观点——比如乔治·赫伯特·米德和赫伯特·布鲁默(George Herbert Mead and Herbert Blumer)——实体的问题就变得尖锐起来。社会实体是否仅仅是一个过程中偶然的稳定，一道驻波？[②]边界是否实际上不断在变化，因

---

① Abbott(1982).

② [译注]驻波(standing wave)是一种合成波，由两个波长、周期、频率和速度相同的正弦波相向行进，彼此干涉而成。这种波有振幅(时间)，但无法前进(空间)。

此在任何真正意义上都不是边界？

那么把静止解释为“根本上变化的宇宙中的一种涌现现象”比反过来的解释更容易。假定了给定、固定实体的社会理论——理性选择是当前明显的例子——总是在解释这些实体的变化问题上分崩离析。理性选择处理该问题的方法是最终回撤到生物个体上，它假定生物个体具有静态、给定的特征。但是在一种过程性本体论中，要解释社会世界在大部分时间保持不变这一朴素的事实，也同样非常困难。这里也有实体和边界的问题。

那么，在这两个研究领域里，都产生了实体与边界的关系问题，以及关于社会实体在什么条件下可以被说成进入或离开存在状态的问题。在本章中，我通过回答前一问题，试图对后一问题提出一份解答。

二、边界变为实体

我首先提出一项关于边界和实体关系的基本论断：当社会行动者以某种方式将社会边界联系在一起时，社会实体就会出现。先有边界，后有实体。

让我用具体的例子来重申这一论断。根据这里提出的观点，一种地理状态是一组边界，这些边界后来被连接成拓扑学家所说的闭若尔当曲线（[closed Jordan curve]连续的单一边界，它定义了一个与外部处处不连续[nowhere continuous]的内部）。一个组织是一组交易（transactions），这些交易后来被关联成一个功能单元，可以说是这些交易的场所（sites）。一位法人是一组市场（和其他）关系，这些关系后来以某种特定的方式关联起来。一份职业是一组领地争夺战，后来被结合成（yoked into）职业系统中一个可防御的位置。

与我的立场相对的主要备选方案，则把边界与实体之间的关系当作一种共时性(synchronic)甚至是逻辑性的关系。根据这种观点，边界是物性的一种逻辑相关(a logical correlate of thingness)，反之亦然。因此事实上，说一组封闭的边界存在，在逻辑上等同于说一件社会事物存在。这种常见的观点显然不能为社会实体的起源提供时间上的说明。 264

我们从来不曾从边界入手也就不足为奇了。现代社会思想中的实体，其原型是生物性的人类。我们认为社会实体是这种生物个体过度生长的版本，从而习惯于认为社会实体与生物个体一样拥有本质(essence)，他们有一些内部计划，或物性，或亚里士多德所谓的实质。[1]此外，我们赋予人类个体由数百年笛卡尔哲学所保障的“自我-他者”边界；如果没有人类实体，我们就无法想象这种边界，这种能力太容易被一般化到社会实体的层面。

我在这里建议把整个隐喻的流动反过来。与其把人类个体作为社会行动者的隐喻，不如把社会行动者作为人类个体的隐喻。关于这项建议不仅存在很多生物学证据——世界上有很多像黏液菌和水母这样的有机体，它们看起来是个体，但实际上是社群——而且在这样的假设下，相信“不存在社会实体也可能存在社会边界”这一富有成效的信念是可能的。

现在让我来谈谈在没有任何实体的情况下想象边界的逻辑问题：我们可否不讨论“……的边界”？把我们的讨论形式化会有帮助。在代数拓扑(algebraic topology)中，空间被理解为邻域(neighborhoods)。点 x 的邻域可被任意定义：“全域(universe)中靠近 x 的部分”。在实空间(笛卡尔空间)中，邻域通常是圆(circles)，或球体(spheres)，或超

① 在极端的版本中(如在事件史模型中)，我们愿意把存在当作一种属性，并允许自己想象那些“是”但缺乏存在属性的事物，好像世界由无数潜在的实体组成，其中一些实体具有实际存在的前提。

球体(hyperspheres)，其轨迹(loci)满足条件“所有被定位的点都在某点的欧氏半径内”。但一般而言，给定邻域集合与集合 M，M 的边界点 x [需满足]：x 的每个邻域至少包含 M 中的一个点以及 M 补集中的一个点(M 的补集[M']是 M 被删除后全域的剩余部分)。

请注意，这种边界的形式化定义要求实体——集合 M 及其补集——事先存在，根据这些实体，边界可依逻辑定义。然而定义的方
265 向可以反过来。原则上我们可以定义邻域系统和潜在的边界集合，**然后**构造另一(潜在的)集合——使其边界集合就是[先前定义的]实际边界。也就是说，给定“将点分配到邻域”和“潜在边界点的完整列表”；当我们能找到将所有邻域中的所有点的**一些**分配进 M 或 M' 中的方式，符合(1)每个点都有一处唯一的位置(在 M 或 M' 中)；(2)给定这些位置，潜在边界集中的点事实上都符合相对于 M 的边界点的定义时，我们会说“一个实体 M 存在”。这就纯粹从“一项拥有边界的事物”作为属性的角度来定义集合，是一种完全合法的定义。但要注意的是，这样构造的定义并不能保证唯一性。可能有几种方法将点分配给满足定义条件的集合(不是 M，而是 N，O，P，……)及其补集(N'，O'，P'，……)。事实上，如果我们允许邻域系统的定义波动，这些不同的“边界集合”确实会有很多。

因此，在形式拓扑中，边界和实体在逻辑上多少是等同的，其中任何一个都可以成为首要条件。但是，在从邻域系统到边界点的定义再到集合定义的逻辑中，我们看到了一种越来越详细的逻辑，这种逻辑很容易被认为是时间性的，是对涌现实体的说明。

然而，为了假设边界在时间上的优先性，我必须提出一种即使在没有“可界之物”(nothing to bound)的情况下也有意义的边界定义。为了做到这一点，我将用“特征的差异”(difference of character)这一更普遍的概念来代替集合隶属关系(set membership relationship)的概念。

因此，如果点 x 的每一个邻域都包含至少两个在某些方面不同的点：不是“一个在 M 中，一个不在 M 中”，而只是两个在某些方面不同的点，那么我就把 x 定义为空间 S 中的边界点(注意，边界点定义在“在一个空间 S 中”而不是“在一个集合 M 中”)。在简单的情况下，这种差异将是单一的已知属性——肤色、性别、信仰、教育。在更复杂(也更有可能)的情况下，它将是属性或维度的差异组合。

我没有提到任何关于“……的边界”的事。我们可以称这些点为“差异的地点”(sites of differences)。还请注意这里的假设，即“差异”的假设和某种原子化单元(那一点)的假设——这些差异可以应用于这些单元上。

这两项假设至关重要，也是有问题的。“差异”产生于局部文化谈判(local cultural negotiations)。也就是说，局部的互动逐渐抛出稳定的属性，定义了两“边”(sides)。这些属性不一定是类别标签，尽管传统 266
的论证(从实体出发的论点)会预设该前提。对我来说，最核心的要求反而是这些差异是局部和互动的。

但是，属性又归谁或归哪个单元呢？我们很容易陷入传统的论证；单元是预先存在的实体——如单个的人——他们给互动带来了不同的、持久的特性。在这种情况下，我的整个立场变成了一项精心设计的从微观到宏观转译(micro-to-macro translation)的论证。

我希望提出一些更激进的主张。我想与布鲁默(Herbert Blumer)和其他强互动主义者一起着重指出，单元可以是任何事物——人、角色、物理位置、先前社会实体的碎片等。当然，任何社会互动都始于部分先前就存在的，混合了行动者和行动的“原始汤”。但是，互动并不仅仅是行动者再生产的方式。这是一项诱人的假设，它愚弄了功能主义和理性选择理论，使他们接受了一种社会本体论，这种社会本体论由于把静止作为[理解社会的]首要条件而失去了解释变化的能力。如果我们要解释变化，就必须从变化入手，希望把静止——甚至是人类人格(personality)这个稳定的实体——解释为一项副产品。先前已构成的行动者进入互动，但并没有能力毫发无损地穿越。他们艰难地通过，许多人在互动中消失。出来的是新的行动者、新的实体、旧部分之间的新关系。

这些部分是什么？这是否是一项隐秘的假设，是否真的存在持久、原子化的单元？如果我们认为世界是“一个事件的世界”，那么以上皆否。这些部分就是事件，是即时和唯一的。有些事件有稳定的世系(lineage)，从而成为我们所说的“行动者”，这需要被解释，而非被假设。①

然而，在这样扩展了我立场的逻辑基础之后，我欣然承认，我将在本章中使用的例子——社会工作作为一项社会实体的构成——确实是一个似乎适合于微观到宏观转译框架的例子。但这一意外不应误导读者。我可以很容易地把这个例子倒过来，因为通常所说的微观实体(如人格)的产生正是通过同样的过程进行的，而我们通常所说的**宏观**实体却扮演着差异场所的角色(我将在后面对这个例子作简单的讨论。一种类似的观点是西美尔的人格观点)。微观和宏观并不等同于真实和涌现。互动和事件是真实的；微观和宏观实体都来自涌现。世界是一个事件的世界。

三、一则例子

让我从代数拓扑和高等理论转到19世纪末美国的社会现实。在

① “事件的世界”引自米德([1932]2005：3)。在这个立场上，我追随了米德和怀特海，参见本书第七章。

1870 年，社会工作并不存在，这个词组不存在，活动的集合并不存在[①]，这项“事物”并不存在。有一些活动正在进行，这些活动最终会由社工来完成，但[在当时]它们并非由任何一个特定的群体来承担。这些活动在最简单的层面上被聚合起来时，与后来社工进行这些工作时的任务也不尽相同。例如，医院存在。在医院里工作的医生、护士和其他人员有时会根据要出院的病人的情况与其他机构主管部门联系。但这项工作并没有被组织成一套系统性任务，由某一特别角色完成，更没有将这个角色与其他社会机构“类似角色”衔接的方式。或者同样，富人到穷人家庭进行“友好探访”(friendly visit)作为一种行为存在，但它并没有被表达为类似任何系统性的慈善观，而是被看作早期乡绅义务的产物。[②] 267

此外，有些最终将由社工完成的任务甚至无人想象过。没有人着眼于家庭结构对健康的影响进行调查。除了同业之外，没有人考虑过职业教育。没有人将精神医学的概念如压力应用到日常生活中。

到 1920 年，一切都变了。“社会工作”这个词已是旧闻。当时已经有了社会工作者的专业协会，有社工学校，有社会工作期刊。有一个交流就业且界定明确的劳动力市场。有一些机构聘请了大量类似的“社会工作者”，且的确是以社工的名义雇用了他们。最重要的是，已存在一块相当清晰的领地，一系列的事情要做。

如果我们问自己，“社会工作是什么时候出现的?”我们发现，它立即消失在“社会工作出现意味着什么”这一预兆性问题背身后。现在我们可以回到后一问题——通过将它变成“我们认为具有社会工作特征的

---

① [译注]上一节作者运用的集合理论(set theory)术语可以很轻易地在英语中转换到历史语境。但在中文里这一转变就没那么明显了。set 在本章中译作“集合、组、系列”。

② 关于社会工作的具体文献，见 Abbott(1995a)中的参考文献。

某些机构出现的顺序是什么?”那么至少我们可以知道之前发生的事。这种“机构/制度序列”观(sequence-of-institutions view)至少使我们从一项静态的职业起源视角转向了一种叙事性的观点。[①]但叙事具有欺骗性。因为我们构建该叙事的方式——至少是我们的历史叙事——是从事后往事前推进。我们从自己所知道的涌现之事开始，然后寻找它的
268 起源。但历史从前至后发生。事情并不从固定的计划中产生，而是来自局部的事故和结构。

特别的是，社会工作的领地本身，即要做的事情和已做事情的形态，绝不是在比如说医学案例中表现出的相对给定的因素。它的起源也不应该从 20 世纪 20 年代出现的事物中推理出来。相反我们必须扪心自问，为什么像感化制度和幼儿园(probation and kindergartens)这样原本属于该活动领域的事物[②]，却从社会工作，这最后涌现的“事物”中消失了?

更糟糕的是，当我们看到社会工作的重大制度性事件时，我们已经错过了真正的结构化时刻(moment of structuration)，也就是任务的形态开始变得固定的时刻。例如，第一所地方性社工学校于 1898 年在纽约揭幕。第一个专业协会在 20 世纪第二个十年出现，是典型的医学和精神病学社会工作等领域的专业协会。社会工作劳务交流会也出现在 20 世纪第二个十年，后来慢慢成为全国性专业协会(既是名目上也是现实意义下)的主要活动之一。

但真正的行动则开始于很久之前。慈善和福利领域的松散雏形始于 1874 年第一次举办的美国慈善和管教会议(National Conference of

---

① 参见 Abbott(1991b)。

② [译注]probation 既可以指青少年感化制度，也可以指成年人的缓刑制度。两者都出现于 19 世纪，指的是在正式惩罚之前的改过期。此处依据语境以及作者先前的论述(Abbott，1982，p. 455)译为感化。

Charities and Corrections)。出席那场最初会议的有医生、律师、神职人员、富有的男士和女士、大学教员以及其他各式各样的人。会议所考虑的是诸如职业教育和感化，以及精神错乱、肺结核、性病、酗酒、失业、儿童福利等问题，以及天知道还有什么别的。早期的社会福利机构——教会机构、睦邻之家(settlement houses)[①]、几十种个人慈善机构和慈善协会——在这些和许多其他问题及服务之间进行衔接。睦邻之家提供了幼儿园、烹饪班、成人教育、职业指导，以及其他好几种服务，它们现在被我们认定为社会服务。

对当时的人们来说，将所有这些不同的服务——现在我们看来就像是属于学校、监狱和医院等这些地方的事物——放置在一个场所里合乎情理。社会工作作为一个实体的涌现，就是(即可以定义为)把这些事物分成属于社会工作的任务和属于其他场所的任务。而我在这里的不同意见是，早在把社会工作说成是一种社会实体之前，这些分离本身就作为独立、没有联系的边界出现了。

现在让我回到正式的论述上来。我没有把边界定义为“点，其所有 269
邻域都包含一些内部和一些外部”，而是简单地将其定义为“所有邻域都包含差异地点的点”。我并不坚持所有这些差异都相同。

这种差异地点非常普遍。事实上，在许多社会状态下，它们相当随机。早期的社会工作在这方面具有典型性。如果我们看一下约翰·莫尔(John Mohr)关于纽约慈善组织的数据就会发现，很多相邻的慈善组织在许多方面都有不同的差异。[②]他的主要数据恰好主要涉及服务对象间的差异，但别的数据也显示了很多其他种类的差异。

---

① [译注]睦邻运动(settlement movement，也译为安置运动)在美国主要发生在19世纪晚期和20世纪早期，其宗旨是让社会各阶层的人居住得更接近，提供一种社会性联系，同时救助穷人、改善其居住环境。著名改革家简·亚当斯就活跃于睦邻运动。

② Mohr(1992，1995).

只有当这些局部随机的差异点沿着某条单一的差异轴(single axis of difference)排成某种扩展的对立面时，它们才会成为原型边界(proto-boundaries)。因此，我们可能看到两类人从事相同的任务；差异在许多工作地点系统性排列，或在几种类型的机构中系统性排列。20 世纪 70 年代和 80 年代出现在系统分析员(system analysts)和程序员(programmers)之间的那种界限就是一个例子。它在一个又一个机构中独立地出现和重现。在这种情况下，我们有一组扩展的边界点，它们凭借一种或有限几种类型的差异的优先性，开始具有特殊的现实性。[我们赋予它们的]名称是描述边界的便利，它们的出现远在“系统分析”或“程序设计”这个实体还没有任何真正系统的社会现实之前。相反，差异的一个维度——在这种情况下，是关于如何处理计算的问题——在一些地方性的环境中涌现，从而产生了原型边界。

但请注意，我在“地方/局部”一词中假设了相关社会空间的某种邻接结构。也就是说，我们想象了某种将机构或地区置于其中的临近度量标准(metric of propinquity)。这些度量标准的例子可能是领域之间的专业流动，或者领域之间的职业结构联系，或者分工关系，或者客户交流，或者其他什么。在我看来，我们目前应该暂不讨论临近的性质。我只是强调，我已经假定了某种临近程度的度量，它可能是或可能不独立于差异的维度。

我现在准备提出一种关于实体起源的设想。在社会工作的例子中，有一个社会空间的区域，我们可以宽泛地称之为“福利空间”或“社会秩
270 序空间”。在该空间中，各种原型边界被设置起来。这些原型可能涉及性别、培训或先前的职业。正是这些原型边界的结合(yoking)，创造了“社会工作”这一实体。请注意，这些边界是什么起初并不重要。它们一开始只是简单、不相干的差异。它们不是任何事物的边界，而是简单的差异位置(locations of difference)。在一个工作场所到另一个工

作场所之间它们并不相关；从一种客户类型到另一种客户类型间它们并不一致；它们不一定随着时间的推移而稳定。

例如，自19世纪80年代开始，幼儿园由各种背景的人主持，他们的背景各不相同，比早期福禄贝尔运动要广泛得多。有些人来自教育界，有些人来自志愿服务界，有些人来自教会。此外，这些人的性别、阶级、教育水平等方面也各异。早期较小的运动的迅速扩张推动了这种分化。但涌现出的重要区别在于特殊训练的水平上；年长、受过特殊训练的福禄贝尔主义者被通过睦邻之家涌入幼儿园工作的训练较少的工人所取代。但在感化领域，差异的维度不同。那里的主要区别在于服务对象/客户，他们本身就因各州管理感化的法律而有所区别，从而又影响了为这些对象工作的人士在来源上和取向上的差异，成人缓刑主要需要法律专业人员，而青少年感化则由新的儿童福利运动主导。

幼儿园和感化院都成了差异的地点，因此在我的意义上成为边界，但在这两个领域中，甚至在某一领域的某一类型机构的特定实例中，差异也不相似。在社会福利的其他部分出现了性别的原型边界。这种边界的最好例子表现在精神病学社会工作领域。在这一领域，男性(精神科医生)和女性(精神病社工)在不同的专业旗帜下做着基本相同的事情。在其他领域，重要的是与教会有联系的人和与之没联系的人之间存在的类似对立。友好访问本身——社会工作的根源——就是这样一个领域。

当各种社会动因——睦邻之家和慈善组织运动的领导人、州政府委员会的负责人、机构的主管——开始把这些不同的场所勾连成更大的原型边界，然后再勾连成更大的单元时，社会工作作为一个实体就出现了(其他动因——特别是其他环绕周围的职业和原型职业的领导者——也产生了相似的变化，其中最重要的是新近变强大的职业——

271 学校教育长[school superintendent])。也就是说，当行动者开始把在精神科中工作的妇女，与在幼儿园中受过科学训练的工人，与进行友好访问的非教会团体，与儿童感化工作者勾连在一起时，社会工作就出现了。所有这些人都被置于社会工作的“内部”，而其他人则统治了社会工作之外的部分。于是这形成了一幅形象，将这种新兴涌现的现实合理化为一件事物。不幸的是，在进行这种勾连的过程中，一些领域(如感化)可能最终被证明在某种意义上过于遥远，因此不能被纳入社会工作这项新兴涌现的事物中。

这并不是说在某些情况下，单一的沿着其他维度的边界可能并不关键。社会工作的一道“边缘”(edge)很好地说明了这一点。在家政、产业教育和幼儿园中，一道重要的边界是以学校为点的服务和以睦邻之家为点的服务之间的边界。这些领域本来都**可以**最终“入驻”社会工作。但是，通过将这些位于“学校”那边的边界联系在一起，学校管理者成功地将某些福利主题纳入学校的课程位置中，这比新兴的社会工作领导者将相同主题纳入自己的机构中要稳妥得多。

请注意，不同的原型边界也许会明确地延伸到功能主义者可能认为的社会秩序空间之外。性别差异是一则明显的例子。例如，幼儿园工作者之间性别对立(女性远多于男性)，通过一些特定场所——学校中开办幼儿园——直接与学校系统中的类似对立联系在一起。社会世界在多种维度上是一块疯狂拼布(crazy quilt)，有着许多局部的规律和边缘，有些在相当小的区域内逐渐消亡，有些则延伸至视野之外。

一个实体的形成只是将这些局部的对立和差异连接成单一的整体，该整体具有一种特性，我将之称为“物性”([thingness]我接下来就会研究)。在很多情况下，这种连接体现的是有意识的能动性(conscious agency)。19世纪中叶英国创建医学专业的过程就是一则很好的例子。有四五位潜在的候选者被纳入将要被称为“医学”(medicine)的整个事物中：药剂师(apothecaries)，他们最初靠卖药起家，但现在却被组织成一个紧密的、[通过考试]自我鉴定的团体；有药物制造技能的药商(chemists)；有[诊治]了身体方面专长的医师(physicians)；有获得了大学学位的外科医生(surgeons)。这些群体之前的统一性已经被打破，因为药剂师们创造了一个新的差异维度——通过直接考试来认证的专业知识。在这个新的维度上，那些可以用来区分医师、外科医生 272
和药剂师的事物——比如大学学位和某些种类的培训——都无法提供持续、有效的差异化。也就是说，新的维度折叠了原有的差异。在这种新的看待医学世界的方式中，人们所能创造的唯一有效、可明确区分的实体包括医师、外科医生和药剂师这样的实体，这正是 1858 年成为现代英国医疗职业的那个群体。

请注意，药剂师所做的是改变了人们看待差异空间的方式。他们仿佛把一个三维世界强行变成了二维世界，并以此把自己从边缘移到了医疗团体的中心。由于他们的行动(act)，其他职业和职业之外的行动者也动了起来，创造了一个新的统一体。社会实体的出现往往就是这样一种行动，是事物的拉拢(drawing together)。它可能产生于任何一种行动的来源——魅力、传统、优化、偶然、偏执、价值理性。至于究竟设计哪种行动，我们应该明确地保持不可知态度。

我现在需要考虑我在整个过程中使用的“联系”(linking up)或“结合”(yoking)一词，以指代边界的连接(connection of boundaries)。如果说组织是一组交易，这些交易后来被联系成一个可以说是交易场所的功能性单元，这意味着什么？这是不是说，一位法人是一组市场关系，这些关系后来以某种特定的方式联系在一起？或者说，一项职业是一组地盘争夺战，后来被整合成职业体系中一个可防御的位置？

结合的意思是将两个或两个以上的原型边界连接起来，使它们的每一边都被定义为同一实体的“内部”。似乎有两种方法可以做到这一点。在刚才提到的英国医疗职业的例子中，考试的引入起到了破坏以前的差异维度的效果——广义上说，就是阶级差异，包括医生和顾客的阶级差异——从而使以前相距甚远的事物紧密联系在一起。从形式上看，这种结合是一种从高维社会空间向低维社会空间的投影（例如，如果我们忽略经度上的差异，加利福尼亚州的蒙特利就紧挨着田纳西州的蒙特利，因为两者处于同一纬度——北纬 36°15′）。

我深信，当一个社会空间已经充满了实体，当一个社会空间的实体划分已经以某种方式确立并制度化的时候，结合会采用这样的核心形式。在这种情况下，从根本上改变一个社会空间排列的唯一途径是
273 使旧的差异无效化或强调新的差异。前一种策略将实体结合在一起，后一种策略则将实体分割开。

但是，当一个社会空间是空的，或者说是非结构化的（unstructured），就像 19 世纪末社会秩序和福利领域的情况一样，结合意味着字面意义下的边界连接。也就是说，为了创建社会工作，一群行动者将友好探访中女性的那一边，与非教会相关的社会服务的那一边，还有医院中从事非医疗病人工作的那一边勾连起来。社会工作的创始定义从这些争议中各吸纳了一个群体，并将其“置于”即将要成为的那个实体之中。

这第二类实体的涌现可以用两种方式来设想，一种方式回顾之前论证的源头，另一种则取决于尚未讨论的术语。就我前面的定义而言，实体的涌现是将各种差异的地点——前面定义的松散意义下的边界——汇集成一个拓扑学意义上严格定义的边界，即定义了一个内部和一个外部的边界。但是，创造实体的工作也必须被看作将这些不同的联系合理化的工作，从而使所产生的实体能够作为一项持久的事物，在其所处的各种生态中持续存在。

四、物性

这是带领我们进入物性、实体性的问题——像特性(quality)、持久性(endurance)，或不管我们愿意称其为何的问题。在我所提出的过程性本体论中，实体的核心特性是持久性。用米德那句响亮的话来说，如果“世界是一个事件的世界”，那么区分实体的就是它们的重复属性(property of repetition)，在于它们是“以同样方式不断发生的事件”。重复可以产生于内部，通过某种致因的结构，在内部调节“持久的事件”，在这种情况下，我将谈到**内部再生产**。或者它可能产生于外部结构，一种不给个体留下真正变化空间的生态，在这种情况下，我应该说是**生态再生产**。

但在我看来，实体性似乎超越了单纯的复现。如果我们回顾一下我最初提出的关于不同规模的历史过程相互影响的问题，就会发现，一项历史事件之所以重要，在于它作为一个因果地点、作为一项造成后果的事物的独立地位。正是由于这种大规模和小规模事件的独立因果权威，使得社会过程的理论化变得如此困难。对于大事件和小事件
来说如此，对于大实体和小实体来说也是如此，根据我的论点，后者 274
是事件的子类。因此，实体的第二项关键属性是它们引起社会因果关系的能力(ability to originate social causation)，进行社会行动的能力。但是，这里的行动定义必须是广义的，不仅仅是韦伯式的主观行动，而是任何在社会过程中产生超出从其他地方传递来的简单影响的能力。

因此，实体不仅仅是一道驻波。它以某种方式获得了一种连贯性或内部自主。如果缺乏连贯性，如果我们有纯粹的生态再生产，再生产会削弱内部的稳固性，那么把一桩给定的反复发生的事件看作一项实体可能就不那么有用了。至少我们必须区分这种“内部”和“生态”力

量如何促进了实体的形成。

让我暂时回到职业理论上来举出一组例子。很清楚，我们的职业理想型包括三样事物：一群特定的人，一种特定的工作类型，以及除工作场所本身之外的、能够进行某种再生产的有组织的机构或结构。高等职业和行会当然是这类职业的典型例子。但是，我们很容易想象出一些社会实体，它们缺乏三种属性中的任何一种，可事实上它们是真正的社会实体，因为它们可以不断地再生产，并且可以造成独立的后果。

假设我们有一个特殊的群体，他们正在从事某种特定的工作，但他们并没有组织起来。这种准职业(quasi occupations)通常出现在强形式职业的形成期。但是如果存在组织性力量——想想反对工人组合的法律——防止工人们组织起来，这样的群体也可能永久保留下来。

但我们也可以想象一个特殊的群体，他们有组织，却没有工作。这通常是由于技术变革，或被其他群体取代，或丧失需求的情形。铁路工程师(railroad engineers)可以说明其中的第一种情况，灵媒(psychic mediums)可以说明第二种情况，不同时期的神职人员可以说明第三种情况。我们可以把这样的群体称为"无工作的职业"(workless occupations)。最后，我们可以想象一种组织结构与某一特定的工作相联系，但没有稳定的人员从事该工作。这可以称为"周转性职业"(turnover occupations)，因为其主要特征是内部工人的密集流动。19 世纪的铁路提供了这样的例子，但更有特点的是现代的生命周期职业(life-cycle occupations)，即只由处于生命周期的某一阶段的个人所从事的职业——例如，早期的空服人员。

因此，到目前为止，我把职业分为四种类型：强形态职业、准职
275 业、无工作职业和周转性职业。这些都是实体，因为它们可以持续存在，而且它们可以对相邻的社会群体造成因果上的后果。很显然，我

们愿意把它们当作社会事物。

但是假设我问，是否存在只具有职业基础属性之一的职业实体？在工作的世界中，既没有组织，也没有工作领域，据此来思考一个特殊的群体意味着什么？如何确定这样一个群体？类似的情况可能出现在一种职业正在消失的时候。一则例子可能是运河船工（canal boatmen）。直到几年前，运河船工在新泽西州和宾夕法尼亚州的农村地区还存在，虽然数量正在不断减少。他们每年都聚会一次，但既没有工作，也不存在组织。这是一种记忆的职业，事实上对任何人都不造成后果。同样，如果考虑仅仅作为一种组织形式存在，而没有工作可做，也没有一致的成员的职业，那么也是没有什么意义的。当然，这不是一种真正意义上的社会实体。

但是职业的第三个部分——从事工作的领域——在一些人的头脑中被认定为一种社会事物。诚然，人们可能会在很低的层次上将解聚的任务（disaggregated tasks）视为独立于特定的人或组织，像块状一样(把它们聚合起来想象，是简单功能主义的诱人陷阱)。因此在社会福利领域，像“教一门机械技艺课”，或者“联系另一家福利机构”，或者“指导一个小孩子的项目”——这些都可以看作简单的任务。但这些任务是如何连接起来的，恰恰是社会实体产生的关键。功能主义者说“医生控制着一切有助于身体健康的事物”，从而确定了健康的领域，这听起来很好。但是，该领域事先[*ex ante*]并不存在；我们只需想想这个事实：根据医学界对其领地的定义，健康的一个最大的决定因素——饮食——被排除在外；多年来，医学界一直满足于把它留给没有受过指导的家庭成员。所以，这个单一的维度——任务的维度——也不构成定义一个实体的理由。

我们可以在职业生活中的实体和非实体之间划出一条有效的界线。不过，我想对这种划分提出两个问题。

首先，这里提出的论点基本上是关于平铺(tiling)的论点，关于以某种方式划分空间的论点。把它作为社会实体产生的一般模型，似乎假定了社会生活中实体涌现的典型过程事关划分工作或划分领地。我
276 们希望在多大程度上假设这一点？或者这是不是说，社会实体的起源有几种类型，而分工是其中一种？诚然，像合并和划分这样的过程可以按照“边界变为实体”的格式来理解。比如说，划分只是把一种内部差异变成外部边界的一部分，把这个内部差异和内部/外部的区分放在了同一基础上。

但是，要如此构造克隆，即以新制度主义者(如约翰·迈耶[John Meyer])所青睐的典型机制来说明实体的起源，就比较困难了。假设我们创造了一份新的特许经营权或一所新的大学。这些不就是现有结构的简单克隆吗？那么它们的起源是否更多地在于模仿而非差异的关联吗？在更广泛的意义上，克隆可以被解释为角色理论(role theory)的一个版本，从而直接与“社会现实是由行动者制订的计划和脚本产生的”这一概念联系起来，如帕森斯设想的那样。然而对我来说，将这种脚本视为实体建构的一个阶段似乎更有用。也就是说，在这里提出的观点中，脚本化是将一组边界整合成一个社会实体的几种行动方式之一。

脚本不能被看作独立于边界，因为没有任何社会实体在真空中形成。生态约束总是存在，因此仅靠脚本永远无法产生实体。以家庭中孩子人格的产生这一极端案例为例。当头胎孩子进入一个由两个成年人组成的复杂环境时，他们之间有各种不同维度和方向上的边界。而我们这些有孩子的人都很清楚，孩子的人格正是在这些现存的各种对立关系的共同作用下(pulling together)涌现的。俄狄浦斯情结就是这样一种差异的体现。还有许多人格的其他方面，产生于不同的差异，这些差异以不同的方式区分了父母。从差异的勾连中，产生了一个新的

社会实体——孩子的人格——它又重组了成年人之间现有的关系边界，就像继续出生的孩子会重新划分父母和第一个孩子的温馨三口之家一样。儿童人格的涌现是父母与孩子、父母与父母、孩子与其他孩子之间各种差异地点的不同侧面(sides)的集合体。①

因此，我们似乎最好保留这样的概念，即一个实体的预结构(pre-structure)产生于社会进程或社会空间内差异区域的建立(creation of zones of difference)。这些差异区域逐渐形成原型边界，然后通过某种 277
活动结合成了一项实体。如果这个原型实体要持续存在，它就必须同时具有内部再生产和某种因果权威。然而我们必须记住，这一过程绝非必要。一组给定的边界有许多方式可以被结构化为实体，重要的只是作为结果的实体具有内部再生产的能力和因果权威，而毋须在任何方面都呈现最优。相反，它必须满足最低要求。边界**总是**在群体内部被设立，但只有在偶尔的情况下，这些边界才会最终成为可防御的或连贯的可能实体。有时，行动或意外会利用这一点，但不能保证结果是“最好的”。

我还想就边界到实体的过程提出另一项主张。在我看来，相当重要的是职业之间的实体地位涉及不止一个维度的差异或结构。很可能的是，如果没有不同结构维度的拉动所提供的张力，社会实体就无法存在。也就是说，赋予实体结构韧性的是它们的可防御性，是它们在几个不同的差异维度中的持久性。在一种简单形式上，这可以看作

① 这个论点表明，为什么用基于结构等价(structural equivalence)的角色理论取代传统的角色理论是很有帮助的。我们可以提出各种配方和脚本，但生态约束决定了哪一种会被选用。由此产生的混合“角色理论”实际上是一种脚本与周围环境的对话。

[译注]结构等价是一个来自哈里森·怀特的术语，参见 *Identity and Control* (2nd ed), pp. 54-55。

一种重叠裂隙的论点(overlapping cleavages argument)。[①] 力量在于几种重叠的凝聚力。然而与此同时，一个实体的因果影响或范围可能在某些特定维度上有巨大的延伸。也就是说，虽然看起来紧凑性(或核心地带，或者我们选择的任何隐喻)可能有助于一个实体进行再生产并防御来自其他实体的重新定义，但产生因果权威的很可能是跨越社会世界长距离的联系。

职业界提供了许多这种现象的实例。一个很好的例子就是精算师(actuaries)，他们组织严密，控制严格，职业规模相当小。他们入职很严密，生涯结构很严密，任务很严密。在人、工作、组织这三个基本维度上，精算师都与其他职业劳动力有着鲜明的界线。然而从某种意义上说，正因为如此，他们的影响力才如此之小。相比之下，考虑一下会计师，他们的“职业”漏洞百出/多孔，甚至到了荒谬的地步，他们的职业方向相当多样化，他们的任务领域包括税法这样充满争议的区域，管理咨询这样的非结构化领域，以及公共审计这样濒临凋亡的核心地带。会计师其实远比精算师更具因果效应，因为他们可以在这么多不同的领域发挥自己的力量，在这里他们扮演着这么多不同的角色。恰恰是锚定在几个或多或少安全的核心地带上那长长的脆弱边界
278 结构，使会计能够发挥强大的作用。如在帕吉特-利弗的论证(Padgett-Leifer argument)中，开放性提供了力量。[②] 正如对利弗来说，技能意味着永远不必做出理性的选择，对实体来说，强大的因果效应意味着永远不会[使其]被锚定在任何单一核心地带。

---

① [译注]关于裂隙理论的经典文献，参见 Seymour Lipset and Stein Rokkan, “Cleavage Structures, Party Systems, and Voter Alignments: An Introduction.” in *Party Systems and Voter Alignments: Cross-National Perspectives*, eds. Seymour Lipset and Stein Rokkan (New York: Free Press 1967), pp. 1-64。

② Padgett and Ansell(1993); Leifer(1991).

这种力量指的是持久性，也是指实体的时间维度。刚性(rigidity)提供了短期的安全，但却带来了长期的脆弱，英国律师僵化但自毁的时间结构与美国人开放而脆弱的布局相比，充分说明了这一点。[①]

五、结论

最后，我将讨论这种社会现实观与某些其他观点之间的关系。我已经提到过新制度主义，这种观点强调实体的同形性，强调通过生态过程(所谓"强制性同形"[coercive isomorphism])和克隆("模仿性同形"[mimetic isomorphism]的一个版本)来生产同构实体。[②]我曾在其他地方认为，新制度主义的很多内容都未能跃至一种现实的过程理论(a process theory of reality)，这种失败部分体现在对克隆制度的强调上。[③]简单的再生产模式与这里所设想的不稳定、过程性的社会世界相去甚远。

另一种关于实体的理论把它们确定为围绕一个理想类型的聚集。例如，莱考夫(George Lakoff)等人认为，社会实体的建构是通过先定义一个理想类型，然后识别出与之相似的各种实体作为其类别的成员。[④]"职业"(作为一个类别)是这种现象的一个很好的例子，医学和法律是理想的类型。但我相信，这种命名和转喻(naming and metonymy)的过程要晚得多，远晚于这里讨论的结构化过程。原型类

---

① 阿伯特([1988a]2016)，第九章)。

② 这两个术语都来自 DiMaggio and Powell(1983)。

[译注]迪马吉奥与鲍威尔这篇名作的中译收录在《组织分析的新制度主义》(上海人民出版社，2008)一书中。这两个术语取自中译。

③ Abbott(1992b)。

④ 莱考夫([1987]2017)。

别形象作为核心出现在那个较晚的时刻，但首先在创造实体的过程中并没有发挥重要的作用，除非脚本的作用如我先前赋予它们的那样。就像在围棋和国际象棋这样的棋盘游戏中，当结构清晰到足以被标示和讨论的时候，它们早已被建立起来了。[①]

279 另一个相关的理论是博弈论中处理联盟的那个分支。[②]可以肯定的是，博弈论的概念与这里提出的社会现实的一般观点有明显的不同。博弈论的世界并不是一个普遍变化和不确定的世界，也非坐落在一种不确定的时间性中，其中参与者之间进行了无限制的博弈，这些参与者本身是可以被重构的，他们的利益和资源并不确定，且交叉的方式不同。尽管如此，联盟理论是博弈论中最不确定(indeterminate)的理论之一：它的基础复杂，它的含义不明确，它的解决概念相互冲突。在某种意义上，将实体视为“单元联盟”与这里提出的观点很吻合，特别是在微观到宏观(micro-to-macro)的背景下。

最后一个相关的理论是我们可以称为吸引子结构(attractor structure)的理论。在社会生活中，我们经常会遇到这样的情况：失控的过程破坏了群体周围不确定的中间地带。群体对其成员遵守极端规则的要求减少了搭便车行为，从而增加了留下成员的回报，这些成员进一步强化了极端规则，以此类推。扬纳科内(Laurence Iannaccone)注意到了基督教会中的这种机制。[③]迈克尔·韦德(Michael Wade)等人也讨论了类似的导致稳定的“实体”(这里指整个社会结构)的失控进化过程。[④]这些模型都由同一种直观的想法组织起来：在某些条件下，成为一个定义明确的群体会强烈地增加对该群体的组成人员的回报。这种

① Leifer(1991)。

② 关于联盟，参见 Myerson(1991)，第九章。

③ Iannaccone(1994).

④ Breden and Wade(1991)；Wade(1995).

直觉预设了一种我已尽量避免的微观/宏观的特征，但理论论证的总体结构仍与这里的论点密切相关。

在本章中，我提出了这样的观点：相对于社会边界，社会实体往往是次要的。目前还不清楚这一规则是只在极少数情况下——像19世纪末的社会福利这样的未成形的领地——才成立，还是阐述社会生活中实体的一般规则。然而，处理这个问题意味着将这一主张嵌入一项更大的、一般的社会结构和时间性理论之中。这样的任务超越了这篇短文的界限。

第十章　尾声：攸关时间

280 在这篇尾声中，我将试图把本书的主题汇总起来。正如此类总结所必需的那样，讨论往往呈电报式。完整的论述本身就足够另写一本书了。此外，即便做总结也很困难。本书的各章节完成于十二年的时间里，其间我还写了许多其他主题，同时我的想法也发生了很大的变化。但尽管如此，还是有一些基本的想法和关注点呈现为一个整体。

我首先将这些章节置于更大的情境下来讨论我心目中的听众/接收者(audiences)，以及我准备向他们说的话。然后我总结了第一章中提出的对标准统计社会学的批判，并在后续章节中以各种方式加以阐述。接着我转向自己在这些论文中一直敦促的标准社会学的叙事替代方案，依次涵盖其假设和问题。这种讨论导向了对解释和因果关系问题的考虑。由此我进入了一种一般性的理论探讨，我先处理时间性本身，然后转向时间和社会结构的问题。

这样的设计抓住了一个逻辑，读到此处的读者对此一定很熟悉了。在这些论文中，如同在我的职业生涯中一样，大多数论文都有一个从“方法论批判到理论批判”的递进过程。实际上，对标准方法进行反思的批判性任务激发了我对社会过程本质的实质性工作。因此，该模式有一种分形(fractal)的特征，每一篇论文都以自己的方式概括了(recapitulating)我思想中大的历史转变——这也是我思想的特征。最后我应该指出，我在本章中不仅试图总结，而且还顺便指出前面没有提到的发展，并将整项努力置于一幕更广泛的情境中。

一、接收者

在大部分工作中，我想到了两类接收者。第一类是我的标准社会学的同事。我与他们的对话很快就定格在一种固定的模式中： 281

> 阿伯特：社会现实比你想象的要复杂得多，你可能需要重新思考你的方法论承诺。
>
> 同事们：我们已经知道你告诉我们的一切，此外你也没有提供真正的替代方案。

多年来，此一“非对话”的各种版本教会了我很多东西，并促使我对自己试图发明的方法，以及对任何试图将社会现实形式化的假设所涉及的范式性质都有了更深刻的理解。

但这类听众的主要贡献是使我保持批评的诚实。与其他从事类似项目的社会学家不同，我没有给主流贴上错误或固执的标签，断然否定他们的方法。相反，我尝试了一种恰如其分的逆向工程。我把他们的方法从尾到头地研究了一遍，有时甚至到了编程的层面，并一再追问：在这些方法中社会理论的关键要素变成了什么？在此过程中，我发现了很多社会理论的方面，而原本自己根本不会去注意这些方面。这一切都因为我没有忽视此类听众，并试图让我的批评在他们面前站得住脚。

随着时间的推移，我认为我对他们说的内容也发生了变化。本书第一部分的论文旨在勾勒出一片可能的土壤，清理出一个空间。然而，到了第二部分的论文，我正忙着保护我温室里的方法论小植物（基于最优匹配的序列分析）不受审稿人寒风的侵袭。我做了同样的争辩，但这次用它来保护一些东西。另外，我也开始对自己的方法产生了哲学上的疑虑。到了后面——第二章、第三章和第三部分的论文——我开始向自己的理论议程前进；对方法的批判变得不如我对社会结构的新想法重要。

我的第二类主要听众是从事质性研究的同事。这是一个难得多的群体。许多质性的同事——民族志学者、历史社会学家、理论家等——只是简单地把量化工作取消，并且通常是基于一些简单的原则性反对理由。我与这群人的对话，也同样定格在了一种固定的模式上：

> 阿伯特：社会现实比我们想象的更复杂，我们可能需要重新思考我们的定量方法论。
>
> 同事们：我们已经知道了你告诉我们的所有事情，还外加些别的。为什么还要重新思考一些原则上无用的东西呢？

282 我和这批听众的关系很奇怪，虽然他们经常为我的论文发表提供阵地，当然也是引用我工作的主要人群，但对他们来说，这些工作更多的是一种有用的宣传品，而不是具有智识重要性的问题。在早期的论文中，我觉得自己正在领导一场攻势，到敌后跳伞，炸毁铁道。但随着 20 世纪 90 年代的到来，质性社会学直接宣布[自己]胜利并转移去了其他战场。我开始觉得自己有点像那些偶尔会出现在菲律宾的日本兵，还在打一场别人都认为已经结束了的战争。我的愤慨在后来的一些论文中表现出来，特别是在第二章中，该章以对实证主义的通常批判开始，但最后却坚持认为，适当地研究实证主义的大量产出可以支持对文化和多重意义的深刻定量探究。[等待我的是]雷鸣般的沉默。总的来说，我的质性听众很少在智识上激励我，因为听众中很少有人相信他们能从量化社会科学的变迁(vicissitudes)中学到什么，更不用说对它的改革感兴趣了。

我从听众那里学到了一件事：有些问题双方都不想仔细分析。特别是，双方都不喜欢我的立场，即我们应该把一些混同的二分法分开——叙事与分析、阐释与实证主义、建构论与实在论、情境知识与超越性知识。这种对待严谨分析的特殊姿态在本书中多次出现(在第四章，尤其是在第六章)。但它极大地惹恼了我的两类主要听众。每一方都希望这些二元对立都像糊状物(mush)一样搅和起来；糊糊显然为双方论战提供了便利，而这些论战一般都向内，以召集部队；而非向外，作为真正的智识竞争。最终，我对这一混同问题的关注与其他想法汇合在了一起，让我写出了《学科的混沌》一书。[①]

二、社会科学的方案

这批论文的一项基本主题是：进行量化、形式化、泛化或解释性的社会科学的方法有很多(下面将讨论以上哪个词是正确的这一问题)。有不止一种方法来剥这只猫的皮。这些论文给出了许多不同的版 283
本，说明我们替代标准程序的方案有哪些。

有一种明显的替代性社会科学，它主要对单元和社会实体的流动提出问题，放松了社会世界由具有可变属性的固定实体组成这一标准

---

① 年纪越来越大的一个比较有趣的方面是会听到社会学界的年青一代宣布胜利，宣布他们认为定量和定性研究之间没有冲突，他们可以两者兼顾。我也可以，但需要好几次换挡和两脚离合。不知怎的，我想我的年青同事甚至还没有开始看到这个问题。《学科的混沌》中包含了对这种胜利宣言的广泛分析。

[译注]在旧式手动排挡汽车里，变速箱没有同步器，所以在不同挡位之间稍有一点转速差异便无法进行换挡。两脚离合是当时驾驶者必须会使用的一种比较复杂的换挡方法，需要在退到空挡和进挡时各踩一脚。

假设。目前这种替代方案的例子是形式人口学(formal demography)，其重点在于单元的出生、死亡和迁移。但我所考虑的并不仅仅是“人的人口学”。本书中有几篇论文坚持认为，人口学应该通过研究组织和其他社会层面实体的出生、死亡、合并和分化来泛化自己。这种泛化将向它提供更多的基本过程以供思考，提供更复杂的分析对象，提供一套多层次的事物供分析(第九章是朝这个方向迈出的一步)。我还没有探讨严肃的社会人口学的可能性，但人口学家们也同样没有。他们中的大多数人打着“社会人口学”的旗号，被引诱着放弃了自己的智识遗产，转而追求回归分析的短暂利益。

标准方法的第二种一般替代方案是结构方法，它放宽了第一章中的第五项假设，强调案例间的相互决定和相互依赖。这一直是网络分析和一些相关工作的程序。我曾在本书的一些论文中简单地提及，但过去二十年中，它在哈里森·怀特的领导下取得了长足的进展，这里毋须再论。

第三种一般的替代方案放宽了第一章中的序列和时间范围假设：顺序对社会过程不造成什么区别，以及事件具有统一的规模和连续性的假设。这便是我在本书中关注的叙事程序，我在下文中还会提到。最后，在第二章中隐含着一种多义性程序，它将放松标准方法的单义性假设，让变量同时具有几种含义。除了少量将多维标度(multidimensional scaling)应用于文化系统的工作外，这方面几乎没有什么发展(社会学方面的发展不多：有一种对文化的定量研究——文化演化适合于这个标题——但它并不是真正地将模糊性概念形式化，而是将文化术语作为单义的对象来对待)。

虽然我已经提出，追求这些不同的程序仅仅就其本身已经很有趣，但这样做也出于一些特殊的实用性原因。这些原因与数据的性质有关。我一直以来对标准方法的批评之一是，它倾向于假设大多数可能发生

的事情确实发生了，大多数潜在的数据空间里面都含有一些东西。此 284
外，标准方法还假设我们可以期望在该数据空间中发现全局性的模式，它们在空间中的每一点都相同。根据这种观点，交互效应最多只是稍微修饰了一项基本的潜在规律。这些论断通常对我们的数据而言是真实的，但可能更多的时候并不成立。当模式呈现局部性时，寻求全局规律的方法找不到它。当数据空间大部分是“空”的时候，此种情形需要的方法是忽略空白，而关注填满的部分。我在整本书中一直认为，结构和叙事程序——其目的是直接寻找规律性和模式，而不是提前为它们预设一项形式——可能对有很多局部顺序和空白空间的数据集效果更好。在这方面引人注目的是，标准方法往往被应用于非常嘈杂的数据空间，这是丹·史密斯(Daniel Scott Smith)多年前已指出的事实。[1]我们告诉自己，我们对“太容易[找到]”的模式根本不感兴趣。但事实上，正如第五章所显示的那样，我们的许多数据可能比我们所想象的拥有更多局部秩序。

我讨论过的另一项重要问题是，为什么要(在特定的研究中)选择一个特定的变量作为“因变量”(dependent)。如果我们的目的是理解社会过程，就没有必要让一个或另一个变量变得更重要。当然，正如第二章所显示的那样，没有特别的理由认为任何一个特定的指标具有特定的依赖或独立地位(dependent or independent)。事实上，社会学认为使某些社会变量比其他变量更重要，其动力绝大部分来自社会向善论(meliorism)；到目前为止，社会学中最常见的因变量是那些与不平等有关的变量。如果我们撇开这个项目，而只问：“我们应该如何理解社会系统?”我们就没有真正的思考因变量和独立变量的办法。事实上，也没有什么理由这样思考，因为我们最初的前提是社会生活是一张巨

① Smith(1984).

大的网，这张网中的一切都在影响着其他的一切。从这个角度来看，我们的问题是一项数据还原(data reduction)的问题。而根据数据还原的视角，标准方法并无价值。正如我多次说过的，它归根结底并没有减少数据空间的维度。从模式搜索的角度来看，这纯属浪费时间。综上所述，我们的数据性质和所追求的项目对我们选择一般的方法论方案起着重要的指导作用。①

285 因此，我通篇都在论证，有几种思考社会生活规律的一般方案。它们有不同的长处，也有不同的弱点。它们都可以被想象为放宽了统计社会学标准的某些基本哲学假设。我们应该在这个更广泛的背景下看待标准方法。

三、标准模型及其假设

在本书中，几乎每章都出现的一个基本关注点是标准社会学方法的哲学基础。该基础由关于社会本体论的信念组成，这些信念在通常使用的方法中有时隐含，有时明确。信念并不是大家比较熟悉的标准建模中的统计假设，尽管在一些情况下，当统计假设被应用于社会数据时隐含了这些信念。它们更像是哲学假设。如果我们认为标准方法为我们提供了一些关于社会过程的有价值信息，那么关于社会过程的假设必定为真(我在书中以不同的顺序给出了这些假设。在这里，我先从基本实体假设开始，然后是各种时间假设和因果假设，接着是情境

① 我曾在其他地方论证过(Abbott 2000)，我们即将被如此大规模和丰富细节的数据集所淹没，不管愿意与否，方法上的改变势在必行。商业世界已经拥有许多数据集，而我们很快就会跟上。这些数据集包含了我们喜欢的任何变量在总体人口水平范围内连续时间下测量的信息。社会科学不再处于试图根据少量数据做出大量结果的境地——这正是假设检验的初衷。我们目前的困难恰恰相反。引人注目的是，在数据已经过载的商业领域，模式搜索作为分析数据的主要立场早已占据了主导地位。

假设和“意义假设”)。

其中的第一项假设认为社会世界由具有不同属性的固定实体组成(fixed entities with varying properties)。人们假设这些变化属性中的某个子集决定了另一单一的属性，该属性被称为因变量。然而标准系统并不试图简化那些一开始就被我们认识到其复杂性的实体，而是从最小的属性向上建构实体，只增加必要的属性来解释它所设定的解释问题。在某些极端形式中，要预测的可变属性是“存在”，标准方法设想的实体具有实质属性，但缺乏存在的前提(the predicate of existence)。在某些形式中，这些方法假设在不同时间点的给定案例构成了相互独立的实体。

第二组广泛的假设涉及因果流(causal flow)。在固定实体的可变属性之间运行着一些固定的“因果”关系。因果关系被假设为一致的(uniform)，即它们在所有情况下必须以同样的方式发挥作用。此外，致因总是相关(constantly relevant)；如果随着时间的推移，模型[仍然]成 286
立，那么隐含的假定是模型的力量不随时间而变化。这一点可以通过增加参数直接建模来改变，但巨大的代价在于可估计性和进一步假设函数形式的必要性方面。一般来说，被假设的因果关系假定了变量在时间上的部分排序，即“小”的时间变量不能引起“大”的变量；短时事件不能塑造长时变量。此外，在所有情况下，变量必须(随时间)以相同的速度起作用。

这些因果假设在第三组假设中被拓宽，这组假设涉及我所说的时间视界(time horizon)。一个变量或一种现象的时间视界是指在我们能够测量它发生有意义的变化(一种可与噪声区分的变化)之前必须经过的时期。变量的时间视界有许多重要的特性，其中最重要的是聚合的时间视界通常比其微观成分的时间视界大。由变量间的时间视界的变化所引起的问题被另一事实放大了——标准方法还必须假设不存在“事件”，即没有特定变量之间跨越时间性抽样框的依赖性，特别是在这些依赖性因不同案例、变量和时间的不同而有所变化时。简而言之，当所有的变量都被认为是即时的，并且在时间上独立于过去的时候，标准的方法工作起来最舒适。

第四项假设涉及序列效应的缺席(absence of sequence effects)。一般来说，标准方法假设一组事件发生的顺序不会影响其结果。更笼统地说，它们假设数据空间缺乏可区分的时间轨迹。此外，它们还假设因果轨迹(在变量间的“决定”流动的意义上)在所有情况下必须相同。这种因果轨迹的正当性一般由一组伪叙事来说明，通常是关于某种理想化的行为者。

其余假设涉及情境和意义。第五项假设认为，发生在一个案例中的事情不会制约或影响发生在其他案例中的事情。各种各样的模型——从相当简单的约束模型族到个体化的空缺模型——都探讨了放宽这一假设的可能性，但在定量工作中，它仍然是压倒性的标准。事实上，调查分析的框架本身就是为了保证这一假设的有效性。但
287 是，在小-N 的情境下——回归分析经常被应用于此——这项假设会产生很大的问题，甚至在问卷调查的情境下，它也有可能被破坏。

第六项假设，即标准方法假定一个变量的(因果)意义一般不取决于另一个变量的意义。通常的说法是，标准方法把主效应放在第一位，并在必要时将交互效应作为必要之恶。这与模式搜索策略相反，后者寻找变量的特定值的组合，以此来简化数据空间。

最后，标准方法假设一个给定的变量只“意味着”一件事，至少在一项给定的研究中如此。这当然是一项基础性的假设，并产生了“文献”现象。它本质上是研究工作的轨迹(trajectories of work)，这道轨迹包含了人们对某些变量被允许的含义产生的共识。但当然，变量的因果意义在不同的文献中会发生巨大的变化，甚至在不同的研究中也会

产生变化，这一现象已在第二章中详细研究过了。事实上，即使是变量的定位——某一变量作为实体的性质——也会因研究的不同而发生变化。正是通过探讨这种标准方法对多重意义的不重视所带来的影响，我在第二章中对整体社会科学中变量的多重使用方式进行了元分析(meta-analysis)，并提出了对文化问题(被解释为多重意义问题)进行严肃的定量攻击的概念。在这个概念中，整个社会科学文献构成了一张大网，其中特定的文献作为轨迹围绕着特定的重点关注变量而发展。

这些假设——以及对它们的批判——构成了本书的核心框架。各个章节以不同的方式对它们进行了探讨，而且无疑取得了不同程度的成功。在我对标准社会学实证程序提出批判的这些年里，这批假设中的某些已经在小范围内得到了放松。至少，统计学家们已经从对回归分析及其派生的因果阐释中退了出来，这使得他们要么把它当作纯粹的描述性方法(就这项任务来说，它很低效，甚至是无效的)，要么以经典的方式，将其视为分析干预效果的一种实用方法(在这方面回归分析表现优异)。社会学在其内部，不断试图固定和扩展标准模型族——使它们做一些它们基本上不适合的事情——在我看来，其效果在于抑 288
制了真正的方法论进步。高质量的模式搜索方法——在过去的二十年里已经取得了巨大的发展——主要在私营部门发展起来，在社会学中几乎没有应用。

然而，总的来说，我对标准方法的基本批评——即它们只适用于很有限的一类社会本体论——在今天和我当年开始创建它们的时候一样强有力。这些方法能以这样的力量存活下来，说明阿尔文·古德纳(Alvin W. Gouldner)在三十年前宣称实证社会学正在成为福利国家的技术评价者的论断是正确的。[1]作为一种评价项目，一种对这个或那个符合当前政治兴趣的特定变量的干预措施效应的测试者，标准格式相当不错。但作为一种普遍理解社会过程如何运作的程序，它相当薄弱。

四、叙事分析的理论

我自己替代标准系统方案的工作大部分都是以叙事为基础的解释方案，关注于随着时间的推移，轨迹呈现出的规律性。在方法论的狭义范畴内，这导致我将重点放在第六章后面部分讨论的比对方法(alignment methods)上，并在其他许多论文中体现出来。但我更广泛的目标在于思考一个整体框架，一种替代性的本体论，用它来设想社会世界。正是该项目的专注性使我那些倾向于质性研究的同事们无法理解。他们想颠覆标准方法**所有的**假设，然后便可一劳永逸。我只想简单地改写时间性假设(上述假设二至假设四)，而使其他假设或多或少地保持不变，尽管我自己工作的其余部分(特别是我关于职业的工作和由此产生的关于生态的论文)事实上确实攻击了其他假设。而除了我[所谓的]不情愿，我在概念上想象的叙事解释程序确实最终放松了几乎所有的标准假设。当我试图发展适用的叙事方法论这一实际问题时，目标明确地放松时间性假设才被证明是唯一可行的方案。由此在本书的论文中，一方面是发现标准方法所有关键假设的任务，另一方面是试图有条不紊地放松其中一组假设的实际努力，在这两者之间存在着一种不稳定的张力。

所有这些都被视为既定，贯穿本书论文的一项基本兴趣是我们可

① Gouldner(1970).

以称为叙事性的研究计划(a narrative program of research)。在最一般
的意义上，这源于我的一个想法，即社会过程本身就按叙事组织。我 289
坚持认为这种叙事性组织是真实的；也就是说，它为社会过程本身所固有，而不仅仅在我们谈论这个过程的时候[才发生]。因此，我从一开始就把注意力集中在社会过程本身实际上很明显的事件接续模式上(我一开始就应该称之为轨迹，但没有)。我的第一项分析试图勾勒出“链锁”(推动故事步骤前进的步伐)、“顺序”(事件的次序在不同的案例中有所不同，并对结果产生影响的概念)和“收敛”的概念——对此我的意思是，有些故事可能会“收敛”在一个结果上，而另一些故事可能会偏离到随机性。

很明显，社会过程由独立轨迹构成，其构成程度存在很大不同。在我关于时间性的论文中，一项关键的问题在于回答这种相互依赖的程度，我们可以把它想象成标准体系的第五项假设在跨时间范围内的违背程度。我用过不同的术语来描述这一点，但最终把那些作为有序事件序列而具有内部一致性，但在很大程度上独立于其他案例的过程称为“自然史”；把那些有一定内在一致性，但同时受到其他案例一定程度情境决定(contextual determination)的过程称为“生涯”；把那些案例之间相互依赖如此深，以至于将其历史视为独立故事毫无意义的情况称为“互动”(有时称为“互动领域”，例如，我对职业的分析)。在那些没有转载于本书的工作中，我把同等的区分应用于**共时性**的案例间的相互决定(synchronic intercase determination)，我设想空间或结构决定的三个层次属于结构主义程序的范畴，类似于[此处讨论的]叙事程序的这三个范畴。[①]互动领域再次成为最复杂的结构系统；我将它们设想为在时间和空间上都受复杂的情境性支配。

---

① Abbott(1999a)，第七章。

正如其中几篇论文所暗示的那样，只有在时间和（社会）空间的情境性都很低的情况下，标准方法才是合适的方法。调查分析——这些方法最早从那里发展起来——在某种程度上强加了这种独立性。吉姆·科尔曼(James Coleman)曾经认为这很合适，因为在更现代的社会中，个人确实更独立；我们有了适合我们社会的那种社会科学。我曾经反驳说，因果关系其实反了过来；社会科学已经成为强加这种独立性的工具的一部分。

290 在情境性变动的情况下，叙事方法只是在时间情境性（单独）很强的情况下发挥了特殊效用：在顺序和序列——简言之就是过去及其历史——起作用的情况下。因此，本书中多篇论文都围绕着阶段论、自然史等概念，以及各种趋同的叙事形式。我试图在第五章中阐述这一概念的细节，虽然并不完全成功。但探索自然史的问题，却成了我自己方法论工作的重点所在。一项核心问题在于是否把一段特定的轨迹（该术语有些令人困惑：我在第五章中把这些轨迹称为“生涯”，因为我当时还不清楚情境层级的问题）设想为一个整体，还是设想为一种时刻生成的随机过程？后一种方法只有在某个特定时刻强调特定结果时才有意义（通过在某一时刻选择一个因变量）。

因此从方法论上讲，我把重点放在了一项相当狭窄的问题上，这是必需的。但在提出更普遍的叙事观点时，我至少默默地拒绝了标准模型的大部分假设。我首先对实体的整个概念提出了质疑。正如其中几篇论文所认为的那样，在大多数历史写作中，“中心主体”(central subject)或感兴趣的实体本身就是一个问题。此外，中心主体一般是一种复杂的殊相，人们有时为了概括而将其简化。我认识到，历史写作常常引用人口学的那种转变，尽管在方法上我还没有将真正的人口学和叙事结合起来。但从理论上看，这些章节所讨论的实体的性质，无论是对情境的看法，还是第九章对实体的直接分析，都大大偏离了标准的观点。

叙事理论对因果关系也有不同的看法。在叙事概念中，研究“步伐的接续”与其说是一项因果问题，不如说是一项“可追随性”的问题(这是一个很大的话题，我将在下面更详细地谈及)。我在这里发展的叙事观也颠覆了标准方法的另一项时间性假设。在一种叙事性的解释程序中，人们将必须认识到事件的时间范围和大小的变化。定义和理解事件事实上将成为概念化的中心任务，与标准程序中的变量理论化相吻合。我确实尝试了(特别是在第五章)将事件的概念翻译成标准程序的语言(事件在标准程序的语言中只是变量状态空间中的一个特定位置)。但实际上我在叙事方面的事件概念要广泛得多。事件是有持续时 291
间的；它们可以跨越观察框架发生。它们由内部的“发生”(occurrences)模式来定义。虽然我在这里没有收录的论文中更多地阐述了对事件的广泛分析，但这种复杂的事件概念是许多作品的基础。①

对情节(plots)的复杂看法也是如此。在最简单的层面上，作为一名发展方法论的研究者，我自然要承担“糟心事一件接一件”的负累，情节只意味着事件的接续。但在一般的解释性叙事程序中，情节显然必须发挥核心作用。正是因此，这些论文都引用了结构主义文学的文献，其中设想的情节数量有限。作为情节问题的一部分，我在一些论文中还提出了历史分期(periodization)的问题。情节有其任意的开头、中间和结尾，与标准方案中任意的因变量类似。显然，一份严肃的叙事方案必须解决分期的问题，即决定社会序列的开始是蕴含在社会过程本身之中，还是仅仅是当我们谈论这个过程时的任意一方面。在其中的一些篇章中，这个问题还涉及我们如何理解其他一些形式化的历史话语。在“始祖情节”(ancestors plot)中我们考虑了某一事物的所有

① 参见 Abbott(1984，1991b)。

前因后果，在“后代情节”(descendants plot)中我们考虑了它的所有后果，等等。然而这些都限制了社会过程本身的网络化特征。

我曾在思考社会过程中的转折点时，详细探讨过这些时间性的问题。在这里，叙事性解释程序的概念得到了明确的表达，因为转折点的概念在逻辑和形式上必然是一个叙事概念。第八章详细地阐述了转折点概念的逻辑和解释意义，我在这里不必重申。转折点概念最普遍的含义是，社会过程可以解析为轨迹和转折点。在“轨迹”的这种用法中，我明确指出它不是一套常规的模式(如上所述)，而是指一套相对稳定的、支配结果的规则；简言之，就是指一种关于小变化的稳定因果“模型”。这种轨迹(存在稳定模式的时期)通过转折点相互连接，转折点是指案例从一道现有的轨迹传递到另一道轨迹，也就是传递到
292 一个新的因果关系区域(region of causality)。这种转折的性质尚待确定。在该观念下，标准方法和叙事方法可以把世界分割开来，一方负责轨迹，另一方负责转折点。事实上，该论点引导我分析了这种可解析的社会系统可能出现的条件。该方法的另一项功用是，它提供了一种将社会决定的结构性和非结构性部分分离出来的方法，转折点为结构性的干预提供了一个切入点。在这个意义上，转折点-轨迹模型与我在上面所回顾的关于思考社会系统中情境性和相互决定程度的形式方法的普遍想法结合在一起。这是对自然史(在此是轨迹)、生涯和互动领域的另一种思考方式。

叙事程序中仍有两个重要部分需要提及。其中之一是，因果意义由情境决定。也就是说(用标准术语来说)，变量的特定值可能会也可能不会在叙事上具有突出意义，这取决于当时其他变量的特定值的环境。从某种意义上而言，这是把情节看作“被设想为复杂殊相的序列的自然结果”，哪怕在标准程序中也是如此。即使我们把事件定义为状态空间中点的接续，我们也没有必要认为这种接续主要由被设想为主效

应的这个或那个维度上的值决定。重要的是完全维度化的点的接续，尽管原则上人们可以考虑降低维度，直到有一套连贯的轨道通过(被降维的)空间。因此，虽然我没有直接发展强调放宽标准的单义假设的程序，但它隐含在我对叙述程序的理论化中。

最后，叙事程序的一道核心问题——也是难点——出现在“过去是否存在”的问题上。第五章和第七章特别面对了该问题：我们如何想象来自一个事实上已经消失的过去的因果性或决定性影响？从表面上看，这是任何叙事性解释程序的明显假设。同样明显的是，它也带来了核心的困难。我在下面关于编码的讨论中再谈这些。同时这些论文，特别是第七章，也考虑到了这个问题的反面——过去的奇怪黏性，它不愿意被任意重新解释。

然后，在我对理解社会进程的叙事方案的阐述中，涉及了各种主题。这些主题大多牵涉到对标准方案假设的颠覆，但也有其他的关注。 293

五、解释和因果关系

在本书收录的论文中，解释和因果关系的话题曾多次出现。正如几篇论文所报告的那样，关于解释的本质以及“因果”解释是否是唯一的解释形式，长期以来一直存在争论。在这一过程中人们提出了两种选择方案。讨论较多的是历史解释。讨论较少但却很重要的是描述。

我先对描述进行评论，因为[至此]我花在描述上的时间较少。任何一位实证社会科学家所面临的基本问题如下。有一个 n-维的数据空间，其中 n 代表有可能被测量的变量数量，案例在其中移动的轨迹体现了它们随着时间变化的过程(或者说，时间是该空间的另一重维度)。一位社会科学家的目标是对这个数据空间中的案例行为提出一些可理解、简明的说法。其中一种方法是使用许多形式的维度降低法中的任何一种，大幅简化这个空间。在标准的术语中，这是一项描述性的任务。这里不争论这种描述是否构成一种解释形式，但它肯定构成了一种可理解的和简约的说法。关于这个空间的另一种说法是我们优先考虑其中的一个维度(称其为因变量)，然后看看其他维度信息的(或多或少)线性组合是否能产生这个因变维度的信息。在标准的术语中，这叫作因果分析。

我在方法论上进行的叙事程序很明确地是描述性的。其思想是在社会过程中找到类别和模式，以便人们首先知道自己要解释的规律性是什么。在这个意义上，它借鉴了大量的模式搜索方法，这些方法是作为标准数据方法的替代方案而存在的。

但在理论层面上，我在这些论文中始终为叙事提出了一项更为有力的论据：它是一种解释的形式。为此，我列出了关于解释的经典亨普尔式说明，并详细考察了我们的标准方法自认为遵循该说明的方式。这方面的大部分内容在第三章中已作了详细的阐述，我在这里不再重复。我在第三章和第四章中还较详细地列出了历史哲学家们对亨普尔
294 式说明的反应，他们认为叙事概念可以具备完全的解释性。当我与大多数使用标准方法的同事直接讨论这些观念时，我发现他们对此完全不理解。显然我们中的许多人不愿意思考：“解释”除了在我们的方法中被赋予的狭隘意义之外，是否还有其他可能性？但对于哲学家来说，叙事性解释是一种严肃的可能性，我已经根据一份非常丰富的文献给出了几个版本。归根结底，该文献贡献了“综合”与“中心主体”的讨论——两者都是概念化(主要包括分类和测量)和分析单位在史学中的等价物——它们散布在这些论文中。

然而，该论点有两个部分相对没有充分发展，只是在本书中短暂地出现了。其中之一——对哲学家而言是核心问题——是去解释没有(或不会)发生的事情这一问题。彼得·埃布尔(Peter Abell)在《社会

生活的句法》(*The Syntax of Social Life*)中花了一些篇幅来讨论这个问题，而我也曾在空数据空间的问题上对该问题进行过方法论上的探讨。[①]但更广泛的问题在于，我们主要通过关注发生之事——或者如哈特和奥诺雷(Herbert Hart and Tony Honoré)所说，发生的不寻常之事——来思考社会世界，而这究竟意味着什么？我没有深入探讨这一点。[②]另一项未充分发展的问题是解释中"叙事联系"(narrative links)的可能性。我在第四章中提到了为叙事步骤发展概念模型的重要性，但在这些论文的其他地方，这一建议并没有得到深入的研究。

六、时间

我现在谈谈这批工作中出现的比较积极的论点。其中有些涉及时间概念本身。第七章详细讨论了这一问题，我很难简单地概括其内容。第五章与第七章形成了重要的搭配，因为前者在方法论层面上处理了后者在理论上解决的问题。特别是，第五章提出了一个问题，即事件的结构似乎随时间变化，但社会过程在某种程度上似乎绝对是瞬时的。该章进而探讨：虽然拥有更多的数据显然更好，但当我们允许这种"改进"推进到极限时，就会陷入非连续变化的问题。更细的聚焦只给我们留下了两项深刻的印象——事物的不连续性和事件的存在跨越了观察框架。有几篇论文提出了大小不一的时间结构作用于单一现在的问题，通常以我未发表的博士论文中的精神病学家为例。这个问题对我 295
来说一直存在，我将在编码理论中处理它。

早期的许多论文都围绕着区分因果时间(变量的顺序)和真实时

---

① Abell(1987)。

② Hart and Honoré(1985)。

间(生活世界的时间)的议题。后来的论文，特别是第七章，甚至将后者也问题化了。牛顿时间本身被证明存在问题。事实上，最实用的时间概念可能是相对而非绝对的。

我不在这里总结第七章分析的柏格森和米德时间观的细节。从他们那里，我得到的是一种高度局部性的时间概念，即它适合于某一特定地点和时刻，更大的包容性的“现在”在拓扑和时间性上延伸至它之外。时间是指代性的，因为它有多重重叠的现在；但又是包容性的，因为它们的关系是包容而非数量上的差异。我从米德那里得到的概念是，时间是关系性的，最终恰恰由这种地方性塑造——一个人的现在不是另一个人的现在。事实上时间性本身显然就产生于这些不同的个人节奏和社会生活中不同速率的互动之间的刮擦。新的通信技术的影响并不在于它们使互动变得更快，而是使某些种类的互动相对于其他种类的互动比过去更快。

简而言之，时间的概念是一系列大小不一的重叠的现在，每一重时间都围绕着特定的位置组织起来，并在整个社会过程中重叠，这为进一步的论证提供了基础。时钟时间和唯心主义(柏格森)时间显然是将这种大量的重叠还原为单一事物的两种尝试，前者着眼于特定种类的社会协调，后者着眼于个人经验的最大化。重叠的观点让我们绕过了历史与社会科学关系的经典问题——这直接导致了套娃式的困境，即社会科学在固定的因果区域内讲故事，而历史则解释这些区域如何变化。通过这种重叠的视角，我们有望避免第七章的核心问题即埃利亚难题。

七、一般理论事项

正如我前面所说的，从所有这些对方法论的思考中，我对合理的社会本体论究竟是什么的感觉慢慢地产生了。在这最后一节中，让我写下这个方案的轮廓，它构成了我正在写的关于时间和社会结构的著作的基础。这里所说的主题来自前述论文的各个方面。

我已经阐述了我的时间概念。我把它想象成一组许多层的鱼
鳞，每一层鱼鳞都是一片局部的现在，与其他一些鱼鳞重叠着；每 296
一层都由更大的鱼鳞组成，它们形成了一个越来越宽的空间。我们可以把牛顿时间下的“现在”看作用一个平坦的不可知的垂直平面，在一瞬间去切割这个巨大的现象面团。每一位行动者都是一个隐性的、垂直堆积的、大小不一的现在。

在这个复杂的世界里，变化是事物的常态。我们看到的不是一个偶尔变化但大体稳定的世界，而是一个不断变化的世界，其中涌现出宏观的稳定。世界是一个事件的世界。当我说它是一个事件的世界时，我的意思完全是字面意义上的。这个世界的微观层面是一个完全事件化的世界。那里没有预先存在的行动者。当然，有一种生物基质，这意味着存在极大的可能性——在这团事件中，在特定的人体内，或多或少会涌现出一些稳定的身份。但这些自我由互动产生，它们在任何意义上都不是[*ex ante*]事先给定的。

稳定的实体从这个事件之汤中涌现，作为世系，作为不断以相同方式发生的事件。它们不断地将先前发生的事件拉在一起形成稳定的存在。因此，事件的微观世界完全是马尔可夫式的，完全由时刻到时刻[发生变化]。但在其中也出现了或多或少的稳定结构，我们称之为社会行动者。其中最明显的是个人的人格，但社会群体也不例外。在这个意义上，微观/宏观问题是一种错觉。就充满事件的世界而言，一切都是宏观的。

这并不意味着不值得思考我在第四章中讨论的实体过程。许多社会实体明确地由个人组成，对于这些实体，询问我在该标题下讨论的

各种过程是有意义的：微观更替、内部转化、范式转变、集体行动联系等。但作为一个哲学问题，微观/宏观问题正如我们将要看到的那样，被归结为理论化社会结构及其再生产的问题。

世系由编码产生，其稳定性也通过编码来实现。编码本质上是指结构如何嵌入社会生活的永久再生产中，以便这些结构总是能够从一个时刻延续到下一个时刻。这些方式可能包括冗余（redundancy）、分配（distribution）、连锁模式（interlocking patterns）等，但都具有相同的特点，即在从现在到过去的常规流逝中实现再生产。转折点——尤其是对结构的破坏——发生在编码器以一种允许破坏的方式排列的时
297 候。我们所说的“持久”或“大型”结构是指编码范围特别广、特别有效的结构。正如我在第八章所言，社会结构是社会过程的记忆。在任何时候，表面上看似共时的社会结构其实是过去记忆的体现，其中包含了所有的编码，使大结构（如资本主义、美国和性别角色）一直跟着延续至未来。同时，一切——无论多么庞大的事物——都在不断被再生产，这意味着一切——无论多么庞大——都始终岌岌可危。所以，突然的大规模变化并不令人意外。在 1989 年之前，苏联、东欧可能也有过即将分崩离析的时刻（因为编码的排列创造了这种可能性），但没有人想明白，也没有人转动锁中的钥匙。1989 年，终于有人做到了。

正是编码在生命周期和社会结构中的差异分布，才有了第八章中的转折点-轨迹模型。事实上，我们的许多社会结构都相当刻意地以这种方式构建；教育就是一则典型例子，它有稳定的岁月，也有层次之间的突然过渡。社会实体都有其易变的时期，也有编码比较稳固的其他时期。正是这种实体在时间中的流动，才使得第九章“边界之物”的模型得以成立。实体之间的差异不断出现，事件性互动的持续压力为那些将边界组合成事物的行动者创造了空隙。事实上，“边界之物”模

型只是元素在社会事物世系中不断编织的极端形式。[①]

在第九章中，我还讨论了这些“编织”(weavings)的性质。它们是行动的一种形式，我因此认为它们是一种更普遍的现象，而不仅仅是一位特定的行动者对另一位行动者所做的事情。行动者在不断地重塑自我；重塑自我的过程与和他人互动是同一个社会过程。这当然就提出了一道问题，即什么是社会实体的“物性”、实体性。这个话题在第九章中也有比较详细的论述，该章试图区分“生态再生产”和各种形式的内部再生产，前者是指社会结构因环境将其固定下来而继续稳固，后者的根源在于编码。

把世界看成一个事件的世界的意义之一在于，每一个事件都位于 298
许多世系中；我写这一章对我来说是一个事件，对纳菲尔德学院来说是一个事件(我正好在那里写这本书)，对男人来说是一个事件，对芝加哥大学出版社来说是一个事件，对我的家庭来说是一个事件(她们正在忍受我的缺席)，等等。事件总是多重的——这是第二章中“位置模糊性”带来的信息。而如果我们所说的行动是指那个将一个事件与下一个事件连起来的联系的集合，那么行动也必然是多重的。在本书中，行动的确是一个至关重要的话题。因为我长期以来对标准方法的一项反对意见是，人类行动在其中基本上消失了，被中世纪式变量间的隔空打拳所取代。社会学理论，一般来说是关于活动的。行动，正如我在这些论文中提出的那样，是多样化的概念。行动的原因包括魅力、理性、传统、优化、意外、一性一情、价值理性等。但是，正如我所说，行动的多元性，不仅仅是种类的多元性，还有地域和世系的多元性。

---

① 我曾在《学系与学科》(阿伯特[1999a]2023)中尝试记录一支完整的世系——包括其如何不断地编织进出——特别是在讨论我们所称的“*AJS*”和“芝加哥学派”这两条谱系时。

然而，此时我发现自己已经提前总结了这些论文中明确的和隐含的内容，而开始转向总结一本理论书的各章草稿，该书试图将所有这些内容组合成一个关于社会过程本质的坚定论点。写作这些章节本身已经是三年前的事了，与此同时，我一直在进行其他的思考和写作。

我们的知识生活最终就像一座瓦片屋顶。每一篇论文都在上一篇文章的发现下掩盖了自己的大部分内容，但却把它的外缘暴露在风雨中，使它下面的几块瓦片不被雨淋。如果谁以为不这样重叠就能把水挡住，那他真是个傻瓜。我希望现在的这篇论文——一顶临时的脊帽——能保护这个特殊的外屋顶点，直到我可以把主屋建起来。

主题索引*

* 索引中所列页码为原书页码，即本书边码。较长的主题词因适应上下文，与索引中的表达方式不尽一致。——编注

C

D

E

F

G

H

I

J

K

L

M

N

O

P

Q

R

T

U

V

W

Y

Z

参考文献

A. Abbott (1982). *The Emergence of American Psychiatry, 1880-1930*. Ph. D. dissertation, University of Chicago.

—(1983). "Sequences of Social Events: Concepts and Methods for the Analysis of Order in Social Processes". *Historical Methods*, 16(4): 129-147.

—(1984). "Event Sequence and Event Duration". *Historical Methods*, 17 : 192-204.

—(1985). "Professionalization Large and Small". Unpublished paper.

—(1988). "Transcending General Linear Reality". *Sociological Theory*, 6(2): 169-186.

—(1990a). "A Primer on Sequence Methods". *Organization Science*, 1(4): 375-392.

—(1990b). "Conceptions of Time and Events in Social Science Methods: Causal and Narrative Approaches". *Historical Methods*, 23(4): 140-150.

—(1990c). "Positivism and Interpretation in Sociology: Lessons for Sociologists from the History of Stress Research". *Sociological Forum*, 5(3): 435-458.

—(1990d). "Vacancy Models for Historical Data". In: R. Breiger, ed. *Social Mobility and Social Structure*. Cambridge: Cambridge University Press, 80-102.

—(1991a). "History and Sociology: The Lost Synthesis". *Social Science History*, 15(2): 201-238.

—(1991b). "The Order of Professionalization: An Empirical Analysis". *Work and Occupations*, 18(4): 355-384.

—(1992a). "An Old Institutionalist Reads the New Institutionalism". *Contemporary*

Sociology, 21: 754-756.

—(1992b). "From Causes to Events: Notes on Narrative Positivism". *Sociological Methods & Research*, 20(4): 428-455.

—(1992c). "What Do Cases Do? Some Notes on Activity in Sociological Analysis". In: C. Ragin and H. S. Becker, eds. *What Is a Case? Exploring the Foundations of Social Inquiry*. Cambridge University Press, 53-82.

—(1993). "The Sociology of Work and Occupations". *Annual Review of Sociology*, 19(1): 187-209.

—(1995a). "Boundaries of Social Work or Social Work of Boundaries: The Social Service Review Lecture". *Social Service Review*, 69(4): 545-562.

—(1995b). "Sequence Analysis: New Methods for Old Ideas". *Annual Review of Sociology*, 21(1): 93-113.

—(1995c). "Things of Boundaries". *Social Research*, 62(4): 857-882.

—(1997a). "Of Time and Space: The Contemporary Relevance of the Chicago School". *Social Forces*, 75(4): 1149-1182.

—(1997b). "On the Concept of Turning Point". In: F. Engelstad, K. Ragnvlad and G. Brochman, eds. *Comparative Social Research*. Emerald, 59-105.

—(1997c). "Seven Types of Ambiguity". *Theory and Society*, 26(2/3): 357-391.

—(1999a). *Department and Discipline: Chicago Sociology at One Hundred*. Chicago: University of Chicago Press.

—(1999b). "Temporality and Process in Social Life". In: F. Engelstad eds. *Social Time and Social Change*. Oslo: Scandinavian University Press, 28-61.

—(2000). "Reflections on the Future of Sociology". *Contemporary Sociology*, 29(2): 296-300.

—(2001). *Chaos of Disciplines*. Chicago, IL: University of Chicago Press.

A. Abbott and E. Barman (1997). "Sequence Comparison via Alignment and Gibbs Sampling". *Sociological Methodology*, 27: 47-87.

A. Abbott and S. DeViney (1992). "The Welfare State as Transnational Event: Evidence From Sequences of Policy Adoption". *Social Science History*, 16(2): 245-274.

A. Abbott and J. Forrest (1986). "Optimal Matching Methods for Historical Sequences". *Journal of Interdisciplinary History*, 16(3): 471-494.

A. Abbott and E. Gaziano (1995). "Transition and Tradition in the Second Chicago School". In: G. A. Fine, ed. *A Second Chicago School? The Development of a Postwar American Sociology*. Chicago: University of Chicago Press.

A. Abbott and A. Hrycak (1990). "Measuring Resemblance in Sequence Data: An Optimal Matching Analysis of Musicians' Careers". *American Journal of Sociology*, 96(1): 144-185.

A. Abbott and A. Tsay (2000). "Sequence Analysis and Optimal Matching Methods in Sociology: Review and Prospect". *Sociological Methods & Research*, 29(1): 3-33.

P. Abell (1971). *Model Building in Sociology*. New York: Schocken.

—(1984). "Comparative Narratives: Some Rules for the Study of Action". *Journal for the Theory of Social Behaviour*, 14(3): 309-331.

—(1985). "Analyzing Qualitative Sequences". In: P. Abell and M. Proctor, eds. *Sequence Analysis*. Brookfield, Vt.: Gower, 99-115.

—(1987). *The Syntax of Social Life: The Theory and Method of Comparative Narratives*. Oxford: Oxford University Press.

—(1989). "Games in Networks: A Sociological Theory of Voluntary Associations". *Rationality and Society*, 1(2): 259-282.

—(1991). *Narrative Analysis*. Enfield, New Hampshire, 1991-17 August.

—(1993). "Some Aspects of Narrative Method". *Journal of Mathematical Sociology*, 18(2-3): 93-134.

H. Aldrich (1975). "Ecological Succession in Racially Changing Neighborhoods". *Urban Affairs Quarterly*, 10(3): 327-348.

J. C. Alexander, B. Giesen, R. Munch *et al.*, eds. (1987). *The Micro-Macro Link*. Berkeley and Los Angeles: University of California Press.

K. L. Alexander and T. W. Reilly (1981). "Estimating the Effects of Marriage Timing on Educational Attainment: Some Procedural Issues and Substantive Clarifications". *American Journal of Sociology*, 87 (1): 143-156.

H. R. Alker (1982). "Logic, Dialectic, and Politics". In: H. R. Alker, ed. *Dialectical Logics for the Political Sciences*. Amsterdam: Rodopi, 65-94.

—(1984). "Historical Argumentation and Statistical Inference: Towards More Appropriate Logics for Historical Research". *Historical Methods: A Journal of Quantitative and Interdisciplinary History*, 17 (3): 164-173.

H. R. Alker, J. P. Bennett and D. Mefford (1980). "Generalized Precedent Logics for Resolving Insecurity Dilemmas". *International Interactions*, 7 (2): 165-206.

P. D. Allison (1977). "Testing for Interaction in Multiple Regression". *American Journal of Sociology*, 83(1): 144-153.

—(1982). "Discrete-Time Methods for the Analysis of Event Histories". In: S. Leinhardt, ed. *Sociological methodology*. San Francisco, CA: Jossey-Bass, 61-98.

L. Althusser and É. Balibar (1970). *Reading* Capital. New York: Pantheon.

R. Aminzade (1992). "Historical Sociology and Time". *Sociological Methods & Research*, 20(4): 456-480.

A. J. Ayer (1946). *Language, Truth, and Logic*. New York: Dover.

R. H. Bates (1981). *Markets and States in Tropical Africa: The Political Basis of Agricultural Policies*. Berkeley and Los Angeles: University of California Press.

C. Bernert (1983). "The Career of Causal Analysis in American Sociology". *British Journal of Sociology*, 34(2): 230-254.

E. J. Bienenstock, P. Bonacich and M. Oliver (1990). "The Effect of Network Density and Homogeneity on Attitude Polarization". *Social Networks*, 12(2): 153-172.

Y. M. Bishop, S. E. Fienberg and P. W. Holland (1975). *Discrete Multivariate Analysis: Theory and Practice*. Cambridge: MIT Press.

H. M. Blalock (1960). *Social Statistics*. New York: McGraw-Hill.

—(1964). *Causal Inferences in Non-experimental Research*. New York: Harcourt.

—(1984a). *Basic Dilemmas in the Social Sciences*. Beverly Hills: Sage.

—(1984b). "Contextual-effects Models: Theoretical and Methodological Issues". *Annual Review of Sociology*, 10(1): 353-372.

H. Blumer (1931). "Science Without Concepts". *American Journal of Sociology*,

36(4): 515-533.

—(1940). "The Problem of the Concept in Social Psychology". *American Journal of Sociology*, 45(5): 707-719.

—(1956). "Sociological Analysis and the Variable". *American Sociological Review*, 21(6): 683-690.

S. A. Boorman and H. C. White (1976). "Social Structure from Multiple Networks. II. Role Structures". *American Journal of Sociology*, 81(6): 1384-1446.

A. Booth, D. R. Johnson, L. White(1984). "Women, Outside Employment, and Marital Instability". *American Journal of Sociology*, 90(3): 567-583.

J. Boswell (1980). *Christianity, Social Tolerance and Homosexuality: Gay People in Western Europe From the Beginning of the Christian Era to the Fourteenth Century*. Chicago: University of Chicago Press.

R. Boudon (1973). *Mathematical Structure of Social Mobility*. San Francisco, CA: Jossey-Bass.

G. E. P. Box and G. M. Jenkins (1976). *Time Series Analysis: Forecasting and Control*. San Francisco, CA: Jossey-Bass.

Y. W. Bradshaw (1985). "Dependent Development in Black Africa: A Cross-national Study". *American Sociological Review*, 195-207.

W. T. de Bray, W.-T. Chan and B. Watson (1964). *Sources of Chinese Tradition* (2 Vols). New York: Columbia University Press.

F. Breden and M. J. Wade (1991). "'Runaway' Social Evolution: Reinforcing Selection for Inbreeding and Altruism". *Journal of Theoretical Biology*, 153(3): 323-337.

E. E. Brent and R. E. Sykes (1979). "A Mathematical Model of Symbolic Interaction Between Police and Suspects". *Behavioral Science*, 24(6): 388-402.

W. P. Bridges and R. L. Nelson (1989). "Markets in Hierarchies: Organizational and Market Influences on Gender Inequality in a State Pay System". *American Journal of Sociology*, 95(3): 616-658.

R. Bucher (1988). "On the Natural History of Health Care Occupations". *Work and Occupations*, 15(2): 131-147.

R. Bucher and A. Strauss (1961). "Professions in Process". *American Journal of Sociology*, 66(4): 325-334.

M. Bulmer (1984). *The Chicago School of Sociology: Institutionalization, Diversity and the Rise of Sociological Research*. Chicago: University of Chicago Press.

W. D. Burnham (1970). *Critical Elections and the Mainsprings of American Politics*. New York: W. W. Norton.

R. Burt (1982). *Toward a Structural Theory of Action*. New York: Academic Press.

D. Cantor and K. C. Land (1985). "Unemployment and Crime Rates in the Post-world War Ⅱ United States: A Theoretical and Empirical Analysis". *American Sociological Review*, 317-332.

G. R. Carroll (1984). "Organizational Ecology". *Annual Review of Sociology*, 10(1): 71-93.

G. R. Carroll and J. Delacroix (1982). "Organizational Mortality in the Newspaper Industries of Argentina and Ireland: An Ecological Approach". *Administrative Science Quarterly*, 169-198.

N. Cartwright (1989). *Nature's Capacities and Their Measurements*. Oxford: Oxford University Press.

W. W. Chaffin and W. K. Talley (1989). "Diffusion Indexes and a Statistical Test for Predicting Turning Points in Business Cycles". *International Journal of Forecasting*, 5(1): 29-36.

B. E. Chalmers (1981). "A Selective Review of Stress: Some Cognitive Approaches Taken a Step Further". *Current Psychological Reviews*, 1(3): 325-343.

A. V. Cicourel (1981). "Notes on the Integration of Micro-and Macro-levels of Analysis". In: K. D. Knorr-Cetina and A. V. Cicourel, eds. *Advances in Social Theory and Methodology*. Boston: Routledge, 51-80.

A. D. Cliff and J. K. Ord (1981). *Spatial Processes: Models and Applications*. London: Pion.

J. M. Clubb, W. H. Flanagan and N. H. Zingale (1981). *Partisan Realignment: Vot-*

ers, Parties, and Government in American History. Beverly Hills: Sage.

M. R. Cohen and E. Nagel (1934). *An Introduction to Logic and Scientific Method*. New York: Harcourt, Brace and World.

J. S. Coleman (1964). *Introduction to Mathematical Sociology*. New York: Free Press.

J. S. Coleman, E. Katz and H. Menzel (1966). *Medical Innovation: A Diffusion Study*. Indianapolis: Bobbs-Merrill.

R. Collins (1981). "On the Microfoundations of Macrosociology". *American Journal of Sociology*, 86(5): 984-1014.

—(1984). "Statistics Versus Words". *Sociological Theory*, 2: 329-362. www.jstor.org/stable/223353.

—(1987). "Interaction Ritual Chains, Power, and Property: The Micro-macro Connection as an Empirically Based Theoretical Problem". In: J. C. Alexander, B. Giesen, R. Munch, eds. *The Micro-Macro Link*. Berkeley and Los Angeles: University of California Press, 193-206.

D. B. Cornfield (1985). "Economic Segmentation and Expression of Labor Unrest: Striking Versus Quitting in the Manufacturing Sector". *Social Science Quarterly*, 66: 247-265.

W. A. Corsaro and D. R. Heise (1990). "Event Structure Models from Ethnographic Data". *Sociological Methodology*, 20: 1-57.

L. A. Coser (1975). "Presidential Address: Two Methods in Search of a Substance". *American Sociological Review*, 40(6): 691-700.

P. G. Cressey (1932). *The Taxi-Dance Hall: A Sociological Study in Commercialized Recreation and City Life*. Chicago: University of Chicago Press.

J. A. Davis and T. W. Smith (1994). *General Social Surveys, 1972-1994: Cumulative Codebook*. Chicago: NORC.

N. K. Denzin (1970). *Sociological Methods: A Sourcebook*. Chicago: Aldine.

J. A. Devine (1983). "Fiscal Policy and Class Income Inequality: The Distributional Consequences of Governmental Revenues and Expenditures in the United States, 1949-

1976". *American Sociological Review*, 48(5): 606-622.

T. G. Dietterich and R. S. Michalski (1985). "Discovering Patterns in Sequences of Events". *Artificial Intelligence*, 25(2): 187-232.

W. H. Dray (1957). *Laws and Explanation in History*. Oxford: Oxford University Press.

J. M. Dubbey (1970). *Development of Modern Mathematics*. New York: Elsevier.

O. D. Duncan (1951). *Proper Aphorisms for a Relativist Sociology*.

—(1966). "Path Analysis: Sociological Examples". *American Journal of Sociology*, 72(1): 1-16.

—(1984). *Notes on Social Measurement: Historical and Critical*. New York: Russell Sage Foundation.

E. R. Eames (1973). "Mead's Conception of Time". In: W. R. Corti, ed. *The Philosophy of George Herbert Mead*. Amriswil, Switzerland: Amriswiler Bücherei, 59-81.

L. P. Edwards (1927). *The Natural History of Revolution*. Chicago: University of Chicago Press.

B. Efron and R. Tibshirani (1991). "Statistical Data Analysis in the Computer Age". *Science*, 253(5018): 390-395.

G. H. Elder (1985). "Perspectives on the Life Course". In: G. H. Elder, ed. *Life Course Dynamics: Trajectories and Transitions*, 1968-1980. Ithaca: Cornell University Press, 23-49.

K. T. Erikson (1966). *Wayward Puritans: A Study in the Sociology of Deviance*. New York: Wiley.

M. D. Evans and E. O. Laumann (1983). "Professional Commitment: Myth or Reality?" *Research in Social Stratification and Mobility*, 2: 3-40.

T. J. Fararo and J. Skvoretz (1984). "Institutions as Production Systems". *Journal of Mathematical Sociology*, 10(2): 117-182.

R. R. Faulkner (1983). *Music on Demand: Composers and Careers in the Hollywood Film Industry*. New Brunswick: Transaction.

D. L. Featherman and R. M. Hauser (1978). *Opportunity and Change*. New York:

Academic Press.

W. Feller (1968). *An Introduction to Probability Theory and Its Applications*. New York: Wiley.

N. Fligstein (1985). "The Spread of the Multidivisional Form Among Large Firms, 1919-1979". *American Sociological Review*, 50(3): 377-391.

J. Forrest and A. Abbott (1990). "The Optimal Matching Method for Anthropological Data: An Introduction and Reliability Analysis". *Journal of Quantitative Anthropology*, 12(2): 151-170.

D. A. Freedman (1987). "As Others See Us: A Case Study in Path Analysis". *Journal of Educational Statistics*, 12(2): 101-128.

—(1997). "From Association to Causation via Regression". *Advances in Applied Mathematics*, 18(1): 59-110.

L. Freese (1980). "Formal Theorizing". *Annual Review of Sociology*, 6(1): 187-212.

L. Freese and J. Sell (1980). "Constructing Axiomatic Theories in Sociology". In: L. Freese, ed. *Theoretical Methods in Sociology: Seven Essays*. Pittsburgh: University of Pittsburgh Press, 263-368.

S. Freud (1936). *The Problem of Anxiety*. New York: Norton.

—(1963a). "General Psychological Theory: Papers on Metapsychology". In: New York: Collier, 104-115.

—(1963b). "General Psychological Theory: Papers on Metapsychology". In: New York: Collier, 88-103.

O. R. Galle, C. H. Wiswell and J. A. Burr (1985). "Racial Mix and Industrial Productivity". *American Sociological Review*, 50(1): 20-33.

W. B. Gallie (1968). *Philosophy and the Historical Understanding*. New York: Shocken.

A. S. Goldberger (1972). "Structural Equation Methods in the Social Sciences". *Econometrica*, 40(6): 979-1001.

J. H. Goldthorpe (1997). "Current Issues in Comparative Macro Sociology". In: F.

Engelstad, K. Ragnvlad and G. Brochman, eds. *Comparative Social Science*. Emerald, 1-26.

A. W. Gouldner (1970). *The Coming Crisis of Western Sociology*. New York: Avon.

M. Granovetter (1978). "Threshold Models of Collective Behavior". *American Journal of Sociology*, 83(6): 1420-1443.

A. M. Greeley (1987). "Hallucinations Among the Widowed". *Sociology and Social Research*, 71(4): 258-265.

L. J. Griffin (1993). "Narrative, Event-structure Analysis, and Causal Interpretation in Historical Sociology". *American Journal of Sociology*, 98(5): 1094-1133.

L. J. Griffin and L. W. Isaac (1992). "Recursive Regression and the Historical Use of 'Time' in Time-series Analysis of Historical Process". *Historical Methods*, 25(4): 166-179.

L. J. Griffin, P. B. Walters, P. O'Connell *et al*. (1986). "Methodological Innovations in the Analysis of Welfare-state Development". In: N. Furniss, ed. *Futures for the Welfare State*. Bloomington: Indiana University Press, 101-138.

T. Haavelmo (1944). "The Probability Approach in Econometrics". *Econometrica*, 12(Supplement): iii-vi+1-115.

J. Hage (1972). *Techniques and Problems of Theory Construction in Sociology*. New York: Wiley.

C. N. Halaby and D. L. Weakliem (1989). "Worker Control and Attachment to the Firm". *American Journal of Sociology*, 95(3): 549-591.

O. Hall (1949). "Types of Medical Careers". *American Journal of Sociology*, 55(3): 243- 253.

T. K. Hareven and K. Masaoka (1988). "Turning Points and Transitions: Perceptions of the Life Course". *Journal of Family History*, 13(1): 271-289.

D. Harper (1992). "Small N's and Community Case Studies". In: C. Ragin and H. S. Becker, eds. *What Is a Case? Exploring the Foundations of Social Inquiry*. Cambridge: Cambridge University Press, 139-158.

H. L. A. Hart and T. Honoré (1985). *Causation in the Law*. 2ed. Oxford: Oxford University Press.

M. Hechter (1987). *Principles of Group Solidarity*. Berkeley and Los Angeles: University of California Press.

D. R. Heise (1979). *Understanding Events: Affect and the Construction of Social Action*. Cambridge: Cambridge University Press.

—(1986). "Modeling Symbolic Interaction". In: S. Lindenberg, J. S. Coleman and S. Nowak, eds. *Approaches to Social Theory*. New York: Russell Sage Foundation, 291-304.

—(1989). "Modeling Event Structures". *Journal of Mathematical Sociology*, 14(2-3): 139-169.

—(1991). "Event Structure Analysis". In: N. G. Fielding and R. M. Lee, eds. *Using Computers in Qualitative Research*. Newbury Park, CA: Sage, 136-163.

C. G. Hempel (1942). "The Function of General Laws in History". *Journal of Philosophy*, 39(2): 35-48.

T. Hirschi (1969). *Causes of Delinquency*. Berkeley and Los Angeles: University of California Press.

T. Hirschi and H. C. Selvin (1967). *Delinquency Research: An Appraisal of Analytic Methods*. New York: Free Press.

F. R. Hodson, D. G. Kendall and P. Tǎutu (1971). *Mathematics in the Archaeological and Historical Sciences*. Edinburgh: University of Edinburgh Press.

D. P. Hogan (1978). "The Variable Order of Events in the Life Course". *American Sociological Review*, 573-586.

R. H. Howe (1978). "Max Weber's Elective Affinities: Sociology Within the Bounds of Pure Reason". *American Journal of Sociology*, 84(2): 366-385.

L. J. Hubert (1979). "Comparison of Sequences". *Psychological Bulletin*, 86(5): 1098.

L. J. Hubert, R. G. Golledge and C. M. Costanzo (1981). "Generalized Procedures for Evaluating Spatial Autocorrelation". *Geographical Analysis*, 13(3): 224-233.

E. C. Hughes (1945). "Dilemmas and Contradictions of Status". *American Journal of Sociology*, 50(5): 353-359.

—(1971 [1950]). "Cycles, Turning Points, and Careers". In: E. C. Hughes, ed. *The Sociological Eye*. Chicago: Aldine, 124-131.

D. L. Hull (1975). "Central Subjects and Historical Narratives". *History and Theory*, 14(3): 253-274.

L. R. Iannaccone (1994). "Why Strict Churches Are Strong". *American Journal of Sociology*, 99(5): 1180-1211.

G. Irzik and E. Meyer (1987). "Causal Modeling: New Directions for Statistical Ex-Planation". *Philosophy of Science*, 54(4): 495-514.

L. W. Isaac, S. M. Carlson and M. P. Mathis (1991). *Quality of Quantity in Comparative-Historical Time Series Analysis*.

L. W. Isaac and L. J. Griffin (1989). "Ahistoricism in Time-series Analyses of Historical Process: Critique, Redirection, and Illustrations From Us Labor History". *American Sociological Review*, 54(6): 873-890.

M. A. Karesh (1995). *The Interstitial Origins of Symbolic Consumer Research*. Unpublished MA paper.

D. W. Katzner (1983). *Analysis Without Measurement*. Cambridge: Cambridge University Press.

P. Kennedy (1985). *A Guide to Econometrics*. Cambridge: MIT Press.

V. O. Key (1955). "A Theory of Critical Elections". *Journal of Politics*, 17 (1): 3-18.

J. M. Keynes (1920). *The Economic Consequences of the Peace*. New York: Harcourt, Brace and World.

D. Knoke and J. H. Kiklinski (1982). *Network Analysis*. Beverly Hills: Sage.

M. L. Kohn and C. Schooler (1982). "Job Conditions and Personality: A Longitudinal Assessment of Their Reciprocal Effects". *American Journal of Sociology*, 87 (6): 1257-1286.

M. Komarovsky and W. Waller (1945). "Studies of the Family". *American Journal of Sociology*, 50(6): 443-451.

D. M. Kreps (1990). *Game Theory and Economic Modelling*. New York: Oxford University Press.

W. Lasser (1985). "The Supreme Court in Periods of Critical Realignment". *Journal of Politics*, 47 (4): 1174-1187.

E. O. Laumann and F. U. Pappi (1976). *Networks of Collective Action: A Perspective on Community Influence Systems*. New York: Academic Press.

P. F. Lazarsfeld and M. Rosenberg (1955). *The Language of Social Research*. Glencoe, IL: Free Press.

E. E. Leamer (1983). "Let's Take the Con Out of Econometrics". *American Economic Review*, 73(1): 31-43.

E. M. Leifer (1988). "Interaction Preludes to Role Setting: Exploratory Local Action". *American Sociological Review*, 53(6): 865-878.

—(1991). *Actors as Observers: A Theory of Skill in Social Relationships*. New York: Garland.

S. Lieberson (1985). *Making It Count*. Berkeley and Los Angeles: University of California Press.

—(1992). "Small N's and Big Conclusions". In: C. Ragin and H. S. Becker, eds. *What Is a Case? Exploring the Foundations of Social Inquiry*. Cambridge: Cambridge University Press, 105-118.

C. Loftin and S. K. Ward (1981). "Spatial Autocorrelation Models for Galton's Problem". *Behavior Science Research*, 16(1-2): 105-141.

—(1983). "A Spatial Autocorrelation Model of the Effects of Population Density on Fertility". *American Sociological Review*, 48(1): 121-128.

S. M. Lyman (1968). "The Race Relations Cycle of Robert E. Park". *Pacific Sociological Review*, 11(1): 16-22.

R. M. MacIver (1942). *Social Causation*. New York: Harper and Row.

J. L. Mackie (1974). *The Cement of the Universe: A Study of Causation*. Oxford: Oxford University Press.

M. M. Marini (1984). "Women's Educational Attainment and the Timing of Entry into Parenthood". *American Sociological Review*, 491-511.

—(1987). "Measuring the Process of Role Change During the Transition to Adulthood". *Social Science Research*, 16(1): 1-38.

M. M. Marini, H.-C. Shin and J. Raymond (1989). "Socioeconomic Consequences of the Process of Transition to Adulthood". *Social Science Research*, 18(2): 89-135.

M. M. Marini and B. Singer (1988). "Causality in the Social Sciences". *Sociological Methodology*, 18: 347-409.

P. V. Marsden (1983). "Restricted Access in Networks and Models of Power". *American Journal of Sociology*, 88(4): 686-717.

P. V. Marsden and N. Lin, eds. (1982). *Social Structure and Network Analysis*. Beverly Hills: Sage.

B. H. Mayhew, L. N. Gray and M. M. L. (1971). "Behavior of Interaction Systems: Mathematical Models of Structure in Interaction Sequence". *General Systems*, 16: 13-29.

B. H. Mayhew and R. L. Levinger (1976). "On the Emergence of Oligarchy in Human Interaction". *American Journal of Sociology*, 81(5): 1017-1049.

C. B. McCullagh (1978). "Colligation and Classification in History". *History and Theory*, 17 (3): 267-284.

W. N. McPhee (1963). *Formal Theories of Mass Behavior*. New York: Free Press.

D. Mefford (1982). "A Comparison of Dialectical and Boolean Algebraic Models of the Genesis of Interpersonal Relations". In: H. R. Alker, ed. *Dialectical Logics for the Political Sciences*. Amsterdam: Rodopi, 31-47.

S. D. Miller and D. O. Sears (1986). "Stability and Change in Social Tolerance: A Test of the Persistence Hypothesis". *American Journal of Political Science*, 30(1): 214- 236.

L. O. Mink (1970). "History and Fiction as Modes of Comprehension". *New literary history*, 1(3): 541-558.

J. W. Mohr (1990). *Community, Bureaucracy and Social Relief: An Institutional Analysis of Organizational Forms in New York City*, 1888-1917 [PhD thesis].

—(1995). *Reinventing Asylums*.

M. S. Morgan (1990). *The History of Econometric Ideas*. Cambridge: Cambridge

University Press.

S. P. Morgan and R. R. Rindfuss (1985). "Marital Disruption: Structural and Temporal Dimensions". *American Journal of Sociology*, 90(5): 1055-1077.

D. T. Mortensen (1988). "Wages, Separations, and Job Tenure: On-the-job Specific Training or Matching?" *Journal of Labor Economics*, 6(4): 445-471.

E. R. Mowrer (1927). *Family Disorganization: An Introduction to a Sociological Analysis*. Chicago: University of Chicago Press.

N. C. Mullins (1973). *Theories and Theory Groups in Contemporary American Sociology*. New York: Harper and Row.

R. B. Myerson (1991). *Game Theory: Analysis of Conflict*. Cambridge: Harvard University Press.

J. Neyman (1935). "Complex Experiments (Comments on Mr. Yates' Paper)". *Supplement to the Journal of the Royal Statistical Society*, 2(2): 235-242. http://www.jstor.org/stable/2983638.

M. F. Nimkoff (1948). "Trends in Family Research". *American Journal of Sociology*, 53(6): 477-482.

A. M. O'Rand and M. L. Krecker (1990). "Concepts of the Life Cycle: Their History, Meanings, and Uses in the Social Sciences". *Annual Review of Sociology*, 16(1): 241-262.

C. Offe (1984). *Contradictions of the Welfare State*. Cambridge: MIT Press.

F. Olafson (1979). *The Dialectic of Action: A Philosophical Interpretation of History and the Humanities*. Chicago: University of Chicago Press.

J. F. Padgett (1985). "The Emergent Organization of Plea Bargaining". *American Journal of Sociology*, 90(4): 753-800.

J. F. Padgett and C. K. Ansell (1993). "Robust Action and the Rise of the Medici, 1400-1434". *American Journal of Sociology*, 98(6): 1259-1319.

R. E. Park (1927). "Introduction". In: L. P. Edwards. *The Natural History of Revolution*. University of Chicago Press, xv-xix.

R. E. Park and E. W. Burgess (1921). *An Introduction to the Science of Sociology*.

Chicago: University of Chicago Press.

E. K. Pavalko (1989). "State Timing of Policy Adoption: Workmen's Compensation in the United States, 1909-1929". *American Journal of Sociology*, 95(3): 592-615.

R. D. Peterson and J. Hagan (1984). "Changing Conceptions of Race: Towards an Account of Anomalous Findings of Sentencing Research". *American Sociological Review*, 49(1): 56-70.

H. W. Pfautz and O. D. Duncan (1950). "A Critical Evaluation of Warner's Work in Community Stratification". *American Sociological Review*, 15(2): 205-215.

A. Pickles, M. Rutter and B. Torestad (1991). "Statistical and Conceptual Models of 'Turning Points' in Developmental Processes". In: D. Magnusson, L. R. Bergman, G. Rudinger *et al.*, eds. *Problems and Methods in Longitudinal Research: Stability and Change*. Cambridge University Press, 133-165.

J. Platt (1996). *A History of Sociological Research Methods in America*, 1920-1960. New York: Cambridge University Press.

M. S. Poole (1983). "Decision Development in Small Groups II: A Study of Multiple Sequences in Decision Making". *Communication Monographs*, 50(3): 206-232.

M. S. Poole and J. Roth (1989a). "Decision Development in Small Groups IV: A Typology of Group Decision Paths". *Human Communication Research*, 15(3): 323- 356.

—(1989b). "Decision Development in Small Groups V: Test of a Contingency Model". *Human Communication Research*, 15(4): 549-589.

N. Poulantzas (1978). *Political Power and Social Classes*. New York: Verso.

M. Proctor and P. Abell (1985). *Sequence Analysis*. Aldershot, Hants: Gower.

M. L. Puterman, ed. (1978). *Dynamic Programming and Its Applications*. New York: Academic Press.

J. Rabinowitz, I. Kim and B. Lazerwitz (1992). "Metropolitan Size and Participation in Religio-ethnic Communities". *Journal for the Scientific Study of Religion*, 31(3): 339-345.

C. Ragin (1987). *The Comparative Method: Moving Beyond Qualitative and Quantitative Strategies*. Berkeley and Los Angeles: University of California Press.

N. Rashevsky (1968). *Looking at History Through Mathematics*. Cambridge: MIT Press.

W. C. Reckless (1933). *Vice in Chicago*. Chicago: University of Chicago Press.

H. Reichenbach (1951). *The Rise of Scientific Philosophy*. Berkeley and Los Angeles: University of California Press.

L. Richardson (1990). "Narrative and Sociology". *Journal of Contemporary Ethnography*, 19(1): 116-135.

P. Ricoeur (1984-1985). *Time and Narrative* (3 *vols*). Chicago: University of Chicago Press.

J. Robinson (1980). "Time in Economic Theory". In: *What Are the Questions?: And Other Essays*. Armonk, NY: M. E. Sharpe, 86-95.

R. A. Rosenfeld (1983). "Sex Segregation and Sectors: An Analysis of Gender Differences in Returns From Employer Changes". *American Sociological Review*, 48(5): 637-655.

D.-H. Ruben (1990). "Singular Explanation and the Social Sciences". In: D. Knowles, ed. *Explanation and Its Limits*. Cambridge University Press, 95-118.

H. Sacks, E. A. Schegloff and G. Jefferson (1974). "A Simplest Systematics for the Organization of Turn-taking for Conversation". *Language*, 50(4): 696-735.

W. C. Salmon (1971). *Statistical Explanation & Statistical Relevance*. Pittsburgh: University of Pittsburgh Press.

R. J. Sampson and J. H. Laub (1993). *Crime in the Making: Pathways and Turning Points Through Life*. Cambridge: Harvard University Press.

D. Sankoff and J. B. Kruskal (1983). *Time Warps, String Edits, and Macromolecules: The Theory and Practice of Sequence Comparison*. Reading, MA: Addison Wesley.

R. C. Schank and R. P. Abelson (1977). *Scripts, Plans, Goals, and Understanding: An Inquiry Into Human Knowledge Structures*. Hillsdale, NJ: Lawrence Erlbaum Associates.

W. C. Schieve and P. M. Allen (1982). *Self-Organization and Dissipative Structures*:

Applications in the Physical and Social Sciences. Austin：University of Texas.

W. H. J. Sewell (1996). "Three Temporalities：Toward an Eventful Sociology". In：T. J. McDonald，ed. *The Historic Turn in the Human Sciences*. Ann Arbor，MI：University of Michigan Press，245-280.

C. R. Shaw (1930). *The Jack-Roller*：*A Delinquent Boy's Own Story*. Chicago：University of Chicago Press.

—(1931). *Natural History of a Delinquent Caree*. Chicago：University of Chicago Press.

C. R. Shaw and H. D. McKay (1942). *Juvenile Delinquency and Urban Areas*：*A Study of Rates of Delinquents in Relation to Differential Characteristics of Local Communities in American Cities*. Chicago：University of Chicago Press.

D. W. Sherburne (1966). *A Key to Whitehead's Process and Reality*. Chicago：University of Chicago Press.

M. Shubik (1982). *Game Theory in the Social Sciences*. Cambridge：MIT Press.

H. A. Simon (1952). "On the Definition of the Causal Relation". *Journal of Philosophy*，49(16)：517-528.

—(1953). "Causal Ordering and Identifiability". In：W. C. Hood and T. Koopmans，eds. *Studies in Econometric Method*. Chicago：University of Chicago Press，49-74.

—(1954). "Spurious Correlation：A Causal Interpretation". *Journal of the American Statistical Association*，49(267)：467-479.

I. H. Simpson，R. L. Simpson，M. Evers et al. (1982). "Occupational Recruitment，Retention，and Labor Force Cohort Representation". *American Journal of Sociology*，87 (6)：1287-1313.

D. S. Smith (1984). "A Mean and Random Past：The Implications of Variance for History". *Historical Methods*：*A Journal of Quantitative and Interdisciplinary History*，17 (3)：141-148.

K. R. Smith (1985). "Work Life and Health as Competing Careers". In：G. H. Elder，ed. *Life Course Dynamics*：*Trajectories and Transitions*，*1968-1980*. Ithaca：Cornell University Press，156-187.

J. Snodgrass (1982). *The Jack-Roller at Seventy: A Fifty-year Follow-up*. Lexington: D. C. Heath.

M. E. Sobel (1983). "Structural Mobility, Circulation Mobility and the Analysis of Occupational Mobility: A Conceptual Mismatch". *American Sociological Review*, 48(5): 721-727.

—(1996). "An Introduction to Causal Inference". *Sociological Methods & Research*, 24(3): 353-379.

M. E. Sobel, M. Hout and O. D. Duncan (1985). "Exchange, Structure, and Symmetry in Occupational Mobility". *American Journal of Sociology*, 91(2): 359-372.

K. E. Southwood (1978). "Substantive Theory and Statistical Interaction: Five Models". *American Journal of Sociology*, 83(5): 1154-1203.

M. Spector and J. I. Kitsuse (1987). *Constructing Social Problems*. New York: Aldine de Gruyter.

S. Stewman (1976). "Markov Models of Occupational Mobility: Theoretical Development and Empirical Support." *Journal of Mathematical Sociology*, 4(2): 201-245, 247-278.

A. L. Stinchcombe (1968). *Constructing Social Theories*. New York: Harcourt, Brace and World.

—(1978). *Theoretical Methods in Social History*. New York: Academic Press.

—(1990). "Reason and Rationality". In: M. Levi and K. S. Cook, eds. *The Limits of Rationality*. Chicago: University of Chicago Press, 285-371.

S. A. Stouffer (1957). "Quantitative Methods". In: J. B. Gittler, ed. *Review of Sociology: Analysis of a Decade*. New York: Wiley, 25-55.

R. W. Stump (1984). "Regional Migration and Religious Commitment in the United States". *Journal for the Scientific Study of Religion*, 23(3): 292-303.

D. Sundow (1971). *Studies in Social Interaction*. New York: Free Press.

P. Suppes (1970). *A Probabilistic Theory of Causality*. Amsterdam: North Holland.

E. H. Sutherland (1950). "The Diffusion of Sexual Psychopath Laws". *American*

Journal of Sociology, 56(2): 142-148.

M. H. Taibleson (1974). "Distinguishing Between Contagion, Heterogeneity and Randomness in Stochastic Models". *American Sociological Review*, 39(6): 877-880.

W. I. Thomas (1925). *The Problem of Personality in the Urban Environment*. University of Chicago Press, Publications of the American Sociological Society, Vol. XX: 30-39.

T. P. Thornberry and R. L. Christenson (1984). "Unemployment and Criminal Involvement: An Investigation of Reciprocal Causal Structures". *American Sociological Review*, 49(3): 398-411.

F. M. Thrasher (1927). *The Gang: A Study of* 1, 313 *Gangs in Chicago*. Chicago: University of Chicago Press.

G. C. Tiao and G. E. P. Box (1981). "Modeling Multiple Time Series With Applications". *Journal of the American Statistical Association*, 76(376): 802-816.

A. Tonness (1932). "A Notation on the Problem of the Past-With Especial Reference to George Herbert Mead". *Journal of Philosophy*, 29 (22): 599-606. http://www.jstor.org/stable/2015569.

J. N. Tønnessen and A. O. Johnsen (1982 [1959]). *The History of Modern Whaling*. Trans. by R. I. Christophersen. Berkeley and Los Angeles: University of California Press.

R. H. Traxler (1976). "Snag in the History of Factorial Experiments". In: D. B. Owen, ed. *On the History of Statistics and Probability*. New York: Marcel Dekker, 283-295.

J. W. Tukey (1954). "Causation, Regression, and Path Analysis". In: O. Kempthorne, T. A. Bancroft, J. W. Gowen et al., eds. *Statistics and Mathematics in Biology*. New York: Hafner, 35-66.

N. B. Tuma and M. T. Hannan (1984). *Social Dynamics: Models and Methods*. Orlando: Academic Press.

N. B. Tuma, M. T. Hannan and L. P. Groeneveld (1979). "Dynamic Analysis of Event Histories". *American Journal of Sociology*, 84(4): 820-854.

R. H. Turner (1953). "The Quest for Universals in Sociological Research". *American Sociological Review*, 18(6): 604-611.

G. H. von Wright (1971). *Explanation and Understanding*. Ithaca: Cornell University Press.

M. J. Wade (1995). "The Ecology of Sexual Selection: Mean Crowding of Females and Resource-defence Polygyny". *Evolutionary Ecology*, 9(1): 118-124.

W. Whewell (1989). *Theory of Scientific Method*. Indianapolis: Hackett.

H. C. White (1981). "Production Markets as Induced Role Structures". *Sociological Methodology*, 12: 1-57.

H. C. White, S. A. Boorman and R. L. Breiger (1976). "Social Structure from Multiple Networks. I. Blockmodels of Roles and Positions". *American Journal of Sociology*, 81(4): 730-780.

H. C. White and C. A. White (1965). *Canvases and Careers: Institutional Change in the French Painting World*. Chicago: University of Chicago Press.

P. Wilner (1985). "The Main Drift of Sociology Between 1936 and 1982". *History of Sociology*, 5(2): 1-20.

H. O. A. Wold (1964). "On the Definition and Meaning of Causal Concepts". In: H. O. A. Wold, ed. *Model Building in the Human Sciences*. Paris: Centre International d'Etudes des Problèmes Humains, 265-295.

S. Wright (1921). "Correlation and Causation". *Journal of Agricultural Research*, 20: 557-585.

—(1934). "The Method of Path Coefficients". *Annals of Mathematical Statistics*, 5(3): 161-215.

—(1960). "The Treatment of Reciprocal Interaction, With or Without Lag, in Path Analysis". *Biometrics*, 16(3): 423-445.

K. Yamaguchi (1983). "The Structure of Intergenerational Occupational Mobility: Generality and Specificity in Resources, Channels, and Barriers". *American Journal of Sociology*, 88(4): 718-745.

—(1991). *Event History Analysis*. Newbury Park, CA: Sage.

G. U. Yule (1912). *An Introduction to the Theory of Statistics*. London: Griffin.

A. Zellner, C. Hong and C. -k. Min (1991). "Forecasting Turning Points in International Output Growth Rates Using Bayesian Exponentially Weighted Autoregression, Time-Varying Parameter, and Pooling Techniques". *Journal of Econometrics*, 49(1-2): 275-304.

H. L. Zetterberg (1954). *On Theory and Verification in Sociology*. Stockholm: Almquist and Wiksell.

—(1965). *On Theory and Verification in Sociology*. 3rd. Totowa, NJ: Bedminster Press.

F. Znaniecki (1934). *The Method of Sociology*. New York: Farrar and Rinehart.

I. 伯纳德·科恩（2017）. 科学中的革命. 鲁旭东，赵培杰 译. 北京：商务印书馆。

乔治·莱考夫（2017）. 女人、火与危险事物：范畴显示的心智. 李葆嘉，章婷，邱雪玫 译. 北京：世界图书出版公司。

乔治·赫伯特·米德（2003）. 现在的哲学. 李猛 译. 上海：上海人民出版社。

—（2005）. 心灵、自我与社会. 赵月瑟 译. 上海：上海译文出版社。

亨利·柏格森（2013）. 时间与自由意志. 冯怀信 译. 合肥：安徽人民出版社。

伊曼纽尔·沃勒斯坦（2013）. 现代世界体系. 郭方，刘新成，张文刚 等 译. 北京：社会科学文献出版社。

保罗·J. 迪马吉奥，沃尔特·W. 鲍威尔（2008）. 关于"铁笼"的再思考：组织场域中的制度性同形与集体理性. 姚伟 译. 见沃尔特·W. 鲍威尔，保罗·J. 迪马吉奥 编. 组织分析的新制度主义. 上海：上海人民出版社，68-87。

卡尔·波普尔(1999). 开放社会及其敌人(二卷本). 陆衡 等译. 北京：中国社会科学出版社。

卡尔·皮尔逊(2011 [1892]). 科学的规范. 李醒民 译. 北京：商务印书馆。

卡尔·马克思(2001). 路易·波拿巴的雾月十八日. 中共中央马克思恩格斯列宁斯大林著作编译局 译. 北京：人民出版社。

司马贺（2004）. 人工科学：复杂性面面观. 武夷山 译. 上海：上海科技教育出版社。

哈里森·C. 怀特(2009). 机会链：组织中流动的系统模型. 张文宏，魏永峰，韦淑珍 等 译. 上海：上海人民出版社，格致出版社。

塔尔科特·帕森斯 (2003). 社会行动的结构. 张明德，夏翼南，彭刚 译. 南京：译林出版社。

威廉·燕卜荪 (1996). 朦胧的七种类型. 周邦宪，王作虹，邓鹏 译. 北京：中国美术学院出版社。

安东尼·吉登斯 (2015). 社会理论的核心问题：社会分析中的行动、结构与矛盾. 郭忠华，徐法寅 译. 上海：上海译文出版社。

—(2016). 社会的构成：结构化理论纲要. 李康，李猛 译. 北京：中国人民大学出版社。

安德鲁·阿伯特 (2016). 职业系统：论专业技能的劳动分工. 李荣山 译. 北京：商务印书馆。

彼得·M. 布劳，奥蒂斯·杜德里·邓肯 (2019). 美国的职业结构. 李国武 译. 北京：商务印书馆。

彼得·伯格，托马斯·卢克曼 (2019). 现实的社会建构：知识社会学论纲. 吴肃然 译. 北京：北京大学出版社。

怀特海 (2011). 过程与实在：宇宙论研究. 李步楼 译. 北京：商务印书馆。

悉德尼·布拉德肖·费伊 (2019). 第一次世界大战的起源. 于熙俭 译. 北京：文化发展出版社。

戴安娜·克兰 (1988). 无形学院：知识在科学共同体的扩散. 刘珺珺，顾昕，王德禄 译. 北京：华夏出版社。

托马斯·C. 谢林 (2013). 微观动机与宏观行为. 谢静，邓子梁，李天有 译. 北京：中国人民大学出版社。

托马斯·库恩 (2012). 科学革命的结构. 金吾伦，胡新和 译. 北京：北京大学出版社。

斯蒂格勒 (2014). 统计探源：统计概念和方法的历史. 李金昌 等译. 杭州：浙江工商大学出版社。

柯林武德 (2010). 历史的观念(增补版). 何兆武，张文杰，陈新 译. 北京：北京大学出版社。

欧内斯特·W. 伯吉斯（2016）. 城市的发展：一项研究计划的导言. 杭苏红 译. 见罗伯特·E. 帕克，欧内斯特·W. 伯吉斯 等著. 城市：有关城市环境中人类行为研究的建议. 北京：商务印书馆。

W. H. 沃尔什（2001）. 历史哲学. 何兆武，张文杰 译. 桂林：广西师范大学出版社。

海登·怀特（2013）. 元史学：19 世纪欧洲的历史想象. 陈新 译. 南京：译林出版社。

涂尔干（1995）. 社会学方法的准则. 狄玉明 译. 北京：商务印书馆。

—(2001). 自杀论. 冯韵文 译. 北京：商务印书馆。

约翰·杜威（2016）. 杜威全集·晚期著作：第一卷(1925)：经验与自然. 傅统先，郑国玉，刘华初 译. 上海：华东师范大学出版社。

罗兰·巴特（2012）. S/Z. 屠友祥 译. 上海：上海人民出版社。

西摩·查特曼（2013）. 故事与话语：小说和电影的叙事结构. 徐强 译. 北京：中国人民大学出版社。

西达·斯考切波（2013）. 国家与社会革命：对法国、俄国和中国的比较分析. 何俊志，王学东 译. 上海：上海人民出版社。

詹姆斯·S. 科尔曼（2008）. 社会理论的基础. 邓方 译. 北京：社会科学文献出版社。

路易·杜蒙（2017）. 阶序人：卡斯特体系及其衍生现象. 王志明 译. 杭州：浙江大学出版社。

迈克·布洛维（2008）. 制造同意：垄断资本主义劳动过程的变迁. 李荣荣 译. 北京：商务印书馆。

阿瑟·丹图（2007）. 叙述与认识. 周建漳 译. 上海：上海译文出版社。

马克斯·韦伯（1999）. 社会科学方法论. 韩水法，莫茜 译. 北京：中央编译出版社。

—(2010). 经济与社会(二卷本). 阎克文 译. 上海：上海人民出版社。

译后记

> 万事皆有开头时，而事情的开头又必然与其前面的事情相联系。……我们必须谦卑地承认，创造并非无中生有，而是在混沌中诞生。……创造的先决条件在于一个人能否把握某事物的潜在作用，能否形成并完善与该事物有关的设想。

1831年10月15日，玛丽·雪莱在再版的《弗兰肯斯坦》序言里如此写道。对作家而言，故事的开头可能源自古希腊悲剧、莎士比亚或是弥尔顿；而对当代社会科学家而言，时间就是这样的事物。

时间自古以来就是诗人和作家们钟情的话题。在社会科学里，对于时间性的关注也有悠久的传统。本书继承和开拓了这一传统。阿伯特教授把自己的理论称为过程论（processualism）。对这个看待处于恒久变化中的社会世界的理论体系而言，首要条件是明确时间的结构。过去如何影响现在？大和小的关系是什么？延续和交叠如何理论化？然后是探讨时间性如何在当代的实证社会学中体现（或被忽略），在线性模型下、在历史叙事中、在个案研究里。通过一项一项实例，阿伯特在本书中试图建立一套融贯的看待社会时间的观点。

在许多方面，这本书也是一次阿伯特所说的“翻译”努力。现代社会科学的争论往往组织在一系列的二分法下（作者在《学科的混沌》中对此做了详述），但结果之一是造成了看似严格的对立：在因果和叙事之间，在分析和阐释之间，在实在论和建构论之间等，他们的信徒因而彼此互不相见。在我看来，本书的实质性工作涉及大量的翻译，把建立在一组假设下的研究惯例翻译到对方的语言中，让我们更清晰地看到那些未标明的裂隙。

在文本翻译的体例上，书中的章节都是独立成文，不用按照章节序号来读。为了让读者在阅读上保留这种独立性，所以对于重复出现的人名或概念名称，在每个章节中第一次出现时都标注了中文和对应英文。并且对于已经由中文出版的文献，我都附上了中文版本。

不知不觉之间，这一翻译项目已经持续了三年。除了读者手头的这几本书之外，这个项目的重要性还在于带我探索了一项社会科学的基本问题：我所做的研究究竟解释了什么？社会科学旨在揭示在某一时间段内部的因果规律，而史学研究展示了长时段变迁的规律，但什么是决定长时段变迁的一般规律呢？社会力量究竟是什么？我在博士生训练中开始思索这些问题，但课程和老师们没有给我提供满意的答案。在跌跌撞撞地获得了教职之后，我又变得没有时间思考这些答案。我甚至连书都不再读了，而专注于填满一行又一行的年终工作总结，忙着把手头做完的一切都抛在脑后，然后马上进入下一篇论文。一路的奔波并没有满足我的好奇心，甚至不断带来自我怀疑。这三年沉淀的时光让我思索，一种智性的学术生活可以怎样展开，也希望诸位读者能从书页里找到自己的答案。

与原书一样，这份译稿也得益于与众位学友的交流。这对身居小城的我来说尤其重要，我无法一一罗列助我成长的各位，只想谢谢所有与我讨论过相关问题的朋友，尤其是张杨就本书主题提供的建议和他在2021—2022年组织过的精彩讨论。伊利诺伊大学香槟分校的廖福挺教授非常慷慨地与我分享了他2022年访谈阿伯特教授的文字稿，使我对本书的背景有了更深入的理解。此外，我由衷感谢与我共事过的澳门大学图书馆的两位馆长，潘华栋博士与吴建中博士。图书馆是我在大学里的第二个家，两位馆长深知图书在知识生产中扮演的角色，他们出色的工作是我有幸在这样一个智识环境里工作的原因。

周忆粟

2022 年 2 月定稿于澳门，2024 年 7 月修改

版权登记号：01-2019-6390

图书在版编目（CIP）数据

攸关时间：论理论与方法/（美）安德鲁·阿伯特著；周忆粟译. --北京：北京师范大学出版社，2025.1. --（历史—社会科学译丛）. -- ISBN 978-7-303-30274-1

Ⅰ. C915

中国国家版本馆 CIP 数据核字第 2024YK2252 号

YOUGUAN SHIJIAN

出版发行：北京师范大学出版社 https://www.bnupg.com
北京市西城区新街口外大街 12-3 号
邮政编码：100088

印　　刷：北京盛通印刷股份有限公司
经　　销：全国新华书店
开　　本：880 mm×1240 mm　1/32
印　　张：13.75
字　　数：345 千字
版　　次：2025 年 1 月第 1 版
印　　次：2025 年 1 月第 1 次印刷
定　　价：108.00 元

策划编辑：宋旭景　　　责任编辑：赵雯婧
美术编辑：王齐云　　　装帧设计：王齐云
责任校对：丁念慈　　　责任印制：赵　龙